LATIN BOOKHANDS OF THE LATER MIDDLE AGES

LATIN BOOKHANDS OF THE LATER MIDDLE AGES 1100-1500

S. HARRISON THOMSON

CAMBRIDGE
AT THE UNIVERSITY PRESS
1969

CAMBRIDGE UNIVERSITY PRESS
Cambridge, New York, Melbourne, Madrid, Cape Town, Singapore, São Paulo, Delhi

Cambridge University Press
The Edinburgh Building, Cambridge CB2 8RU, UK

Published in the United States of America by Cambridge University Press, New York

www.cambridge.org
Information on this title: www.cambridge.org/9780521066242

First published 1969
This digitally printed version 2008

A catalogue record for this publication is available from the British Library

Library of Congress Catalogue Card Number: 69–12930

ISBN 978-0-521-06624-2 hardback
ISBN 978-0-521-08674-5 paperback

MEMORIAE

BERTHOLDI LUDOVICI ULLMAN

SACRUM

INTRODUCTION

As the demands of Western scholarship in the fields of the classics, philosophy, medieval history and literature, and related disciplines have been growing, it has become increasingly evident that Latin palaeography, basic or at least auxiliary to them all, has not been keeping pace. Especially is this true of the later centuries of the middle ages. Workers in the classical heritage, in canon and civil law, in economics, philology, the vernacular languages and literatures, in church history and intellectual history have been obliged, for reasons so elementary as establishing authenticity or priority of execution of a given text, or simply judging which of several copies of a document is nearest the archetype, to rely upon a date assigned by an ancient catalogue or a modern bookseller.

Latin palaeography of the classical period—up to the time of Charlemagne and indeed for some time thereafter—has been carefully studied and restudied to such a point that the guide lines of provenance and date are fairly clear. The work of Ludwig Traube, Paul Lehmann, E. K. Rand and particularly E. A. Lowe inspires confidence in method and criteriology. The three centuries from *c.* 800 to *c.* 1100, the era of the Europe-wide dominance of the beautiful Carolingian script, present relatively minor modifications in letter formation and general ductus. There were several localized survivals, Beneventan, Insular, and Merovingian scripts, but they were outside the broad line of script development in the West and for the purposes of our generalizations may be disregarded. Among the numerous monastic foundations arising in these centuries many could boast of competent and energetic masters of scriptoria who either introduced novelties or strove to maintain what they considered to be the authentic script of the ancients. Leslie W. Jones, Bernhard Bischoff, Albert Bruckner and Neil R. Ker have made significant contributions to the study of regional scripts in these intermediate centuries. In this area the increasing number of surviving codices multiplies the problems and much work remains to be done. But the lines of study have been laid. Many schools of writing, monastic or curial, which arose and flourished in these centuries have not yet been adequately identified. Yet one can speak of a tradition of experimentation throughout the whole period of three centuries. With the relaxation of the Carolingian standards regional or national divergences emerged. From our point of view the twelfth century can be spoken of as a period of script transition, from Carolingian to gothic, however the scribes and masters of the time may have regarded their age. In the second half of the twelfth century for many parts of Europe we may use the term 'gothic' without fear of contradiction, whereas in many other contemporary scriptoria the product could still be called Carolingian. The diversity we note around the turn of the century forms the starting point of the present study. It is here accepted that the period from *c.* 1100 to the end of the fifteenth century constitutes a distinctive period in the history of Western handwriting. I trust no apology is necessary for the term 'bookhand'. The broader term 'palaeography' would include curial or chancery hands with which we are here not directly concerned.

It has been my privilege, over the past four decades, to work with Latin and some vernacular codices in almost all the principal manuscript collections in Western and Central Europe and North America. My interest in the texts reaches from the early twelfth to the end of the fifteenth century. The effort to describe the manuscripts for my own textual purposes soon led me to realize that previous cataloguers and users had often been unaware of provenance and in consequence had suggested dates that the script would not warrant. It was in the hope that something might be done to fill a gap in the equipment of the medievalist who has to use manuscripts yet does not have time to become a pure palaeographer that the present study was conceived and assembled. The result is intended as a sort of guide to the perplexed who have to work with the bookhands of the last four centuries of the middle ages.

Only a small percentage of medieval manuscripts is dated. Those that are both dated and surely placeable are fewer still. The choice of those that could profitably be used as examples was thus greatly restricted. The division of Western Europe into five major areas, France, the Holy Roman Empire (Germany), Italy, Britain, Iberia, seemed best adapted to our scheme. A rough average of six or seven examples from each century for each region proved workable to illustrate both stability and development of script. This scheme is admittedly arbitrary, but as the study proceeded it turned out to be satisfactory. There are occasions when an interval of 15–20 years could not be observed because no acceptable manuscript could be found that would fit the desired interval. The reader will, it is hoped, have sympathy with my dilemma. I would be the first to suggest that a different selection of manuscripts might have been assembled. In the preparation of these examples well over 500 dated or placed manuscripts have been carefully considered.

When we speak of the localization of manuscripts it should be understood that we are speaking of the region where the scribe or author learned to write, not where he may have been when he wrote this particular manuscript. Scribes and scholars travelled. St Thomas Aquinas (Plate 64) did most of his writing in Paris, but his hand is properly regarded as Italian. John Gunthorpe (Plate 107) spent years in Italy and made every effort to write like an Italian humanist, but, as we point out below, his English training was ineradicable. The reader will soon see that in establishing date prior attention is given to the region of origin: first origin then date. In another minor matter the reader should be warned. I have consciously avoided an excess of technical terminology, aware that the guide will be used by many scholars who are not specifically palaeographers but yet are interested in manuscripts as tools for their studies. In matters of nomenclature I have been content to limit myself to a minimum. I sense a tendency among palaeographers to multiply descriptive adjectives for variations in script. This tendency seems to me confusing rather than enlightening. In a few cases in the course of the study the evidence for date or provenance may verge on the tenuous. The reader may not agree. In other cases I may have disagreed with previously accepted judgments. If so it was only after careful consideration of all available evidence.

This handbook has been designed as an aid to the scholar who has to work with medieval manuscripts. Some clarification as to details of presentation are therefore due to the reader.

In transferring the scribe's text to the printed page I have chosen a representative section of around 20 lines from the manuscripts selected for study and transcribed it to face the plate. Abbreviations have been silently expanded. Peculiarities of the script are discussed to help the reader form his own judgements of date and place of origin. The orthography of the scribe has been followed save that the *u* and the *v* have been modernized. A very few plates (e.g. plate 57) illustrate the occasional practise of some scribes to leave no space between preposition and object. Minuscule strokes are frequently left at the end of a line to avoid leaving a blank. These 'line fillers' have been disregarded in transcription. Marginal and interlinear insertions have been indicated by a grave ` and an acute ′ accent. Many divergent kinds of renvoi may be found to relate a correction in the text (ˏ ˏ˙ ˏ˙ ˎ˙). This practise is more noticeable in the scholastic period than earlier.

The reader will quickly see that within a single sentence variant spellings and inconsistent abbreviations will appear. The scribes of the Middle Ages were extremely individualistic in matters of punctuation and transcription. Some scribes punctuated even when it might seem to us absurd, others used little or no punctuation at all. The transcription should immediately tell the story. I have punctuated lightly when it seemed necessary for the sense. Stubborn modernization of the punctuation would be of no help to the reader. The plates have in any case the last word.

Since this guide first took shape I have received substantial assistance from a number of sources. The Council on Research and Creative Work of the Graduate School of the University of Colorado made several grants in aid of research for travel and for the expenses of obtaining photographs and photostats. The American Philosophical Society made three separate grants at crucial points along the way, enabling me to carry the work forward. The Institute for Advanced Study at Princeton provided an idyllic semester's residence during which this study received its definitive form. For other forms of assistance I am indebted to many colleagues. The late B. L. Ullman gave generously of his time and encouragement. Marie-Thérèse d'Alverny was likewise of major assistance out of her great knowledge of manuscripts. Ruth J. Dean answered my call for help and read much of the text in its formative period. Her assistance in the final stage remains beyond price or praise. Richard W. Hunt, F.B.A., allowed me to draw upon his incomparable knowledge of medieval manuscripts. For guidance in the maze of medieval canon law texts I am indebted to Stephan Kuttner and Gaines Post. I am pleased to acknowledge frequent assistance in various and useful ways by my son Williell R. Thomson. Beyond these stout and benevolent colleagues I owe much to librarians on both sides of the Atlantic who have given of their time and interest when such interest was a grace and a boon. The list of manuscripts will quickly reveal the great obligations incurred at specific libraries: the Vatican, the Bibliothèque Nationale at Paris, the Bodleian at Oxford, the Staatsbibliothek at Munich, the Nationalbibliothek at Vienna, the British Museum in London, and many others, many more than appear on the list, have all earned the appellation of *participes operis*.

S.H.T.

CONTENTS

Introduction *page* vii

FRANCE

1 Paris, Bibl. Nat., nouv. acq. lat. 2195 1105
2 London, British Museum Add. 16979 1129
3 Brussels, Bibl. Roy., II, 1635 (1041) 1156
4 Paris, Bibl. Nat., lat. 2702 1167
5 Paris, Bibl. Nat., lat. 16943 1183
6 Paris, Bibl. Nat., lat. 2770 1201
7 Paris, Bibl. de l'Arsenal, 887 1218
8 Paris, Bibl. Nat., lat. 8097 1232
9 Paris, Bibl. Nat., lat. 15239 1239
10 Lyons, Bibl. de la Ville, 678 1250
11 Paris, Bibl. Nat., lat. 16200 1263
12 Brussels, Bibl. Roy., II, 2297 (1116) 1277
13 Paris, Bibl. Nat., lat. 15158 1289
14 Paris, Bibl. Nat., lat. 16678 1298
15 London, British Museum, Add. 11882 1312
16 Vatican City, Bibl. Apostolica, Vat. lat. 162 1329
17 Paris, Bibl. Nat., lat. 461 1343
18 Paris, Bibl. Nat., lat. 15977 1356
19 Paris, Bibl. Nat., lat. 16018 1367
20 Paris, Bibl. Nat., nouv. acq. lat. 1467 1378
21 Paris, Bibl. Nat., lat. 2947 1391
22 Paris, Bibl. Nat., lat. 16028 1404
23 Paris, Bibl. Nat., lat. 6422 1411
24 Paris, Bibl. Nat., lat. 1489 1429
25 Paris, Bibl. Nat., lat. 3593 1443
26 Paris, Bibl. Nat., lat. 350 1452
27 Troyes, Bibl. Municipale, 1948 1461
28 Paris, Bibl. Nat., lat. 15390 1477

GERMANY

29 Munich, Staatsbibliothek, cod. lat. monac. 4570 1108
30 Munich, Staatsbibliothek, cod. lat. monac. 7804 1125
31 Erlangen, Univ. Bibl., 406 1133
32 Wolfenbüttel, Herzogl. Bibl., Helm. 195 (222) 1144
33 Munich, Staatsbibliothek, cod. lat. monac. 12620 1158
34 Bamberg, Staatl. Bibl., cod. bibl. 57 1186

35	Graz, Univ. Bibl., cod. 713	1216
36	Wolfenbüttel, Herzogl. Bibl., fol. 87.2 (a 912)	1225
37	Munich, Staatsbibliothek, cod. lat. monac. 12513	1240
38	Vienna, Nationalbibliothek, 273	*c.* 1250
39	Vienna, Nationalbibliothek, 352	1267
40	Munich, Staatsbibliothek, cod. lat. monac. 565	1279
41	Munich, Staatsbibliothek, cod. lat. monac. 2654	1297
42	Vatican City, Bibl. Apostolica, Burghes. 329	1317
43	Munich, Staatsbibliothek, cod. lat. monac. 7994	1323
44	Vienna, Nationalbibliothek, 1419	1337
45	Vatican City, Bibl. Apostolica, Pal. lat. 671	1352
46	Munich, Staatsbibliothek, cod. lat. monac. 4375	1367
47	Bamberg, Staatl. Bibl. Patr. 73	1384
48	Stockholm, Kungl. Bibl. lat. A 146	1398
49	Brussels, Bibl. Roy., 1695 (18977–81)	1412
50	Cambridge, University Libr., Add. 7115	1424
51	Klosterneuburg, Stiftsbibliothek, 421	1435
52	Basle, Oeffentl. u. Universitätsbibliothek, A. I. 18	1445
53	Munich, Staatsbibliothek, cod. lat. monac. 484	1457
54	Vienna, Nationalbibliothek, 4226	1467
55	Munich, Staatsbibliothek, cod. lat. monac. 446	1478

ITALY

56	Cesena, Bibl. Malatestiana, 4 Piana 3.200	1104
57	Venice, Bibl. di San Marco, fondo ant. 154 (1613)	1133
58	Oxford, Bodleian Libr., Canon. pat. lat. 148	1145
59	Paris, Bibl. Nat., nouv. acq. lat. 1772	1155
60	Paris, Bibl. Nat., lat. 16528	1188
61	Cambridge, Fitzwilliam Museum, McClean MS 24	1204
62	Paris, Bibl. Nat., lat. 7731	1226
63	Paris, Bibl. Nat., lat. 15453	1243
64	Vatican City, Bibl. Apostolica, Vat. lat. 9850	1260
65	Bamberg, Staatl. Bibl., Theol. 5	1263
66	Florence, Bibl. Nazionale, Conventi Soppressi, cod. c. 6. 209	1285
67	Vienna, Nationalbibliothek, 2395	1289
68	Vatican City, Bibl. Apostolica, Vat. lat. 1600	1301
69	Vatican City, Bibl. Apostolica, Rossi Lat. IX 421	1308
70	Vienna, Nationalbibliothek, 2167	1323
71	Paris, Bibl. Nat., lat. 2201	1335
72	Vatican City, Bibl. Apostolica, Vat. lat. 3066	1341
73	Cambridge, Mass., Harvard College Libr., MS 357	1353
74	Vatican City, Bibl. Apostolica, Vat. lat. 275	1366
75	London, British Museum, Add. 11990	1378
76	Oxford, Bodleian Libr., Canon. Misc. 219	1395
77	Vatican City, Bibl. Apostolica, Vat. lat. 238	1408
78	Vatican City, Bibl. Apostolica, Vat. lat. 719	1425

79	Princeton, University Libr., Med. & Ren. MS 24	1441
80	Paris, Bibl. Nat., lat. 9325	1456
81	Chicago, Newberry Libr., 94	1477
82	Boulder, Colo., Thomson MS 6	1485

BRITAIN

83	Oxford, St John's College, 17	1110
84	Cambridge, St John's College, A 22	1132
85	London, Lambeth Palace, 118	1155
86	London, British Museum, Harley 3038	1176
87	London, British Museum, Royal 7. F. XII	1183
88	London, British Museum, Royal 5. B. XII	1202
89	Oxford, Bodleian Libr., Savile 21	1215
90	London, British Museum, Royal 9. B. V	1231
91	Oxford, Bodleian Libr., Laud Misc. 112	1247
92	London, British Museum, Royal 14. C. VII	1259
93	Oxford, Bodleian Libr., Digby 11	1271
94	Oxford, Bodleian Libr., Digby 2	1282
95	Oxford, Bodleian Libr., Bodley 406	1291
96	Oxford, Bodleian Libr., Laud Misc. 703	1304
97	Oxford, St John's College, 66 B	1316
98	Princeton, University Libr., Garrett MS 83	1336
99	Cambridge, University Libr., Dd. i. 13	1345
100	Cambridge, Gonville and Caius College, 282/675	1355
101	Oxford, Merton College, 71	1369
102	London, British Museum, Royal 13. D. i	1385
103	London, British Museum, Harley 401	1396
104	Oxford, Bodleian Libr., Bodley 861	1411
105	Cambridge, University Libr., Ff. iii. 27	1429
106	Cambridge, University Libr., Hh. vi. 13	1442
107	London, British Museum, Harley 2485	1460
108	Cambridge, Trinity College, B. 11. 23	1471

IBERIA

109	Toledo, Cabildo, cód. 14-3	1105
110	London, British Museum, Add. 11695	1109
111	Madrid, Bibl. Nacional, lat. 1358	1143
112	Chapel Hill, N. C., University of North Carolina, L. C. MacKinney MS	1173
113	El Escorial, Bibl. Real, cód. M. III. 2	1188
114	Madrid, Bibl. Nacional, lat. 10100	1208
115	Madrid, Bibl. Nacional, lat. 10108	1218
116	Lisbon, Bibl. Nacional, cód. Alcobaça 187	1231
117	Madrid, Bibl. Nacional, Vitrina 15-5	1253
118	León, Bibl. de la Catedral, cód. 34	1283
119	Madrid, Bibl. Nacional, lat. 923	1298

120	Lisbon, Bibl. Nacional, cód. Alcobaça 180	1309
121	Vatican City, Bibl. Apostolica, cod. Burghes. 101	1328
122	Toledo, Cabildo, cód. 10/15	1342
123	Barcelona, Archivo de la Corona de Aragón, cód. Ripoll. 133	1355
124	Barcelona, Archivo de la Corona de Aragón, cód. Ripoll. 98	1366
125	Barcelona, Archivo de la Corona de Aragón, cód. Ripoll. 141	1388
126	Paris, Bibl. Nat., lat. 1702	1396
127	Madrid, Bibl. Nacional, lat. 9456	1408
128	Madrid, Bibl. Nacional, lat. 5569	1416
129	Madrid, Bibl. Nacional, lat. 12346	1434
130	Madrid, Bibl. Nacional, lat. 10143	1452
131	Toledo, Cabildo, cód. 13/5	1465
132	Barcelona, Archivo de la Corona de Aragón, cód. Ripoll. 81	1478

FRANCE

suos usq; ad mare·
& usq; ad flumen
propagines eius·
Vt quid destruxisti
maceriam eius· &
uindemiant eam omnes
qui pretergrediuntur uiam·
Exterminauit eam
aper de silua· &
singularis ferus
depastus est eam·
Ds uirtutum
conuertere·
respice de caelo:
& uide & uisita
uineam istam
Et perfice eam quam
plantauit dextera
tua· & sup filium
que confirmasti tibi·
Incensa igni &
suffossa· ab
increpatione uultus
tui peribunt·
Fiat manus tua sup
uirum dexterae tuae·
& sup filium hominis
que confirmasti tibi·
Et non discedimus a te·
uiuificabis nos·
& nomen tuum
inuocabimus·
Dne ds uirtutum
conuerte nos· &
ostende faciem tuam
& salui erimus· In fine
pro torcularib; quinta sabbi
Ps ipsi asaph·
Exultate do
adiutori nro·
iubilate
do Iacob·
Summe

eius usq; ad mare·
& usq; ad flumen
propagines eius·
Vt qd deposuisti
maceriam eius· &
uindemiant eam omnes
qui transeunt uiam·
Exterminauit eam
aper de silua· &
singularis ferus
depastus est eam·
Ds uirtutum
conuerte nunc· &
respice
& uide & uisita
uineam istam·
& dirige eam quam
plantauit dextera
tua· & sup filium
hominis que confirmasti tibi·
Incensa igni &
suffossa manu· ab
increpatione uultus
tui peribunt·
Fiat manus tua sup
uirum dexterae tuae·
& sup filium hominis
que confirmasti tibi·
& non discedimus a te·
Viuificabis nos·
& nomen tuum
inuocabimus·
Dne ds uirtutum
conuerte nos· &
ostende faciem tuam
& salui erimus·
In fin pro torcularib; v
sabbati Ps ipsi asaph·
Exultate do
adiutori nro·
iubilate
do Iacob·
Summe

suas usq; ad mare·
& usq; ad flumen
germina sua·
Quare dissipasti
maceriam eius· &
uindemiauerunt eam omnes
qui transeunt per uiam·
Vastauit eam
aper de silua· et
omnes bestiae agri
depastae sunt eam·
Ds exercituum
reuertere obsecro·
respice de caelo
& uide & uisita
uineam hanc·
& radicem quam
plantauit dextera
tua· & filium
que confirmasti tibi·
Succensam igni &
deramatam· ab
increpatione faciei
tuae pereant·
Fiat manus tua sup
uirum dexterae tuae·
& sup filium hominis
que confirmasti tibi·
& non recedimus a te·
Viuificabis nos
& nomini tuo
uocabimur·
Dne ds exercituum
conuerte nos· &
ostende faciem tuam
& salui erimus·
Victori in torcu
laribus asaph·
Laudate do
fortitudini nrae·
iubilate
do Iacob
Assumite

1 France 1105

Paris, Bibliothèque Nationale, nouv. acq. lat. 2195. Vellum, 375 × 285 (310 × 215); ff. 119; one hand.

Contains: Psalterium Quadruplex: Gallic, Roman, Hebrew in Latin translation, Greek.

Written at abbey of St Martin of Tournai. The ex libris on f. 118[b] reads: 'Liber sancti Martini Turnacensis cenobii.' On f. 119[a] we read the rather elaborate history of the codex and the abbot: 'Anno ab incarnatione domini millesimo centesimo quinto. Et a restauratione huius cenobii quartodecimo. Scriptus est liber iste in hoc ipso cenobio a quodam fratre monacho et subdiacono precipiente viro venerande memorie domno odone primo monacho et primo abbate huius sancti cenobii, etc.', as given by L. Delisle, *Mélanges de paléographie et de bibliographie* (Paris, 1880), pp. 153 f., and M. Prou, *Manuel de Paléographie latine et française* (Paris, 1924), pp. 193–5 and plate XI, 1. See also V. Leroquais, *Les Psautiers manuscrits des Bibliothèques Publiques de France*, II (Mâcon, 1940 f.) where this MS is No. 373: 'Psautier quadruple de St Martin de Tournai 1105'. A reproduction of a page in *Pal. Soc.* first series II, plate 156.

The columns are, respectively, α Gallic, β Roman, γ Hebrew in Latin translation, δ Greek in Latin characters.

The script gives a first impression of traditional Carolingian roundness and grace. The scribe was obviously trained in a good scriptorium from Carolingian models. But the angularity of the romanesque is beginning to show in, e.g., the minuscule *r*, the sharpness of the strokes forming the tops of *b, d, h, l*. The scribe uses indifferently final *ae* and ę, sometimes both, e.g. *nraę*, line 2 from bottom, column α. Abbreviations are normal for the period. The tironian *et* does not yet appear; the scribe uses only the ampersand. Final *-bus* and *-que* are both indicated by the ; The abbreviational sign for the *m* or the *n* may be either a slightly curved flourish or a straight line made with the pen held at 45° and sometimes ended with a slight stroke at that angle. *hominis quem*, line 20 of column β, contains both signs.

Transcription f. 61[a]

f. 61 α	*f. 61 γ*
suos usque ad mare	suas usque ad mare
et usque ad flumen	et usque ad flumen
propagines eius.	germina sua.
Ut quid destruxisti	Quare dissipasti
maceriam eius et	maceriam eius et
vindemiant eum omnes	vindemiaverunt eam omnes
qui pretergrediuntur viam.	qui transeunt per viam.
Exterminavit eam	Vastavit eam
aper de silva et	aper de silva et
singularis ferus	omnes bestię agri
depastus est eam.	depastę sunt eam.
Deus virtutum	Deus exercituum
convertere	revertere obsecro
respice ⁜ de caelo	respice de caelo
et vide et visita	et vide et visita
vineam istam	vineam hanc.
Et perfice eam quam	et radicem quam

[Ps. lxxix. 12–16.]

hi qui incipiente luce agendi sunt: subsequantur.

QVANTI PSALMI DICENDI SVNT NOCTVRNIS HORIS. C. VIIII.

Hyemis tempore premisso in
primis uersu. Deus in adiutorium meum
intende. domine ad adiuuandum me festi
na. in secundo ter dicendum. domine la
bia mea aperies. et os meum annuntiabit laudem
tuam. Cui subiungendus est tertius psalmus.
et gloria. Post hunc psalmus nonagesimus quartus.
uenite exultemus domino. cum antiphona. aut certe
decantandus. Inde sequatur ambrosianum. Dein
de sex psalmi cum antiphonis. Quibus dictis. dicto
uersu benedicat abba. et sedentibus omnibus in scam
nis. legantur uicissim a fratribus in codice super
analogium. tres lectiones. Inter quas. tria respon
soria cantantur. Post tertiam uero lectionem. qui
cantat dicat gloriam. Quam dum incipit cantor dice
re. mox omnes de sedilibus suis surgant. ob honorem
et reuerentiam sancte trinitatis. Codices autem legantur
in uigiliis tam ueteris testamenti. quam noui.
diuine auctoritatis. sed expositiones earum que a
nominatissimis doctoribus. ortodoxis catholicis
patribus facte sunt. Post has uero tres lectiones
cum responsoriis suis sequantur reliqui sex psalmi
cum alleluia canendi. Post hos lectio apostoli se
quatur ex corde recitanda. et uersus. et suppli

2 *France* 1129

London, British Museum, Add. MS 16979. Vellum, 240 × 172 (185 × 105); ff. 63; one hand of text.

Contains: Saints' Calendar, an obituarium, a commentary on the *Regula Sancti Benedicti.*

Written in the diocese of Nîmes at the Monasterium Sancti Egidii, in the south of France, by Petrus Guillermus. On f. 62[a] we read: 'Ad honorem Sancti Egidii. Petrus Guillermus fecit hunc librum in tempore domni Petri abbatis anno incarnati verbi MCXXVII regnante Lodovico rege.' On f. 62[b] appear the obit of prior Bertrand of St Martin, bishop of Sabina, and other documents relating to the monastery of St Giles near Nîmes.

This MS has been used for its historical value. See P. Vaisetti, *Histoire générale de Languedoc*, v, 37; A. Molinier, *Les obituaires français au moyen âge* (Paris, 1890), p. 276; M. Schapiro, 'New Documents on St Giles', in *The Art Bulletin*, December 1935, pp. 415 ff. A reproduction of a page appeared in *Pal. Soc.* first series I, plate 62.

This script marks a considerable advance over that of Plate I. The angularity of the final minim of *m* and *n* and the shaping of the second member of *n*, as well as tips to the ascenders, mark the early phases of the romanesque hand. The ampersand and the tironian sign are used about equally. The long horizontal stroke of the *et* sign will be noticed; it seems to be characteristic of the Latin south. See Plate 112, Spanish, 1173 and Bologna University MS 741 (1473), 1180, written in Bologna. Ligatures of *st* and *ct* are frequent. We find both *d* and ∂ as well as the looped *r* following an *o* (f. 23[b], *consortes*, but not on our plate). The loop of the *h* is high; *ti* has not yet given way to *ci*. The general abbreviational stroke is a straight line with an angled tip at the right and sometimes at the left. The written space is double-lined at the outside margin and sometimes on the inside. The single *i* is not dotted, the double rarely. The ę is sparingly but correctly used. For general appearance this script may be compared with that of Plate 111, Spanish, 1143.

Transcription f. 34[a]

qui incipiente luce agendi sunt subsequantur.
QUANTI PSALMI DICENDI SUNT NOCTURNIS HORIS C.VIII.
HYEMIS TEMPORE PREMISSO IN
primis versu · deus in adiutorium meum
intende:⁄ domine, ad adiuvandum me festi-
na:⁄ in secundo ter dicendum, domine la-
bia mea aperies:⁄ et os meum annunciabit laudem
tuam. Cui subiungendus est tercius psalmus:⁄
et gloria. Post hunc;⁄ psalmus nonagesimus quartus:⁄
venite exultemus domino, cum antiphona;⁄ aut certe
decantandus. Inde sequatur ambrosianum. Dein
de sex psalmi cum antiphonis. Quibus dictis;⁄ dicto
versu benedicat abba;⁄ et sedentibus omnibus in scam-
nis, legantur vicissim a fratribus in codice super
anologium:⁄ tres lectiones. Inter quas:⁄ tria respon
soria canantur. Post terciam vero lectionem:⁄ qui
cantat dicat gloriam. Quam dum incipit cantor dice-
re:⁄ mox omnes de sedilibus suis surgant, ob honorem
et reverentiam sanctę trinitatis. Codices autem legantur

[Ed. R. Hanslik, *C.S.E.L.* LXXV (Vienna, 1960), 53–5.]

sibi a te concessum de me uidebat.
quam petere solebat miserabilibus fleti
bus q; gemitibus. Conuertisti enim
me ad te. ut nec uxorem quererem.
nec aliquam spem huius seculi. stans
in ea regula fidei in qua me ante
tot annos ei reuelaueras. et conuertisti
luctum eius in gaudium multo uber
ius quam uoluerat. et multo carius
atq; castius quam de nepotibus carnis meę
requirebat. Explicit liber VIII.
Incipit liber confessionum nonus

D O M I N E

ego seruus tuus. ego seruus tuus
et filius ancillę tuę. disrupisti uin
cula mea tibi sacrificabo hostiam lau
dis. Laudet te cor meum et lingua
mea. et omnia ossa mea dicant domine
quis similis tui. dicant et responde
mihi. et dic animę meę salus tua ego
sum. Quis ego. et qualis ego. Quid
non mali ego aut facta mea. aut si
non facta dicta mea. aut si non dicta.

uoluntas mea fuit. II.
Tu autem domine bonus et mise
ricors. et dextera tua respiciens pro
funditatem mortis meę. et a fundo
cordis mei exhauriens abyssum cor
ruptionis. Et hoc erat totum nol
le quod uolebas. et uelle quod nolebas.
Sed ubi erat tam annoso tempore.
et de quo imo altoq; secreto euoca
tum est in momento liberum arbi
trium meum. quo subderem ceruı
cem leni iugo tuo. et humeros leni
sarcinę tuę xpe ihu. adiutor meus
et redemptor meus. Quam suaue mihi su
bito factum est. carere suauitatibus
nugarum. et quas amittere metus
fuerat. iam dimittere gaudium
erat. III.
Eiciebas enim eas a me uera tu
et summa suauitas. eiciebas et intra
bas pro eis omni uoluptate dulcior. sed
non carni et sanguini. omni luce
clarior. sed omni secreto interior. omni
honore sublimior. sed non sublimibus
in se. Iam liber erat animus meus
a curis mordacibus ambiendi et ad
quirendi et uolutandi atq; scalpen
di scabiem libidinum. et garriebam
tibi claritati meę et diuitiis meis.

3 *France* 1156

Brussels, Bibliothèque Royale, II, 1635 (1041) (olim DD2). Vellum, 340 × 235 (247 × 167); ff. 126; one hand of text.

Contains: Confessiones Sancti Augustini.

Written in the Abbey of St Ghislain, where it bore the signature DD2. In the colophon, on f. 126B, appear the words: 'Hic liber scriptus est anno ab incarnacione domini millesimo centesimo quinquagesimo sexto.'

This script is notably advanced over the previous two examples. The Carolingian ductus is clearly gone. Abbreviations are somewhat more common. The suprascript straight line has given way to a hooked flourish to indicate *m*, *n*. We find *m̌s*, *xp̌e*, *q̌d*, *ň*, *dňe*, for *meus*, *christe*, *quod*, *non*, *domine*. The looped *2* from the *o* is frequent, e.g. line 3 *ricors*. The *ę* is used, though not uniformly nor always correctly. We find, e.g., *ętiam*, *ęnim*, *xpę*, *ęs*, *e^{ę}t*. The angularity of minims which distinguishes the perfected gothic is distinctly present, notably on the *m*, *n*, *r* and *h*. All ascenders, *l*, *h*, *b* and *d*, are clubbed. The ampersand has not given way to the tironian *et*. The closeness of this script to the then developing gothic would indicate that this scriptorium was alert to the latest trends. Its location on a busy trade route would help to explain this alertness.

Transcription f. 64ᵇ

voluntas mea fuit? II
Tu autem domine bonus et mise-
ricors et dextera tua respiciens pro-
funditatem mortis meę et a fundo
cordis mei exhauriens abyssum cor-
ruptionis. Et hoc erat totum nol-
le quod volebas et velle quod nolebas.
Sed ubi erat tam annoso tempore
et de quo imo altoque secreto evoca-
tum est in momento liberum arbi-
trium meum, quo subderem cervi-
cem leni iugo tuo et humeros leni
sarcinę tuę christę ihesu adiutor meus
et redemptor meus? Quam suave mihi su-
bito factum est carere suavitatibus
nugarum et quas amittere metus
fuerat iam dimittere gaudium
erat. III

[*P.L.* 32, 763.]

In celestib' mistus. q̄ uidebat. et audiebat. Ait eni
scriptura. Maria. aser. o. ūba h. i cord suo. Sunt aliē q̄
ne q̄ delectant fabulationib' detractionib'. risib'. neq; stu
dent i diuinis laudib'. Iste uō exprime ei q̄ q̄nē
cognata sua locuta ē n̄ d̄uanib; egit. s; d̄ secretis celi
laudans 7 magnificans dn̄m i his ūbis. Magnificat
aīa. m. d. Sit g° filie k'me regina n̄ra dn̄a n̄ra ex
plū 7 forma uiuēdi nob. Mundū fugistis. ut sol
dō uacare possetis. Que eni sunt i mūdo. sollici
tudine mūdi hnt. Uob dic̄ apl's. Preterit
figa h' mūdi. Volo uos sine sollicitudine ēē.
Que sine uiro ē sollicita ē q̄m dō placeat. Mu
lier i nupta 7 uirgo cogitat que dn̄i sunt ut sit scā
corpe et spū. Que aū nupta ē. que sunt mūdi
cogitat q̄m sponso suo placeat. Uos habetis spō
sū regem sūmū cui' pulcritudinē sol 7 luna mi
rant'. Cauete ne spual' adult' suggerat uobis
aliqd i aure cordis qd amoueat sponsū uīrm a
uob. Audite pphē sui comminatōnē. Pdidisti oēm
q̄ fornicat' abste. Docet ipē uos qd una q̄q; uīru
debeat pstri. Mi aū adhere dō bonū ē. p. i dno.
m. s. m. Adhere g° ei totā spem uīrā nō impar
tib' s; i eo totā ponētes. cogitate q̄ sit uolunta
eī. Bona sponsa seruat' q̄ sit uoluntas sponsi ut
possit eī seruire uoluntati. Hec ē uoluntā eī
ut sitis caste 7 aīa 7 corpe 7 eī ancille iuxta
pfessionē uīrā. quā dixistis i psessiōne uīra.
Ancilla X sum. 7 iō ostēdo me seruilē. p. h est
uoluntas di ut praua colloqa uitetis. Corrūpūt
eni iuxta aplm bonos mores colloqa praua. Nunq̄
colloquutores i legati 7 nūcii illi spual' adulti
7 p eos uult spē sci q̄ estis uos. uiolare. Idō
in claustro estis ut clause sitis. ne diaboli
nunci intret qui uos uelit decipe. Clau
dite g° n̄ solū claustra. s; etiā corda. Cauete
acceptatiōne oclor; dicente ppha. Auerte oclos. m.
ne u. ua. i uia. t. u. me. Rursū h est uolun

tas uīri sponsi. ut si aliq̄ in prudent' se ag̃. non
grauet' eā disciplina. Ait n. dd. Apphendite dis
ne qū. i. 7 c. Ip eni adhuc corripiūt. ut n̄ ē hoc mū
do dāpnent. Melī ē n. nob i psenti flagellari
manu alti p̄sidentis. q̄ dāpnari i futuro uoce iudicantis. Hec ē n. di uoluntas ut si uos
coartat paupertas. eq̄nimit' faciamini. Non n.
ille q̄ p nob paup fact' ē. i diuiciis nō uos uocauit
s; i paupertate. Qui aū sponsa paup hre uoluit
paupem sponsam sponsam i psenti qt ditauit uō
in futo illo ut bono q̄ ē oīe bonū. Edent pau
pes 7 saciabunt'. hoc ē illo bon de q̄ dic̄ dd. Timētes
aū dn̄m. n̄ minuent' o. bono. Hi ē uoluntas di
ut nulla int' uos sit i uidia. nulla detractō. s; sola
dilectō. Tunc erit ds̄ i medio uīrū. Nolite ostri
tari si abiecte estis. qt uō regnū ē rege uīro
regnabitis. Et filie syon exultate i rege uīro.
Audite qd ait dd. Elegi abiect' ēē i. d. d. m. mag
q̄ h. i. t. p. Nigdo uili 7 uestis uilitate 7 humi
litate de signat. Que ipē g° ē 7 q̄ uile ut sub
hac ueste sub ua lateat. Pensate g° pensate
cui sponso seruitis. q̄ scit o̅cia̅ 7 oīum uouit
pecca. Amate misericordē. timete iudicē.
Sit mens uīra pudica. uult' humil'. sermo
mitis. icess' honest'. uita p oīa irreph'e
sibilis ut ē sponso uīro i celo felicit' regnetis
ipō auxiliāte q̄ uiuit 7 regnat i scla sclor
Amen.

Sūma ānor ab inicio mūdi. Ab ini
tio mundi usq; ad diluuiū. ān
·ii. cc. xl. ii. A diluuio usq; t'nsitū ma
maris rub. i. cccc. uii. Ab hoc t'nsitu
usq; ad i carnatōnē dn̄i. i. d. xxx. uiii.
Ab i carnatōne dn̄i usq; nc. i. c. lx. uii

4 France 1167

Paris, Bibliothèque Nationale, lat. 2702 (olim 4588). Vellum, 187 × 133 (155 × 115); ff. 131; several similar hands.

Contains: Varia patristica et scholastica. See *Catalogue général des manuscrits latins*, III (Paris, 1952), s.n. Our plate from the *Summa* of Gaufridus Babio.

Written in 1167. In colophon (on our plate), f. 102[B]: 'Summa annorum ab inicio mundi. Ab inicio mundi usque ad diluvium anni $\overset{M}{\text{ii}}$·cc·xl·ii. A diluvio usque transsitum via maris rubri $\overset{M}{\text{i}}$·cccc·$\overset{or}{\text{iiii}}$. Ab hoc transsitu usque ad incarnacionem domini $\overset{M}{\text{i}}$·d·xxx·viii. Ab incarnacione domini usque nunc $\overset{M}{\text{i}}$·c·lx·vii.' There is no indication that the codex has ever been out of Paris. In 1370 it belonged to the Carmelites of Paris. See Bonnes in *Rev. Bénédictine*, LVI (1945–6), 202; Delisle, *Cabinet des manuscrits*, I, 41; III, 329 f., and his *Recherches sur la librairie de Charles V* (Paris, 1907), pp. 94 f.

The scribe of this work has had chancery training. His flourishes, high ascenders and shading, the deft strokes at the tops of the *h*, *l* and *b*, giving a semblance of a fork, stem rather from the chart than from the bookhand. One may also note the *e* at the top of the high *d* in *videbat* (line 1 of our text) as chart practice rather than book style. The form of the letters is closer to the Carolingian roundness than to the emerging gothic as illustrated in the previous plate. The abbreviations are increasing in number and variety. The ę and the ampersand have disappeared. The wavy apostrophe has replaced the straight line for the *er* omission, e.g. f. 102[A], line 22, *adherete*; *est* appears often as ÷. Soft *ti* has given way to *ci* in about half the possible cases. The lines are unevenly spaced.

Transcription f. 102[A]

In celestibus misteriis que videbat et audiebat. Ait enim
scriptura. Maria conservabat omnia verba hec in corde suo. Sunt alie virgi
nes que delectantur fabulationibus, detractionibus, risibus neque stu-
dent in divinis laudibus. Iste non sunt proxime ei que quando cum
cognata sua locuta est non de inanibus egit sed de secretis celi
laudans et magnificans deum in his verbis: Mangnificat
anima mea deum Sit ergo, filie karissime, regina nostra domina nostra exem-
plum et forma vivendi nobis. Mundum fugistis ut soli
deo vacare possetis. Que enim sunt in mundo sollici-
tudinem mundi habent. Vobis dicit apostolus preterit
figura huius mundi. Volo vos sine sollicitudine esse.
Que sine viro est sollicita est quomodo deo placeat. Mu
lier innupta et virgo cogitat que domini sunt ut sit sancta
corpore et spiritu. Que autem nupta est que sunt mundi
cogitat quomodo sponso suo placeat. Vos habetis spon-
sum regem summum cuius pulcritudinem sol et luna mi-
rantur. Cavete ne spiritalis adulter suggerat vobis
aliquid in aure cordis quod commoveat sponsum vestrum in–

[*P.L.* 171, 903 f. (here ascribed to Hildebert of Le Mans).]

modiū. et rediens ruth omnia ad socrum. in
dicauit ei que dixerat ei booz. Ascendit autē
booz ad portam ciuitatis. et sedit cum iudicib;
et uocauit .x. de senioribz ciuitatis. et aduocans
ppinquiorem illum de quo dixerat. ait ad eū.
Partem agri patris nr̄i elimelech. disposuit uen
dere noemi. nos ū duo soli ppinqui sumus. s; tu
ppinquior es. Eme q̄ si placet. Ait ille. Ego emā.
Cui booz. Ergo non ex media parte legum opor
tet te habere memoriam. habeas necesse ē cum
agro relictam maalon. ut suscites nomen ppinq̄.
At ille ait. Cedo iure ppinquitatis. utere p̄ui
legio meo. Et ait booz. Tolle q̄ calciamentū tuū.
ut firma sit concessio. Josephus tamē dicit booz.
itaq; testificans seniores. iussit mulieri ut eius
calciamentum solueret. sedm legem. et in faciē
eius spueret. Johes ū ait. cuius n̄ sum dignus
soluere corrigiam calciamenti. Ex his tribz conii
citur quod sedm diuersos casus qn̄doq; ipse repu
dians soluebat sibi calciamentū. qn̄doq; ū mu
lier soluebat ei. quandoq; uir qui suscipiebat
eam. sed quocūq; modo fieret in obprobrium
repudiū contra legem domus eius. dicebatur
domus discalciati. Et ait booz astantibz. Hui9
rei testes estis. Qui dixerunt. Testes sumus.
Faciat dn̄s hanc mulierem tibi sicut rachel
et liam. que edificauerunt domū isrl̄. Acce
pit itaq; booz ruth in uxorem. et pt̄ annum
natus ē ei filius. quē posuit noemi in sinu suo.
nutricis et gerule fungens officio. Et dixerunt
ad eam uicine congratulantes. Ecce habes qui

quod ex.
bri. et mer
lus. p̄ mittu
modium.

mathra. a
excelso. S
est ibi ger
speculatio
uideri po
gunt sic.
effraim n
tibz ubi l
ministrab
mitur de c
helchana
dens ab eo
quod sam
idē bethle
iuda. und
suis iudic

5 France 1183

Paris, Bibliothèque Nationale, lat. 16943. Vellum, 460 × 315 (360 × 225); ff. 190; one hand of text, but two illuminators.

Contains: Petrus Manducator, *Historia scholastica veteris et novi Testamenti.*

Written at Corbie by Johannes Monoculus. The colophon on f. 190[B] reads: 'Anno incarnati verbi m° c° lxxxiii scriptus est liber iste a iohanne monoculo quo rex francorum philippus filius hludovici regis passus est horribilem guerram a comite flandrensi philippo et comite theobaldo et cometissa campaniensi et duce burgundiensi et Stephano comite blesensi.' Just below, 'Liber Sancti Petri corbeiensis. Qui furatus fuerit anathema sit.'

MS lat. 11576 of the same collection was also written by Johannes Monoculus, in 1164. A few lines from ff. 1[B] and 6[B] are reproduced by Delisle, *Cabinet des manuscrits*, plate XXXVIII, 2–4. See also *Cabinet*, II, 117 f.

A showpiece, heavily illuminated. The script is early gothic, with much of the romanesque. The letters are crowded together, and the lines show much unevenness which is obscured by the fact that the pages were carefully lined before being written on. The ampersand is still used and the tironian *et* does not appear until later in the MS. An internal as well as a final *r* frequently drops below the line and turns to the left (column B line 15 *dicitur ari-*). The *i* is dotted only if double. The heads of the minimed letters are generally clubbed. The ę may still be found, but unevenly and frequently incorrectly used.

Transcription f. 72[A]

modiis et rediens ruth onusta ad socrum in-
dicavit ei quę dixerat ei booz. Ascendit autem
booz ad portam civitatis et sedit cum iudicibus
et vocavit ⁎ de senioribus civitatis et advocans
propinquiorem illum de quo dixerat ait ad eum.
Partem agri patris nostri elimelech disposuit ven-
dere noemi. nos vero duo soli propinqui sumus sed tu
propinquior es. Eme ergo si placet. Ait ille: Ego emam.
Cui booz: Ergo non ex media parte legum opor-
tet te habere memoriam habeas necesse est cum
agro relictam maalon ut suscites nomen propinqui.
At ille ait. Cedo a iure propinquitatis utere privi-
legio meo. Et ait booz: Tolle ergo calciamentum tuum,
ut firma sit concessio. Josephus tamen dicit booz:
itaque testificans seniores iussit mulieri ut eius
calciamentum solveret secundum legem et in faciem
eius spueret. Johannes vero ait: cuius non sum dignus
solvere corrigiam calciamenti. Ex his tribus coni-

[*P.L.* 198, 1294.]

Rome templum pacis corruit.
fons olei erupit. Cesar precepit ne quis eum dominum uocaret.

Romani tempore augusti quia pax
fuit continua fere per xii annos
templum pacis edificauerunt.
quod pulcherrimum erat in oculis
hominum et mirabilissimum. qui consu-
lentes apollinem de duratione
illius templi acceperunt responsum du-
raturum quousque pareret uirgo.
Hoc audientes eternum esse cre-
diderunt. quia impossibile eis uide-
batur de uirgine parituram. Vnde
in foribus illius templi titulum scripserunt.
Templum pacis eternum. Nocte
uero qua beata uirgo peperit destructum
est. ita quod non remansit lapis super
lapidem in templo.

Frequentia apparicionum.
testimonium angelorum.
ostensio cicatricum.
comestio ciborum.
assertio scripturarum.
operatio miraculorum.
— argumentum resurreccionis.

Duplex est natiuitas carnalis et
spiritualis. et utraque duplex. Nam carna-
lis alia est in utero. alia ex utero. Item spiritualis
alia est qua nascitur filius ire per originale pec-
catum. alia qua renascitur filius gratie per babtismum.

Legimus in iii euangeliis quod dominus iii mortuos
suscitauit. puellam in domo. iuuenem in porta. lazarum
in monumento. iii mortui tria genera peccatorum
designant. [illegible] in domo. qui in domo [illegible]
[illegible] opus concepta negocia adhuc in corde tenent.
In agro sunt qui concepta per consensum concepta in
patulo per operationem demonstrant. In monu-
mento sunt qui diu consuetudine fedati pu[tredi]-
nem suam in alios despirant. Resuscitacio mor-
tuorum: [illegible] est peccatorum. et tanto quisque leuius resuscitatur
per gratiam: quanto minus mortificatur per culpam. tanto quisque minori purgatur per
satisfactionem: quanto minori de spiritu extinctus iniquitate. Vnde dominus paucis
uerbis adhibitis solo uerbo puellam in domo iacentem recenter mortuam resusci-
tasse legitur. Resuscitando lazarum quatriduanum in monumento. fremuisse. tur-
batum fuisse. lacrimasse. uoce magna clamasse perhibetur. Hoc quod domino tam fa-
cile [illegible] fuerit resuscitacio lazari. sicut resuscitatio pueri. s. dominum facta
aliquorum rerum sunt exempla. Utrum autem vii annis ueniet tibi fames in regno tuo
aut tribus mensibus fugies aduersarios tuos. aut tribus diebus erit pestilencia in terra
et ait dauid. Coartor nimis. si famem eligo: pauperum erit supplicium non di-
uitum. Si uictoriam hostium supplicium exercitus et non meum qui cum illis laborare for-
tissimis. Eligam ergo plagam communem regi et plebi. [illegible] [illegible] in maria di-
miserit [illegible] manus [illegible]. et occubuerunt. ccc. [illegible]

Hanc paginam scripsit Bernardus Itier. anno m.cc.i. ab incarnatione domini. Guido uicecomes lem.

6 *France* 1201

Paris, Bibliothèque Nationale, lat. 2770 (olim 4328). Vellum, 165 × 125 (160 × 120); ff. 179; several hands, saec. X–XIII.

Contains: Varia et diversa. See *Catalogue général des manuscrits latins de la Bibliothèque Nationale*, III (Paris, 1952), s.n.

Written (our plate) by Bernard Itier of Limoges. At the bottom of f. 161^{b} we read: 'hanc paginam scripsit Bernardus iterii. anno m^{o} cc^{o} i^{o} ab incarnacione domini. Guido vicecomes lemovicensis.' Bernard is the scribe of several other MSS now in the Bibliothèque Nationale. See H. Duplès-Agier, *Chronique de St. Martial* (Paris, 1874), X–LI; L. Delisle, *Cabinet des manuscrits*, I, 390; E. Lesne, *Scriptoria* (Lille, 1938), p. 374. See also M.-T. d'Alverny, 'L'écriture de Bernard Itier et son évolution' in *Medievalia et Humanistica*, XIV (1962), 47–54.

This is hardly a calligraphic hand, rather is it the hurried writing of a scholar who has almost certainly had some curial experience. The flowing round and shaded script would lead to this conclusion. Both the soft *ti* and *ci* appear, e.g. line 1 *apparicionum*, line 6 *operatio*. Unlike the gothic, the *c* and the *t* are made quite differently. The *9* sign for a final *us* is also used internally (line 21 *iustificatio*). The *e* appears at the top of the ascender of *d*, a chancery practice (line 14 *de virgine*). Bernard must have also had Carolingian models before him, as he shows none of the angularity of the gothic which had been current for a full half-century before this date. The general formation of the letters rather resembles that in Plate 4, using many of the same abbreviations and characteristic strokes. The ÷ for *est* is particularly noticeable, e.g. line 7.

Transcription f. 161^{b}

Rome templum pacis corruit
fons olei erupit. Cesar prece-
perat ne quis eum dominum vocaret.

Romani tempore Augusti quia pax
fuit continua, fere per $\overset{im}{xii}$ annos
templum pacis edificaverunt
quod pulcherrimum erat in oculis
hominum et mirabilissimum, qui consu-
lentes apolinem de duratione
illius templi acceperunt ipsum du-
raturum quousque pareret virgo.
Hoc audientes eternum esse cre-
diderunt, quia impossibile ęis vide-
batur de virgine paritura. Unde
in foribus illius templi titulum scripserunt:
templum pacis eternum. Nocte
vero qua beata virgo peperit destructum
est, ita quod non remansit lapis super
lapidem in templo.

Frequentia apparicionum
Testimonium angelorum
ostensio cicatricum
comestio ciborum
assertio scripturarum
operatio miraculorum
} argumentum vere resur-reccionis

Dupplex est nativitas carnalis et
spiritualis et utraque dupplex. Nam carna-
lis alia est in utero, alia ex utero. Item spiritualis
alia est qua nascitur filius ire per originale pec-
catum alia qua renascitur filius gracie per babtismum

Legimus in verbis euangelii quod dominus iii mortuos
suscitavit: puellam in domo, iuvenem in agro, lazarum
in monumento. iii mortui tria genera peccatorum
designant. Mortui namque sunt in domo qui sine demonstra
tione operis conceptam nequiciam adhuc in corde tenent

[Unpublished.]

T rita subē tunicę· ul' si toga dissidet impar
R ides· quid mea cū pugnat sniā secū
Q d' petiit spernit· repetit qd' nup omisit·
E stuat· 7 uite disconuenit ordine toto
D iruit edificat mutat quadrata rotundis
I nsanire putas sollēpnia me· neq; rides· [illegible]
N ec medici credis n̄ curatoris egere
A p̄tore dati· rerū tutela mearū
C ū sis· 7 p̄ue sectū stomacheris ob unguē·
D e te pendentis· te respicientis amici· [illegible]
[illegible] A d sūmā sapiens uno minor ē ioue· diues·
L iber· honoratus· pulcher· rex deniq; regū
P̄ cipue sanꝰ n̄ cū pituita molesta ē· [illegible]

T Ad lollium maximum;

T Roiani belli scriptorē maxime lolli·
D ū tu declamas rome· p̄neste relegi·
Q ui quid sit pulchrū· qd' turpe· qd' utile· qd' n̄·
P lenꝰ ac melius crisippo· 7 crantore dicit·
C ur ita crediderī n̄ quid te detinet audi·
[illegible] F abula q̄ paridis p̄pt' narrat' amorē
G recia barbarie lento collisa duello
S tultorū regū 7 p̄plorū ptinet estus
A ntenor censet belli p̄cide causā [illegible] ú helena reddere [illegible]
Q uid paris· ut saluꝰ regnet uiuat q; beat'
C ogi posse negat· nestor cōpone lites
I nt' pelide festinat 7 int' atride
H ūc amor· ira qde' cōmuniť urit utrūq;·
Q uicqd' delirāt reges plectunť achiui· [illegible]
S editione· dolis· scelere· atq; libidīe· 7 ira·
I liacos int' muros peccat' 7 extra·
[illegible] R ursus qd' u'tus· 7 qd' sapientia possit
V tile p̄posuit nobis exēplar ulixen·

7 *France 1218*

Paris, Bibliothèque de l'Arsenal, cod. 887 (33 B. L.). Vellum, 180 × 125 (145 × 80); ff. 24; one hand of text.

Contains: Horace, *Epistolae.*

Written in 1218. The colophon on f. 24^{b} reads: 'Explicit liber oracii flactii. Scriptus millesimo ducentesimo octavodecimo anno ab incarnacione domini. perfectusque nono kal. februarii';

At first sight this hand suggests a certain resemblance to that of Plate 113, a Spanish codex of 1188. The large initial *T*, for example, could easily have been Spanish; note the counter-clockwise tail of the upright stroke here and in Plate 113. However, even a cursory comparison of the two minuscules does not confirm the suggestion. In particular there are no Spanish spellings or abbreviations.

The upright letters, *b*, *h*, *l*, as well as the minimed letters, are heavily clubbed. The *d* is uncial. The *g* is tightly compressed. The loop of the *h* swings down and distinctly to the left below the line. Final *i*, or an *i* at the end of a group of minims, tends to be long and swept under to the left. Cf. *tunice* (line 1), *omisit* (line 3). The upright *s* is made in two strokes which do not always meet squarely, e.g. *dives* (line 11). Final *us* is sometimes a joined letter, e.g. *melius* (line 18). The *et* sign is occasionally used as a verb ending, e.g. *dissidet* (line 1). The ÷ for *est* is frequent. A minuscule *c̄* for *cum*, and *n̄* for *non*, occur not infrequently, an abbreviational pattern that is not common much later than this hand. The tironian *et* sign is uncrossed, the upper, horizontal stroke is wavy. The usual abbreviational sign for *m*, *n*, *er*, *re*, is a *z* reclining on its axis ↳. This sign develops soon into an open superscript ^{s}. In the *ct* combination, *sectum*, *pectus*, etc., the hard *t* has a distinct upper tip, whereas the soft *t*, *-tio*, *-tia*, appears always as *-cio*, *-cia*. Cf. *sedicione*, line 4 from bottom.

Transcription f. 3^{a}

Trita subest tunice. vel si toga dissidet impar
Rides. quid mea cum pugnat sentencia secum
Quod peciit spernit. repetit quod nuper omisit.
Estuat. et vite disconvenit ordine toto
Disruit edificat mutat quadrata rotundis
Insanire putas. sollempnia me. neque rides.~
Nec medici credis nec curatoris egere
A pretore dati. rerum tutela mearum
Cum sis. et prave sectum stomacheris ob unguem.
De te pendentis. te respicientis amici.~
Ad summam sapiens uno minor est iove. dives.
Liber. honoratus. pulcher. rex denique regum
Precipue sanus. nisi cum pituita molesta est.

Ad lollium Maximum.
Troiani belli scriptorem maxime lolli.
Dum tu declamas rome. preneste relegi.
Qui quid sit pulchrum. quid turpe. quid utile. quid non.
Plenius ac melius crisippo. et cantore . dicit.
Cur ita crediderim nisi quid te detinet audi.
Fabula qua paridis propter narratur amorem
Grecia barbarie lento collisa duello

[*Epistolae* I, I. 95–II. 7.]

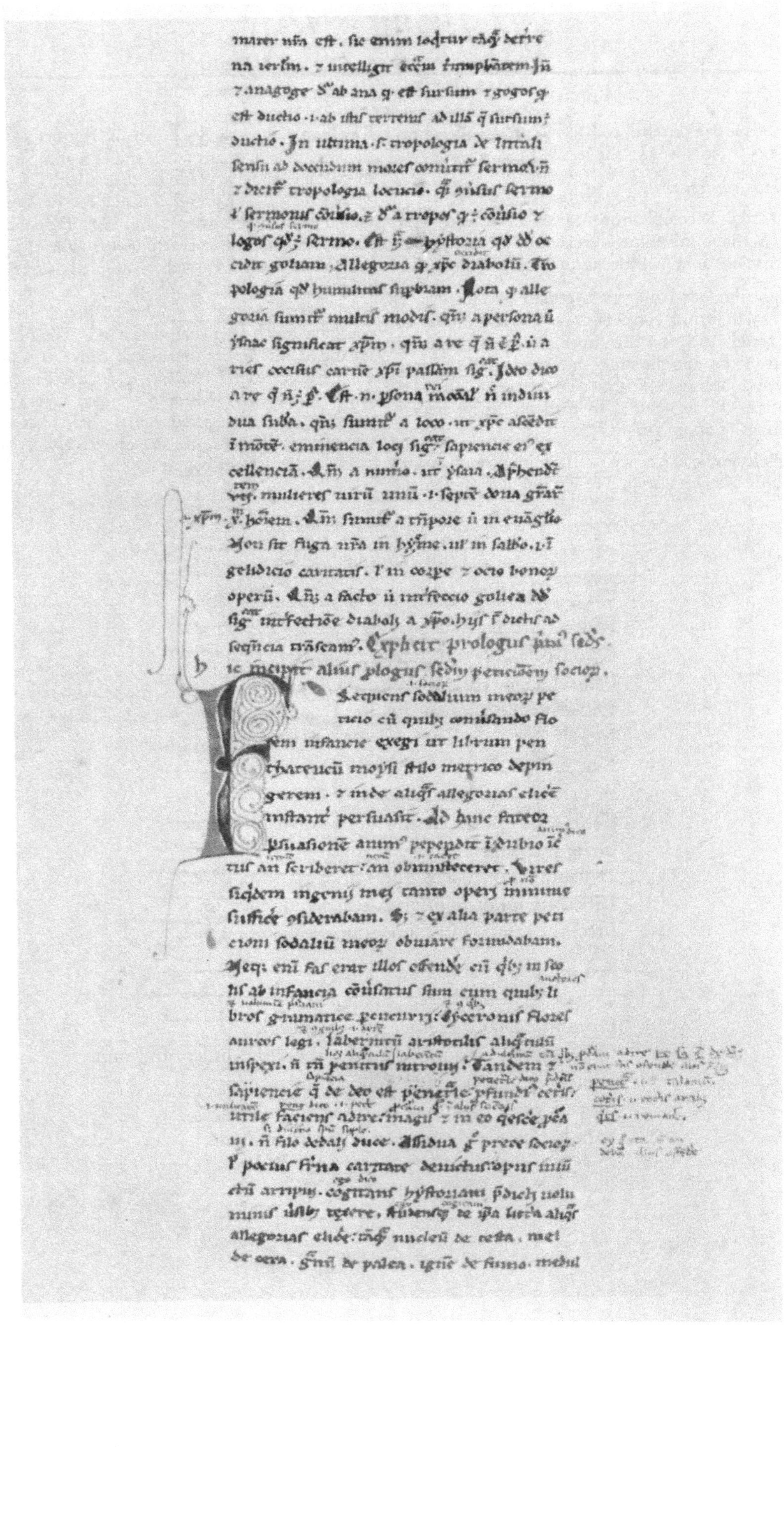
mater nostra est. sic enim loquitur ecclesia decre
na iersalem. et intelligitur ecclesia triumphantem. Item
et anagoge dicitur ab ana quod est sursum et gogos quod
est ductio .i. ab istis terrenis ad illa que sursum sunt
ductio. In ultima .s. tropologia de litterali
sensu ad docendum mores convertitur sermo. Unde
et dicitur tropologia locutio. quasi conversus sermo
vel sermonis conversio. et dicitur a tropos quod est conversio et
logos quod est sermo. Est igitur hystoria quod David oc
cidit goliam. Allegoria quod Christus diabolum. Tro
pologia quod humilitas superbiam. Nota quod alle
goria sumitur multis modis. quandoque a persona ut
ysaac significat Christum. quandoque a re que non est persona. ut a
ries occisus carnem Christi passam significat. Ideo dico
a re que non est persona. Est enim persona rationalis naturae individua
dua substantia. quandoque sumitur a loco. ut Christus ascendit
in montem. eminencia loci significat sapiencie eius ex
cellenciam. Aliquando a numero. ut ysaias. Apprehendent
septem mulieres virum unum .i. septem dona gratiae
Christum hominem. Aliquando sumitur a tempore ut in evangelio
Orate ut non fiat fuga vestra in hyeme. vel in sabbato. i. in
gelidicio caritatis. vel in corpore et ocio bonorum
operum. Aliquando a facto ut interfectio golie a David
significat interfectionem diaboli a Christo. hiis igitur dictis ad
sequencia transeamus. Explicit prologus primus sedis.
Hic incipit alius prologus sedis peticionem sociorum.

Sequentes sodalium meorum pe
ticio cum quibus conversando flo
rem infancie exegi ut librum pen
thateucum moysi stilo metrico depin
gerem. et inde aliquas allegorias elice
rem instanter persuasit. Ad hanc eorum
persuasionem animus pependit in dubio ie
tus an scriberet an obmutesceret. Vires
siquidem ingenii mei tanto operi minime
sufficere considerabam. Sed et ex alia parte peti
cioni sodalium meorum obviare formidabam.
Neque enim fas erat illos offendere cum quibus in sco
lis ab infancia conversatus sum cum quibus li
bros gramatice perlegi; ciceronis flores
aureos legi. labirintum aristotilis aliquantulum
inspexi. non tamen penitus introivi. Tandem et
sapiencie que de deo est penetralia profundius certis
utile faciens adire magis et in eo quiescere pe
nis. non filo dedali duce. Assidua igitur prece sociorum
vel potius sincera caritate devictus opus inum
ctum arripui. cogitans hystoriam predictis volu
minis illis texere. Eruendo de ipsa littera aliquas
allegorias elicere tamquam nucleum de testa. mel
de cera. granum de palea. ignem de fumo. medul

8 France 1232

Paris, Bibliothèque Nationale, lat. 8097 (olim 4144). Vellum, 225 × 145 (180 × 60); ff. 196+1; one hand.

Contains: Petrus de Riga, *Aurora.*

Written in 1232. The colophon on f. 195[b], in the hand of the text, reads: 'A litera que sequitur iacobum parit atque johannem. Gervasius de bauger scripsit turone Anno domini M° cc° xxx° secundo, mense maii. explicit hoc opus.' Baugé is in the Touraine, which explains the reference to Tours.

This precise script does not follow Parisian styles. Nevertheless some progress toward a more fluid ductus has been made. The *et* sign is seldom crossed, as it would have been in Paris at this period. We find both *ct* and *cc* (line 4 *ductio* and line 23 *interfeccio*). The *de, do, po* juncture, which is common in developed gothic, predominates, but there are exceptions when the letters are clearly separate (*de*, line 1, line 5 and *do* in *docendum*, line 6). The scribe rarely uses any *s* save the upright letter. The final downward stroke of *h, i, m* and *n* usually bends down and to the left. The ÷ for *est* is common, as frequently in French MSS. The finishing stroke of the *r* seldom joins the trunk of the letter, which is also a frequent occurrence in French MSS.

Transcription f. 2ª

mater nostra est. sic enim loquitur tamquam de terre
na ierosolem. et intelligit ecclesiam triumphantem. Inde
et anagoge dicitur ab ana quod est sursum et gogos quod
est ductio id est ab istis terrenis ad illam que sursum est
ductio. In ultima scilicet tropologia de litterali
sensu ad docendum mores convertitur sermo. Unde
et dicitur tropologia locucio. quasi conversus sermo
vel sermonis conversio. et dicitur a tropos quod est conversio et
logos quod est sermo. Est itaque hystoria quod david oc
cidit goliam. Allegoria quod Christus diabolum. Tro
pologia quod humilitas superbiam. Nota quod alle
goria sumitur multis modis. quandoque a persona ut
ysaac significat Christum. quandoque a re que non est persona ut a
ries occisus carnem Christi passam significat. Ideo dico
a re que non est persona. Est enim persona racionalis nec indivi
dua substancia. quandoque sumitur a loco. ut Christus ascendit
in montem. eminencia loci significat sapiencie eius ex
cellenciam. Quandoque a numero ut in ysaia. Aprehendunt
septem mulieres virum unum id est septem dona graciarum

[*P.L.* 212, ed. P. E. Beichner, *Aurora,* I (Notre Dame, Indiana, 1965), 6 f.]

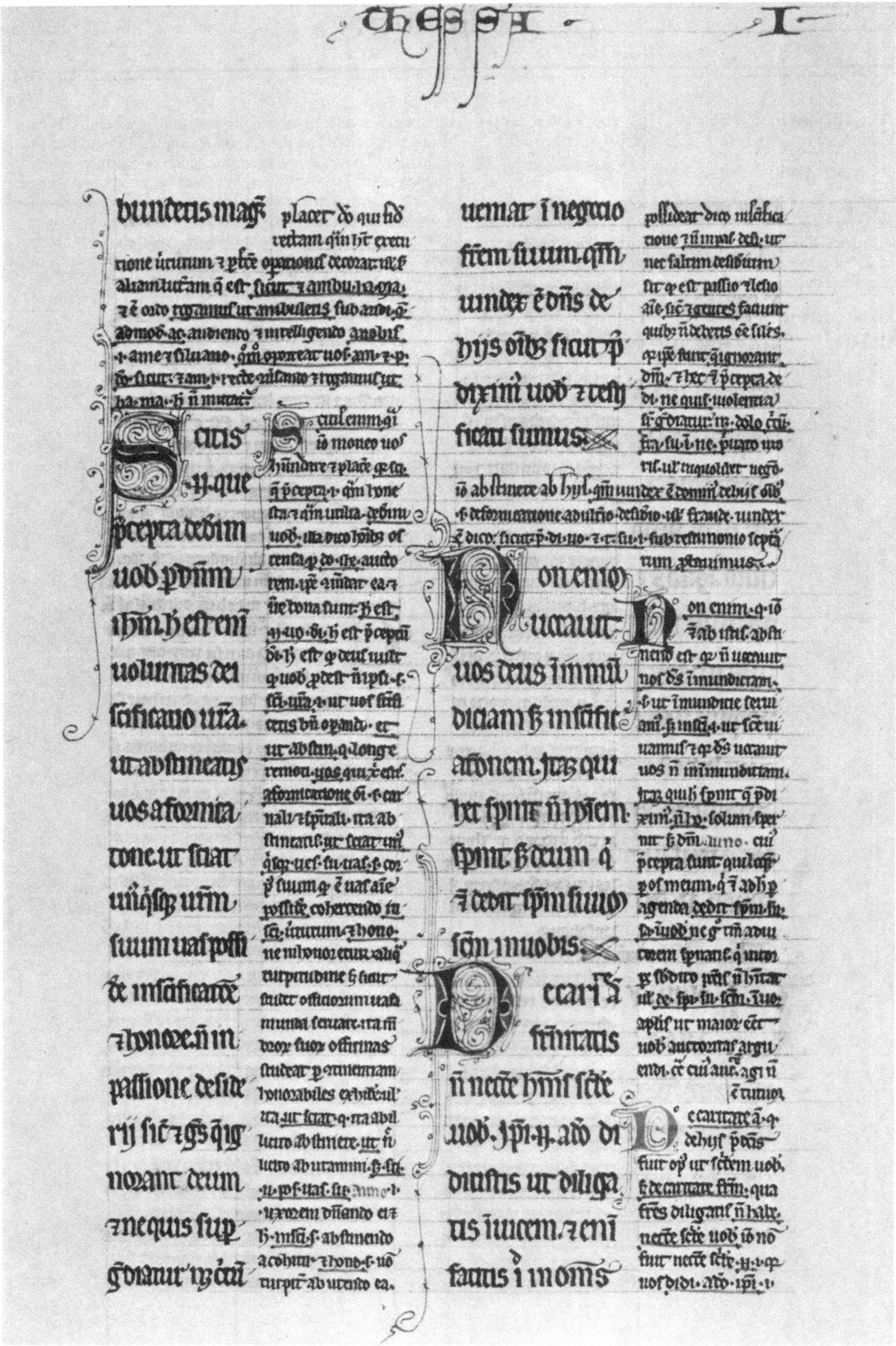

THES. I

abundetis magis. Scitis enim que precepta dederim vobis per dominum Ihesum. Hec est enim voluntas dei sanctificatio vestra. ut abstineatis vos a fornicatione. ut sciat unusquisque vestrum suum vas possidere in sanctificatione et honore. non in passione desiderii sicut et gentes que ignorant deum. et ne quis supergrediatur in negotio fratrem suum. quoniam vindex est dominus de hiis omnibus sicut predixi- mus vobis et testificati sumus. Non enim vocavit nos deus in immunditiam sed in sanctificationem. Itaque qui hec spernit non hominem spernit sed deum qui etiam dedit spiritum suum sanctum in vobis. De caritate fraternitatis non necesse habemus scribere vobis. ipsi enim a deo didicistis ut diligatis invicem. et enim facitis illud in omnes

9 France 1239

Paris, Bibliothèque Nationale, lat. 15239 (olim 238, 454, Sorbonne 184). Vellum, 405 × 280 (220 × 135); ff. 301; one hand.

Contains: Petrus Lombardus, *in Epistolas Pauli*.

Written in 1239. The colophon on f. 301^{D} reads: 'Expliciunt epistole beati pauli Finit Amen Finit B. de A. S. kalendas aprilis. Anno domini m^{o}. cc^{o}. xxxix.' There is no indication that the MS has ever been outside Paris. Everything about the codex—the vellum, the illumination, the colours, scrolls and floriation—is completely Parisian. The codex was without doubt a commercial product.

Our codex is a good example of developed calligraphic book gothic. The heavy clubbing, the shaded minims, the angularity, the short ascenders, the junctures, *de*, *ho*, *oe*, *oc*, *po*, are in the current gothic style. The large and the small scripts, the text and the gloss, are of course by the same hand, but it will be noticed that the bottoms of the minims in the larger script end straight, whereas the smaller script allows the more usual bend at the bottom of the *m*, *n*, *h* and *i*. Several smaller details may be noticed: the flourish at the top of the minuscule *l* (line 1 *placet*); the turned-under stroke of the *h* (line 4 *hiis*); the 2-shaped *con* sign initial, first column line 8 *conversando*; the crossed tironian *et* sign; the heavily clubbed *H* sign for *enim*, which soon disappears; the indifferent use of *ti* and *ci* for the soft sound, for which we find both *negotio* and *negocio*, line 1 and line 11 in gloss, although it seems clear that the scribe intended to use the *ti* spelling consistently at a time when in the schools *ci* was already the rule.

Transcription f. 229^{B}

veniat in negocio	possideat dico in sanctifica-
	tione et non in passione desiderii · ut
fratrem suum · quoniam	nec saltim desiderium
	sit quod est passio et lesio
vindex est dominus de	anime sicut et gentes faciunt
	quibus non debetis esse similes
hiis omnibus sicut pre-	quia ipse sunt que ignorant
	deum, et hec etiam precepta de-
diximus vobis et testi-	di ne quis violentia
	supergrediatur · neque dolo circumveniat
ficati sumus.	fratrem suum in negotio privato uxo-
	ris vel in quolibet negotio

ideo abstinete ab hiis. quoniam vindex est dominus de hiis omnibus
scilicet de fornicatione, adulterio, desiderio, vel fraude vindex
est dico sicut prediximus vobis et testificati sumus id est sub testimonio scriptura-

Non enim	rum probavimus
vocavit	Non enim. quasi ideo
	etiam ab istis absti-
nos deus in inmun	nendum est quia non vocavit
	nos deus inmundiciam.
diciam sed in sanctific	scilicet ut inmundicie servi-
	amus sed in sanctificacionem id est ut sancte vi-

[*P.L.* 192, 299 f.]

De remedio blasphemie.

perdidi, cui dicitur: blasphemia tua &c. Et cui dicitur: hanc enim animam non vult. Similiter aliquod remedium contra hoc vicium est occupatio que animum impleat contemptus blasphemie talis. Debet enim homo parum appreciare tales cogitationes.

[S]equitur de peccato murmuris. Est autem murmur locutio indebita in fratrem quod detrimentum vel fratrem aliquem. Spiritualiter dicemus de murmure quod fit contra dominum vel contra eum qui est loco ipsius. Dicemus autem hic in de hoc peccato. Primo ponemus ea que possunt valere ad detestationem ipsius. Secundo tangemus diversas divisiones murmuris. Tercio uero specialiter agemus de murmure claustralium. Quarto uero de remediis contra peccatum murmuris. Ad detestationem uero huius peccati primo possunt valere verba sacre scripture que dissuadent nobis hoc peccatum, ut est illud Sap. i. custodite uos a murmuratione que nichil prodest homini. Murmur quod fit contra ea que deus facit non prodest homini, immo plurimum nocet. Ideo enim propter murmur cessat tribulatio, scilicet que potuit esse meritorium propter murmur fit demeritorium. Et inquinatur homo unde debuit mundari, destruitur unde debuit emendari. Unde destruxisti eum ab emendatione vel emundatione, de quibus cantat ecclesia. Item Jo. vi. nolite murmurare ad invicem. Et i. ad Cor. x. neque murmuraveritis. Ad Phil. ii. omnia facite sine murmurationibus. Et i. Petr. iiii. hospitales invicem sine murmuratione. Secundo possunt valere ad detestationem huius peccati exempla, ut est exemplum Christi de quo Ysa. liii. quasi agnus coram tondente se obmutescet. Et Christus secundum Leonem non murmur resonat non querimonia. Et item: ecce homo sine querela. Et Sap. xviii. properans homo sine querela deprecari pro populis deferens servitutis sue scutum, scilicet orationem, et per incensum deprecationem allegans restitit. Luc. i. legitur de Zacharia et uxore eius quod erant iusti ambo ante dominum incedentes in omnibus mandatis et iustificationibus domini sine querela. Tercio potest valere ad detestationem huius peccati quod murmuratores maledicti sunt. Unde Eccli. xxviii. susurro et bilinguis maledictus, multos enim turbavit pacem habentes. Quarto potest valere ad detestationem huius peccati quod murmuratores odibiles sunt deo. Unde i. ad Ro. susurrones et detractores odibiles sunt deo. Quinto potest valere ad detestationem huius peccati quod nescimus quid nobis expediat. Aliquando enim magis expedit adversitas quam prosperitas. Ideo homo de adversitate murmurare non debet. Unde in Eccl. Non est dicere hoc melius illo, omnia enim tempore suo comprobabuntur. Sexto potest valere ad detestationem huius peccati quod sumus filii dei, et racione creationis et racione redemptionis.

Ad detestationem murmuris valet verba sacre scripture.

Exempla ad detestationem murmuris.

Non debemus murmurare quicquid placet sibi de nobis facere de nobis. B. iuste sibi vendicat meam vitam qui pro mea posuit suam. Apostolus: sive morimur sive vivimus domini sumus. Item: empti enim estis precio magno, glorificate et portate dominum in corpore vestro. i. ad Cor. vi. Aug. scit celestis medicus quid nobis datum sit ad consolationem et quid subtrahitur est per ademptionem. Non enim homo sine causa iumento suo cibaria subtrahit. Quarto detestatur hoc. Ysa. xlv. ve qui contradicit fictori suo et post. Numquid dicit lutum figulo suo quid facis. Et xxix. perversa est hec cogitatio quasi si lutum contra figulum cogitet et dicat opus factori suo non fecisti me. Septimo potest valere ad detestationem huius peccati vindicta quam dominus legitur sumpsisse de peccato isto. Legitur Maria soror Moysi lepra percussa propter peccatum murmuris. Murmurante populo contra dominum de labore: ignis domini devoravit extremam partem castrorum, ut legitur Num. xi. Propter peccatum istud Dathan et Abyron a terra absorti sunt, ut legitur Num. xvi. Et Chore igne consumptus est, ut legitur ibidem. Propter peccatum istud misit dominus serpentes ignitos in filios Israel. Propter peccatum istud maior pars filiorum Israel in deserto periit. Unde Num. xiiii. omnes qui a xx. annis et supra et murmurastis contra me non intrabitis terram super quam levavi manum meam ut habitare vos facerem, preter Caleph filium Iephone et Iosue filium Nun. Et ut breviter dicam sicut dicitur alibi de nulla re magis deum offendisse dicitur populus ille quam murmurando. De pena autem murmurancium in futuro dicit Iudas in epistola sua: hii sunt murmuratores querulosi secundum desideria sua ambulantes. Et postea infert penam dicens: quibus procella tenebrarum in eternum servata est. Gregorius: Regnum celorum nemo qui murmurat accipit, nemo qui accipit murmurare potest.

[S]equitur de divisionibus murmuris. Quarum tres ponere sufficiat. Prima talis est. Est murmur invidie, murmur superbie, murmur avaricie, murmur impatientie, murmur scientie. De primo legitur Matt. xx. Et accipientes murmurabant adversus patrem familias dicentes: hii novissimi una hora fecerunt et pares illos nobis fecisti qui portavimus pondus diei et estus. De secundo legitur Luc. vii. videns phariseus qui vocaverat eum ait intra se: hic si esset propheta sciret utique que et qualis est mulier que tangit eum quia peccatrix est. De tercio legitur Jo. xii. quare hoc unguentum non

B.

Aug.

Gg.

10 *France 1250*

Lyons, Bibliothèque de la Ville, 678 (591). Vellum, 230 × 180 (200 × 120); ff. 344; one hand of text.

Contains: Guillelmus Peraldus, *Summa de viciis et virtutibus.*

Written by Hugo de Turno at two different times, 1250 and 1259. On f. 152^D we read: 'Explicit de viciis. Anno domini M° cc° L°. Hugo de Turno.' It is not clear where this Turnus or Turnum may have been; it was one of the four Tournons in southern France. The Tournon on the Rhône in Valentinois suggests itself as most probable. Hugo is not otherwise known.

The script of this plate invites comparison with that of Plate 8. They are both erect squarish gothic bookhands. The Lyons MS, however, shows a development: it is more compressed, less uniform and regular, more highly abbreviated and in specific letters shows a greater departure from the romanesque. The angularity of the minims of *m*, *n*, *h* and *i* is more marked and there is more variety in the abbreviational signs for *er*, *re*, *ur*, e.g. *appreciare*, line 4; *dicitur*, line 1; *murmur*, line 1. Individual peculiarities, such as the tendency of the scribe of Plate 8 to curve the final stroke of his *h*, the *-que* sign inwards, toward the left, and the flourish to the right at the top of the ascenders, may be regarded as not significant. The crossing of the tironian *et* sign 7, sometimes regarded as indicative of origin north of the Alps, is found in both hands. The scribe of Plate 8 frequently omitted the cross stroke. Our scribe uses three forms of final *s*: the looped *s* that remains above the line (line 2 *nobis*); a looped *s* which ends below the line (column C, line 5 from bottom, *adversitas*); the erect *s* (column D, line 2 from bottom, *qualis*).

Transcription f. 140^D

non debemus murmurare quicquid placet sibi debet facere
de nobis. Bernardus iuste sibi vendicat meam
vitam qui pro mea posuit suam. Apostolus. sive
morimur sive vivimus domini sumus. Item empti enim
estis precio magno. Glorificate et portate deum in
corpore vestro 1^a ad Corinthios VI. Augustinus. scit celestis me-
dicus quid nobis daturus sit ad consolationem, et quid
subtracturus est per ademptionem non enim homo sine causa iumen-
to suo cibaria subtrahit vel detrahit Ysaie v. xl.
Ve qui contradicit factori suo et post non quid dicit lutum
figulo suo quid facis et xxix perversa est hec co-
gitatio quasi si lutum contra figulum cogitet et dicat
opus factori suo non fecisti me. v̊ii potest valere ad
detestationem huius peccati vindicta quam dominus legitur sumpsisse de peccato
isto legitur maria soror moysi lepra percussa propter
peccatum murmuris, murmurante etiam populo contra dominum de la-
bore ignis domini devoravit extremam partem
castrorum ut legitur iiii. xi. propter peccatum istud

[Ed. Basle, 1497, II, f. 141^c.]

et decene sexte est .x. partes .xxvi. min. Cum ergo aggre-
gantur decene partes sectionis orbis declivis, sunt .xxiii. tem-
pora .li. minuta. Portio autem decene septime est
.x. partes .xlv. min. Cum ergo aggregantur por-
tiones decenarum, erunt .vii. porti. cui simul est porti-
tum tropici, scilicet .xix. tempora .xxvi. min. et con-
venit ut sit portio .xc. que est totius quarte .xc. tempora.
Et per hoc manifestum est quod reliqua quarte similiter
sunt ita, in quarta continent quod continent ana-
foras orbis equationis diei erigitur super orizontem
locorum habitationum spere recte absque declinatione.
Expleta est dictio prima. Incipit secunda li-
bri almagesti ptholomei pheludensis cuius capi-
tula sunt tredecim. Capitulum primum eccccccccccc.
De scientia locorum habitabilium terre. Capitulum .ii. Qua-
liter sciantur quantitates arcuum circuli orizontis
qui sunt inter orbem equationis diei et orbem declivem
per quantitatem diei longioris dati. Capitulum .iii. Qua-
liter sciatur altitudo poli per hoc arcu cum ponuntur et
per quantitatem diei longioris cum fuerit datus et
econverso. Capitulum .iiii. Qualiter sciatur quando sunt in
habitantibus loca sub summitatem capitum quam
sol transit, et quotiens sit illud. Capitulum .v. Qua-
liter sciantur proportiones instrumentorum ad
umbras suas in equalitate diei, cum sint duo
temporum mediantibus per quedam que dixi cum fuerit da-
ta. Capitulum .vi. De modo perveniendi linearum orbium
equidistantium orbi equationis diei. Capitulum .vii. De
scientia eius quod elevatur de orbe equationis diei cum eo
quod elevatur de orbe signorum. Capitulum .viii. De
positione tabularum eius quod elevatur de orbe equationis
diei cum omnibus .x. partibus orbis signorum in locis orbi-
um equidistantium. Capitulum .ix. De divisione ali-
quarum scientiam elevationum et separationum earum.
Capitulum .x. De scientia angulorum provenientium
inter orbem signorum declivem et orbem meridiei. Ca-
pitulum .xi. De scientia angulorum provenientium inter or-
bem signorum et lineam circuli orizontis. Capitulum
.xii. De scientia angulorum provenientium inter orbem decli-
vem et orbem descriptum inter duos polos
orizontis. eccccccccccccccccccccccc
Capitulum .xiii. De positione tabularum ar-
cuum et angulorum quos narravimus in
orbibus equidistantibus. Capitulum p-
rimum de scientia habitabilium ter-
re. cccccccccccccccccccccccccc

ET POSTEA que narravimus
parte in dictione
prima almagesti
de summa totius et de
universitate que est in
eo sicut principia et
antecedentia eorum que
necessaria sunt et ea
que estimavimus
utilia in hac scientia ex eo que accidunt spere
recte. Studebimus ut ostendamus in sequentibus plu-
rima eorum que accidunt in orbe declivi, prout ei
possibile est. Et hic quoque est summa quam premittere
dignum est, est quod terra dividitur in quatuor quartas,
et separat orbis equationis diei et unus circulorum descrip-
torum super polos eius. Et quod una quartarum duarum septen-
trionalium continet fere totam habitationem quarum
summa illud autem duobus modis declaratur, quorum unus est
per latitudinem que est spatium quod est a meridie ad septen-
trionem, quoniam umbre instrumentorum quibus fit con-
sideratio in equalitate noctis et diei in mediantibus
diei in omni loco declinatio erit ad septentrionem,
neque umquam declinabit ad meridiem. Alter est per
longitudinem que est spatium quod est ab oriente ad
occidentem, quoniam eclipsis ex tempore lunares que sunt
in hora una videntur illis qui habitant in extremi-
tate orientis terre habitabilis quasi similiter et ex-
tremitate occidentis eius non differentes ne-
que sibi sequentes plus .xii. horis equalibus. Totius
spatium terre in longitudine est .xii. horarum,
quod una medietatum orbis equationis diei compre-
hendit. Divisiones autem eius oportet nos sci-
re et quod estimamus conveniens ei quod est necessarium in hoc
libro, scilicet scientiam eius quod accidit in locis habitabilibus que
sunt sub uno quoque orbium equidistantium et equidistan-
tium orbi equationis diei, et hoc est quanta sit lon-
gitudo duorum polorum spere prime ab orizonte, et quantum
in sit longitudo puncti quod est super summitatem ca-
pitum a orbe meridiei ab orbe equationis di-
ei, et in quibus locis currit sol super summitatem capi-
tum, et quando et quotiens sit illud, et que sit proportio instru-
mentorum ad umbras suas, post quam consideratur in equa-
litate diei cum duobus temporibus in mediantibus

11 France 1263

Paris, Bibliothèque Nationale, lat. 16200 (olim 884). Vellum, 330 × 240 (220 × 135); ff. 192; one hand of text.

Contains: Almagestum Ptolemei.

Written in Paris in 1263. At the top of the verso of the second guard leaf appear the words: 'Iste liber fuit scriptus ad exemplar beati Victoris parisiensis anno domini M° cc°lxiii mense decembri.'

This codex is the work of a practised scribe. The gothic hand is here in its full vigour. The letters are tightly compressed and, as distinguished from Plates 8 (1232) and 9 (1239), it would appear that often two letters were written without the pen being raised from the vellum; e.g. *es, id, en, ta, te.* Juncture appears copiously. The ascenders are all capped, line 7 from bottom, *orbem.* The scribe prefers the uncial *d* almost to the exclusion of the erect letter. The simple uncrossed tironian *et* appears, line 1; as frequently *et* is written out. In some respects the marginal cursive is more characteristic both of the date and of French provenance than the calligraphic hand of the text. It is of course quite possible that both marginalia and text are by the same scribe. In the marginalia, quite compressed and jabby, the two *r*'s, the forked *r* and the loop from the *o*, as well as the 7 sign (*et*), the ÷ (*est*) and the turned in tail of the *h, m,* and *n,* are very French. A comparison with Plate 37 (1240) will show some similarity, perhaps explained by the fact that the scribe of the Basle MS had studied at Paris.

Transcription f. 15[A]

et decene sexte est .x. tempora et xvi. minuta. Cum ergo aggre
gantur decene partis secunde orbis declivis sunt xxix. tem
pora et liiii. minuta. Portio autem decene septime est
decem tempora. et lv. minuta. Quapropter cum aggregantur por
tiones decenarum tercie xii. partium. cuius finis est punc
tum tropici sunt xxxii. tempora et xvi. minuta et con
venit ut sit portio xc. que est tocius quarte xc. tempora.
Et propter hoc manifestum est quod relique quarte similiter
sunt. Unamquamque enim quartam comitatur. quod comitatur aliam.
Ideoque orbis equationis diei exigitur super orizontem
hominum inhabitantium speram rectam absque declinatione.
Expleta est editio prima. Incipit secunda li
bri Almagesti ptholomei phludensis cuius capi-
Capitulum primum tula sunt tredecim
De sciencia locorum habitabilium terre. Capitulum .ii. Qua
liter sciantur quantitates arcuum circuli orizontis.
qui sunt inter orbem equationis diei et orbem declivem
propter quantitatem diei longioris dati. Capitulum .iii. Qua

[Ed. Venice, 1515, f. 11^{a-b}.]

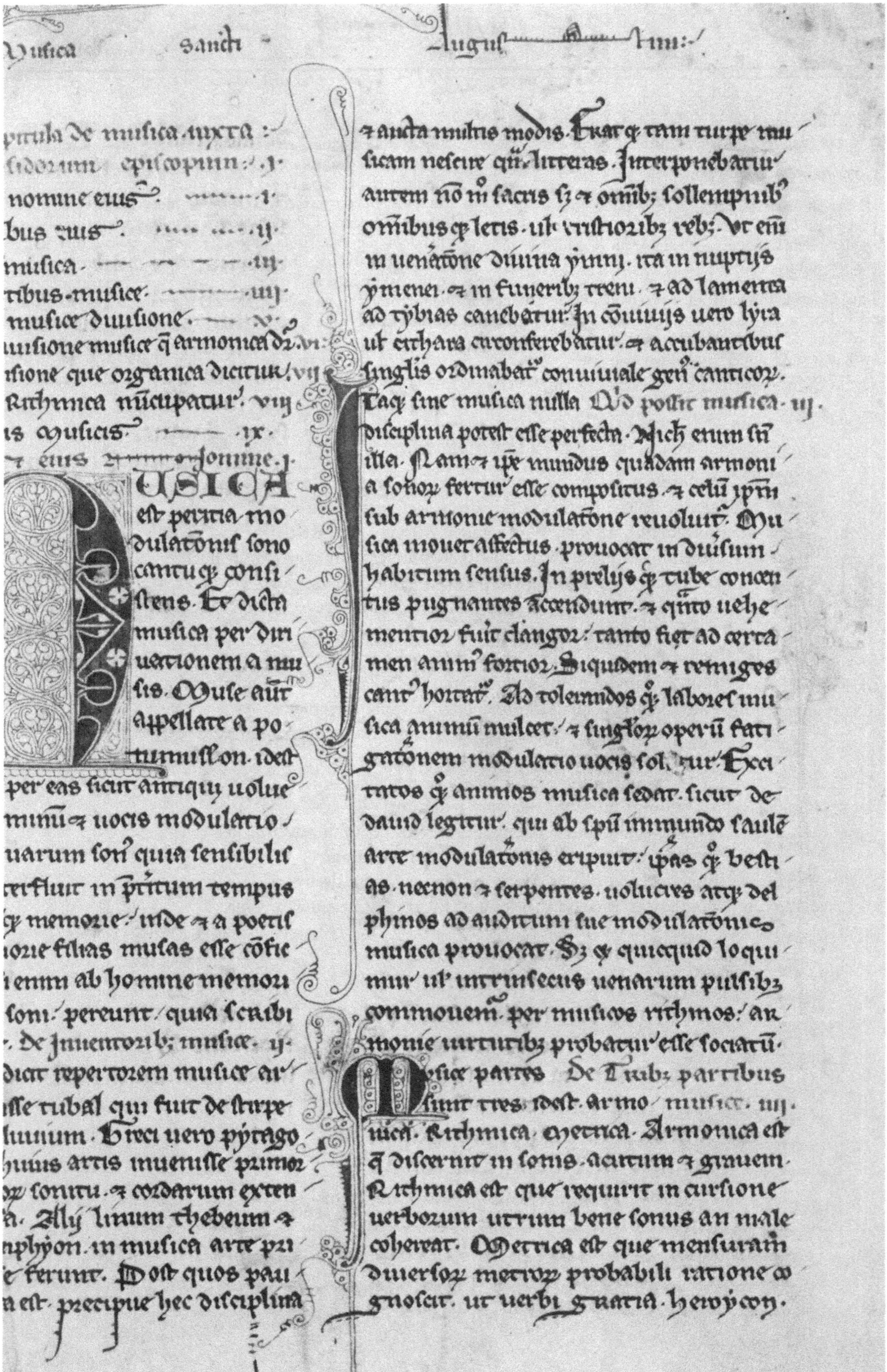

Capitula de musica iuxta :
Isidorum episcopum. i.
nomine eius. i.
bus eius. ii.
musica. iii.
tibus musice. iiii.
musice diuisione. v.
uisione musice que armonica dicitur. vi
isione que organica dicitur. vii
Rithmica nuncupatur. viii
is musicis. ix.
& eius ... sonum. i.

MUSICA est peritia modulationis sono cantuque consistens. Et dicta musica per diriuationem a musis. Muse autem appellate a po tutmusson. idest
per eas sicut antiqui uolue
minum & uocis modulatio
uarum soni quia sensibilis
terfluit in preteritum tempus
que memorie. inde & a poetis
morie filias musas esse confic
i enim ab homine memoria
soni. pereunt. quia scribi
. De inuentoribus musice. ii.
dicit repertorem musice ar
isse tubal qui fuit de stirpe
luuium. Greci uero pytago
huius artis inuenisse primor
orum sonitu & cordarum exten
a. Alii linum thebeum &
nphyon. in musica arte pri
e ferunt. Post quos pau
a est. precipue hec disciplina

& aucta multis modis. Erat que tam turpe musicam nescire quam litteras. Interponebatur autem non modo in sacris sed & omnibus sollempnibus omnibus que letis. uel tristioribus rebus. Ut enim in ueneratione diuina ymni. ita in nuptiis ymenei. & in funeribus treni. & ad lamenta ad tybias canebatur. In conuiuiis uero lyra uel cithara circumferebatur. & accubantibus singlis ordinabatur conuiuiale genus canticorum. Itaque sine musica nulla. Quid possit musica. iii. disciplina potest esse perfecta. Nichil enim sine illa. Nam & ipse mundus quadam armonia sonorum fertur esse compositus. & celum ipsum sub armonie modulatione reuoluitur. Musica mouet affectus. prouocat in diuersum habitum sensus. In preliis quoque tube concentus pugnantes accendunt. & quanto uehementior fuit clangor. tanto fiet ad certamen animus fortior. Siquidem & remiges cantus hortatur. Ad tolerandos quoque labores musica animum mulcet. & singulorum operum fatigationem modulatio uocis solatur. Excitatos quoque animos musica sedat. sicut de dauid legitur. qui ab spiritu immundo saulem arte modulationis eripuit. Ipsas quoque bestias necnon & serpentes. uolucres atque delphinos ad auditum sue modulationis musica prouocat. Sed & quicquid loquimur uel intrinsecus uenarum pulsibus commouemur. per musicos rithmos. armonie uirtutibus probatur esse sociatum.

Musice partes. De tribus partibus musice. iiii.
sunt tres. idest. armonica. rithmica. metrica. Armonica est que discernit in sonis acutum & grauem. Rithmica est que requirit in cursione uerborum utrum bene sonus an male coheireat. Metrica est que mensuram diuersorum metrorum probabili ratione cognoscit. ut uerbi gratia. heroycon.

12 *France* 1277

Brussels, Bibliothèque Royale, lat. II, 2297 (1116). Vellum, 360 × 255 (232 × 175); ff. 268; one hand, text and glosses.

Contains: Varia SS. Augustini et Isidori.

Written at the monastery of Sancta Maria de Camberone in the diocese of Liége. On f. 178[D] we read: 'Frater Johannes dictus Toussens monachus de Camberone et sacerdos scripsit hunc librum Anno domini M° cc° Septuagesimo Septimo.' The name Camberone occurs in a number of places in the MS, e.g. ff. 194[a], 200[a].

This script is from one of the better disciplined scriptoria of the French Lowlands. It is indeed so well disciplined as to show the beginning of the decline of the gothic script. There are many details which show French influence: the looped *r* following an *o* or a *p*, the forked ascenders, *b*, *h*, *l*, the backward swing of the final downstroke of the *h*, *m* and *n*, the peculiar break at the top of the main stroke of the *a*, an obvious effort to reproduce the angularity of the early gothic, of which the scribe may well have had examples before him. The early influence is also shown in the occasional use of the ampersand, line 13 from bottom. The *i* is rarely dotted. One may note regional influence in spelling (column [B] line 8 *circonferebatur*, elsewhere *secondum*). The double-looped *s* is almost always used in final position, though the erect *s* does appear (column A, line 16 from bottom, *sensibilis*). The deterioration is further shown in the frequent flourishes, especially in the capitals. The elaborately illuminated *M* could not have been done in the first half of the century and would not, at any time, have been done by a Paris scribe, whom the marginal design would probably have shocked. The tironian *et* sign is regularly crossed.

Transcription f. 1[B]

et aucta multis modis. Eratque tam turpe mu-
sicam nescire quam litteras. Interponebatur
autem non modo sacris sed et omnibus sollempnibus
omnibusque letis, vel tristioribus rebus. Ut enim
in veneratione divina ymni, ita in nuptiis
ymenei, et in funeribus treni, et ad lamenta
ad tybias canebatur. In conviviis vero lyra
vel cithara circonferebatur et accubantibus
singulis ordinabatur conviviale genus canticorum.
Itaque sine musica nulla   Quid possit musica iii.
disciplina potest esse perfecta. Nichil enim sine
illa. Nam et ipse mundus quadam armoni-
a sonorum fertur esse compositus et celum ipsum
sub armonie modulatione revolvitur. Mu-
sica movet affectus, provocat in diversum
habitum sensus. In preliis quoque tube concen-
tus pugnantes accendunt et quanto vehe-
mentior fuerit clangor tanto fiet ad certa-
men animus fortior. Siquidem et remiges
cantus hortatur. Ad tolerandos quoque labores mu-

[*P.L.* 82, 163 f. Isidore of Seville, *De musica.*]

obediendo est. quia qui maledixerit patri [illegible] mala morte morietur. Vel patere patri [illegible] voluntarie quod pater ut [illegible] Beneficii accepti memor esto. id est in memoria habe beneficia accepta. et quod tibi datum est [illegible] dono [illegible] vel officio datoris in [illegible] tempore possis remunerare. Unde sic Augustinus dicit [illegible] beneficiorum accepta immemor. et iniuriarum recordator [illegible] quod penitus [illegible] et quod [illegible] propellens.

[illegible] iudex id est alius non [illegible] iudicare [illegible] dampnare [illegible] [illegible] iudicio [illegible] accusatum dampnat [illegible] Nolite iudicare et non iudicabimini. Illud stude agere quod iustum est. Illud quod bonum est [illegible] mala fuge et devita nec non iusticie adhereas etc.

Si deus. Finito prologo [illegible] accedit ad tractatum metrum. [illegible] quatuor libros [illegible] et una de quatuor virtutibus cardinalibus. primo tempore Si deus [illegible] iusticiam [illegible] prudentia. Tercio tempore [illegible] fortitudo. Quarto tempore [illegible] temperancia. Sciens [illegible] quod omne bonum a patre luminum procedit [illegible] ad deum adorare [illegible] [illegible]

[illegible]

Si deus est animus
nobis ut carmina dicunt
Hic tibi precipue sit
pura mente colendus.

[illegible] Augustinus de civitate dei [illegible] [illegible] hoc [illegible] colendus [illegible]

Plus vigila. Monet nos auctor quod plus vigilemus quam dormiamus. Unde Jeronimus. Maledictus [illegible] negligenter [illegible] [illegible]

[illegible]

Plus vigila semper ne sompno deditus esto
Nam diuturna quies vitiis alimenta ministrat.

Virtutem. Monuit auctor [illegible] refrenare linguam [illegible] multa mala [illegible]

[illegible]

Virtutem primam esse puta compescere linguam
Proximus ille deo est qui scit ratione tacere

Sperne. Hic monet nos auctor quod nos [illegible]

[illegible]

13 France 1289

Paris, Bibliothèque Nationale, lat. 15158 (olim St Victor 657). Vellum, 210 × 135 (185 × 115); ff. 65; one hand, text and gloss.

Contains: Cato commentatus, Theodolus, *Eclogi*, Prudentius.

Written, probably in Paris, by Johannes dictus de curia. The colophon on f. 64^{b} reads: 'Anno millesimo ducentesimo octogesimo nono perfectus est liber iste a Johanne dicto de curia. Cui senatus angelici post cursum vite sue sanctorumque martyrum Confessorum Martyrum virginum patriarcharum prophetarum celestiumque omnium concedantur.' The name of the scribe occurs also on f. 34^{a}.

This MS has been studied by scholars interested in classical and pseudo-classical texts. See R. Stettiner, *Die illustrierten Prudentiushandschriften* (Berlin, 1895), pp. 144–8, facsimile 197–9, 200–1; Paul Lehmann, *Pseudo-antike Literatur d. Mittelalters* (Leipzig, 1927), pp. 93, 104, and plate V with miniature of Ovid's *De remediis amoris*; J. Winstedt, 'Notes on the MSS of Prudentius' in *Journal of Philology*, XXIX, 166 ff.

The script is very distinctively French. The scribe has had much chancery training and practice. Even when he writes the text of his author in what would usually have been a bold gothic, to make it stand out from the commentarial discourse, it has a round and flowing character that betrays his cursive habits. With the soft penna, to which chancery scribes were accustomed, the shading was inevitable, and his slight pressure at the beginning of all downward strokes gives a rhythmic appearance to the ductus. The forked *r*, which we look for in French cursive hands, is abundantly present (line 1 *matri* and *morte*). It will be remarked that the French forked *r* does not go below the line. The *r* attached to a preceding *o* occurs occasionally, but is awkwardly made (line 4 *recordator*). The last stroke of the minuscule *d* should be compared with a similarly stroked English chancery *d*. The French stroke is usually straighter and it is more likely that the pen has been lifted at the bottom of the lower loop, than brought down heavily to close the loop, e.g. line 3 *quod* and *datum*, and at the end of the line, *dicit*. The medial *9* sign for *con* or *cun* is generally French, *digt*, in the text in the middle of the page, *quigque* for *quicumque* line 12. We find ÷ (line 3 *est*) and the high upper looped *a* in the first line. It is late for these two signs, which would lead us to conclude that the scribe was at least middle-aged. Flourishes of the tail of the *g* and the small capitals *M*, *N*, *P*, *S*, etc. are to be expected of a trained chancery hand. The *et* sign occurs both crossed and uncrossed (line 7). Both forms of final *s* are found, the erect and the looped, e.g. line 11 *alias* and *contentas*.

Transcription f. 3^{a}

obediendo eis quia qui maledixerit patri et matri mala morte morietur.
Vel parentes pacienter vince. Id est fac
voluntarie quod pater vel mater iniunxerit tibi. Beneficii accepti memor
esto, id est in memoria habe beneficia accep
ta et quod tibi datum est ut dono consimili vel officio datorem in aliquo
tempore possis remunerare. Quia sicut Augustinus dicit: Animus
beneficii accepti immemor et iniuriarum recordator est quasi penu fecem
retinens et quod est liquidum procul pellens
Minime iudica, id est aliquem non condempna. Iudicare enim condampnare
est quando regit accusativum quando dictum signat proficere
Unde versus iudico condampno tibi iudico commoda quero. accusativus
dampnat prodestque scecundus unde: Nolite iudicare et non
iudicabimini. Illud stude agere quod iustum est. Illud quod bonum est et
utile et ita ultimo docet omnia ma
la fugere et virtuti nec non iusticie adherere.

Si deus. Finito prologo prosaico aggreditur ac tractatum metricum et de
eadem materia. Iste enim tractatus in iiii^{or}
partes dividitur secundum quod sunt quatuor libri et in quolibet est una
de quattuor virtutibus cardinalibus. primus incipit Si deus
et continet iusticiam et alias sub se contentas. secunda incipit tellure et
continet prudenciam. Tercius incipit hoc quicunque
et continet fortitudinem. Quartus incipit securam quicunque et continet
temperanciam. Sciens actor quod omne bonum a patre
luminum procedit primo et principaliter incipit ad deum quem precipit
adorare quam aliud faciamus. Iuxta illud primum querite regnum dei
Nota quod tria faciunt nos advocare deum scilicet auctoritas quia poete
in suis principiis invocabant. Unde Ovidius in remediis: Te precor
Incipiens assit tua laurea nobis. Secunda causa necessitas. Unde
sine me nichil potestis facere. Ergo quia sine ipso nichil
potest fieri oportet nos deum invocare. Tercia causa est racio quia qui habet
racionem omnia credat fieri a summo culmine rerum quo nisi consulto ni
chil est quod sydera possint. Hec videns actor deum monet adorare et
invocare. Et hoc est in gravi materia quoniam deus non debet invoca
ri a nobis nisi in ardua materia. Unde Horacius: Nec deus intersit nisi
dignus vindice nodus. De iusticia agit hic primo actor quoniam

[*The Distichs of Cato*, ed. W. J. Chase (Madison, Wis., 1922), 16–43.]

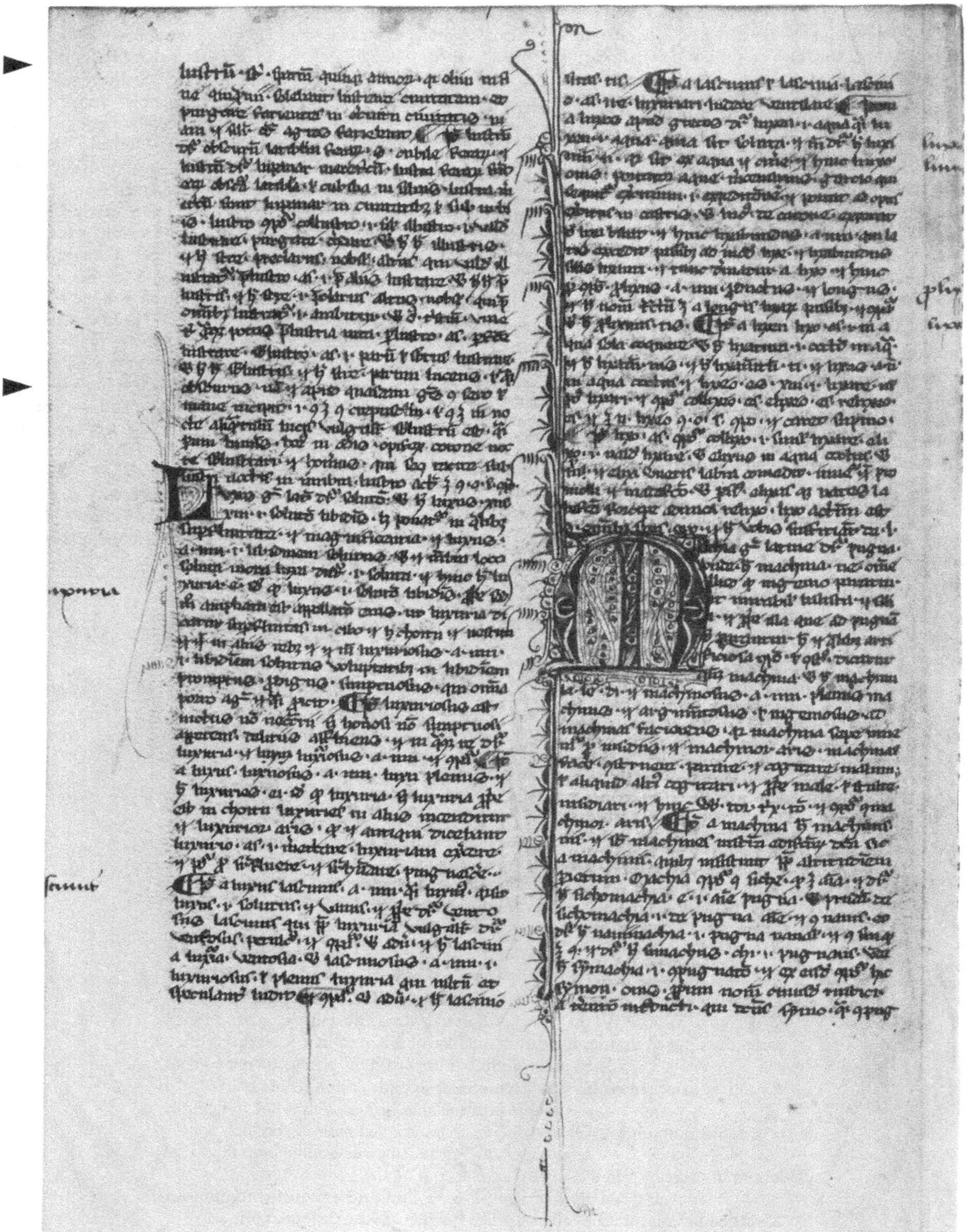

14 France 1298

Paris, Bibliothèque Nationale, lat. 16678 (olim Sorbonne 1573, Blaisy 2923). Vellum, 235 × 175 (165–85 × 125); ff. 213; three hands.

Contains: I Boethius and Macrobius, II Hugutio, *Derivationes* (in two coeval hands).

Written at Bolebec (Seine-Inférieure). The colophon on f. 212^{D} reads: 'Laus tibi sit christe quoniam labor explicit iste. Iste liber [*name scratched out*] clerici qui fuit perfectus apud bolebecum propria manu sua. Anno domini M^{o} cc^{o} nonagesimo octavo in principio maii. Deo gracias.'

The highly technical subject matter of this MS presents some difficulties to the reader. Lexicographical abbreviations are somewhat specialized and the scribe of our codex was apparently in something of a hurry. He may not always have understood what he was writing. As Hugutio took over much of his material from his predecessors Papias and Osbern without having seen their sources, so the scribe has been at some distance from Hugutio's sources.

The script itself is vigorous, but developed. Several details may be remarked upon. We find both the looped *s* and the erect *s*, but the looped letter is more frequent. It is bulgy, outsize and withal graceless. Ascenders and descenders are short. The ascender of the ∂ hardly rises above the line. Juncture *po*, *bo*, is beginning to appear. The *9* sign is used for an internal *cum*, e.g. *circumdare* line 10. The ÷ has become, under the pressure of speed, } lines 19 and 23. The floriation in the large initials, *L* and *M*, has lost the precision and execution that we found as recently as 1277 in plate 12.

Transcription f. 135^{C}

lustrum sunt. spatium quinque annorum quia olim in fi
ne quinquenii solebant lustrare civitatem et
purgare facientes in circuitu civitatis vi
am et similiter circa agros faciebant. Item lustrum
dicitur obscurum latibulum ferarum scilicet cubile ferarum et
lustrum dicitur lupanar meretricum. lustra ferarum sunt
earum obscura latibilia vel cubilia in silvis. lustra mer
etricum sunt lupanar in civitatibus vel suburbi
is. lustro componitur collustro id est simul illustro id est valde
lustrare, purgare, circumdare. Unde hic hec illustris
et hoc -stre, preclarus, nobilis, altus qui valde ill
ustratur prelustro -as, id est pre aliis lustrare. Unde hic hec pre
lustris et hoc -stre id est preclarus, altus, nobilis qui pre
omnibus lustratur id est ambitur Unde ovidius tristium vive
tur quantumcunque potes prelustria vita perlustro -as perfecte
lustrare sublustro -as, id est parum vel subtus lustrare.
Unde hic hec sublustris et hoc -stre parum lucens vel quasi
obscurus, nam et apud quasdam gentes cum sero vel

[Unpublished.]

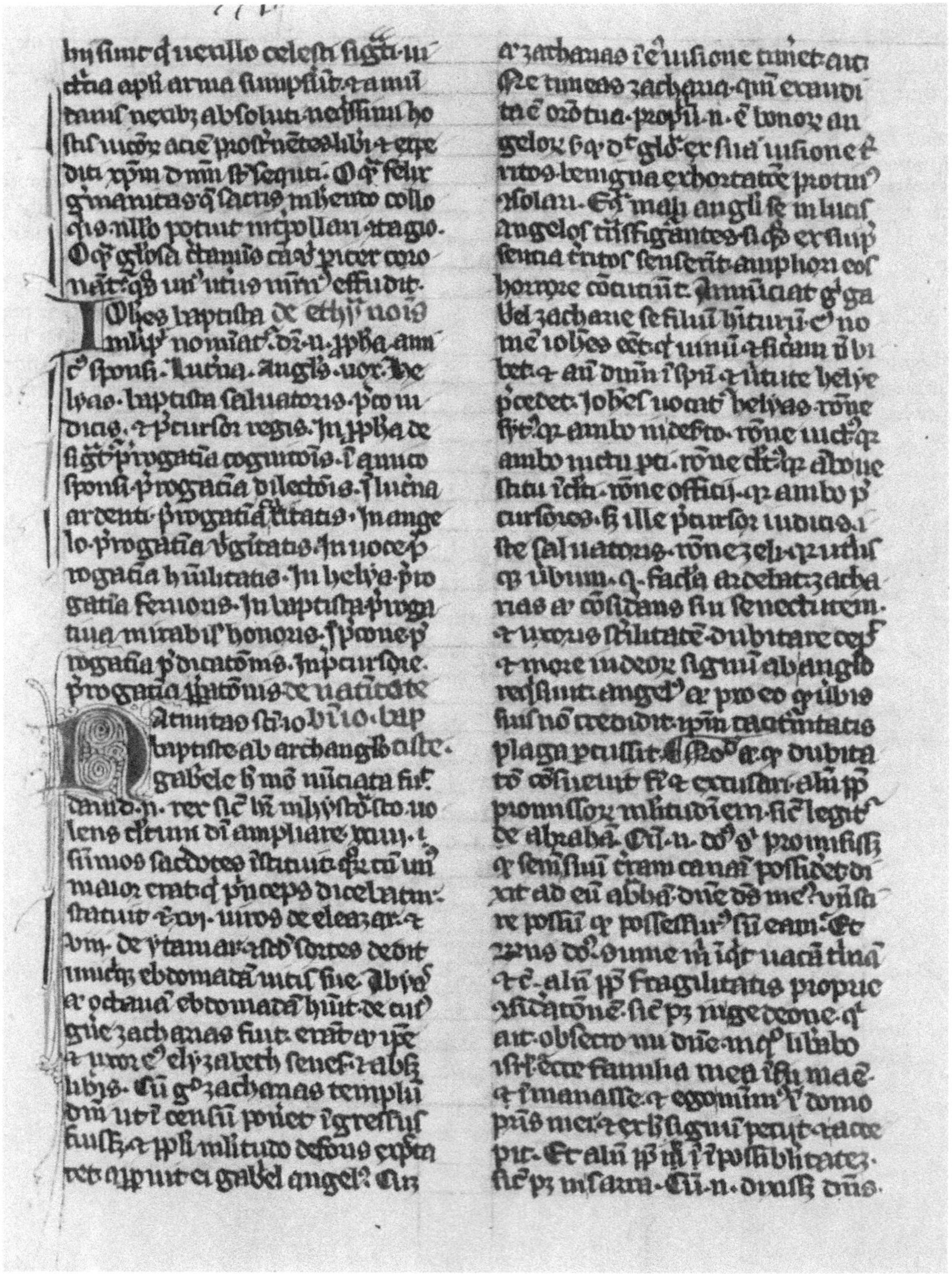

byssime quod nec ullo celesti signo in
dicta apostoli arma sumpserunt et a mun
danis nexibus absoluti nequissimi ho
stis uiolentiam acie prosternentes alibi et expe
diti xpistum dominum sunt sequuti. O quam felix
generositas quam sacris inherendo collo
quiis nullo potuit inquinari contagio.
O quam gloriosa claritas cuius precium coro
natus quod unus uitis uinum effudit.
Iohannes baptista de eius nominis
multiplex nominatur. dicitur enim propheta, ami
cus sponsi, lucerna, angelus, uox, he
lyas, baptista saluatoris, preco iu
dicis, et precursor regis. In propheta de
signatur prerogatiua cognitionis. In amico
sponsi prerogatiua dilectionis. In lucerna
ardenti prerogatiua caritatis. In ange
lo prerogatiua uirginitatis. In uoce pre
rogatiua humilitatis. In helya pro
gatiua feruoris. In baptista preroga
tiua mirabilis honoris. In precone pre
rogatiua predicationis. In precursore
prerogatiua preparationis. De natiuitate
Natiuitas sancti iohannis bap
baptiste ab archangelo ga
briele hoc modo nunciata fuit.
Dauid rex sicut legitur in hystoria scolastica uo
lens cultum dei ampliare xxiiii sum
mos sacerdotes instituit quorum tamen unus
maior erat qui princeps sacerdotum dicebatur.
Instituit enim xvi uiros de eleazar et
viii de ythamar et per sortes dedit
unicuique ebdomadam uicis sue. Abye
autem octaua ebdomada obtigit de cuius
genere zacharias fuit. erant autem ipse
et uxor eius elyzabeth senes et absque
liberis. Cum igitur zacharias templum
domini ut incensum poneret ingressus
fuisset et populi multitudo deforis expecta
ret apparuit ei gabriel angelus. Cum

que zacharias in eius uisione timeret ait
Ne timeas zacharia, quoniam exaudi
ta est oratio tua. Proprium enim est bonorum an
gelorum, sicut dicit glossa, ex sui uisione ter
ritos benigna exhortatione protinus
consolari. Econtra mali angeli se in lucis
angelos transfigurantes si quos ex sui pre
sentia territos senserint, ampliori eos
horrore concutiunt. Annuntiat igitur ga
briel zacharie se filium habiturum, cuius no
men Iohannes erit, qui uinum et siceram non bi
bet, et ante dominum in spiritu et uirtute helye
precedet. Iohannes uocatur helyas ratione
situs, quia ambo in deserto; ratione uictus, quia
ambo uictu paruo; ratione cultus, quia ambo ue
stitu inculto; ratione officii, quia ambo pre
cursores, hic ille precursor iudicis, i
ste saluatoris; ratione zeli, quia uerbum eius
quasi facula ardebat. Zacha
rias autem considerans suam senectutem
et uxoris sterilitatem dubitare cepit
et more iudeorum signum ab angelo
requisiuit. Angelus autem pro eo quod uerbis
suis non credidit ipsum taciturnitatis
plaga percussit. Notandum autem quod dubita
tio consueuit fieri et excusari aliquando propter
promissorum magnitudinem, sicut legitur
de abraham. Cum enim dominus ei promisisset
quod semen suum terram chanaan possideret di
xit ad eum abraham: domine deus meus, unde sci
re possum quod possessurus sim eam? Et
respondit dominus: sume mihi inquit uaccam trien
nem etc. Aliquando propter fragilitatis proprie
considerationem, sicut patet in gedeone qui
ait: obsecro mi domine, in quo liberabo
israhel? ecce familia mea infima est in
manasse et ego minimus in domo
patris mei; et ideo signum petiit et acce
pit. Et aliquando propter impossibilitatem,
sicut patet in sarra. Cum enim dixisset dominus.

15 France 1312

London, British Museum, Add. 11882. From library of Dr Butler. Vellum, 240 × 175 (175 × 118); ff. 313; one hand of text.

Contains: Jacobus de Voragine, *Legenda sanctorum.*

Written in Paris. The colophon, f. 312[D], reads: 'Explicit legenda sanctorum que fuit scripta finaliter anno domini millesimo cccxii die mercurii quinta die iulii qua die eclipsis solis in tercia parte sui.' At the bottom of this column, in a cursive hand, the scribe has written: 'Parisius anno domini M° ccc° xii Qui te furtive capiet semper sit ei ve.'

This is the work of a practised scribe, whose script leans to the heavier monastic style. He has got beyond calligraphic gothic and his lines are never quite precise, though his doubling of the strokes that join such combinations as *po, bo, be,* i.e. juncture, is orthodox gothic practice. The *a* is made in an unorthodox fashion, i.e. in three strokes, the first vertical, and shorter than the second vertical stroke which starts from the left at the top of the first, shorter stroke. A short, lighter stroke follows crossing slightly above the middle. This third, transverse stroke is made at a slight angle from the horizontal. The two vertical strokes do not always join, e.g. line 2 *arma.* Ascenders are short and tipped with a light horizontal stroke of the pen (line 1 *vexillo*). Both the erect and the double-looped final *s* occur (right-hand column line 7 *angelos transfigurantes*). The looped *s* is made in two strokes, a reversed 3 and a 3. The 3, the second stroke, is placed slightly higher than the reversed 3. The facing medial tips do not always meet, e.g. line 10 *nominis.* The scribe allows himself some short-cuts that would hardly have been permitted a half-century before. The *de* is frequently made in three strokes, the descender of the *d* continuing to form the whole lower member of the *e* by bending on the way down, e.g. right-hand column, line 7 from bottom, *gedeone.* The same procedure is followed in the combination *do.* A similar short-cut may be noticed in the juncture between *b* and the first stroke of the *a* (right-hand column, line 6 from bottom, *liberabo*). The same ligature occurs in the *da* (column A, line 7 from bottom, *ebdomadam*).

Transcription f. 127[A]

De nativitate beati iohannis baptiste

hii sunt qui vexillo celesti signati vi-
ctricia apostoli arma sumpserunt et a mun-
danis nexibus absoluti, nequissimi ho
stis viciorum aciem prosternentes liberi et expe-
diti christum dominum sunt sequti. O quam felix
germanitas, que sacris inherendo collo-
quiis nullo potuit interpollari contagio.
O quam gloriosa certaminis causa, ubi pariter coro-
nantur, quos unus uterus maternus effudit.
Iohannes baptista de ethymologia nominis
multipliciter nominatur, dicitur enim propheta, ami-
cus sponsi, Lucerna, Angelus, vox, He-
lyas, baptista salvatoris, preco iu-
dicis et precursor regis. In propheta de-
signatur prerogativa cognitionis in amico
sponsi prerogativa dilectionis. In lucerna
ardenti prerogativa caritatis. In ange-
lo prerogativa virginitatis. In voce pre
rogativa humilitatis. In Helya prero
gativa fervoris. In baptista preroga-
tiva mirabilis honoris. In precone pre
rogativa predicationis. In precursore
prerogativa preparationis. De nativitate

[Ed. Th. Graesse, *Legenda sanctorum* (Breslau, 1890), p. 356, ch. LXXXVI.]

[illegible]

Dixit dominus etc. Hic sequitur ... [illegible] ... de sacerdotio ... ista divisio non ... [illegible] ... multa alia ... [illegible] ... in bello ... lameth ... [illegible] ... de materia huius psalmi ... [illegible] ... gratiarum actio pro victoria ... Abrahe ... [illegible] ... exponunt ... Dixit dominus domino meo ... Eliezer ... [illegible] ... domino meo ... sede a dextris meis ... in bello contra Amraphel et alios qui erant cum eo ... donec ponam inimicos tuos ... reges ... scabellum pedum tuorum ... plenam victoriam ... [illegible]

16 *France* 1329

Vatican City, Biblioteca Apostolica, Vat. lat. 162. Vellum, 305 × 240 (250 × 195); ff. 91; one hand of text.

Contains: Nicholas of Lyra, *in Psalmos.*

Written in Paris by Gervasius Wallence in 1329. The colophon on f. 89^{D} reads: 'Explicit postillas super librum psalmorum edita a fratre Nicholao de lyra de ordine fratrum minorum. sacre theologie doctore. anno domini M^{o} c^{o}c^{o}c^{o} xxvi^{o}. Iste liber scriptus qui scripsit sit benedictus anno domini millesimo ccc^{o} vicesimo nono a gervasio Wallence apud parisius.'

The scribe of this compressed and hurried text would not appear to have had any noticeable chancery practice, nor, on the other hand, had he acquired the calligraphic perfection demanded of liturgical scribes. His few essays in formal gothic are awkward. He was, however, at home in scholastic and theological subject matter and has written a business-like, competent text, intended to get as much material on a page as possible and at the same time give an impression of clarity. The text is highly but conventionally abbreviated, and should have presented no difficulty to the initiate. The strokes serving as abbreviational signs are seldom precise. The suprascript *a* tends to be a wavy line; the *-er, -re* sign, so carefully delineated in Plates 10–14, tends to be a single diagonal jab of the pen, at times completely indistinguishable from the *-m, -n* sign. The *a* is the single Carolingian loop, the *g* is very French, with a horizontal tail made from left to right. The scribe uses the looped *s*, made by bringing together a reversed 3 and a normal 3 (Ƹ3). Note *sicud*, column B, line 6 from bottom. For a final *s*, however, the scribe prefers the upright style. Internally as well as initially *9* is used for *con* or *cun*, e.g. *dicunt*, column D line 8. The tironian *et* sign is lightly crossed, somewhat diagonally. We do not find any genuine juncture, though overlapping not infrequently gives the appearance of juncture.

Transcription f. 70^{D}

Dixit dominus etc. hic incipit secunda pars principalis in e-
executione huius libri sicud dictum fuit a principio in qua agitur
de sacerdotio christi tamen ista divisio non precisa quia cum
hoc tractantur multa alia. Sed est per reductionem
ad istud quod in hoc psalmo tangitur cui premittitur talis titulus
in hebreo psalmus david. Sed preponitur litera lamech ad designan
dum quod david est dativi casus et sic apparet actor psalmi huius quia ap
propriatur ipsi david sicud actori. de materia vero huius psalmi dicunt aliqui hebrei
quod est graciarum actio pro victoria divinitus concessa abrahe a quattuor re
gibus ut habetur plenius gen. xiiii. et sic exponunt quod dicitur in principio, dixit
dominus domino meo ut sit verba elyezer servi abrahe dicentis dixit dominus. id est.
deus qui est dominus omnium, domino meo scilicet abrahe. sede a dextris meis, id est sis
securrus de protectione mea in bello contra ammraphel et alios qui erant cum
eo. donec ponam inmicos tuos, id est reges predictos qui dicuntur inimici abrahe
eo quod captivaverant loth nepotem suum, scabellum pedum tuorum
habendo de eis plenam victoriam et sic convenienter applicant literam ad suum
propositum prout possunt. alii vero hebrei dicunt quod est graciarum actio ipsius
david de hoc quod dominus eum assecuravit in persecutione saulis quod non traderetur in manibus
eius et sic cum dicitur dixit dominus etc. verbum est ipsius david dicentis pro graciarum
actione dixit dominus. id est. deus dixit mihi. domino meo. id est. pro meo domino saule me

[Ed. Lyons, 1509, f. o vi^{a}.]

II MACHABEOR

[Exp]licit postilla fr[atr]is N. de lyra super p[r]imu[m] libr[um] [Machab]eorum. Incipit secundus liber. i. ca[pitulum]

[F]ratribus qui sunt per egiptum iu deis. Liber iste secundus machabeorum quedam est abbreviacio compilationum magni voluminis a iasone cyreneo conscripti lectoris quinque libros particulares in quibus facta iude machabei et fratrum eius diffuse tractantur ut in libro ponitur et statuitur ut patet ex fine capituli secundi. ut quamptatem predicti voluminis magnum non possent et quia eius prolixitate attediati essent lege sumpendium possent hec de facili et sine tedio legendo. Sunt autem hec compilacio facta tempore demetrii secundi. ut magis videbitur Iste iudeis habitantibus in egipto ab illis qui in iudea. qui cum hi in huius libri principio monuerunt eos aliquas sollempnitates sui que ab eis fuerant venerabiliter institute. Igitur iste in duas partes dividitur. secundum prologum et cetera qui incipit tercio. Ca. In prima vero parte ponitur invitacio ad observanciam duplicis ... tangitur materia huius libri. ... ibi. De iuda vero machabeo. Circa primum ... capitant illorum quibus scribunt ... invitant eos ad festa dupli ... ibi. Regnante demetrio. Circa primum ... ibi. Factum igitur. Circa primum ... duplicater eorum benivolenciam. Secundo ... salutando. et pro eis suppliciter exorando benefaciat nobis. Circa primum dicitur. Fratribus quod est nomen amicabile. nam fratres dicuntur ... vocant eos fratres eo quod erant de gente et sub eadem lege. qui sunt per egiptum iudeis. Secundum dicitur. ptholomeus enim lagi qui post alexandrum magnum primus regnavit in egipto sicut supradictum dictum est in primo libro multos iudeos captivavit. quorum aliquos ... ptholomeus philadelphus ei succedens ... favorem. hic instruxit qui libros ... secundum aliquos totum vetus testamentum transferri de hebreo in grecum. multi tamen in egipto manserunt. et presenti tempore acquisierunt temporalia et per ptholomeum ... multiplicati. quibus iudeis manentes in iudea scripto salvabitur. Salutem dicunt fratres et cetera et pacem. nam bona gracia eligibilior est pace.

Benefaciat. hic consequenter captant eorum benevolenciam pro eis exorando. dicitur. benefaciat nobis. in spiritualibus et temporalibus. et meminit ut dicit augustinus in enchiridion. et faciatis eius voluntatem per effectum in cultu ... corde magno et animo volenti. quia deo non placent sacrificia coacta. Secundo ... adaperiat cor vestrum in lege sua. studenda et intelligenda. et in preceptis suis. operare adimplendis. et faciat pacem. ut vacare talibus valeatis. exaudiat orationes vestras. nobis condescendendo et reconcilietur nobis. peccata preterita remittendo. nec vos deserat in tempore malo. nos in tribulacionibus. Et nunc hic ... in iudea ... sumus orantes pro nobis. quasi dicat ita debetis orare pro nobis et acquiescere petitionibus nostris. Manet de sollempnitatibus devotis. Regnante demetrio. hic consequenter invitat eos ad observanciam duplicis festi. Secundo ponitur ibi. et dicemus igitur. Prima in tres quia primo ponitur eorum invitacio. secundo dicti confirmacio. ibi anno. et cetera tercio invitacio conclusio ibi. Factum igitur. Circa primum notatur tempus cum dicitur. Regnante demetrio et cetera. dicit hic glosa interlinearis quod iste fuit demetrius filius seleuci. qui regnavit tempore iude machabei. ut patet septimo capitulo primi libri. Sed huic dicto manifeste contradicit quod sequitur. anno clxix. hic autem demetrius ante tempus hoc fuit mortuus. Nam filius eius intravit regnum patris sui suorum anno clxii. ut habetur in primo libro x. capitulo et ante ipsum regnavit alexander duobus annis. qui interfecerat patrem suum ut patet in principio eiusdem capituli. Iste vero demetrius filius primi demetrii regnavit usque ad annum centesimum lxxi. in quo fuit captus a ... ut habetur in primo libro xiii. capitulo. ex quo patet quod iste demetrius filius primi demetrii adhuc regnabat anno clxix. et ideo quod dicitur hic. regnante demetrio anno clxix. intelligitur de ipso. Iste vero in captionem suam cum symone summo sacerdote et gente iudeorum renovavit amicicias. et concessit ei plures libertates et privilegia quam ante concesserat ipse vel pater. nec alii reges predecessores sui. ut habetur in xi capitulo primi libri ... ablatum est iugum gencium ab israel. et fuit populus in magna leticia et in pace bona toto tempore symonis. et sic est ... ut dicit super locum istum dominus hugo cardinalis. quod illo tempore scripserunt iudeis habitantibus in egipto de sollempnitatibus istis recipiendis. licet tempore iude primum festum fuit institutum non tamen a iudeis in egipto manentibus receptum. ut patet ex eius epistola sequente in qua nulla fit mencio de hoc festo. licet scribatur iudeis manentibus in egipto. nos iudei. manentes in ierusalem et iudea. scripsimus nobis. de sollempnitatibus hic contentis. et de aliis in hoc libro scriptis. Sed contra hoc obicitur. quia sicut dictum est hic scripserunt adepta libertate tempore symonis et demetrio regnante hoc autem fuit anno clxx. ut habetur xiii. ca. i. libri. Ad hoc potest dici quod hoc negocium fuit inchoatum anno clxix. et consummatum anno sequenti. hic autem ponitur dicto per tempore inchoacionis. ibi vero per tempore consummacionis. dicitur autem. nos iudei. et cetera quia idem populus fuit ipse

17 *France* 1343

Paris, Bibliothèque Nationale, lat. 461 (olim 220, 3592). Vellum, 325 × 500 (205 × 310); ff. 341; two hands of text. Script reduced by one-sixth.

Contains: Nicholas of Lyra, *Postillae in Ysaiam*, *Parabolas*, *Cantica canticorum*, *Esdram et Machabeos*.

Written at Paris. The colophon on f. 336^{C} reads: 'Actum Parisius Anno domini Mº cccº xxxxiiiº kalendas aprilis.' A note immediately below the colophon states that this codex was presented to Louis XII.

This codex was clearly intended to be a showpiece. The scribe was a skilful artist, with excellent control of shading and line. His models were the handsome liturgical and biblical gothic of which the preceding century has left so many examples. Careful as the scribe was, however, the lateness of the script is quickly evident. There is hardly a word that does not show flourishes of which the script of the more vigorous thirteenth century was free. No chance is missed of finishing off a letter with a serif or two. The underlining of quotations would seem to be old. The -*bus* sign in *Fratribus*, column C line 3, the cross bar of the *t* of *sunt*, line 3, and even a medial point with a pendant illustrate the proneness of the scribe to finish his letters with a flourish. The former gracefully looped 2-shaped *r*, off the *b*, *d*, *o* or *p*, has become, e.g. *exteriori* (line 2 of second column), a three-stroke angular figure. The *a*, which in pure gothic is made by the bottom loop in one counter-clockwise stroke completed by a clockwise stroke closing the opening, has now become a rectangle, with a light stroke crossing from left to right half-way from the bottom (column D line 1 *faciatis*). The *9* sign, so graceful and chaste in early and middle gothic, has become frequently a shaded *2*. The scribe preferred the double-looped final *s*. The juncture of the upright strokes of the *de*, *do*, *pe*, *po*, etc. is very common (column D line 2 *corde*, column D line 7 *condescendendo*).

Transcription f. 270^{D}

ut dicit Augustinus in enchiridion. et faciatis eius volunta-
tem per effectum in cultu exteriori. corde magno et animo
volenti. quia deo non placent sacrificia coacta, sed volun-
taria. adaperiat cor nostrum in lege sua. studenda et intel-
ligenda. et in preceptis suis opere adimplendis. et faciat
pacem. ut vacare talibus valeatis. exaudiat oraciones
vestras. vobis condescendendo. et reconcilietur vobis.
peccata preterita remittendo. nec vos deserat in tempore
malo. vos in tribulacionibus. et nunc hic. id est in ierusalem et
iudea. sumus orantes pro nobis. quasi dicant, ita debetis
orare pro nobis et acquiescere peticionibus nostris. maxi-
me de sollempnitatibus devotis. Regnante demetrio.
hic consequenter invitat eos ad observanciam duplicis festi. se-
cundum ponitur ibi. et diem ignis prima in tres quia
primo ponitur eorum invitacio. secundo dicti confirma-
cio ibi. anno, scilicet; tercio intenta conclusio ibi. Factum
igitur. circa primum notatur tempus cum dicitur. re-
gnante demetrio et cetera. dicit. Hic glosa rabani quod iste

[Ed. Basle, 1498, vol. IV, 114.]

18 *France 1356*

Paris, Bibliothèque Nationale, lat. 15977. Vellum, 280 × 210 (155 × 230); ff. 130; one hand.

Contains: Thomas Bradwardine, *De Causa Dei.*

Written at Paris. The colophon on f. 129^D^ reads: 'Explicit liber primus scriptus parisius anno domini M° ccc° 56° die veneris post festum sancti dyonisii. Vinum scriptori tradatur de meliori.' On f. 130^b^ we find: 'Iste liber est pauperum scolarium de Sorbona ex legato magistri Johannis Gorre de parisius doctoris in theologia quondam socii huius domus precii 7 florenorum de florencia.'

With this hand all pretence of calligraphy has vanished. The script of this school has its own order, which is one of speed and utility. It is not far removed from the school hand of Plate 15, but has acquired a more cursive cast. Many letters are connected, particularly if there are any minuscule minims, as *i*, *m*, *n*, *u*. The *e* does not join the following letter because the last stroke of the letter is the downward completing stroke which ends in the middle of the writing space. Our scribe has two and perhaps three *r*'s: a conventional gothic letter, *irracionalis* (column B line 1); the looped *r* from *o*, *p* (column B line 5 *superiori*); and, more rarely, what seems to be the forked *r* mentioned previously as typically French, e.g. column B line 1 *res*. See Plate 12 above. The *9* sign is used for *con* and internally, as in *digt* (*dicunt*) column A line 13, for *cun*. On this page the double-looped final *s* predominates, made out of a reversed 3, its points joined by a curved stroke, e.g. column B line 14 *nos*. Elsewhere in the MS a final *s* is made by a clockwise lower loop, continuing upwards to loop around and form the upper loop, 6. This type of *s* will appear frequently from this time forward, not only in French MSS but also in English and German hands. See f. 5^B^, line 14, *omnis*. The *et* sign, with the vertical member slightly askew, is an individual trait.

*Transcription f. 109^A^*

patet ex 3° huius et 4°. Patet similiter ex 27 et sequentibus com 10 huius plane
et gracia similiter faciat eciam prius natura quam creatura racionalis patet. patet per 40^m^ et 4^m^
huiusmodi. Quod autem deus prius naturaliter quam creatura racionalis in bona faccione amborum
in quibus non concesserit, concesso quod gracia dei ibi prius naturaliter faciat quam huiusmodi
creatura. Quis enim vel leviter ą cogitabit graciam dei creatam prius
naturaliter agere in accione eis communi quam eius auctorem quam eius et omnium
primum motorem? Hec idem raciones et auctoritates 35^i^ huius et sequencium
et specialiter gregorius super ezechielem allegata superius satis probant relique vero
partes secuntur lucide ex premissis. Patent quoque creberrime in scriptura
sacra et in tractatoribus huiusmodi sacris qui mixtim et indifferenter affirmant
nunc graciam dei facere opera nostra bona et nunc deum ista pro eodem
habentes, exponentes quoque sacram scripturam dicentem dei graciam facere
in homine actum bonum dicunt sepissime deum facere illum actum et similiter
e contrario volentes quoque ostendere deum facere bonos actus
humanos ostendunt dei graciam illos facere et econtra, sicud multe auctoritates
in capitulis premissis et alibi in sacra scriptura et in scriptis sanctorum planissime
contestantur quas non oportebat hic tangere quia nedum dili
genti eciam negligenti lectori se offerunt copiose

[Ed. H. Savile, London, 1618, pp. 373 f.]

porta urbe condita opulenta iam adeo multis magnisque cladibus consumptam ut vix omnis
etatis ·20· milia civium super superessent continuo sedit exercitus bruciorum. Itaque urbe vastata
facile potiti sunt hostes. Et locrenses prodita multitudine per principes ad penos et bru-
cios defecerunt. Reginum tantummodo de regione illa in fide romanorum manserunt usque ad ulti-
mum potestatis. Hec inclinatio animorum ad penos in siciliam pervenit itaut nec domus
quidem Jeronis regis tota abstinuit a defectione nam filius eius maior nomine Gelo ad
penos transiit contempto patre et societate romana movisset que res in sicilia nisi mors oportu-
na participasset cum sollicitante adeo multitudine ad defectionem ut patrem quoque sibi
suspicione aspergeret. Exactu anno Q. fabius maximus a senatu postulavit ut edem
veneris ericine quod dictator voverat dedicari liceret senatus concessit creatis ad hoc a
plebe duumviris Tito sempronio iam consule designato et emilio lepido qui tercio consul
atque augur fuerat ludi etiam multiplices funebres et gladiatorum atque ludi
plebey renovati sunt rome.

·[illegible]· ·[illegible]· ·[illegible]· ·319·

Philippus macedonum rex impulsus ordine demetrii regis illiriorum ommissis
etholis romanis bellum inferret minus negotii existimans secundum Justinum libro 29. quia
eos iam victos ad transmittendum latum audierat ne multis bellis detineretur pacem cum
etholis facit non quasi bellum alio translaturus sed ut consultus quieti grecie co-
minus in maiori fuisse periculo affirmabat hoc precepto finito cum etholis bello
nichil aliud quam romanorum penorumque bella respiciens singulorum opperiebatur vires.
Onerato secundum titum livium belli punici anno tertio Titus sempronius fidibus marty
mirit magistratum pretores quoque fulvius flaccus flaccus urbanam. M. valerius levinus peregri-
nam sorte in iurisdictione. flaccus enim inter cives, levinus inter cives et peregrinos
iudicium exercebat. Appius claudius pulcher siciliam. Q. mucius scevola sar-
diniam sortiti sunt. M. marcello imperium pro consule esse iussit populus quia post cannen-
sem cladem solus prospere rem gessisset. senatus etiam decrevit ut quo die duplex
tributum imperaretur medietas statim solveretur ex quo stipendium presens daretur mi-
litibus omnibus preter eos qui militassent ad cannas. Inde quo ad exercitus decretum
est ita ut titus sempronius duabus legionibus urbanis sibi assignatis diem ad conveni-
endum ad cales urbe sic vocatum ediceret. deinde fere legiones urbane in castra
claudii supra suessulam ducerentur. legiones vero ibi erant Appius claudius pul-
cher in sicilia ita ut que ibi erant roma remitteret legiones ad exercitu-
um edicta erat dies ut convenirent cales. M. marcellus missus est. Idemque iussus
est in castra claudiana. castra que ibi erant deducere legiones urbanas ad veterem
exercitum ducendas in siciliam. ab appio claudio missus est. T. metilius croto le-
gatus de comitiis atque consule unde dilatum est negotium usque in reditum M.
marcellus que pro ceteris habere velle populus videbatur. post cuius reditum habitis
comitiis pro consule sempronium ingenti consensu populi M. marcellus L. postumio
consuli mortuo subrogatur. Cum consulatum iniisset augures vicio
creatum asserebantque patres deorum cordi esse ut duo plebey consules haberentur. Quo
se ingratum abdicavit. subfectus est etiam tertio consul Q. fabius maximus verru-
cosus. Eo anno arsit mare et ad urbe Sinuessam bos equulum peperit ymaginis

19 *France* 1367

Paris, Bibliothèque Nationale, lat. 16018 (olim 742, 1079). Vellum, 320 × 235 (260 × 165); ff. 269; one hand.

Contains: Nicholas Treveth, *Historia ab urbe condita.*

Written by Iudocus Ghisel. The colophon on f. 268ᵇ reads: 'Expliciunt annales ab origine mundi descripti a fratre Nicholao Treveth ordinis fratrum predicatorum secundum annos in scriptura sancta annotatos secundum translacionem beati Jeronimi ex hebraica veritate. Scripte per manus Judoci Ghisel anno domini M° ccc° sexagesimo septimo mensis septembris.' The codex, according to an early-fifteenth-century note on f. 1ᵇ, was given to the Sorbonne by a Magister Guillelmus de Sequavilla, cantor of Paris and canon and citizen of Rouen. The scribe's name would indicate north French provenance.

The French tendency toward the bâtarde shading is confirmed in this hurried book script. It will be noticed, line 9 *sollicitantem*, how the long *s* is made. The stroke starts from the top and is retraced upward from the bottom and curved over to the right. The *f* is of course made in the same way. The long descenders have a tendency to be heavier in the middle than at the bottom, e.g. line 5 *defecerunt*. The initial stroke of the *e* and the *o* tends to arise out of the preceding letter, e.g. line 7 *Regis*, *defectione*, line 16 *Macedonum*. The final *s* is, as we have seen before, made of an erect stroke completed by a 3 to give the appearance of a double loop. The short forked French *r* is prominent. Flourishes are noticeable throughout.

Transcription f. 155ᵇ

Ab origine mundi Ab urbe condita Grecorum Quinte etatis

grecam urbem quondam opulentam iam adeo multis magnisque cladibus consumptam ut vix omnis
etatis · 20 milia civium ~~supp~~ superessent circumsedit exercitus bruciorum. Itaque urbe vastata
facile portiti sunt hostes. Et locrenses perdita multitudine per principes ad penos et bru
cios defecerunt. Regini tantummodo de regione illa in fide romanorum manserunt usque ad ulti
mum potestatis. Hec inclinatio animorum ad penos in siciliam pervenit ita ut nec domus
quidem Jeronis Regis tota abstinuerit a defectione nam filius eius maior nomine Gelo ad
penos transiit contempto patre et societate romana movissetque res in sicilia nisi mors oportu
na preoccupasset eum sollicitantem adeo multitudinem ad defectionem ut patrem quoque ~~su~~
suspicione aspergeret. Exitu anni Q. Fabius maximus a senatu postulavit ut edem
veneris ericine quam dictator noverat dedicari liceret senatus concessit creatis ad hoc a
plebe duumviris. Tito sempronio iam consule designato et emulio lepido qui censor
~~aurg~~ augurque fuerat ludi eciam multiplices funebres et gladiatorum aliique ludi
plebeii renovati sunt rome.

· 3737· · 537· · 4· 96· · 374·

Philippus Macedonum Rex impulsus oracione demetrii regis illiriorum omissis
etholis romanis bellum inferret minus negotii existimans secundum Justinum libro 29 quod
eos iam victos ad transimenum lacum audierat ne multis bellis detinentur pacem cum
etholis facit non quasi bellum alio translaturus Sed ut consulturus quieti grecie quam

[Unpublished.]

ueri materia quarti se
cietatis circa istam conclusionem
verum eukaristia sit sacra
mentum · consistit in tuo uia
corporis et sanguinis sub
signis · loquatur sub speciebus
panis et vini continentur et
arguo quod non tibi medius
et ps sic omne sacramentum est verum signum
sed eukaristia non est verum signum ergo non
est sacramentum et per quod quod sequitur quia et
maior patet sed minor probatur quia in omni sa
cramento concurrunt duo tamquam partes essentiales
scilicet materia et forma et forma que est ag
gregatio verborum sic patet in baptismo et in aliis
sacramentis sed in eukaristia esset sacramen
tum ibi est materia a forma verborum sed ibi forma
verborum que assignatur non est verba quia
illud est signum verum quia patet sed forma
verborum · una ista forma que assignatur
in consecratione panis · hoc est corpus meum
sed hoc verbum est falsa ergo probatur minor quia
istud pronomen ego significat illum qui
loquitur · cum dicit ego dico vobis et ita istud
pronomen possessivum meum significat illum
qui loquitur hoc est corpus meum et per quod cum
sacerdos profert illa proponentem uel aliud si
gnificat illud meum id corpus sa
cerdotis et per hoc demonstratur corpus ch
risti ergo per illa propositionem · hoc est corpus meum ·
denotatur quod corpus christi sit corpus sacerdotis
sed consequens est falsum ergo et antecedens
et per quod hoc est falsum · hoc est corpus
meum et ideo non est hoc hic eukara
ristia non est verum signum et ita per quod non
est sacramentum quod est propositio
2·ro corpus christi non continetur sub illis speciebus
panis et vini ergo est falsa quia patet quia
hoc in conclusione supponitur et antecedens probatur quia si
corpus esset sub illis speciebus aut esset ibi
quantum aut non quantum sed neutrum potest dari ergo sequitur
quod nullo modo est ibi quia et maior patet
sed probo minorem quia si diceretur est ibi quantum
ibi est et quantitas partis sic dicentes est hoc ibi est
quantitas partis corporis quod est de genere sub
stantie est continua ergo dicentes est corpus
ibi est quantum et ita non stabit corpus

esse alicubi et ubi esse non quantum quod est contra propositionem
sed quod non possit esse ibi quantum et quod omne
quod est in aliquo quantum excedit a loco ut patet
in eo est hic de loco et secundo et aliis
generibus sed constat quod species panis et vini
sunt minoris quantitatis quam sit pars corporis christi
ergo magnitudo corporis christi non potest sub illis speciebus
contineri sed aliter arguitur quod in eodem loco est
pes inquam est caput et per quod caput est
in pede et manus in capite quod verum est aliquid
dare simpliciter impossibile item nullum corpus potest esse
in duobus locis non contiguis sed corpus   2·ro
est in celo ergo corpus christi sub speciebus panis et
vini non continetur et per quod quod sequitur
patet et minor est beati augustini · in libro
de fide ad petrum distinctione · 10 · donec seculum
finiatur sursum est dominus sed maiore parte quam
ipse est continetur de eodem visum sed probo quod in locis
unum corpus sit indivisibiliter quia quod positum in diversis locis
minor quia te sequeretur quod in duobus locis esset
calidum et in alio frigidum per applicacione
diversorum agentium frigidorum sed et cali
dorum et per quod sequitur et simul esset calidum
et frigidum et ita per quod sequitur et simul esset
frigidum et non frigidum · calidum et non ca
lidum quod patet quia esse ex contrariis sequitur quod contradictio
cum ego de opposito huius arguo gregorius
Ad oppositum est psalmista quoniam est totius
sacre scripture auctoritas · 26 · ubi dicit
quod cenantibus autem illis accepit ihesus
panem et benedixit ac fregit dedit que discipulis
suis et ait accipite et comedite
hoc est corpus meum et accipiens calicem
gratias egit et dedit illis dicens bibite ex hoc
omnes hic est sanguis meus novi testa
menti qui pro multis effundetur in remissionem pec
catorum ergo pro decisione conclusionis
nostre materie · sunt articuli et conclusiones quarum
ad dicendum tres erunt articuli prout quarum quarto
in primo articulo sic arguitur et ostenditur verum
quod forma verborum fuit instituta et efficacia
sub pane et vino in speciebus corpus christi
sed tota continetur · secundo articulo ponitur in
· 3 · articulo est vere verum corpus christi ducatur sub
speciebus panis et vini continetur vel per quamlibet
conclusionem ipse probatur · tertius articulus ...

Paris, Bibliothèque Nationale, nouv. acq. lat. 1467 (olim Cluni 75). Vellum, 265 × 195 (200 × 135); ff. 278; one hand.

Contains: Petrus de Candia, *Lectura in Sentencias.*

Written at Paris. The colophon on f. 8A reads: 'Explicit collativa pro primo principio fratris Petri de Candia quam compilavit parisius anno M° ccc° lxxviii°, xxiii[a] die mensis septembris et xxviii die eiusdem mensis in scolis legit etc.' On f. 276B, at the end of a lectura, 'super sentencias fratris Petri de Candia: scripta parisius'. At the top of f. 278C, in a hand *c.* 1390: 'Iste liber est Alphonsi de bonavilla prioris Montisdesiderii' (i.e. Bonneville, Haute-Savoie, Montdidier). This MS of the unpublished work of Petrus de Candia, later Pope Alexander V, is mentioned by F. Ehrle, *Der Sentenzenkommentar Peters von Candia des Pisaner Papstes Alexanders V* (Münster, 1925), p. 20.

The script of this MS represents a further development of the school hand noticed in Plate 18 (1356). The two hands are very close. The *r* in the later hand is more regularly the cursive forked *r* (column C line 1 *quarti*), whereas in Plate 18 the gothic form predominates. In the later script the *-er, -re* sign is more free (column C line 1 *materia*). The *h* in the later script is less disciplined (column C line 26 *hoc*), and is closer to the *h* in fifteenth-century cursive hands. We can also note the deterioration of the *d* (column D line 11 *da*), whose point at the lower left may be regarded as characteristic of many fifteenth-century hands. Rare even here, it could not have been found much earlier than this. It does not appear at all in Plate 18.

Transcription f. 246C

irca materiam quarti sen-
tenciarum quero istam questionem:
Utrum eukaristia sit sa-
cramentum ex institucione divina
corpus et sanguinem Christi
signans veraciter sub speciebus
panis et vini contineri, et
arguo quod non tribus mediis,
et primo sic: omne sacramentum est verum signum.
Sed eukaristia non est verum signum, ergo non
est sacramentum, et per consequens questio falsa. Consequencia et
maior patent, sed minor probatur: quoniam in omni sa-
cramento concurrunt duo tamquam partes essenciales
videlicet materia et forma, et forma communiter est aliqua
proposicio vera, sicut patet in baptismo et in aliis
sacramentis. Si igitur eukaristia esset sacramen-
tum ibi est materia et forma verborum. Sed ibi forma
verborum que communiter assignatur non est vera, ergo nec

[Unpublished.]

Incipit tractatus pulcherrimus beati Bernardi clarevallis abbatis De diligendo deum.

Viro illustri domino A. ecclesie romane diacono cardinali et cancellario: Frater B. abbas dictus de clarevalle salutem. Orationes a me: et non questiones poscere solebatis. et quidem ad neutrum ydoneum me esse confido. Verum illud indicat professio: et si non ita conversatio. Ad hoc verum ut verum fatear: ea mihi deesse video que magis necessaria videntur: diligentiam et ingenium. Placet tamen fateor quod pro carnalibus spiritualia repetitis: si tamen apud locupletiorem id facere libuisset. Quia vero doctis et indoctis pariter in istiusmodi excusandi mos est. nec facile scitur: que vere ex imperitia: que ex verecundia excusatio procedat: si non iniuncti operis obedientia probat: accipite de mea paupertate quod habeo: ne tacendo philosophus puter.

¶ Nec tamen ad omnia me spondeo responsurum. Ad id solum quod de diligendo deo queritis: respondebo quod ipse dabit. Hoc enim et sapit dulcius: et tractatur securius: et auditur utilius. Reliqua: diligentioribus reservate.

¶ Vultis ergo a me audire: quare et quomodo diligendus sit deus. Et ego. Causa diligendi deum: deus est. Modus: sine modo diligere. Est ne hoc satis: Fortassis utique: sed sapienti. Ceterum si et insipientibus debitor sum. ubi satis est dictum sapienti: etiam illis gerendus mos est. Itaque idem propter tardiores: profusius quam profundius repetere non gravabor. Ob duplicem ergo causam deum dixerim propter se ipsum diligendum. sive quia nichil iustius. sive quia nil diligi fructuosius potest. Duplicem siquidem parit sensum: cum queritur de deo. quare diligendus sit. Dubitari namque potest: quid potissimum dubitetur: utrum nam quo suo merito deus: aut etiam quo sit nostro commodo diligendus. Sane ad utrumque idem responderim: non plane aliam inveniam dignam occurrere causam diligendi ipsum: preter ipsum.

¶ Et primo de merito videamus. Multum quippe meruit de nobis: qui et immeritis dedit se ipsum nobis. Quid enim melius se ipso potuit dare vel ipse. Ergo si dei meritum queritur

nō

propter duplicem causam diligendus est deus propter se ipsum. sive quia nil melius. sive quia nil fructuosius diligi potest.

21 *France* 1391

Paris, Bibliothèque Nationale, lat. 2947 (olim Colbert 5513, Reg. 4374 5). Vellum, 235 × 175 (180 × 115); ff. 46; one hand.

Contains: Opuscula varia Richardi de Sancto Victore, Bernardi Clarevallensis, Ps.-Bonaventurae. See *Catalogue général des manuscrits latins*, III (Paris, 1952), s.n.

Written near Paris. At the bottom of f. 1[a] appear the words: 'Iste liber est de conventu sancti dyonisii in francia quem fecit scribi frater Reginaldus de Betencuria ad usum fratris Johannis scabini anno domini M° ccc° nonagesimo primo. Orate pro eis.'

In this script, the work of a well-trained scribe, a certain regular angularity has been combined with some bâtarde characteristics. All the descenders, *f*, *p*, *s*, and less markedly *q*, are pointed, and the angularity noted in Plate 20 as barely appearing in the lower left of the *d* is here confirmed and regularized. The same trait appears in the capital and initial *v* (line 13 *vere*), in the capital *N* (line 16 *Nec*), in the capital *H* (line 18 *Hoc*), and elsewhere. The French minuscule forked *r* is noticeable (line 20 *audire*, and, more distinctly, line 25 *tardiores*), though the gothic *r* is perhaps more frequent. The scribe uses only one kind of final *s*, that made by an erect stroke completed by a facing 3 (line 4 *abbas*). The *con* sign (*9*) is used internally (line 13 *verecundia*). In general abbreviations are not profusely used. The scribe uses *-cio* and *-tio* interchangeably. The pen is lifted twice in making the *g*: to make the horizontal stroke at the bottom of the upright member, then to close the loop at the top, running into the following letter (line 12 from bottom, *ergo*).

Transcription f. 25[a]

Incipit tractatus pulcherrimus beati bernardi clarevallis abbatis
de diligendo deum.
Viro illustri domino A., ecclesie romane dyacono cardina
li et cancellario Frater B. abbas dictus de clara
valle salutem. Oraciones a me et non questiones poscere
solebatis, et quidem ad neutrum ydoneum me esse confido. Verum
illud indicit professio, et si non ita conversatio. Ad hoc vero,
ut verum fatear, ea mihi deesse video, que maxime necessaria viden
tur: diligenciam et ingenium. Placet tamen fateor quod
pro carnalibus spiritualia repetitis, si sane apud locupletio
rem id facere libuisset. Quia vero doctis et indoctis
pariter in istiusmodi excusandi mos est, nec facile scitur
que vere ex impericia queve ex verecundia excusacio pro
deat, si non iniuncti operis obeditio probat: accipite de
mea paupertate quod habeo, ne tacendo philosophus
puter. Nec tamen ad omnia me spondeo responsurum. Ad
id solum quod de diligendo deo queritis, Respondebo quod ipse
dabit. Hoc enim et sapit dulcius et tractatur securius
et auditur utilius. Reliqua diligentioribus reservate.

[*P.L.* 182, 973 f.]

► haris muneribus ornati dimittebantur. Quodam vero tempore quingentos simul
Gelensium equites vi tempestatis in possessiones suas compulsos alut ac vestivit
Quid multa non mortalem aliquem sed propicie fortune benignum esse diceres si-
num. Ergo quod Gillias possidebat omnium quasi commune patrimonium erat. pro cuius salute
et incrementis tum Agrigentina civitas. tum etiam finitime regiones votis excuba-
bant. Colloca e contraria parte arcas inexorabilibus claustris obseratas. nonne
prestantiorem aliquanto existimes illam impensam quam hanc custodiam.

Libri quinti capitula sunt hec
De humanitate et clemencia capitulum primum j
De gratis capitulum secundum ij
De ingratis capitulum tercium iij
De pietate erga parentes quartum iiij
De pietate erga fratres quintum v
De pietate erga patriam sextum vj
De parentum amore et indulgencia
in liberos septimum vij
De parentum severitate in liberos octavum viij
De parentum adversus suspectos liberos
moderatione nonum ix
De parentibus qui obitum filiorum
forti animo pertulerunt. decimum x

► Libri quinti de humanitate aut clemencia capitulum primum incipit
Liberalitatis quas aptiores comites quam humanitatem et cle-
menciam dederim. quoniam ad idem genus laudis expetunt. Quarum
prima inopia proxima occupatione tercia ancipiti fortuna prestatur
Cumque nescias quam maxime probes. eius tamen commendatio precurrere vi-
detur cui nomen ex ipso numine quesitum est. Ante omnia autem humanissi-
ma et clementissima senatus acta referam. Qui cum Karthaginensium legati
ad captivos redimendos in urbem venissent protinus his nulla pecunia accepta
reddidit iuvenes numerum duum milium et septingentorum xl.ta trium explen-
tes; Verum tantum hostium exercitum dimissum. tantam pecuniam contempta
tot punicis iniuriis veniam datam. ipsos legatos obstupuisse arbitror. ac secum
dixisse. O munificenciam gentis romane deorum benignitati equandam. O
etiam nostram legationem supra vota felicem. Nam quod beneficium numquam
petissemus accepimus: Paragraphus secundus Illud quoque non parvum
humanitatis indicium est senatus. Syphacem enim quondam opulentissimum
Numidie regem captivum in custodia Tiburi mortuum publico funere censuit
efferendum. ut vite dono honorem sepulture adiceret. Paragraphus tercius
Consimili quoque clemencia in Persa usus est. nam cum Alba in quam custodie

Paris, Bibliothèque Nationale, lat. 16028 (olim 1135). Vellum, 340 × 265 (240 × 165); ff. 97; one hand of text.

Contains: Valerius Maximus, *Memorabilia.*

Written at Tournai. The colophon, f. 97^{b}, reads: 'Scriptus et quantum possit humana pericia ex inspectione librorum eiusce generis correctus. Anno dominice incarnacionis mille- simo quadrincentesimo quarto pridie nonas novembres.' Below, in a hand almost identical with that of the text: 'Iste liber pertinet Nicolao Rebus de tornaco. Ex dono magistri Repus civis tornacensis. Oretur pro eo.'

The bâtarde has here reached its height. The heavy shading of the descenders is regular and consistent. The flourishes, wherever possible, at the beginning and end of a word are well controlled. French characteristics are quite noticeable, such as the exaggeratedly angular initial *d*, the curved flourish under the *g* and the *h*, the manner in which the loop of the *g* is closed at the top by a straight stroke that extends into the next letter, the angular *r* coming off looped letters (line 3 *mortalem*), as well as the forked *r* (line 4 *Ergo* and line 5 *agrigentina*). The scribe has only one final *s*, as in the preceding plate, and uses few abbreviations. This was evidently a de luxe codex, and economy of space was no object. We find -*tio* and -*cia* side by side (line 5 from bottom, *occupatione tercia*). The short upper stroke frequently leads into the following letter, e.g. *parentes,* line 12 from the top, where, in the first *e*, the con- nection with the following letter is at the bottom, whereas the second *e* is connected at the top with the following letter. The manner in which the minuscule *e* is made will repay close observation. In the case of the gothic *r* the pen is lifted after making the main vertical stroke, and a light stroke to the upper right makes a break, then leads into the top of the following *i* (line 1 *variis* and *muneribus*).

Transcription f. 47^{b}

Variis muneribus ornati dimictebantur. Quodam vero tempore quingentos simul
gelentium equites vi tempestatis in possessiones suas compulsos aluit ac vestivit.
Quid multa non mortalem aliquem sed propicie fortune benignum esse diceres si
num. Ergo quod gillias possidebat 'omnium' quasi commune patrimonium erat. Pro cuius salute
et incrementis tum agrigentina civitas. cum etiam vicine Regiones votis excuba-
bant. Colloca e contraria parte arcas inexorabilibus claustris obseratas, nonne
prestanciorem aliquanto existimes illam impensam quam hanc custodiam?

Libri quinti capitula sunt hec
De humanitate et clemencia capitulum primum

* * *

Libri quinti de humanitate aut clemencia capitulum primum incipit
Liberalitatis quas aptiores comites quam humanitatem et cle-
menciam dederim, quoniam idem genus laudis expetunt. Quarum
prima inopia proxima occupatione tercia ancipiti fortuna prestatur
Cumque nescias quam maxime probes eius tamen commendatio precurrere vi-
detur cui nomen ex ipso numine quesitum est. Ante omnia autem humanissi-
ma et clementissima senatus acta Referam. Qui cum karthaginensium legati
ad captivos redimendos in urbem venissent protinus hiis nulla pecunia accepta

[Ed. C. Kempf (Leipzig, 1888), pp. 214 f.]

duc voluptate.s. gule et veneris quodam
brutorum sunt. alteram parci in mundi alteram par
ci et humiti vide hec rectore. ut enim pudicicia
inter virtutes eminet sic petulancia in viciis
abiectissima est. et que illa vtique decorat se
xum muliebrem cum magis exornat. Si quidem doc
tissimi viri voce est pudicicia inprimus esse re
tinenda quam amissa omnis virtus ruit. In
hac muliebrium virtutum principatus est. hec pau
perem commendat. ditem extollit. deformem
redimit. exornat pulchram. bonum meretur de maiori
bus quos nobile sanguine non viciat. bonum de libris
quibus nec de matre erubescendum nec de patre dubi
tandum est. captiuitatis nulla maior calamitas
est quam ad libidinem aliena trahi. viros consulatus
illustrat claritas in nomine eternum. effert gloria mi
litaris triumphos quos noue gentis contulerat. unica
est quae pro se clarum ingenia nobilitet mulierum pre
virtus pudicicia est. eiusdemque testis est quod
antiquis religio semper fulgent in mundo numinibus
semper semper inter matronas decori pillas fortu
ne muliebris sacre soli colitur nullum sacerdotem digna
mini nullum flamine humanarum templan
tias quod atheniensium diutissime acute sor
bicone castitatis et post quam impudicitiam fuerunt
alteri viros esse desinere. summum pagina parte
dicitur. licet enim pudicicia vero quod in hac parte tragicomi
cus comici satirica poete ut de philosophis ethicis
et theologis tacere prodiderunt. sed tamen non omnis ideo
exhibui. sufficiat ad hec non dico malicia delen
dam a reprimenda. sed non ad experiuendum. Si quidem
quod nulli est expertum quod non melior pedibus silice quam con
cutit aratum quod quam sermone velut cinere suorum hic in
numera mulierum demum malicia comprehendabitur.
Nichil enim melius nichil vilius muliere pu
dica. nichil eorum quam potuit excogitari tenendi mo
hiis quam continere non possunt et volunt. Sed despi
cientis est ab hiis laudem querere. quam verum est
merentur quod gloriam. si tamen moderacionis bono fue
runt temptata. Aliquin non veniat pena sed in
genuina veluti libidinis maculam prosequetur.
nisi forte decorus humidus sit qui in hircum tua
fformetur aut suem. Cap. 12m.

Nulli vtique animancium genus tantus
conformitur quod sumul bonum vite in
gredi tenendi et agendi voluptate ne dicam
luxuria possunt. Certum hec aliorum sensum luxuria
non excusat. quoniam manifesta sit humane digni
tatis abiectio. sicut non humo est sicut leonem a p
do. sed panthere a castro. sed pauonem philome
ne psittaco. sed cunctique brutorum et in sensi
bilium studeat excedere. Si quidem ad anglicam
puritatem reducatur. quod mera certius est dig
tate originis ut in cumulo rerum et eterne beatitudinis
participem anglicos possit esse conformis. Nam
et primum in consulta sanxit auctoritas. quod nulla huma
ne naturis solus deus dignior est. et quod homo quam huma
nus mutat errore. ut hominem seruire ab eo fuerit
statim quam hoc fecit ut eternitatis beatitudinis sue
participem faceret. Quis quam dum presidentis non vi
lipendat arbitrium. sicut fuit vile et abiectum af
fectat condicionem. Non tamen quod seruos dicam
homines esse contemptum. nec fuit liberos viciis nimis
subiectos. non tamen et vinci et singulis fructusque est viciis
obiungam. Errat plane quisquis aliunde condi
cionem altitudinem optat accedere. Si quidem omne
hominum genus natiuus sibi ab ortu surgit. eius
constat quod alii elementis eiusdem quae superna ab eodem
principio ceperunt. Eodem fruitur celo. eque moritur
eque viuit. unde et perpetuo in saturnalibus eius
gelium reprimes hic vitam augustinus. Seruum ni
quit sunt immo homines serui sunt immo conseruum. Si
cogitauerimus tantundem in vtique licere fortune. tantu
illum videre liberum potes quam tu te seruum. Nescis
qua etate ecuba seruire cepit. quam crisus quam dari
mi quadrigenta. quam plato. quam diogenes. quia postremo quam ita
nihil fructuose horrem. Seruus est quidem sed
necessitate. sed fortasse liber animo seruus est. hic il
le nocebit si ostendis quis non sit. Alius libi
dini seruit. alius ambicioni. omnis spei. omnis
timori. Et certe nulla seruitus turpior quam volun
taria. At nos iugo a fortuna imposito subiacen
te tanquam miserum ville quae calcauimus. Quod vos
nos nimis enimabis inferimur non patimur reprehen
inuenies inter seruos aliquos pecula fercoue
suscies dum suplices oscula aliorum seruorum

alleti

∴ libertas et seruitute instituti a ipso erecte offi
ita et bruta et singularis

23 *France* 1411

Paris, Bibliothèque Nationale, lat. 6422 (olim 5306). Vellum, 270 × 203 (195–210 × 135); ff. 150; one hand of text.

Contains: Johannes Sarisberiensis, *Policraticus.*

Written probably at Beauvais. The colophon on f. 149^{B} reads: 'Iste liber fuit scriptus et completus in vigilia beate cecilie virginis per manum fratris Guidonis lathomi de Con-ventu belvacensi. ordinis fratrum predicatorum. Anno domini Millesimo Quadrigentesimo undecimo. Scriptor de cetero quiescat. Amen.'

The monastic gothic here shows its decline. Lines are uneven, spacing is not uniform and the text is bad enough to cause the reader to think the scribe was not following the sense. Flourishes abound, minimed letters, *i*, *m*, *n*, *u*, are often indistinguishable. A few tricks of the scribe may be noted. In *altera*, line 2, the upper horizontal member of the *r* slips into the left stroke of the *a*, which is in turn completed by a rough angled stroke. This juncture of letters is frequent. We find common strokes uniting *da* (line 8 *retinendam*); *de* (line 5 *deceat*); *bo* (line 12 *sobole*); *po* (line 2 *porci*); *pe* (line 4 *petulancia*); *oc* (line 8 from bottom, *iocundius*); *ve* (line 4 from bottom, *vendicat*), and many others. The *con* sign is used for *cum* (line 5). Occasional English influence may be noticed.

Transcription f. 124^{C}

due voluptates, scilicet gule et veneris, quodammodo
brutorum sint, altera porci inmundiciam, altera por
ci et hirci videtur habere fetorem, ut enim pudicicia
inter virtutes eminet, sic petulancia in viciis
abiectissima est, et cum illa utrumque deceat se-
xum muliebrem cum magis exornat. Siquidem doc-
tissimi viri vox est, pudiciciam in primis esse re
tinendam, qua amissa omnis virtus ruit, in
hac muliebrium virtutum principatus est. hec pau
perem commendat, divitem extollit, deformem
redimit, exornat pulchram. bene meretur de maiori
bus quorum 'sanguinem' sobole furtiva non viciat, bene de liberis
quibus nec de matre erubescendum nec de patre dubi
tandum est. 'Unde in primis de se quam a contumelia
alieni corporis vendicat' captivitatis nulla maior calamitas
est quam ad libidinem alienam trahi. viros consulatos
illustra eloquencia in nomen eternum effert gloria mi
litaris triumphosque nove gentis consecrat. Multa

[Ed. C. C. J. Webb (Oxford, 1909), II, 305.]

impugnando. Et quia dictus facit in primo tractatus
de memoria mentionem exordium, eapropter quod sequitur
sic incepi. Cum protestacione tamen, quod in iniuria quam
maxime Johannis olim Armaniaci Comitis dicere
nil intendo, nec quia sic irritetur loquor, quoniam ipsa
prohibet aliter eum vocari sub excommunicacionis pena, cuius
absolucionem, dempto mortis articulo, reservat sibi soli
Sicut appetit sine pape finem. Adversus consistoria
liter promulgate.

Primus. p. huius impugnacionis tractatus.

NIMIUM habere memoriam, et in nullo
peccare, potius est divinitatis quam humanitatis
in l. ij. §. si quis autem. C. de veteri iure. enu. no.
ver. in c. cum a deo in glo. i. de Rescript. Veniens
agitur ad huiusmodi tractatus erronei, dampnati, scisma
tici, scandalosi, sediciosi, adulatorii, ac infamis et fa
mosi, impugnacionem premissi michi possibilem, quem
nuper misit, frater Stephanus de Gano prefatus, qui
fuisset utinam non reprobus, Circumspecto viro
domino Bertrando de Nogareto, legum egregio pro
fessori, indigene atque iudici maiori Thole, qui
voluit cum illico me habere, ac venerabilem et dis
cretum virum, dominum Heliam Quadragesime bacal
larium in legibus, canonicum, ac Vocatamus partibus
Acquitanie, ducatu, contra fautores pertinacie
scismatis, in ecclesia dei sancta nunccium apostolicum, Bi
turicensisque totius provincie Collectorem, per antedictum
dominum nostrum sanctissimum pontificem, specialiter deputatum,
ad cuius instanciam seu requestam que sequuntur scripsi.

Fui tamen perplexus aliqualiter, huiusmodi negotii
gravitate pensata, an vel non acceptarem, ut scriberem
honus importabile michi. quia de re potuissem cum
Jeremia dixisse. a. a. a. Domine Collector nescio
loqui, quia puer ego sum, minusque peritus in iure.
Sed catholice zelum ecclesie considerans, et ipsius
unionis comodum, ad quod inde sequitur. Docet experien
cia magistra rerum efficax, ut accedat. c. quod sit. in
primo de elec. li° vj°. Ysa. li. iij. c. vj. vestigia volui
pro viribus ymitari, qui Domino querenti, Quis ibit
nobis pro? et ad predicandum eorum. Ecce inquit ego

Quis misit et ad quem principaliter fuit missus pretensus de Gano tractatus premissus.

Perplexus auctor fuit de scribendo etc.

Causam allegat impulsivam quare scripsit

24 France 1429

Paris, Bibliothèque Nationale, lat. 1489 (olim Colb. 2781, Regius 4252. 3). Paper, 305 × 210 (200 × 115); ff. 106; one hand.

Contains: Bernardus de Yvossio, *Tractatus impugnatoris, Antidegano.*

Written in Toulouse. On f. 106[a], near the end of the work, we read: 'Perfecta finitur hec theologia in mee divina gracia domus habitacione proprie die Iovis mensis prima decembri. Anno domini Millesimo Quadringentesimo vicesimo nono.' This codex is obviously the original of this polemic. (Cf. date and rubric on f. 10[b].)

This elaborate treatise was prepared in an episcopal chancery. Bernardus was bishop of Bazas in Gascony, and the script as well as the format confirm this origin. The careful calligraphic execution, with chancery flourishes and conceits, e.g. the dotted abbreviation sign over *mencionem*, line 2, the regular spacing and the treatment of capitals, is in accord with the formalities of a chancery. One does not escape the impression of the bâtarde; the ascenders as well as the descenders betray the tendency to shade. The minuscule *d* sharply pointed at the lower left; the 2-shaped *r* used internally as well as terminally (line 5 *miretur*); the break at the bottom of the ascender of the *h* (line 4 *Johannis*) and of the *l* (line 5 *loquor*); the facility in use of canon law abbreviations; the tendency to exaggerate the angles and the curves, e.g. the *B* of *Bertrando*, line 19, and the beginning stroke of the initial *d* (line 4 from bottom, *docet*), may be noted.

Transcription f. 11[a]

impugnando. Et quia dictus facit in principio tractatus
de memoria mencionem exordium eapropter quod sequitur
sic incepi. Cum protestacione tamen quod in iniuria quam
maxime Johannis olim armanyaci Comitis dicere
nil intendo nec quia sic miretur loquor quoniam papa
prohibet aliter eum vocari sub excommunicacionis pena, cuius
absolucionem dempto mortis articulo reservat sibi soli
Sicut apparet sentencie prope finem Adversus consistoria-
liter promulgate.

Primus § huius inpugnacionis tractatus

Omnium habere memoriam et in nullo
peccare potius est divinitatis quam humanitatis
in libro ii § si quis autem. Cap. de veteri iure emi nota
ber. in cap. cum a deo, In glosa i de Rescriptis. Veniens
agitur ad huiusmodi tractatus erronei, dampnati, scisma-
tici, scandalosi, sediciosi, adulativi ac infamis et fa-
mosi impugnacionem premissi michi possibilem quem
nuper misit frater Stephanus degano prefatus qui
fuisset utinam non reprobus. Circumspecto viro
domino Bertrando de nogareto legum egregio pro

[Unpublished.]

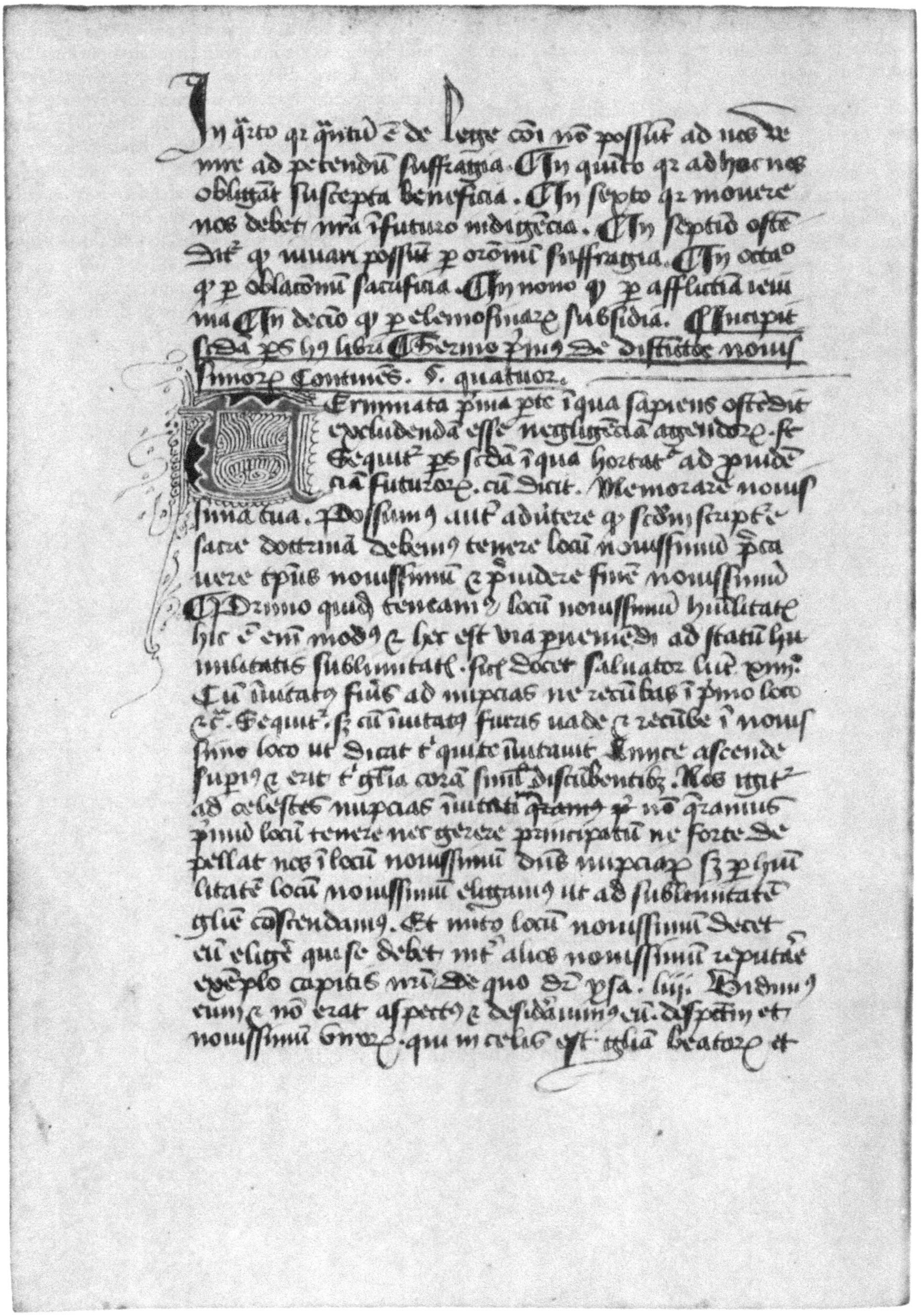

In q̃rto q̄ꝛ q̃ntūd ē de lege cōi nō possūt ad nos ve-
nire ad petendū suffragia. ¶ In quīto q̄ꝛ ad hoc nos
obligat suscepta beneficia. ¶ In sexto q̄ꝛ monere
nos debet nr̄a ī futuro indigencia. ¶ In septīo oste-
ditᷣ q̄ iuuari possūt ꝑ orōnē suffragia. ¶ In octaᵒ
qᷓ ꝑ oblacōnē sacrificia. ¶ In nono q̄ ꝑ afflictiā ieiu-
nia ¶ In decīo q̄ ꝑ elemosinaꝝ subsidia. ¶ Incipit
sc̄da ps h9 libri ¶ Sermo ꝑm9 de distiñcōe nouis-
simoꝝ continens. §. quatuor.

Erminata p̄ma pte ī qua sapiens ostēdit
excludenda eē̄ negligēcia agendoꝝ. Se-
quitᷣ ps sc̄da ī qua hortatᷣ ad ꝓuidē-
cia futuroꝝ. cū dicit. Memorare nouis-
sima tua. Possum9 aūt aduttere q̄ scd̄m scripturē
sacre doctrinā debem9 tenere locū nouissimū ꝓca-
uere tp̄us nouissimū ⁊ ꝓuidere finē nouissimū
¶ Primo quod teneam9 locū nouissimū hūilitatē
hic ē eni modꝰ ⁊ hec est via ꝓueniendi ad statū hu-
militatis sublimitatis. Sic docet saluator luc. xiiij.
Cū inuitatꝰ fueris ad nupcias ne recubas ī p̄mo loco
etc. Sequitᷣ. sꝫ cū inuitatꝰ fueris uade ⁊ recube ī nouis-
simo loco ut dicat t̄ qui te inuitauit Amice ascende
supi9 ⁊ erit t̄ gl̄ia corā simul discumbentibꝫ. Nos igitᷣ
ad celestes nupcias inuitati caueam9 ꝑ nō queramus
p̄mū locū tenere nec querere principatū ne forte de-
pellat nos ī locū nouissimū dn̄s nupciaꝝ sꝫ ꝑ hūi-
litatē locū nouissimū eligam9 ut ad sublimitatē
glie ascendam9. Et merito locū nouissimū decet
cū eligere quē se debet int alios nouissimū reputare
exemplo capitis nr̄i. De quo dr̄ ysa. liij. Vidim9
eum ⁊ nō erat aspectꝰ ⁊ desiderauim9 eū. despectū et
nouissimū uiroꝝ. qui in celis est gl̄ia beatoꝝ et

25 France 1443

Paris, Bibliothèque Nationale, lat. 3593 (olim 1169, 4538). Vellum, 215 × 150 (160 × 100); ff. 265; one hand.

Contains: Donatus devocionis (also titled, f. 133[a], *Liber de consideracione novissimorum*).

Written most probably in Paris. The colophon on f. 265[a] reads: 'Explicit liber de consideracione novissimorum scriptus ad supplicacionem reverendissimi in Christo patris et domini domini dionisii divina providencia patriarche antiocheni et parisiensis episcopi finiti anno millesimo cccc° xliii° die quarta mensis januarii.' Just below, in the hand of Charles d'Orléans, is written: 'Quem librum dictus reverendissimus in Christo pater dedit mihi duci aurelianensi Karolus ·S.' See Delisle, *Cabinet des MSS*, planche XXIV, no. 5, and Pierre Champion, *La Librairie de Charles d'Orléans* (Paris, 1910), p. 42, and album, no. 21.

This script immediately suggests comparison with Plate 21 (1391), from which it shows slight deterioration, and with Plate 22 (1404), whose calligraphic superiority is more clearly marked. This later script shows less restraint than either of the earlier examples. The *et* sign is elaborate, the final *s* appears in two forms, the usual perpendicular stroke completed with a joining 3 (line 2 *nos*) and a looped letter made in two strokes (bottom line *celis*). The ascenders and descenders are shaded, the *f* and *s* slanted. The *p* is made in three strokes, the first the upper right segment of the loop, the second a *2* stroke which joins the first stroke, and the last the downward stem. Juncture is frequent (*po* in *possunt*, line 11; *de* in *providere*, line 16). When the scribe writes the abbreviation for *per* he merely continues the downward stroke clockwise to cross the stem below the line (line 7 *per*). The gothic *r* has almost disappeared, replaced by the *2*-shaped *r*, used after all letters, looped and minimed (*suffragia*, line 2; *futuro*, line 4; *sermo*, line 8). The formation of the *e* and its relation to *r* are clearly shown in the *ere* combination (line 8 from bottom, *gerere*). There are two final minuscule *s*'s: the double-looped *s* and the *ſ*, line 12, *divinitatis* and *humilitatis*.

Transcription f. 146[b]

In quarto quia quantum est de lege communi non possunt ad nos ve
nire ad petendum suffragia. ¶ In quinto quia ad hoc nos
obligant suscepta beneficia ¶ In sexto quia movere
nos debet nostra in futuro indigencia. ¶ In septimo osten-
ditur quod iuvari possunt per oracionum suffragia. ¶ In octavo
quod per oblacionum sacrificia. ¶ In nono quod per afflictiva ieiu
nia. ¶ In decimo quod per elemosinarum subsidia. ¶ Incipit
secunda pars huius libri. ¶ Sermo primus de distinctione novis
simorum continens. § quatuor.
Terminata prima parte in qua sapiens ostendit
excludendam esse negligenciam agendorum. se
Sequitur pars secunda in qua hortatur ad providen
ciam futurorum cum dicit Memorare novis
sima tua. Possumus autem advertere quod secundum scripture
sacre doctrinam debemus tenere locum novissimum preca
vere tempus novissimum et previdere finem novissimum
¶ Primo quidem teneamus locum novissimum humilitatis
hic est enim modus et hec est via perveniendi ad statum hu

[Unpublished.]

dictum dicitur. Maria autem contemplationis
otium innuens fore inter otia mu-
lierum unum reputandam quod cunctis o-
mnibus proponendam quoniam cum panem
otiosa illa comedit que actuose vite ple-
na. panem aliis frangit. panem si quidem
frangunt qui orationis patrocinio auge
stationis eorum pie exaudiendo verbo
esurientes et sitientes iustitia refo-
vet atque pascit. Maria vero que orone
subvenit conversatione ad bona alliciens pre-
dicatione instruit panem frangit et c.

Quies autem est cessatio ab exercitio et
labore. sicut enim necesse est ad unius
continuationem exercitationis sit quies. Nam
quies finis est et continuatio motus et la-
boris. sine enim quiete nihil enim
finalis est durabile quia quod caret al-
terna requie durabile non est. Unde videmus
quod maxime est mobile suo motu tendit
ad quietem. Aer sol luna sidera ignis
aer aqua et omnia alia que sunt
mobilia tendunt finaliter ad quietem
Unde dicit Augustinus quies autem naturaliter
est inclinatio ad centrum et ideo princip-
ium est et dispositio agitationis et adunatio-
nis [?] in loco suo et ideo omnia que
sunt ordinata secundum naturam ad quietem
nobiliora indicantur et digniora quanto sunt
finalis in quiete. quanto sunt in motu
sunt et sine dubio melior est hiis que sunt
ad finem quies autem post exercitium ex-
titio tot modis consideratur quot ad esse
quot et ipsum continuum. alia enim est spiri-
tualis. alia corporalis quorum utraque si fuerit
nature commensurata erit salutifera anime
et corpori et sanitatis hominis conservativa
si autem ea non. Item quies alia est
nimia et hec est malorum humorum generati-
tiva. nutritiva multiplicativa cor-
ruptionis inductiva. Nam que aque quando
nimis quiescunt putrescunt. similiter
ferrum et quodlibet metallum rubiginat
quando nimie debito usitatur. Alia est in
nimia et hec similiter vitiosa quia natu-
ram lassam non reddit debilitatem non
reparat consumptam non restaurat. medio-
cris est et hec est laudabilis nam calorem
naturalem confortat sensum reddit dige-
stionem emendat corpus mediocriter
nutrit. Item quies ad qualitatem quies
alia est vera et hec est laudabilis si non
nimia. alia non vera ut in febribus et
febricitantibus et hec minus laudabilis
est sicut post dicetur.

Postquam expleuimus auxiliante
deo tractatum de illorum proprietatibus
que homini naturam conferunt
et instaurant. Nunc est de hiis que contra
naturam accidunt eius quando desinit et corrum-
pit. Tria enim sunt que homini ledunt
scilicet causa morbi ipse morbus et accidens sequens
morbum. causa morbi est id unde provenit ma-
la et in illius corpore dispositio sicut est
mala complexio ut nimia repletio vel inanitio
virtutis defectio qualitatum alteratio et continui-
tatis dissolutio. Omnia enim ista causa est
occasio morborum sicut morbus autem secundum Jo. est res
ex quo accidit cuivis in corpore lesionem
nocumentum sicut est in febris et apo-
plexia. Accidens est res sequens ad ipsam in-
ductam in corpore passionem sive sit
contraria nisi ut dolor capitis in cephalea
sive non sit contraria. sicut in apoplexiis rubor
accidit in maxilla. Bona autem dispositio dicitur
sanitas per quam corpus hominis in sua
complexione et compositione tale consistit ut su-
as libere et perfecte peragat actiones ab
hac temperantia si fuerit natura lapsa
incidit necessario in egritudinem et in morbum
ex distemperantia et inequalitate humorum.
accidit morbus consimilis ut est febris et
ydropisis et huiusmodi. Ex mala vero dispositione
membrorum incipit morbus dissimilis
ut in oculo obtalmia vel in manu ar-
thetica. Ex mala vero dispositione utriusque
provenit morbus universalis sicut est elephantia
sive lepra. Omnis quoque morbus vel est consimi-
lis humores et alia membra consimilia infici-
ens ut febris et consimilia vel officialis
quando membra officialia impedit vel est
universalis quando utrumque inficit et corrumpit destruit. Et

De istorum itaque in [illegible] corpore.
Differentiis in proprietatibus sive de cau-
sis effectibus et signis et remediis ne-
aliqua sunt dicenda non quidem de omnibus
sed solum de hiis que in divina scriptura
generaliter exprimuntur et ideo de ordine
prosequendi non est hic curandum. Pri-
mo igitur de passionibus capitis est inco-
andum ysa. i. omne caput languidum
etc. Dolor capitis ut dicit Constantinus provenit
duobus modis aut ab exterioribus ut ex
percussione vel ex calido aere dissoluente
vel ex frigido aere constringente. Secundo modo
ab interiori provenit vel ex causa primata
vel ex remota. Ex primata quando aliunde
quam a capite non venit aut provenit ex
causa remota ut a stomacho. Et si sit dolor
ex causa primata vel ex vitio solius qualita-
tis maxime frigiditatis vel caliditatis
aut ex vitio ut colere sanguinis fleu-
matis etc. Cum dolor si sit inordinatus
nec vehemens nec recedens fleuma est quod
a stomacho. Unde Galienus si dolor est in capite
nulla est causa continuus vehemens cum
humores [?] stomachum. Et hec est
sine intermissione ex humoribus si
ex sanguine calorem patitur in capi-
te et gravitatem in fronte quia anterior pars
capitis sedes est sanguinis. oculi rubescunt
facies bene sunt plene. Et vero ex fumis.

26 *France* 1452

Paris, Bibliothèque Nationale, lat. 350 (olim 5167). Vellum, 310 × 205 (240 × 137); ff. 234; one hand.

Contains: Bartholomeus Anglicus, *De proprietatibus rerum.*

There is no explicit indication of the place of writing. At the end, f. 234ᵃ, is the date, 14452 (the second 4 is crossed out). At the bottom of f. 1ᵃ in a hand very close to that of the text appear the words 'le homyale me possidet'. The MS has, in all probability, never left the region of Paris. The French bâtarde, so clearly exemplified in this text, was never successfully imitated.

This script invites comparison with Plates 22 (1404) and 25 (1443). The development of the bâtarde has progressed to such an extent that all letters have taken on the pointed and slanted appearance for which this script is known. The descenders of *s* and *f* are crowded by the closeness of the lines.

The *p* deserves special notice. I believe it was begun from the bottom of the stem and, at the top, carried around clockwise as far as the line. The second stroke is the *2* stroke begun at the top of the stem so as to appear to form a fork, then crossing the stem, meeting the first stroke to close the loop. Note the *p* in line 5 *pane*, line 6 *panem* (twice), and line 7 *patrocinio*. It will be noticed that the stem of the *p* diverges farther from the perpendicular than other descenders. The development of the final *s* has gone so far that it is frequently not closed at the bottom (line 1 *dicens*). The tail of the *g* is somewhat crowded. There are three *r*'s. One is a simple gothic forked *r* (line 2 *intra*); the second (line 1 *maria*) gives the appearance of being made without lifting the pen. It is, in fact, made in two strokes, both starting from the top, and joining at the base of the upright stroke. The third is the angular *2* which is used after any letter, looped or minimed. The *us* sign, *9*, is used internally (*iussticia*, line 9).

Transcription f. 53ᴬ

dictum dicens maria propter contemplacionis
ocium minime fore intra ociosarum mu
lierum numerum computandam quoniam pocius omni
bus preponendam quomodo enim panem
ociosa illa comedit que pane vite ple
na panem aliis frangit panem siquidem
frangit qui oracionis patrocinio conver
sacionis exemplo pie erudicionis verbo
esurientes et sicientes iussticia refo
vet atque pascit. Maria ergo que oracione
subvenit conversacione ad bonum allicit pre
dicacione instruit, panem frangit etc.
Quies autem est cessacio ab exercicio et
labore sicut enim necessaria est ad nature
conservacionem exercitacio sic quies. Nam
quies finis est et consummacio motus et la
boris sine enim quiete nichil enim
finaliter est adurabile quia quod caret al
terna requie durabile non est. Unde celum

[Ed. Strassburg, 1485, f. K 2ᴮ.]

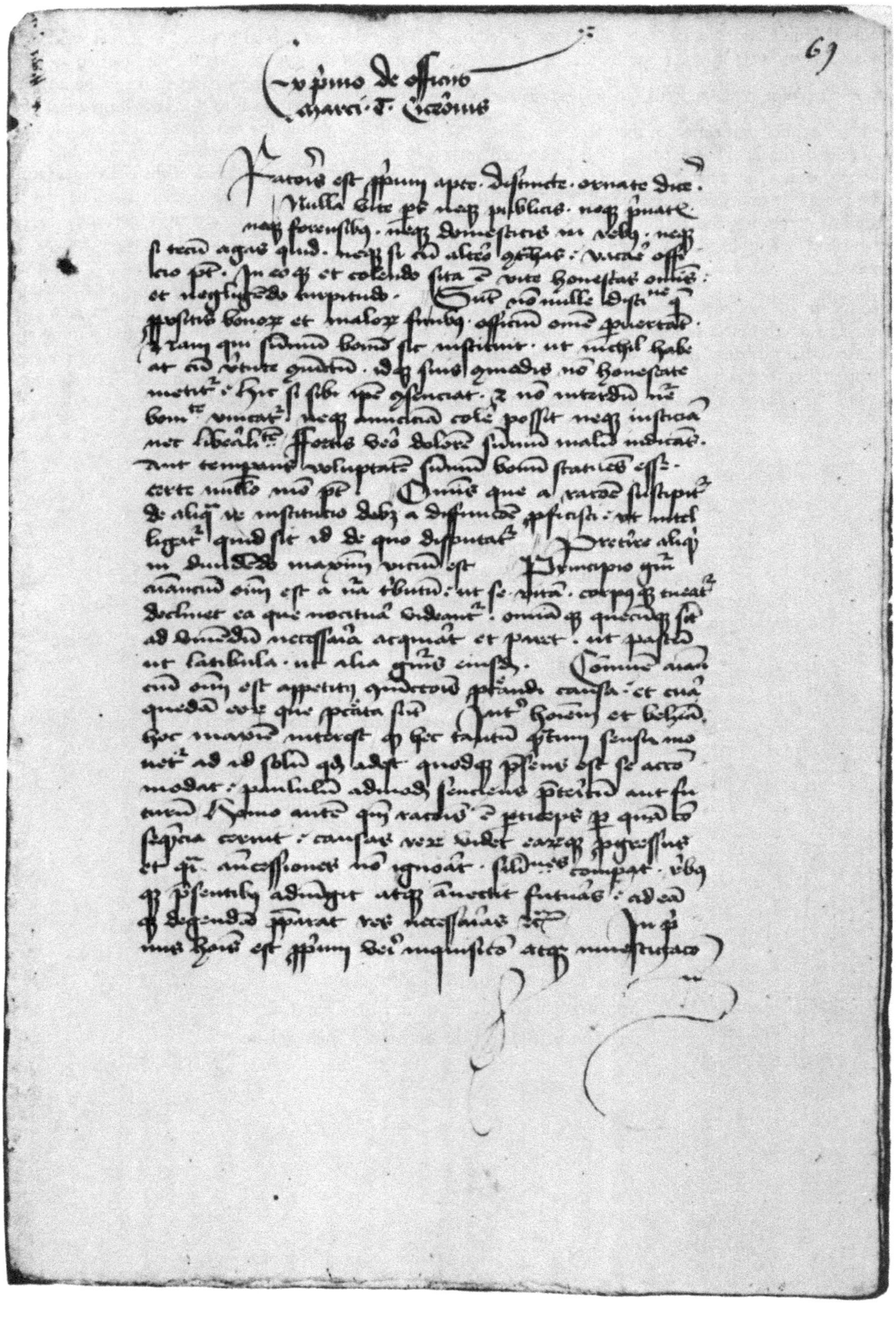

Ex primo de officiis
Marci T. Ciceronis

Oratoris est proprium apte distincte ornate dicere.
Nulla enim vite pars neque publicis neque privatis
neque forensibus neque domesticis in rebus, neque
si tecum agas quid neque si cum altero contrahas, vacare offi-
cio potest. In eoque et colendo sita est vite honestas omnis
et negligendo turpitudo. Sed sunt nulle disciplinae que
propositis bonorum et malorum finibus officium omne pervertant.
Nam qui summum bonum sic instituit ut nichil habe-
at cum virtute coniunctum, idque suis commodis non honestate
metitur, hic si sibi ipse consentiat et non interdum nature
bonitate vincatur, neque amiciciam colere possit neque iusticiam
nec liberalitatem. Fortis vero dolorem summum malum iudicans
aut temperans voluptatem summum bonum statuens esse
certe nullo modo potest. Omnis que a ratione suscipitur
de aliqua re institutio debet a diffinitione proficisci, ut intel-
ligatur quid sit id de quo disputetur. Preterire aliquid
in dividendo maximum vicium est. Principio generi
animantium omni est a natura tributum ut se, vitam corpusque tueatur,
declinet ea que nocitura videantur, omniaque quecumque sint
ad vivendum necessaria acquirat et paret, ut pastum,
ut latibula, ut alia generis eiusdem. Commune autem
animantium omnium est appetitum coniunctionis procreandi causa et cura
quedam eorum que procreata sint. Sed inter hominem et beluam
hoc maxime interest, quod hec tantum quantum sensu mo-
vetur ad id solum quod adest quodque presens est se acco-
modat, paululum admodum sentiens preteritum aut fu-
turum. Homo autem quia rationis est particeps per quam con-
sequentia cernit, causas rerum videt earumque progressus
et quasi antecessiones non ignorat, similitudines comparat, rebus-
que presentibus adiungit atque annectit futuras, ad eam-
que degendam preparat res necessarias etc. In pri-
mis homini est proprium veri inquisitio atque investigatio.

27 France 1461

Troyes, Bibliothèque Municipale, 1948. Paper, 215 × 150 (145 × 90); ff. 83; two hands of text, both French.

Contains: Varia classica et pseudo-classica: Horatius, Dares Phrygius, excerpta Ciceronis etc.

Written (our plate) by Frater Johannes Sliebusch prior. The colophon on f. 83[a] reads: 'Completus est liber iste anno domini M° cccc° lxi° per fratrem Johannem Sliebusch priorem veteris montis in profesto Katherine virginis et martiris.' The codex came to Troyes from Clairvaux.

The connection between this provincial script and the various examples of bâtarde in Plates 21 (1391), 24 (1429) and 25 (1443) is fairly clear. This script, however, is erect, and indulges in more sweeping flourishes. The nature of the contents is not irrelevant. Whereas Italian humanists developed a hand in two forms, italic and roman, from Carolingian models, the French humanists merely accepted the current bookhand and gave it more precision and regularity. The broken ascender of the majuscule *H* (line 7 of f. 68[b], *Hanc*; line 6 from bottom, f. 69[a], *Homo*), the minuscule *t* which appeared in previous bâtarde examples, begin now to be written without the pen being lifted from the paper (line 1, f. 68[b], *moveatur*). The tendency to carry all below-the-line extensions (line 13, f. 68[b], *x* and *h* of *extrahet*) to the right at the bottom of the stroke is of interest for this period. The loop of the minuscule *d* is frequently not closed (line 14, f. 68[b], *dederunt*).

Transcription f. 69[a]

Ex primo de officiis
Marci T. Ciceronis

Ratoris est proprium apte, distincte, ornate dicere
Nulla vite pars neque publicis, neque privatis
neque forensibus neque domesticis in rebus, neque
si tecum agas quid, neque si cum altero contrahas vacare offi-
cio potest. In eoque et colendo sita est vite honestas omnis
et negligendo turpitudo. Sunt nonnulle discipline que
propositis bonorum et malorum finibus officium omne pervertant
et iam qui summum bonum sic instituit, ut nichil habe-
at cum virtute coniunctum idque suis commodis non honestate
metitur. Hic si sibi ipse consenciat et non interdum nature
bonitate vincatur neque amiciciam colere possit neque iusticiam
nec liberalitatem. Fortis vero dolorem summum malum iudicans
aut temperans voluptatem summum bonum statuens esse
certe nullo modo potest. Omnis que a racione suscipitur
de aliqua re institucio debet a diffinicione proficisci ut intel-
ligatur quid sit illud de quo disputatur. Preterire aliquid
in dividendo maximum vicium est. Principio generi
animancium omni est a natura tributum ut se vitam corpusque tueatur

[Extracts only. Cf. ed. H. A. Holden (Cambridge, 1899), pp. 1–7.]

M

ultorum et multorum repetitionibus cumulatis incessanter sollicitus ut quid nuper de causa dei contra pelagianos et de virtute causarum in causis solaciis solliciter multitudo vocem instanter de preruptiora scripture materie non remanet. Vm haud dubio sicut dei amici in causa dei postulare me provocant et confortant. Ita et amici causa pelagiani sunt nunc plures istis euntibus et defuerunt. et me cum quod non nisi tactus dolore intrinseci refero olim sicut contra verbum dei prophetas octingenti et quinquaginta prophete baal et siles sunt reperti quibus et innumerabiles plus adhibebat ita et hodie in hac hora causa. Quot domine hodie cum pelagio pro arbitrio libero contra gratuitam gratiam tuam pugnant et contra paulum pugillem gratie specialem. Quot et cum hodie gratuitam gratiam tuam fastidiunt Solum quod liberum arbitrium ad salutem sufficere stomachantur aut si gratiam ut cumque vel perfectionem actuum simulant quamvis se iactitant suum arbitrium liberis viribus primitus ut sit saltem neque quam gratuita si vendita videatur. Quot et de omnibus pretereuntes de suo pro arbitrio presumpsisse timentes tue comparatis aurium in epistolis suis se excusant dantes cum tempus recedit a nobis. Quot insuper domine liberi sui arbitrii excellentes tuam refutant sententiam vel si te auxilium a eis saltem labiis fateantur cum illis sermonibus et oculis tuis ambulant cordibus te sic cor retinare diffunctum vos et sermones lumen equaliter tue nequaquam contenti sunt sic te per certum impudentissime presumunt se te tenere non est verbo astute suam voluntatem in actione quam pure ut ducem tuam sequi vel ancillam se pure ut dominus te sequi sicut famuli se vel reges prope tuum te subditum obedire Cum vos et voluntati sue contemnentes fere omnia tribuant libertatem in tantum ut et contra vocem prohibitam a tua iussione protendunt exceptionem voluntatem tuam liberam omnipotentissimam et invincibilissimam cum sibi advenerit in spiritum velabant de summa arce libertatis antique docente et novelle necessitatis in reprobantium pertinaciter subire nolluntur. O domine deus meus non nisi cum merebundus recognito quot et quanti iudices pelagianorum olim deputatos ac totius eorum finibus relegatos absolvere et revocari sollicite machinantur. Quot turriti advocati pro eis vociferant Quot improbabiles procuratores pro te eorum pravitate. Quot insuper domine arguta et artificialia non virtutes ad tacitum se aciunt et ut pro te pelagianorum extollant saltem clamoribus horrendis probis cum ineruncius vsu et spiritu parte tuam deprimere tentavit et quot et quam innumerabiles eis favent totus et cum pene mundus post pelagium abiit in errorem Exurge domine iudica causam tuam et sustinente te sustinere contra te robora consolare sane cum quod nusquam virtute mea si tua confisus et amplius assidue tantam cum vos ita nunc supplicanti domine et aurem depositi eorum nuper in eundem noctis silentio postquam tota dies prenderat mea studii soporatus dudum et cum meum quod ipse qui post tempestatem facit tranquillum qui post lacrimas exultacione infundit ac omnibus innovantibus cum laudatis preces a desti. videbar nempe videre mentis diurno lumine circumfuso me multum sic terram in acta sublevatum sic quod ab oriente versus partes meridionales aspiciens intrepidum prospiciens quod pelagius veniens ex adverso apprehensa sinistra mea cum ceteris quod dimittis te cum violentia ad terram detrahere conabatur:

terram remansi in aere ascendens et ... dixit et intrare vidi ... spiritu fortitudinis ... sermo pelagius principe pelagianorum ... tu vero pusillum triumphare non ... ea pro viribus laborare non cum mea ... dum sciarum et exercituum et virtutum ... a quorum ... a quorum insultibus ... trepidabo tantum prout ... dum utique vero non ... ab eo ... quia contra nos sic eum quod ... et duo decem milia effugabit. ... nove sollicitus scia ... confistoriorum ... tantabat eam et medium ... ultum prospectus in sacris apicibus ... tuisse omnia pro ille et plus ... auctores theologi satis ... trapis non placebat. Quos ... dispositum responsione. Et omnes ... recentes scriptis cunctas et catho... pueros puto statuit ... arbitrabar et quod sibi in immoderata ... dei conatur opponere et nullam testimonium ... vt et ... tot beluas videar similes ... subtrimum et quis effecit ista ... tres silvam pelagianorum versum ... venenose de antiquis ... sic cum antiquitus sit et non primo ... nolente deo sub esse sive ... fatuitas peccatorum nunquam iustificari ... si pro mutuum accedere quo domina ... quam ioseph contentam suadebat ... ipsius felicitas eveniret si quod eis ... suam in propria virtute reponentes non ... eius preceptis obedire obsequi ... quod volens a deo revocavit ... et contemptum atque ad terram ... lecta per abraham patriarcham ... et mattuloqui arbitrantes ... et deum hic divini dedicantes ... asserere videtur quod bonum et malum ... quod ex voluntate propria sic deo ... tres surrexerunt quid velit ... tres suis fidei gratiam suscepisse ... surrexit pelagius vero quod contra dei ... la animit quo per preces catho... eandem versum renovavit renovari ... extincta a cassiano ... Nam et iste idem tempus cepit eandem versum ... quam vene! beda in ... hontido vel christo auctorum narrat ...

28 *France 1477*

Paris, Bibliothèque Nationale, lat. 15390 (Sorbonne). Paper, 395 × 285 (290 × 203); ff. 236, 12 blank; one hand.

Contains: Thomas Bradwardine, *De causa dei.*

Written at Paris by Johannes Lonivers. On f. 1^{b} we read: 'Pro libraria Sorbonica. Ex dono magistri nostri Philippi Gramelli doctoris theologie primarii collegii cameracensis et socii Sorbone.' On f. 231^{C} the colophon reads: 'Explicit summa ewardini contra pelagium ad usum venerabilis et scientifici viri magistri martini magistri in sacra pagina regentis. facta et completa die martis xxiiii decembris anno domini millesimo quadrigentesimo septuagesimo septimo.' The second colophon, at the end of the registrum, f. 236^{B}, adds 'hora precise decima ante prandium'.

This codex is the work of a professional scribe. A certain artificiality in the script is immediately evident, an effort to recover the effect of the upright order of the gothic, e.g. the final *s* in three strokes (line 2 *latis*), the ancient ÷ for *est* (column B line 5). At the same time the scribe is unable to free himself from his training: a bâtarde initial *s* (line 4 *sollicitus*), the high minuscule *t* (line 9 *tactus*), the squat *g*, with one or two upright strokes that go above the line. A certain jabbiness pervades the script. All the letters made with two or more strokes, e.g. *b, d, e, h, m, n, u, v, s*, show this lack of juncture between strokes. The influence of the printed page, already current in France, may be traced in the economy of space and line. Juncture is common but not the rule, cf. the *pe* of *repeticionibus*, column A line 1.

Transcription f. 2^{A}

Magnorum et multorum repeticionibus cumu
latis incessanter sollicito ut que nuper de
causa dei contra pelagium et de virtute causarum in castris
scolasticis sollicitus militando voce transeunte
deprompseram, scripture manciperem enim re
manenti. Verum haud dubio, sicut dei ami
ci in causa dei postulare me provocant et
comfortant, ita et ~~amicti~~ amici pelagii, super numerum plures istis evo
cant et deterrent et me enim quod non nisi tactus dolore intrinsecus
refero olim, sicut contra unicum dei prophetam octingenti et quinquagintta
prophete baal, et similes sunt reperti, quibus et innumerabilis populus adherebat
ita et hodie in hac hora causa. ¶ Quot, domine, hodie cum pelagio
pro arbitrio libero contra gratuitam graciam tuam pugnant et contra paulum pu
gillem gracie spiritualem? Quot et enim hodie gratuitam graciam tuam fa
stidiunt. Solumque liberum arbitrium ad salutem sufficere stomachantur?
aut si graciam utcunque vel perfunctorie necessariam stimulent ipsam se
iactant sui arbitrii liberi viribus promereri, ut sit saltem nequaquam gratui
ta sed vendita videatur. Quot eciam deus omnipotens impotentes de sui potestate

[Ed. H. Savile, London, 1618. a^{6} recto.]

GERMANY

1

Monasterij Benedictoburanj.

Incipit canon decretorum pontificum

Primus liber continet de primatu sedis apostolicae.
De electione et ordinatione episcoporum. De ordinatis et non receptis.
De parrochiis ac rebus aecclesiasticis per xxx annos possessis. De synodis ce
lebrandis. De synodalibus iuramentis et interrogationibus. De non presumendis
illicitis ordinationibus. De excommunicatis iniuste. Que sint infames
personae. De induciis criminatorum. De hereditatibus ordinatorum.
Secundus liber continet de ordinatione presbyterorum et reliquorum ordinum.
Quales ad ministerium sacrum proveantur. Ut peculiares misse per
dies sollemnes in publico non fiant. De doctrina et officio parrochialium.
De communibus vel privatis orationibus. Qui dies feriandi sint per annum.
et de observatione diei dominici. De habitaculis et negociis presbyterorum.
De intemperate viventibus. De criminatis vel criminatoribus.
Exemplar formatae epistolae. Quibus ex causis abiciantur.
Tertius liber continet de aedificationibus consecrationibus et iusticiis
ecclesiarum. De officiis singulorum ordinum. Quibus locis quibus horis pro quibus
quotiis presentibus misse celebrande sint. De interruptione missarum.
De vasis et vestibus sacris. De causis quarum iudicia non inveniuntur
in canonibus. De oblationibus ac decimis. De tricennali possessione.
De sepulturis. De pace et honore ecclesiarum. De infantibus expositis.
De libris recipiendis vel non recipiendis et quando ponantur. De immu
nitatibus et sacrilegiis. Quartus continet de baptismate confir
matione crismate. De patrinis et matrinis. De inordinato si or
dinati officium usurpaverit. De iudeis et iudeorum mancipiis.
De bigamo. De episcopis et presbyteris et diaconibus [illegible]
Quintus continet de sacramento corporis et sanguinis domini. De
eulogiis id est pane consecrato. De illusionibus que dormientibus accidunt.
Sextus continet de homicidiis. De calumniis ordinatorum. De
venditoribus manciporum. Septimus continet de illicitis coniugiis.
De consanguinitate. Octavus de professione monachorum clericorum
sanctimonialium ac viduarum. Nonus de legitimo coniugio et
eius transgressione vel separatione. De concubinis raptis et raptoribus.
Decimus de incantatoribus. De auguribus. De divinis. De sortilegis.
De natura et actibus demonum. De murmuratoribus. De contenciosis.
De discordibus. De detractoribus. De conspirantibus adversus priores suos.
Undecimus continet de excommunicatione et reconciliatione.
De restitutione rerum ecclesiasticarum. De incendiis domorum. De membrorum
truncationibus. De furto vel rapina. Qualiter peniteant qui bannum episcopale
transgrediuntur. De his qui in patibulis suspenduntur. De fugitivis.

29 Germany 1108

Munich, Staatsbibliothek, cod. lat. monac. 4570 (Benediktbeuren). Vellum, 260 × 180 (195–8 × 108); ff. 245; one hand of text.

Contains: Canon decretorum pontificum (XX libri of Burchard of Worms).

Written perhaps in Benediktbeuren. The colophon to the Canon, f. 239^b, reads: 'Anno domini millesimo cviii indict. ii. xiii kalendas aprilis completus est liber iste.'

Immediately following this explicit is a section, ff. 239^b–240^b, of late twelfth-century German, beginning: 'Ein tumber man iu hat gegeben disen wisen rat.' The attribution, in the Munich catalogue, of the writing of the codex to a certain Burchardus monacus, has been rejected by Petzet and Glauning in their *Deutsche Schrifttafeln*, 2, Tafel xxiv.

This hand is not far removed from the Carolingian tradition of the mid-tenth and early eleventh century in Germany, as illustrated in the reproductions presented by L. W. Jones, *Script of Cologne* (1932). The page is somewhat crowded, and has been unevenly lined. But the romanesque rustic is used in the rubrics of every chapter, and appears on our plate at the beginning of each book, *Primus*, *Secundus*, etc. Both *ae* and *ę* occur indifferently. The ampersand is generally used for *et*. The *ſ* is remarkable for the length of its descender and the extension of the upper stroke, giving a half-uncial impression. The abbreviations tend to be tall. The last downward minim of *h* (line 12 *habitaculis*), and of *m* (line 10 *sollemnes*), and the *r* (line 3 *ordinatis*), not infrequently tend to the left when crossing the line. The top of *d*, *h*, and *l* tends to be slightly forked. The majuscule *N* in *ordinatione* (line 3) is exceptional.

*Transcription f. 1^a^*

Incipit canon decretorum pontificum
PRIMUS liber continet de primatu sedis apostolicae ·
de electione et ordinatione episcoporum · De ordinatis et non receptis ·
De parrochiis ac rebus aecclesiasticis per xxx^{ta} annos possessis · De synodis ce-
lebrandis · De synodalibus iuramentis et interrogationibus · De non presumendis
illicitis ordinationibus · De excommunicatis iniuste · Quę sunt infames
personę · De induciis criminatorum · De hereditatibus ordinatorum ·
SECUNDUS liber continet de ordinatione presbiterorum et reliquorum ordinum ·
quales ad ministerium sacrum proveantur · Vt peculiares missę per
dies sollemnes in publico non fiant · De doctrina et officio parrochialium ·
De communibus vel privatis orationibus · Qui dies feriandi sunt per annum ·
et de observatione diei dominici · De habitaculis et negociis presbiterorum ·
De intemperate viventibus · De criminatis vel criminatoribus ·
exemplar formatę epistolae · Quibus ex causis abiciantur ·
TERCIUS liber continet de aedificationibus consecrationibus et iusticiis
ęcclesiarum · De officiis singulorum ordinum · Quibus locis · quibus horis · p[ro]quibus
quotis presentibus missę celebrandę sint. De interruptione missarum ·
De vasis et vestibus sacris · De causis quarum iudicia non inveniuntur
in canonibus · De oblationibus ac decimis · De tricennali possessione ·

[The reference in the Munich catalogue (s.n.) does not correspond exactly to this text.]

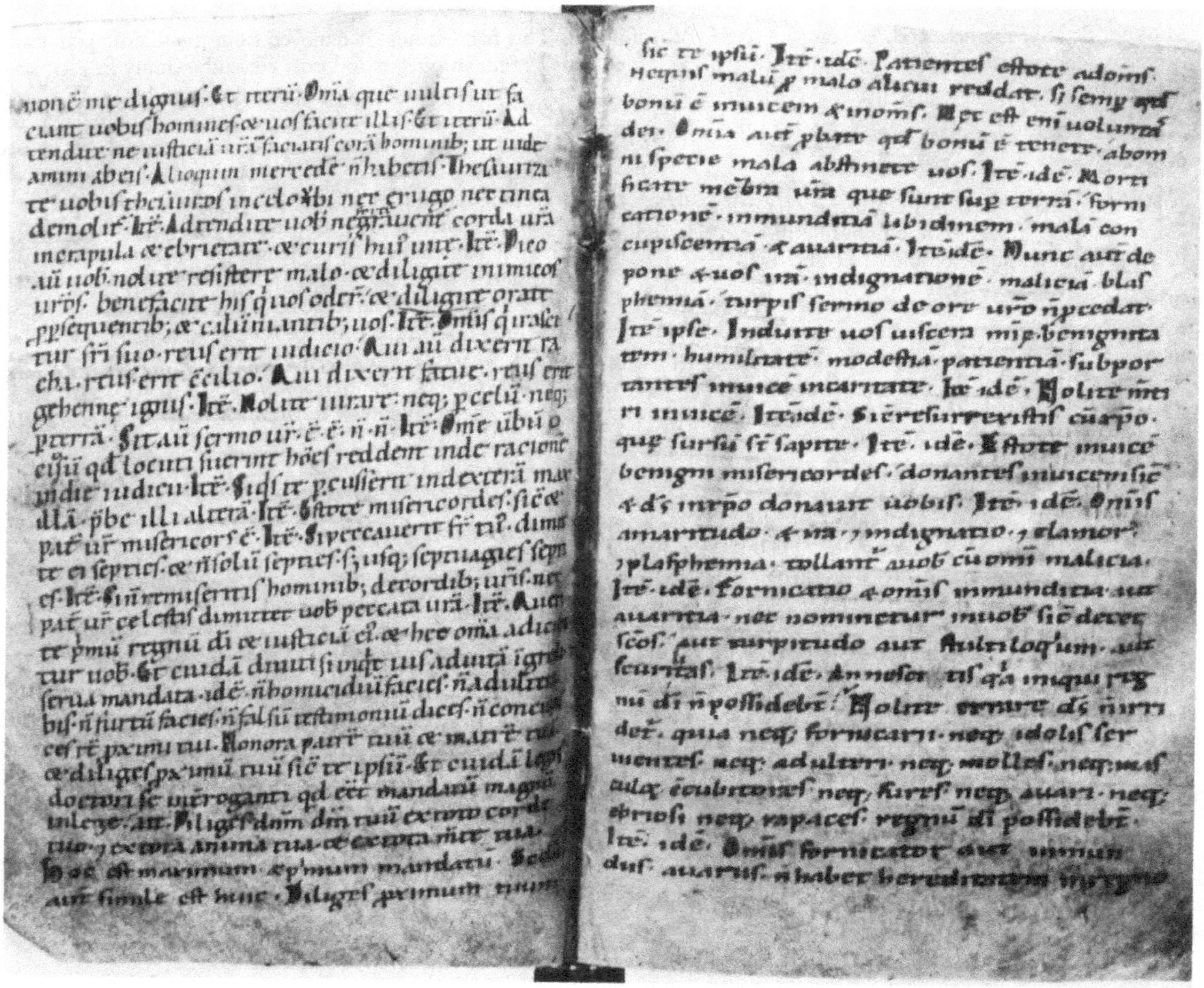

non ē me dignus. Et iterū. Oīa que uultis ut faciant uobis homines & uos facite illis. Et iterū. Adtendite ne iusticiā urā faciatis corā hominib; ut uideamini ab eis. Alioquin mercedē ñ habetis. Thesaurizate uobis thesauros in celo. Ubi nec erugo nec tinea demolit. Itē. Adtendite uob ne grauent corda urā in crapula & ebrietate. & curis huius uite. Itē. Dico aūt uob. nolite resistere malo. & diligite inimicos urōs. benefacite his q uos oderī. & diligite orate p psequentib; & caluīniantib; uos. Itē. Omnis q irascitur frī suo. reus erit iudicio. Qui aūt dixerit racha. reus erit ccilio. Qui dixerit fatue. reus erit gehenne ignis. Itē. Nolite iurare. neq; p celū. neq; p terrā. Sit aū sermo ur. ē. ē. ñ. ñ. Itē. Omē ūbū ociosū qd locuti fuerint hōes reddent inde racionē in die iudicii. Itē. Si qs te pcusserit in dexterā maxillā. pbe illi alterā. Itē. Estote misericordes. sicut & pat ur misericors ē. Itē. Si peccauerit frā tuus. dimitte ei septies. & ñ solū septies. s; usq; septuagies septies. Itē. Si ñ remiseritis hominib; de cordib; urīs. nec pat ur celestis dimittet uob peccata urā. Itē. Querite pmū regnū dī & iusticiā eius. & hec oīa adicientur uob. Et cuidā diuiti si uis ad uitā ingredi serua mandata. idē. ñ homicidiū facies. ñ adulterabis. ñ furtū facies. ñ falsū testimoniū dices. ñ concupisces rē pximi tui. Honora patrē tuū & matrē tuā. & diliges pximū tuū sicut te ipsū. Et cuidā legis doctori se īterroganti qd eēt mandatū magnū in lege. ait. Diliges dnm dm tuū ex toto corde tuo. & ex tota anima tua. & ex tota mēte tua. Hoc est maximum & pmum mandatū. Scdm aūt simile est huic. Diliges pximum tuum

sic te ipsū. Itē. idē. Patientes estote ad oms. Nequis malū p malo alicui reddat. sī semp qd bonū ē inuicem & in oms. Hec est eni uoluntas dei. Oīa aūt pbate qd bonū ē tenete. ab omni specie mala abstinete uos. Itē. idē. Mortificate mebra urā que sunt sup terrā. fornicationē. inmundiciā libidinem. malā concupiscentiā. & auariciā. Itē idē. Nunc aūt deponite & uos ira. indignationē. maliciā. blasphemiā. turpis sermo de ore urō ñ pcedat. Itē ipse. Induite uos uiscera mīe. benignitatem. humilitatē. modestiā. patientiā. subportantes inuicē in caritate. Itē idē. Nolite mentiri inuicē. Itē idē. Si ergo surrexistis cū xpo. que sursū st sapite. Itē. idē. Estote inuicē benigni misericordes. donantes inuicem sicut & ds in xpo donauit uobis. Itē. idē. Omnis amaritudo. & ira. & indignatio. & clamor. & blasphemia. tollantur a uob cū omī malicia. Itē. idē. Fornicatio & omnis inmundicia. aut auaritia. nec nominetur in uob. sicut decet scōs. aut turpitudo aut stultiloquium. aut scurilitas. Itē idē. An nescitis q'a iniqui regnū dī ñ possidebūt. Nolite errare. ds ñ irridet. quia neq; fornicarii. neq; idolis seruientes. neq; adulteri. neq; molles. neq; masculor̄ cōcubitores. neq; fures. neq; auari. neq; ebriosi. neq; rapaces. regnū dī possidebūt. Itē. idē. Omnis fornicator. aut immundus. auarus. ñ habet hereditatem in regno

30 Germany 1125

Munich, Staatsbibliothek, cod. lat. monac. 7804 (olim Indersdorf 404). Vellum, 160 × 115 (138 × 90); ff. 144; four, possibly five hands, coeval.

Contains: Varia excerpta patristica et monastica.

Written in or near Ratisbon. On f. 106[a], in a coeval hand, written upside down, we read: 'M. c. x.x.v. M. Q. ad cellam B. Martini traditi sunt.'

The two facing scripts with which we are here concerned, ff. 77[b] and 78[a], are quite different, yet retain many of the same characteristics. Both use the ampersand and occasionally the tironian sign; both have given up the *ae*, and partially also the ę, though the latter does occur. In both, the abbreviational practice is about the same. Both use *c̄* for *con*, *n̄* for *non*, *ē* for *est*, *qd̄* for *quod*. The hand at the right is perhaps closer to his Carolingian models, and the left-hand script is the taller, more angular script we meet frequently later in this century. On f. 1[a] we find *aliqd* and on f. 77[b], line 5 from the bottom, we find *qd* for *quid*, the well-known Italian abbreviational characteristic, but *qui* is usually *q*[i]. The second hand begins with the second line from the bottom of f. 77[b]. The first hand has *aū* for *autem*, the second *aūt*.

Transcription f. 77[b]

non est me dignus · Et iterum · Omnia que vultis ut fa
ciant vobis homines · et vos facite illis · Et iterum · Ad
tendite ne iusticiam vestram faciatis coram hominibus ut vide
amini ab eis · Alioquin mercedem non habetis · Thesauriza
te vobis thesauros in celo ubi nec erugo nec tinea
demolitur · Item · Adtendite vobis ne 'forte' graventur corda vestra
in crapula et ebrietate · et curis huius vite · Item · Dico
autem vobis · nolite resistere malo · et diligite inimicos
vestros · benefacite his qui vos oderunt · et diligite orate
pro persequentibus et calumniantibus vos · Item · Omnis qui irasci
tur fratri suo · reus erit iudicio · Qui autem dixerit ra
cha · reus erit concilio · Qui dixerit fatue · reus erit

Transcription f. 78[a]

sicut te ipsum · Item · idem · Patientes estote ad omnes ·
Ne quis malum pro malo alicui reddat · sed semper quod
bonum est invicem et in omnes · Hęc est enim voluntas
dei · Omnia autem probate quod bonum est tenete · ab om
ni specie mala abstinete vos · Item · idem · Morti
ficate membra vestra que sunt super terram:⁄ forni
cationem · inmunditiam libidinem:⁄ malam con
cupiscentiam et avaritiam · Item · idem · Nunc autem de
pone et vos iram · indignationem · maliciam · blas
phemiam:⁄ turpis sermo de ore vestro non procedat ·
Item ipse · Induite vos viscera misericordię · benignita
tem · humilitatem · modestiam · patientiam · subpor

[*Verba Salvatoris in monte et Apostoli.*]

FRANCORUM gentis exordia de antiqua troianorum prodiere prosapia.
Nam eo tempore quo post excidium troie eneas italiam uenit. quidam
ex eis deinde troianis simili modo profugi circa meotidas paludes appli
cuerunt. ibique considentes. terminos suos usque in pannoniam dilatauerunt.
Construxerunt autem ciuitatem sicambriam ibique per multos habitantes annos
in populum multum creuerunt. et sicambri primum dicti sunt. Hi pro eo quod alanos
ut dictum est de meotida palude expulerunt. franci a ualentiniano dicti
sunt. et pro hac uictoria per decennium remissione tributorum donati sunt.
Decennio uero peracto. misit ualentinianus quendam ducem pro exigendis tributis.
sed illi ut erant feroces tributis ulterius subiacere indignati sunt. missosque
ad se interfecerunt. Fuerunt autem tunc principes inter eos antiquorum uoca
bulorum preferentes insignia. Priamus et antenor. Audiens itaque imperator
eorum factionem. nimis iratus. iussit omnem romanum exercitum cum pluribus exteris
gentibus pugnare contra eos. Pugna commissa cum ex utraque parte multi
caderent. tandem franci multitudinem tantam sustinere non ualentes fuge-
runt. ibique mortuus est priamus rex eorum. Egressi autem de sicambria uener-
unt in terram germanie. ad gentem scilicet rec. romanis infestissimam. habi
tauerunt que aliquanto tempore in thuringia. cum marcomede filio priami.
et sunnone filio anthenoris. Omnes autem populi citra rheni partem habitantes
germani dicti sunt. quia corpora magna habebant et fortissimi semper
et indomiti erant. Inter hec defuncto sunnone. franci habuere consilium
inter se ut unum regem haberent sicut cetere gentes. acceptoque consilio a mar
comede. faramundum ipsius filium regem constituere. et ex eo tempore leges habe
ceperunt quas gentiles eorum consiliarii wisogastaldus et salegast fecerunt.
a quo salegast etiam lex salica inuenta dicitur et nominata. Erant autem
franci pagani. Denique mortuo faramundo. clodius filius eius crinitus suc
cessit. a quo francorum reges criniti appellati sunt. Ultra rhenum uero usque ad li
gerim fluuium. habitabant romani. ultra ligerim autem dominabantur
gothi. burgundiones uero habitabant iuxta rhodanum. ubi postea facta est ci
uitas leudunum. Franci itaque de thuringia rhenum transgressi. romanos
qui tunc temporibus per suos magistratus gallie imperabant. bello adorsi
sunt. et usque in carbonariam siluam fugant. fundunt. occidunt. sicque
illatam sibi a romanis iniuriam acriter uindicant. Ingressi autem tornacum
et camaracum ciuitates gallie. primo uniuersa maritima que inter
scaldum et sunnam fluuios decurrunt. uiolenter obtinent. sicque pau
latim pregredientes et regredientes remos suessionam. aurelianum
et agrippinam. ac treuerim. postremo omnem galliam. siue germaniam

31 Germany 1133

Erlangen, Universitätsbibliothek, cod. 406 (Irm. 470). Vellum, 325 × 225 (240 × 155); ff. 265 plus 2 guard leaves; one hand of text.

Contains: Ekkehard of Aura, *Chronicon universale*.

The home of the MS was Heilbronn. On f. 265ᵇ we read the last date in this hand: 'Anno dominice incarnationis mº centesimo trigesimo iiiº.' See further H. Fischer, *Katalog der Handschriften der Universitätsbibliothek Erlangen*, I, s.n.

This developed and conscious romanesque is the product of a well-disciplined scriptorium. It has moved some distance from the transitional scripts of the previous example. There is greater regularity in line and spacing, and less variation from letter to letter. The ascenders are of an even height; there is less optional form to the letters. There is only one *r* and, it may be noticed, there is a tendency for it to drop slightly below the line. There was evidently no pressure on the scribe as to space, and abbreviations are few. Part of the impression of order is due to the fact that there is a connection between almost all the letters within a word, e.g. *exordia*, line 1; *dilataverunt*, line 4. Frequently a preposition is not separated from its object, e.g. *inpopulum*, line 6; *avalentiniano*, line 7. The inverted *c* for *con* will be noticed, e.g. *consilium*, line 21. Later in the MS *c̄* for *con* appears. The ampersand is still used; *ae* does not appear. The cedilla is frequent.

Transcription f. 29ᵇ

FRANCORUM gentis exordia de antiqua troianorum prodiere prosapia.
Nam eo tempore quo post excidium troię eneas italiam venit, quidam
ex eisdem troianis simili modo profugi circa meotidas paludes appli
cuerunt, ibique considentes. terminos suos usque in pannoniam dilataverunt.
Construxerunt autem civitatem sicambriam ibique per multos habitantes annos
in populum multum creverunt, et sicambri primum dicti sunt. Hi pro eo quod alanos
ut dictum est de meotida palude expulerunt. franci avalentiniano dicti
sunt, et pro hac victoria per decennium remissione tributorum donati sunt.
Decennio vero peracto misit valentinianus quendam ducem pro exigendis tributis.
sed illi ut erant feroces tributis ulterius subiacere indignati sunt. missosque
ad se interfecerunt. Fuerunt autem tunc principes inter eos antiquorum voca
bulorum preferentes insignia. Priamus et antenor. audiens itaque imperator
eorum factionem. nimis iratus. iussit omnem romanum exercitum cum pluribus exteris
gentibus pugnare contra eos. Pugna commissa cum ex utraque parte multi
caderent. tandem franci multitudinem tantam sustinere non valentes fuge
runt. ibique mortuus est priamus rex eorum. Egressi autem de sicambria venerunt
in terram germanię ad gentem scilicet reę · romanis infestissimam. habi
taverunt que aliquanto tempore in thuringia · cum marcomede filio priami ·

[*P.L.* 154, 713 f.]

Dilectissimo filio hieronimo damasus epc in domino salutem.

1· Commentaria cũ legerẽ greco latinoq; sermone in euangelio℞ inter-
pretatione a nr̃is idest ab orthodoxis uiris olim ac nup̃ scripta de eo qđ
legit̃. osanna filio dauid. n̄ solũ diuersa. s̄ etiã contraria sibimet p̃ferẽt. dilec-
tionis tuę ardenti illo tuę strenuitatis ingenio abscisis opinionib; am-
biguitatib;q; supplosis. qđ se habeat apud hebreos uiuus sensus scribas,
ut de hoc sicut & de multis tibi uñt curẽ in xpo ihu grãs referant.

Responsio hieronimi ad damasum papam de osanna.

VLTI SVPER HOC
sermone diuersa finxerunt. e quib; nr̃ hylariꝰ in
cõmentariis mathei ita posuit. Osanna hebraico
sermone significat̃ redemptio domꝰ dauid. Primũ
redemptio lingua hebrea ephot interp̃tat̃. deinde
domꝰ beth. Dauid ũ in hoc loco n̄ ẽẽ nom̄ insertũ omib; patet. Alii opi-
nati s̄t osanna glãm dici. Porro glã saboth (ea) uel caboth appellat̃. Non nul-
li grãm. cũ grã thoda. siue anna nuncupat̃. Restat ḡ ut omissis opinionũ
riuulis. ad ipsũ fontẽ unde ab euangelistis sumptũ est recurram. Nã quõ illud
neq; in grecis. neq; in latinis codicib; possumꝰ inuenire. ut cõpleret̃ id qđ
dictũ est p̃ pp̄has. qm̄ nazareus uocabit̃. & illud ex egypto uocaui filium
meũ. ita & nunc in hebreis codicib; ueritas exp̄menda ẽ. unde in hanc uo-
cẽ uulgus & maxime cõsona int̃ se paruulo℞ turba p̃rupit. dicente matheo.
tau hẽ aũ quę p̃cedebant & quę sequebant̃ clamabant dicentes. osanna
filio dauid benedictꝰ q̄ uenit in noĩe dñi. osanna in excelsis. Marcus ũ
ita posuit clamabant dicentes. osanna benedictꝰ q̄ uenit in noĩe dñi. be-
nedictũ qđ uenit in noĩe dñi regnũ patris nr̃i dauid. osanna in excelsis.
iohs quoq; pari uoce cõsentit. & clamabant. osanna. benedictꝰ q̄ uenit
in noĩe dñi rex isrt̃. solus lucas uerbũ osanna n̄ posuit. in reliq̃ interpre-
tationis parte ɔsentiens. benedictꝰ q̄ uenit (rex) in noĩe dñi. pax in cęlo &
glã in excelsis. Igit̃ ut dixeimꝰ ipsa hebrea uerba ponenda s̄t. & omniũ
interp̃tũ opinio digerenda. q̄ facilius qđ sup̃ hoc sentiendũ sit ex re

32 *Germany 1144*

Wolfenbüttel, Herzog August Bibliothek, Helm. 195 (cod. 222) (olim d.v.lviii). Vellum, 325 × 225 (250 × 145); ff. 172; one hand of text. Plate slightly reduced.

Contains: Epistolae Hieronimi et Augustini.

Written in the monastery of St George the Martyr, Goslar. The ex libris on f. 1[a], in the hand of the text, reads: 'Liber sancti Georgii martyris goslarię. scriptus anno incarnationis domini millesimo centesimo quadrigesimo quarto. Indictione septima.'

The hand remains in the tradition of tall letter forms which is noticeable in Plates 29 (1108) and 30 (1125) and will be seen in Plate 34 (1186). The hand is well disciplined, regular and, for the most part, evenly spaced. The ampersand is used consistently, the dumb-bell abbreviational sign is used in the early part of the codex, but tends to give way to a simple curved stroke later in the codex. The ę, prominent here, is maintained throughout the work. The ascenders are shorter than the descenders. The *9* appears (*consentiens*, line 3 from bottom) but rarely; *con* is usually *cō*. Three signs of correction will be noticed: the " " over *curę vestre* in line 7 and the , between the *b* and the *o* in *saboth*, line 15, and the *vel a* above, between the lines. The final ꝍ appears regularly. The -*bus* and -*que* in the same word will be noticed in *ambiguitatibusque* of lines 5–6.

Transcription f. 3[b]

Dilectissimo filio hieronimo Damasus episcopus in domino salutem
Commentaria cum legerem greco latinoque sermone in evangeliorum interpre
tatione a nostris id est ab orthodoxis viris olim ac nuper scripta de eo quod
legitur · osanna filio david · non solum diversa · sed etiam contraria sibimet proferunt dilec
tionis tuę ardenti illo tuę strenuitatis ingenio abscisis opinionibus am-
biguitatibusque supplosis · quid se habeat apud hebreos vivus sensus scribas.
ut de hoc sicut et de multis tibi curę vestre · in Christo Ihesu gratias referant.
Responsio hieronimi ad damasum papam de osanna.

MULTI · SUPER · HOC ·

sermone diversa finxerunt. e quibus noster hylarius in
commentariis mathei ita posuit. Osanna hebraico
sermone significatur redemptio domus david. Primum
redemptio lingua hebrea ephot interpretatur. deinde
domus beth. David vero in hoc loco non esse nomen insertum omnibus patet. Alii opi-
vel a
nati sunt osanna gloriam dici. Porro gloria sab,oth vel caboth appellatur. Nonnul
li gratiam cum gratia · thoda · sive anna · nuncupatur. Restat ergo ut omissis opinionum

[*P.L.* 22, 375 f.]

administratiōis actione succūberem. S; qa contraire non ē dn̄i disponē
tis arbitrio obedientē secutus sum. qd de me erigentis manus ualuit
operari. Iam fr̄nitati ur̄e & si psens non euenisset occasio necessarium
fuerat ī dicandum. qd ī dignū me aplicę dn̄s sedi p̄eē dignatus est.
Nō bn̄ — hr̄ idē de eadē re philippo comiti excubitor̄. In q̄ntū homo discutere
& ī uestigare iudicia supna n̄ sufficit. intantū sub ea debet ceruicē
cordis sui ī flectē. ut qa id qd sibi t̄buit quo iudicio disponat igno
rat. nec ad appetendum locū p̄cax insistere. nec ad repellendum cō
tumax debeat inueniri. Vn̄ ī dignus ego ad suscipienda episcopat9
onera iussioni omnipotentis ur̄eq; uoluntati me subdidi. cui me
p̄eē largitatis magis grā. q̄ ueri estimatiōe uoluistis. Potens
ē enī deus p̄pt̄ quē me ī dignū diligitis. hāc uobis ī ppetuū re
pensare mcedem. ut grām q̄m ī dignus ei famulis impenditis
apud eū multiplicius īuenire ualeatis. At ego hic ad eflocutiōis
ope paululū respirabo. ut q̄ specialit̄ de pontificio ei dicenda
sunt ī libello alio suffragante dn̄o restaurant. Explicit liber p̄
mus. Incipit liber secundus.

Nec nunc quoniam athletę xp̄i gregorii
xp̄i uiriliē ī gimnasio scē ipsius ęcclię desudantis
p̄lato libello torosa menbra descripta sūt. qlit̄ ipa
restra q̄q; defluxerit. aspirante dn̄o p̄ferat. Siquidē
mos ut summū pontificū felicissime romanę urbis ep̄o morta
libus ēsulente sortitus ē. sup̄ sticiosum uniuersalis uocabulum
qd iohannes constantinopolitan9 ep̄c ī solenē sibi tē temporis usurpa
bat more antecessor̄ suor̄ pontificū. sub districtissime ī t̄minatiōis
// sententia refutabat. Et p̄mus omnīū se ī p̄ncipio suarū epistolę
seruū seruor̄ dī scribens. satis humilit̄ diffiniuit. cunctisq; suc
cessorib9 documentū suę humilitatis tā in hoc q̄ in mediocribus
pontificalib9 ī dumentis. qd uidelicet actenus ī scā romana ec
clia conseruat̄ hereditariū dereliquit. Denique ī specula sanc
te uniuersalis ecclię uir totius humilitatis. auctoritatis ac or

33 Germany 1158

Munich, Staatsbibliothek, cod. lat. monac. 12620 (olim Ranshofen 20). Vellum, 263 × 175 (200 × 125); ff. 109; one hand of text.

Contains: Vita Gregorii by Johannes Diaconus.

Written most probably at the monastery of St Pancratius in Ranshofen. There are several ex libris, ff. 1b, 103a, 109a. The date is taken from the last event mentioned in a chronicle of leading events from 1062 to the capture of Milan by Frederick Barbarossa in 1158 (f. 109a): 'MCLVI Fridericus imperator ordinatur. MCLVIII Fridericus imperator mediolanum potenter subegit.'

From Plate 30 (1125) to this script there has been a slight loss of smooth execution, and at the same time a reversion in certain respects to Carolingian roundness. This is a more compressed, almost square hand which shows less precision in training and a certain lack of sureness in control. Sometimes a minuscule *a* may be perfectly balanced, the next *a* may be unbalanced, e.g. the *a* in *investigare*, line 6, as compared with the *a* in *operari*, line 3. Other letters show almost as much unevenness. The loop of the minuscule *h* frequently returns to the ascender, making a complete *o*. The loop of the *g* extends far to the right of the downward stroke. We find *c̄*, *c̄on* and *9* for *con*. We find also *-b*, *-b9* and *-bus*. The *ę* is common, and frequently incorrectly used. The *r* linked to the *o* will be noticed in *efflorationis*, line 14. This is not common at this time, particularly in the middle of a word. Later in the MS the hand changes slightly, and is more similar to the script of Plate 31 (1133). It would appear possible that the scribe—it is certain that we have to do with only one scribe—was attracted by the sight of a Carolingian model, but after some folia returned to the style to which he was more accustomed.

Transcription f. 14b

administrationis actione succumberem. sed quia contraire non est domini disponen-
tis arbitrio obedienter secutus sum. quod de me erigentis manus valuit
operari. Nam fraternitati vestrę et si presens non eveniret occasio necessarium
fuerat indicandum. quod ita dignum me apostolicę dominus sedi preesse dignatus est.
Item idem de eadem re philippico comiti excubitorum. Inquantum homo discutere
et investigare iudicia superna non sufficit. in tantum sub ea debet cervicem
cordis sui inflectere. ut quia id quod sibi tribuitur quo iudicio disponatur igno
rat. nec ad appetendum locum procax insistere. nec ad repellendum con
tumax debeat inveniri. Unde indignus ego ad suscipienda episcopatus
onera iussioni omnipotentis vestreque voluntati me subdidi. cui me
preesse largitatis magis gracia. quam vicii estimatione voluistis. Potens
est enim deus propter quem me indignum diligitis. hanc vobis in perpetuum re-
pensare mercedem. ut graciam quam indignis eius famulis inpenditis
apud eum multiplicius invenire valeatis. At ego hic ad efflorationis
opere paululum respirabo. ut que specialiter de pontificio eius dicenda
sunt in libello alio suffragante domino referantur. Explicit liber pri-
mus Incipit LIBER SECUNDUS.

[*P.L.* 75, 86 f.]

Non nob sit molestum . q obscur' e loc' . pphe habebant sapientiā . s; ipsā sapia copetiebat eos . ñ poterant ualere sine xpo . Videte g q'd dicat . Mitte claritām tuā hoc est filiū tuū . & notū nob illū fac . ut & pphe q' quasi pphauerunt umbrā . incipiant dnm manifesti pdicare . Conuerte dne usq; q . Multū peccauim' . auerti faciē tuā . ñ s digna peccata nra tuis uideri oclis . pptea depcam' . querte dne usq; q . Ecce iam tanta fluxert scla . semp te pphe uenturum pdicauerunt gentib' . & adhuc ñ uenisti . Et dirige filios hominū . q pui sum' a te dirigam' . Et dirige filios hominū . pptea eos dirige . q filii hominū s . Si eni filii tui eent . dixeti eent . Tu eni dixisti . ego dixi ; ut hoies moriemini . & q'si un' de pncipib' cadetis .

Et in alio loco . ñ pmanebit sps ms in hoib' istis . q caro s . Qm homines s . pptea caro s . Ergo q filii hominū sum' & pdidim' ee filii di . & pui facti sum' . pptea dirige nos ut rursū tui efficiam' filii . Et sit splendor dni di nri sup nos . Dic & apls ad hebreos . qm dns atq; saluator sit splendor glie patis . Et sit splendor dni di nri sup nos .

Hoc e q'd dr & in alio loco . Signatū e sup nos lum uult' tui dne . Signū crucis . uexillū nrm e . Hec interī de psalterio diximus . & estimo q'd dixi qm debueram . imorati sum' . Intelligim' nos multo plura dixisse qm debuim' dicē . s; ñ possum' dnm nrm uerba reti... cere . ñ possum' inchoatū psalmū re... linquere . ñ e multū q'd cūq; pdest . ... anime . Nichil satis e q'd bonū ... e . si tn bonū est . Rogem' g dnm nrm saluatorē . ut splendor ei' luceat in cordib' nris . ut eiciat oms tenebs nras . & cogitationes tenebrosas omnuū peccōr . pellat de cordib' nris . ut illuminet nras tenebs . ut fugiant tenebre . & habitet splendor in cordib' nris . Templū dni & tabernaclm & sca scor . semp lucernā habebant ardentē . Semp lucebat lucerna in teplo dni . Si eni extincta fuerit lucerna . dns in tenebs ñ habitat . Dicam' g & nos lucerna pedib' nris uerbū tuum dne . cui sit gla in scla sclor . Amen .

Finit de psalmo lxxxviii . Incip de psalmo xc . Laus cantici ipsi

Ist . Psalm' ~~ñ habet titulū~~ dauid . eo q'd de capite t de membis cantat' . caput in celo . menbra in tra . Et pphe intelligit de ieiunio . & de illa temptatione heremi . qm puidebat pphia . q'd uenturus erat xpc in carne ut temptaret a diabolo .

Qui Habitat in adiutorio altissimi . Adiutoriū interpreta- tur ezras .

34 Germany 1186

Bamberg, Staatliche Bibliothek, cod. bibl. 57 (B. II. 19). Vellum, 330 × 245 (260 × 180); ff. 188; one hand of text.

Contains: Ps. Haymo Halberstadtensis, *Commentarius in Psalmos*. Begins in Psalm 31 (sic in cod., recte Ps.-Hieronymi Breviarium).

Written at St Michael's in Bamberg. On f. 185^{b}, inside a large and decorated circle, in ornate capitals appear the words: 'Liber sancti Michaelis in monte Babenbergensi. Scriptus anno domini millesimo centesimo octogesimo sexto sub domno Uvolframmo abbate.'

There is a noticeable difference between this and the preceding example (1158). But on the other hand, the proximity of this script to that of Plate 32 (1144) is great. The letters are tall, and the shading which we associate with gothic script is already firmly established. In details, such as the angularity and the pedal attached to the *m* and the *n*, the gothic tendency is clear. The ascenders of *b*, *d*, *h* and *l* are begun at an angle, though at times it is obvious that the scribe has gone back and touched up the initial stroke. There is still a tendency to use romanesque rustic, not only in majuscule, such as the *N* in *Nichil* (line 4) or *R* in *Rogemus* (line 6), but in minuscule, e.g. the final *u* in *filium*, *bonum* (line 5). The loop of the *g* is somewhat to the right. We find *con* and *9*. The abbreviational -*r*- sign ᒻ frequently becomes ~ and is on the way to being a simple wavy line, e.g. *dicere* in line 1. There is still no use of the tironian sign for *et*, 7.

Transcription f. 102^{D}

isse quam debuimus dicere · sed non possumus domini nostri
verba reticere · non possumus inchoatum
psalmum relinquere · non est multum quod
cunque prodest animę · Nichil satis est
quod bonum est · si tamen bonum est ·
Rogemus igitur dominum nostrum salvatorem · ut splen-
dor eius luceat in cordibus nostris · ut eiciat
omnes tenebras nostras · et cogitationes tene-
brosas omnium peccatorum propellat de cordibus
nostris · ut illuminet nostras tenebras · ut fu-
giant tenebrę · et habitet splendor in
cordibus nostris · Templum domini et tabernaculum
et sancta sanctorum · semper lucernam habebant ar-
dentem · Semper lucebat lucerna in templo
domini · Si enim extincta fuerit lucerna ·
dominus in tenebris non habitat · Dicamus igitur et

[*P.L.* 26, 1096.]

neravit. Suscipe me ut cum fratribus meis
sim. cum quibus ueniens inuitasti me. Aperi mihi
pulsanti ianuam uite. principes tenebrarum
non occurrant mihi. nec ueniat mihi pes superbie.
et manus extranea non extinguat me. sed sus
cipe me secundum uerbum tuum et perduc me ad
conuiuium epularum tuarum. ubi epulantur
tecum omnes amici tui. Tu es enim Christe filius
dei uiui. qui precepto patris mundum saluasti.
qui et spiritum sanctum tuum nobis destinare dignatus
es. ut nos de preceptis tuis communes face
ret. per eundem spiritum tibi gratias referimus per infini
ta secula seculorum. Et cum omnes populi respondissent
amen. lux tanta apparuit super apostolum per unam
fere horam. ut nullus eam sufferret aspectum.
Et signans se totum. astitit et ait. Tu mecum
domine deus solus. Et proiecit se super tumulum
in quo strauerat uestimenta sua dicens nobis.
Pax uobiscum fratres. et omnes benedicens ac ua
le faciens deposuit se uiuentem in sepul
chro suo. et iussit se operire glorificans deum. et
statim reddidit spiritum. Alii gaudebant.
alii flebant. Gaudebant quod tantam gloriam
cernebant. dolebant quod tanti uiri aspec
tu et presentie specie ipsi orbarentur. Et prima
matina exiens de sepulchro apparuit. quam
usque hodie gignit locus. Et fiunt uirtutes
per orationes eius. Nam ibi infirmi ab egritu
dinum suarum periculis liberantur. et precum sua
rum consequuntur effectum. Hic est beatus iohannes
de quo dominus prius dixerat ad petrum. Sic eum
uolo manere quousque ueniam. tu uero sequere
me. Significans quod beatus petrus per crucem
honoraturus esset deum. Hic subito corporis
sompno requiescit in pace. Per dominum nostrum ihesum
Christum. qui coronis laureis clarificat sanctos suos.

os. et est eterna laus et expectati
electis eius. Ipsi gloria et eternitas u
status debetur in secula seculorum. Amen.

INCIPIT PROLOGUS
HISTORIOGRAPHUS
cesaree palestine urb
historiam ecclesiastica
ret. preter misit ea que in aliis
sunt ut que se meminit retulisse
ginta libros id est duas decada
pene prouinciarum. passiones
et confessorum et sacrarum uirgin
lierum continere fecit. Deinde
apostolo petro omnium romanorum ep
nomina et gesta conscripsit. et ea
que arcem pontificatus per aplicas
nere nosciuntur ut urbs roma. a
hierosolima. ephesus et alexand
rum urbium episcoporum omnium pr
mina usque ad tempus suum et ge
sermone conscripsit. Ex quo nu
episcoporum urbis rome sancti siluestri
de greco in latinum transferre pre
domine sancte ac beatissime pater. Qui
me ad translationem hanc esse
rans elegi hoc deregere quod sim
monis atque ineritis ingenii. Unde
ut per me tuis orationibus imperare
culpam contemptoris fugio presum
notam incurram. Sed tuis oratio
niam me consequi non dubito. Credo
orando implere facias quod me ar

Suadendo et iubendo fecisti
uita beati Siluestri ep
SILVESTER.
urbis rome episcopus. cum es

35 Germany 1216

Graz, Universitätsbibliothek, cod. 713 (olim St Lambrecht 47). Vellum, 330 × 240 (250 × 175); ff. 376; one hand of text.

Contains: Vitae sanctorum.

Written in the Benedictine monastery of St Lambrecht in Austria. The colophon on f. 376^b reads: 'Anno incarnacionis dominice m°cc°xvi° scriptus est.' See Anton Kern, *Die Handschriften der Universitätsbibliothek Graz*, II (Vienna, 1956), 1–7.

This script has retained the general romanesque pattern, and is close to several of the preceding hands in appearance. The scribe may have been of advanced age, or the monastery may have been isolated or the scriptorium conservative. Note the tall letters, the romanesque rustic majuscule, the retention of the ampersand, along with the more recent gothic 7, the modest use of abbreviations, the very rare use of *9* for *con*, e.g. in *confessoris*, third line from bottom. The dumb-bell-like appearance of the abbreviational sign may be noticed in Plate 29 (1108) and elsewhere. The looped *r* appears only at the end of a word, attached to the *o* or the *a* of the genitive plural, e.g. *tenebrarum*, line 3, and *episcoporum*, line 11. The cedilla to the *e* has disappeared.

Transcription f. 44^A

neravit. Suscipe me ut cum fratribus meis
sim. cum quibus veniens invitasti me. Aperi mihi
pulsanti ianuam vite. principes tenebrarum
non occurrant mihi nec veniat mihi pes superbie
et manus extranea a te non extinguat me. sed su-
scipe me secundum verbum tuum et perduc me ad
convivium epularum tuarum. ubi epulantur
tecum omnes amici tui. Tu es enim Christus filius
dei vivi. qui precepto patris mundum salvasti.
qui et spiritum sanctum tuum nobis destinare dignatus
es. ut nos de preceptis tuis communes face-
ret. per eundem spiritum tibi gracias referimus per infini-
ta secula seculorum. Et cum omnis populus respondisset
amen. lux tanta apparuit super apostolum per unam
fere horam. ut nullus eam sufferret aspectus.
Et signans se totum. astitit et ait. Tu 'es' mecum
domine deus solus. Et proiecit se super tumulum
in quo straverat vestimenta sua dicens nobis.
Pax vobiscum fratres. et omnes benedicens ac va-
le faciens deposuit se viventem in sepul-

[Ed. *AASS*, *Bibl. hag.*, 4316+7725.]

LIBER deuterono
mium repetitio
est precedentium
quattuor librorum le
gis. Nam diuini
illi patres in se conti
neant causas.
iste vero replicat
omnium. Habet
autem preter sacramenta, ex quibus par
va pro exercitio lectoris studium me
moranda. Deuteronomium autem secunda
legis latio dicitur, qua significatur
figuraliter euangelium. · II ·

In cuius principio notandum est quod
indicet quod xl diebus idem deu
teronomium a moyse scribitur. non ad
significandum iudaice plebis lapsum
in euangelio per transgressionem decalo
gi mandatorum. Quod autem significauerunt
xl anni, quibus laboriose pa
tres filii israel ad promissionis terram
transierunt. Hos quippe xl annos
totum seculi tempus significatur. in quo in
uenit ecclesia sub laboribus et periculosis
temptationibus. sperando quod non
uidet per patientiam, quousque
ad promissam eterne felicitatis per
ueniat patriam. Ideo et dominus xl die
bus ieiunauit. et xl diebus temp
tatus est in heremo. Corpus enim eius
quod est ecclesia necesse est temptatio
nes laboresque patiatur in hoc
seculo. quoadusque ueniat illud
tempus ut post temptationes
suscipiat consolationes. Quod
uestimenta aut calciamenta filiorum
israel per tot annos in heremo inde
trita et absoluta manserunt, nul
laque uetustate corrupta sunt, et
morticina pellis tam diu sine la
be durauit. post figurauit futu
ram incorruptibilitatem corporum
ut ea que corruptibilia sunt sine
corruptione ulla permanebunt.
Iubentur autem in preceptis huius libri
innumerabilia, ex quibus queritur
quid significet illud quod ibi dicitur: non
plantabis omne lignum iuxta al
tare dei, nec facies nemus. · III ·

Nemus frondentes arbores et
infructuose sunt. sola ad
delectationem usibus plantata.
Tales sunt et gentiles qui rationem
suam librorum decore composuerunt, ut
non grauitate amicus sed delectentur
atque humana seductione persuadeant.
Nos autem secundum preceptum domini nemus iuxta
altare non plantamus, sed recta dominica
fide nichil inutilis infructuosum
nichil audientium secularis illecebro
sum componimus, sed sola puritate ueri
tatis sententiam predicationis tenemus.
Hoc nemus in predicatione sapientie plan
tare uitabat apostolus cum dicebat:
Et loquimur non in doctis humane sapientie
uerbis, sed in doctrina spiritus et in uirtute.

Quando ingressi fueritis terram · IIII ·

36 Germany 1225

Wolfenbüttel, Herzog August Bibliothek, fol. 87.2 (a 912). Vellum, 262 × 195 (200 × 146); ff. 87; one hand of text.

Contains: Isidorus Hispalensis, *Questiones in Vetus Testamentum* (usque ad Reg. IV).

Written at Marienthal bei Helmstadt by Henricus monachus. In the colophon, f. 87[B], we read: 'Liber vallis sancte Marie virginis quem Henricus monachus scripsit. Retribuat ei dominus in vita eterna. Anno gracie m°. cc°. xxv°. scriptus est liber iste.'

The transition to early gothic is, in this script, almost complete. The romanesque rustic capitals have lost their delicacy, all minims of *i* and *u* have acquired clubbed tops, the ascenders of *b*, *h*, and *l* are short and heavily bulbous at the top, the *s* and the *f* have a characteristic bulge just below the upper curve. The capitals have a bulbous tail with a ball at the end which will still frequently occur in German MSS centuries later. The *d* is uncial with the top stroke aggressively horizontal, save at the beginning of a word, where we find *dn̄s* or *ds̄* almost as often as *∂n̄s*. The ampersand has disappeared and is replaced by a clumsy tironian sign.

Transcription f. 63[b]

LIBER deutrono-
mium repeticio
est precedencium
quatuor librorum le-
gis · Nam dum
illi proprias in se conti-
neant causas ·
iste eciam replicat
omnium · Habet
autem proprie sacramenta · ex quibus par
va pro exercicio lectoris studui me-
moranda · Deutronomium autem secunda
legis lacio dicitur · qua significatur
figuraliter evangelium · . ii .
IN cuius principio notandum est quid
tempus ubi post temptaciones
suscipiat consolaciones · Quod vero
vestimenta aut calciamenta filiorum
israel per tot annos in heremo inde-
trita et absoluta manserunt nul-
laque vetustate corrupta sunt et
morticina pellis tam diu sine la-
be duravit · potest figurari futu-
ram incorruptibilitatem corporum
ubi ea que corruptibilia sunt sine
corruptione ulla permanebunt ·
Iubentur autem in preceptis huius libri
innumerabilia · ex quibus queritur
quid significet illud quod interdicitur · non
plantabis omne lignum iuxta al-

[*P.L.* 83, 359 f.]

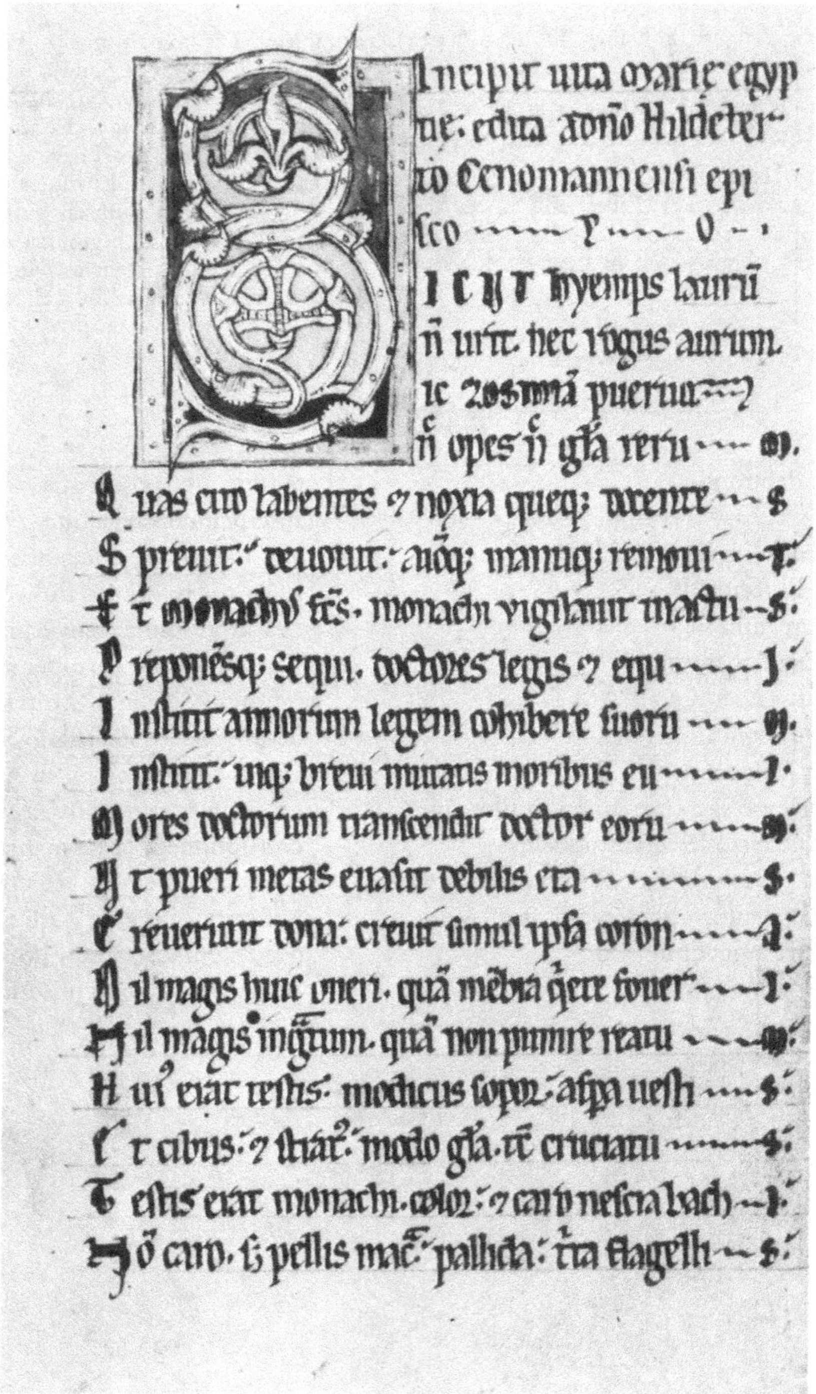
Incipit uita marie egyp
tie: edita a domno Hildeber
to Cenomannensi epi
scopo ... V ... O ...
SICUT hyemps laurū
n̄ urit. nec rogus aurum.
Sic zosimā puerum
n̄ opes n̄ glā rerū ... M.
Quas cito labentes & noxia queq; docente ... S.
Spreuit: deuouit. aliq; manuq; remouit ... T.
Et monachus scs. monachi vigilauit in actu ... S.
Preponēsq; sequi. doctores legis & equi ... I.
Instituit annorum legem cohibere suorū ... M.
Instituit: unq; breui mutatis moribus eū ... I.
Mores doctorum transcendit doctor eorū ... M.
Ut pueri metas euasit debilis eta ... S.
Creuerunt dona: creuit simul ipsa coron ... A.
Nil magis hunc onerī. quā mēbra gerere fouer ... I.
Nil magis ingratum. quā non punire reatu ... M.
Nuī erat testis: modicus sopor: aspa uesti ... S.
Et cibus: & strat. modo glā. tē cruciatu ... S.
Testis erat monachi. color: & caro nescia bach ... I.
Hō caro. s; pellis mac. pallida: tra flagelli ... S.

37 Germany 1240

Munich, Staatsbibliothek, cod. lat. monac. 12513 (olim Raitenhasl 13). Vellum, 213 × 127 (156 × 90); ff. 109; one hand of text.

Contains: Varia poetica, Willetruda de Susanna, Bernardus Morlacensis, Hildebertus Cenomanensis.

Written in the Convent of St Mary in Raitenhasl by Liutoldus scriptor. The colophon at the end of Hildebert of Le Mans (f. 105^b) reads:

Incipiunt versus Liutoldi scriptoris
Annis expletis numero quasi mille ducentis
Quadraginta quoque post partum virginis ęquę
Tempore quo clarus meritis Abbas Ditemarus
Prefuit ęcclesię sanctę Reitenhaslah Marię
Hic ubi multorum pater dictus monachorum
Quorum sub numero domini sub nomine vero
Hunc librum scripsi carmen presens quoque finxi
Liutoldus dictus monachus nondum modo factus.

This is a case of a slightly retarded script. Liutoldus had obviously been trained from romanesque models. The rustic majuscules have not lost all of their vigour, and the tall proportions of the minuscule that we observed in earlier German romanesque are still noticeable. The upper stroke of the initial *d* is always horizontal. Liutoldus preferred the looped *s* and frequently joined a final *us* (line 11, f. 1^b). The *et* sign is his own composite of the ampersand and the *7* sign. The cedilla has returned to the *e*. On the other hand the ascenders of *b*, *h*, and *l* are forked at the top, and the minuscule *i* as well as the minims of *n* and *m* is clubbed at the top. The looped *r* attached to an *o* is frequent but not universal. The hand is recognizably in the gothic direction.

Transcription f. 1^b

Incipit vita Marię egyp-
tię. edita a domino Hildeber
to Cenomannensi epi
scopo.
SICUT hyemps laurum
non urit. nec rogus aurum.
Sic zosimam puerum
nec opes nec gloria rerum.
Quas cito labentes et noxia queque docentes
Sprevit. devovit. animoque manuque removit.
Et monachus factus. monachi vigilavit in actus.
Preponensque sequi. doctores legis et equi.
Institit annorum legem cohibere suorum.
Institit, inque brevi mutatis moribus evi.
Mores doctorum transcendit doctor eorum.
Ut pueri metas evasit debilis etas.
Creverunt dona. crevit simul ipsa corona.
Nil magis huic oneri quam membra quiete foveri.

[*P.L.* 171, 1323 ff.]

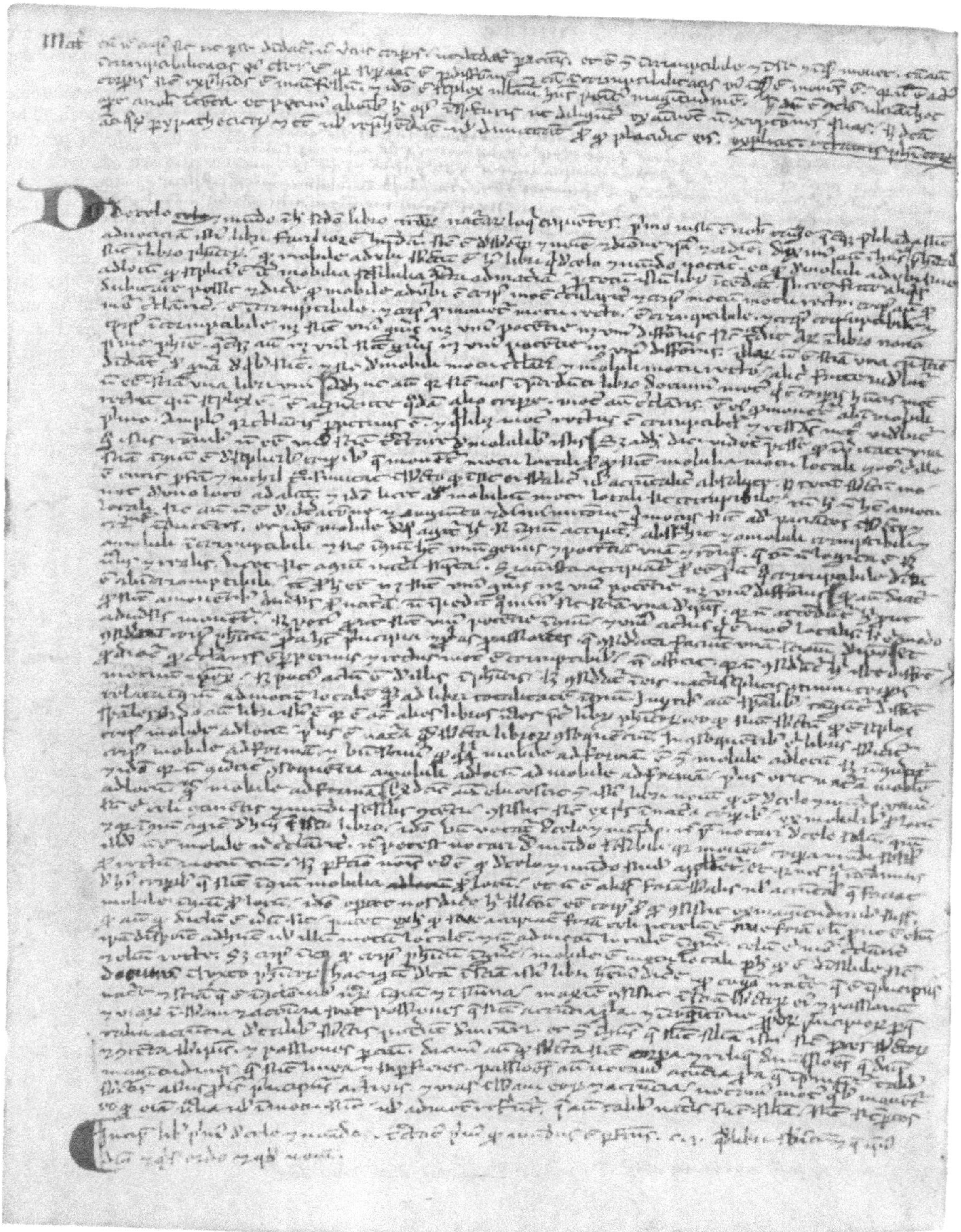

Vienna, Nationalbibliothek, 273 (olim Philos. 431). Vellum, 200 × 154 (180 × 126); ff. 291; two hands of text.

Contains: Varia scholastica. Cf. *Tabulae codd. MSS... vindobonensi* (Vienna, 1864), s.n.

Written (our plate) by St Albertus Magnus, *c.* 1250. On this MS see Martin Grabmann, 'Das Albertusautograph in der K. u. K. Hofbibliothek Wien' in *Hist. Jbh.* xxxv (1914), 352–6; more recently Heinrich Ostlender, 'Die Autographe Alberts d. Grossen' in *Studia Albertina, Beiträge z. Gesch. d. Phil. u. Theologie d. Mittelalters*, Supplementband iv (Münster, 1952), 3–21, who reproduces f. 142[a] of this MS. There is some question as to the exact date of Albert's composition of his commentaries on the *Physica* and the *De celo et mundo*, but it is probably safe to put it in his Cologne period, 1248–52.

The hand of the scholar generally defies analysis. He usually writes for himself alone. Before this text was written Albert had spent some time in Italy and in Paris, as well as at various *studia* in Germany. These years of study and travel must have had some influence on his handwriting. Speed has dictated higher abbreviation and results almost in a cursive. The *e* is seldom joined at the top, the erect *s* is frequently badly joined (line 3 *sicut*), of the two *r*'s, the erect (forked) *r* shows French influence, the looped *r* has lost its loop and has become hardly more than a detached *2* (line 7 *faciliorem*), the *g* is closer to French than to German practice (line 4 *diligenter*). The lower loop is completely left of the descender. The *et* sign (*7*) is still strongly German, the *us* (*9*) sign is a large apostrophe (line 1 *corpus*), the *o* is usually unjoined and frequently indistinguishable from an *ę*. Ligatures from the erect *s* run to almost every letter. The abbreviation for *secundum* is distinguishable from that for *quod* only by reason of being above the line and not below (line 5 *secundum quod*). J. Kirchner reproduced a plate of Albertus' handwriting from the Cologne MS W158 in his *Scriptura latina libraria* (1955), plate 46a.

Transcription f. 72[b]

cum nec corpus sic ut per se dividatur nec virtus corporis ut dividatur per
accidens, et est eciam incorruptibile et in se et in quantum movet.
Causa autem
incorruptibilitatis eius in se est quia temperatum est per diffinicionem et
causa incorruptibilitatis eius in quantum est movens est quia non est
actus
corporis sicut ex prehabitis est manifestum; et ideo est simplex nullam habens
penitus magnitudinem. Hec autem est conclusio ultima in hoc
opere a nobis intenta. Et petimus ab omnibus hoc opus inspecturis ut diligenter
examinent non concepciones suas sed dicta
antiquorum perypatheticorum, et tunc vel reprehendant vel dimittant secundum quod
placuerit eis. Explicit octavus phisicorum.

De celo ~~celo~~ et mundo. In hoc secundo libro nostrarum naturarum loqui cupientes,
primo visum est nobis tangere quecunque prelibanda sunt
ad noticiam istius libri faciliorem habendam, sicut est de subiecto et nomine ⸝
et divisione ipsius et ordine, Diximus autem in hiis que prehabita
sunt in libro phisicorum quod mobile ad ubi subiectum est huius libri qui
de celo et mundo vocatur, eo quod de mobili ad ubi sive
ad locum quod simplicius est inter mobilia sensibilia contracta ad materiam
per totum istum librum intendatur. Licet forte aliquis
dubitare possit et dicere quod mobile ad ubi est corpus motum circulariter, et
corpus motum motu recto. Corpus autem quod
movetur circulariter est incorruptibile, et corpus quod movetur motu recto
est corruptibile, et corpus corruptibile et
corpus incorruptibile neque sunt unius generis neque unius potencie neque
unius diffinicionis, sicut tradit Aristoteles in libro nono
prime philosophie. Quecunque autem neque unius sunt generis neque unius
potencie neque unius diffinicionis illorum non est sciencia una cum
sciencie

[*B. Alberti Magni Opera Omnia* (ed. A. Borgnet), iii, 633; iv, 1 f.]

uel cum eis manducare uel bibere
audeant aut etiam cum ipsis in suis
nuptiis uel neomeniis uel ludis
saltem uel tripudiare presumant
nec christiani carnes venales seu a
lia cibaria a iudeis emant ne for
te per hoc Iudei christianos quos hos
tes reputant fraudulenta machi
natione veneneт addicientes ut
si decreto quocumque pretextu Iudei a
christianis graues seu inmoderatas usuras
extorserint christianorum participium
eis subtrahatur donec de inmode
rato grauamine satisfecerint compe
tenter. Unde christiani si opus fuerit
per censuram ecclesiasticam compellantur
ab eorum commercio abstinere. Princi
pibus autem iniungimus ut propter hoc
non sint christianis infesti sed potius
a tanto grauamine Iudeos stude
ant cohibere. Si vero sacramentum
altaris ante domos Iudeorum defer
ri contigerit ipsi iudei audito soni
tu precipuo intra domos suas se recipi
ant et fenestras ac hostia sua cla
udant. hoc etiam in quolibet die parasceue
uel per prelatos ecclesie fieri compellantur
ne presumant de fide catholica cum
simplicibus disputare nec filios
aut uxores Iudeorum ad fidem
christianam venientium inuitos aude
ant detinere nec christianos ad
iudaismum alliciant aut aliquos au
su temerario circumcidant nec christia
nos infirmos uisitent uel circa
ipsos exerceant opera medicine.
Synagogam non erigant nouam
et si quas erexerint eas remoueant
et deponant vetustam si opus fu
erit reficiant non ampliorem pre
ciosiorem seu etiam altiorem faciant.
carnes in xl.ma quando christiani absti

nent a carnibus et ieiunant aperte
uel publice non deportent. Precipi
mus autem episcopis ut ad hec omnia
obseruanda in singulis articulis Iu
deos per subtractionem communionis
christianorum compellant. Ipsos quoque
principes ac iudices eorundem distric
tius ammonemus ne Iudeis hu
iusmodi statuta nostra seruare nolentibus
alicuius petitionis seu defensionis
fauorem impendant sed si aliqui eis a
prelatis ecclesiasticis iniungant ea fi
deliter exequantur alioquin introitum
ecclesie et diuinorum officiorum
sibi nouerint interdictum. volumus etiam
et sub pena excommunicationis precipimus
ut dominus Electus Salzpurgensis eius
que suffraganei nec non et Episcopus Prati
gensis has constitutiones nostras sigillo
nostro sigillatas habeant easque singulis
annis in synodis Episcopalibus et in pro
uinciali Concilio faciant recitari
et diligentius obseruari et ea que
tangunt laycos faciant per par
rochiales Ecclesias suorum Diocesium
publicari. Acta sunt hec Wiene
Anno domini. M. CC. Lx. vii. Men
se Maii. pontificatus domini Clementis
pape Quarti. Anno tertio.
Item eodem anno terremotus factus est
Wienne proxima die post Symonis et
Iude in media nocte sub uno primo gal
li cantu. Item eodem anno glorificatus
Otto de Brandenpurch obiit
Item eodem anno Magister Gerhardus
plebanus Wiennensis construxit claustrum
monialium Wienne quod porta celi nun
cupatur. Item eodem anno venerabilis
Episcopo Pataviensis dominus Petrus predictum
claustrum consecrauit.

Item eodem anno predictus Gerhardus

39 Germany 1267

Vienna, Nationalbibliothek, 352 (olim Salzburg 416). Vellum, 350 × 240 (265 × 170); ff. 118; many hands of annalists.

Contains: Austrian chronicles, *Annales Mellicenses*, varia Habsburgica.

Written at various times from the thirteenth to the sixteenth century, in the Abbey of Melk. Our plate is from a section written in 1267, or finished by this scribe in that year. The hand changes at the bottom of the second column of this page. The last words written by our scribe are: 'Acta sunt hec Wienne anno domini M°. CC°. LX. VII° Mense Maii. pontificatus domini Clementis pape Quarti. anno tercio.'

This bold monastic bookhand exhibits many changes from the earlier tightly disciplined calligraphic hands shown so far. Still not highly abbreviated, nevertheless some distinctive abbreviations occur. The wavy line that represents the *r* or *ra* (line 11 *graves*), the strangely formed *con* (line 17 *commerciis*), the wide upper stroke of the tironian *et* sign (line 2), the broad majuscule *s* with its underturned last stroke (line 21 *Si*), all these we shall meet again in German scripts.

Transcription f. 52^{A}

vel cum eis manducare vel bibere
audeant aut eciam cum ipsis in suis
nuptiis vel neomeniis vel ludis
saltem vel tripudiare presumant;
nec christiani carnes veneales seu a-
lia cibaria a iudeis emant ne for-
te per hoc Iudei christianos quos hos-
tes reputant. fraudulenta machi-
nacione venenent addicientes ut
si de cetero quocunque pretextu Iudei a
christianis graves seu inmoderatas usuras
extorserint, christianorum participium
eis subtrahatur donec de inmode-
rato gravamine satisfecerint compe-
tenter. Unde christiani si opus fuerit
per Censuram Ecclesiasticam compellantur
ab eorum commerciis abstinere. Princi-

[Pertz, *MGH*, *Scriptores*, IX, 702. Pertz thought this codex an autograph and dated it 1266, *op. cit.* p. 605.]

hominibus qui sentiunt asperitas temporis hyemalis. Qua-
re quod in delectationis statum sollempnis apri-
lis magis innovitate venientibus delectan-
tur. Postea quod ergo quod naturale est, tempore est remo-
ti ab eo et nova innovitatibus delectantur. Quod ornatus
decoris cum novitate magis est delectabile quam
vetustates rubigine maculatum. Vel sic: Omnes
qui manu prodiga et dextera ... effundunt
in alios munera grosse affectuosioris delectatio-
nis sue brachiis amplexandi quam avaricie vi-
scosis squaloribus sordescentes. Eodem pacto qui
qui manus extendunt in alios liberales sunt emu-
li auctoritatis que nimirum est ab omnibus amplecten-
da. Quid enim? Quod necesse est cum quis bona sua prodiga in
alios bene ... disponunt habundantius car-
ture affectionis eos illos prosequuntur quos sunt prin-
cipes statuerunt fortunati. Econtra avari. Avari
quippe sunt ut acerrime bestie fugiendi. Quo-
niam qui sibi ipsi cum potest non subvenerit, non est
... quod debeat alicui subvenire. Et iterum: quando
avarorum ea est condicio ... ut magis diligant
pecuniam quam se ipsos. Et iterum: Si magis pecuniam di-
ligunt ... quam ... non movent ... car-
nis et nulli penitus sincere amoris nexibus con-
iungunt. Nulli prosunt ... nisi relevat et si
possint. Bona est sua quia est ... sinistra ...
quam aut quis sit aut quid esse oporteat ... o
... Cum paupertate ... ei ... quam pe-
... plus cupit pauper est. ... diligens
... offert ... negligens
... mora. Est est et laudabile genus quod con-
firmat ... Arguit ... alium
sua malicia. Sua que ... quomodo inde-
... quam avare ... aliena
... et ... flamma fu-
... cum ... in ... lu-
... cordis ... colligimus fu-
... ut neque nuda ... veritate

Decima est ... que ex rebus diversis duabus ...
... finale alterum confirmat. Et sic ...
... non
confirmat ... pro ...
... magis ...
patre ... filium refrigescunt
non debent in eo ... quam ... filio
... relinquere ... si ...
... cognitum ... pupillo ...
... colligentur ... iaculis
... **V**n-
decima est ... appellatur ...
... absoluta ...
... explicatur ... Et ... lau-
dabam te nil reputabas et me tuis laudibus
lacerabas et te ipsum superbe iactabas. **D**uode-
cima est ... cum singula verba ...
... gladio ... cum tu contendere
... iniuriis ... ingeniu-
... gestu. **T**ercia decima est ...
... librorum ... cum absolute
... conclusione ...
... agnoscit ...
... accipiens ...
... inclusione ...
...
... intelle-
... pinguedinis ... reputemus.
Quarta decima est ...
... constat ... Ego
te clarum omnibus ... dor
... non digna ... rependebas.
Quinta decima est ... cum ...
... librorum duo aut plura sunt ...
... laudas e-
gentem ... habundantem ...

40 Germany 1279

Munich, Staatsbibliothek, cod. lat. monac. 565. Vellum, 210 × 150–60 (150 × 120–30); ff. 71; three contemporary hands.

Contains: Johannis Lemovicensis *Summula de dictamine*, Gaufredi *De dictamine*, Alani *De planctu nature*. Cf. Catalogus (s.n.).

Written (our plate) at Pesing in the Upper Palatinate by Otto of Pesing. The colophon on f. 59^b reads: 'Explicit libellus epistolarum 20 compositus a Johanne leomovicensi dictatorum principe ad peticionem Regis Navarre Theobaldi. Scriptum ab ottone de pesing anno domini m^o. cc^o. lxxix^o in die Beati Mathei complete.'

This tight school gothic presents a number of German characteristics. The *est* sign ʒ, the reversed *c* for *con*, made usually in two strokes, a downward and a closing stroke from the left on the line. The semi-chancery *d* is usually made without lifting the pen. The capitals are awkward, and the bulges on both majuscule Q's will be noticed. There are rare cases of the use of a horizontal wavy line over a proximate vowel to represent an omitted *r*, e.g. f. 1^B, oratõie, memoĩe; this is in general an Italian practice. The wavy line for *-ra*, as *gratis*, was quite general all over Europe. Note the very unusual *a*^{e} in *sententiae*, line 13. The precise shape of the flourish to represent the *er* or *re* sound, as in line 4 *vero*, line 6 *paterne* and elsewhere, should be observed. The corresponding flourish may be found in English and French hands of this century.

Transcription f. 45^D

Decima est contrarium que ex rebus diversis duabus brevi-
ter et facile alteram confirmat · et fere idem est quod contentio
sed differt a contentione quod in contentione unum membrum non
confirmat aliud. In contrario vero per validitatem prioris membri
posterius membrum maiori nititur firmitate hoc modo. Si
paterne caritatis fervor circa filium refrigescat
non debent in eo confidere alieni. Item que in tali filio
spei reliquie aliis relinquntur, si mater tam diligens
desperare cogatur · aut de tali pupillo fracmenta fa-
voris ceteri colligent, si tutrix tam utilis iaculis
detractionis impetitur. Item qui sibi nequam cui bonus erit. Un-
decima est membrum. membrum appellatur orationis res bre-
viter absoluta sine totius sententiae demonstratione que de-
nuo alio membro orationis explicatur hoc modo. Et quod lau-
dabam te nil reputabas et me tuis latratibus
lacerabas et te ipsum superbe iactabas. Duode-
cima est articulus qui est cum singula verba intervallis distin-
guntur cesa oratione hoc modo. Non est mirandum si te lingue

[Unpublished.]

tatur psumatur. Br. sup cant. Integra
ecclie solacio est cum non solum quid sibi sit
expectandum. sed unde id sibi psumendum
sit nouerit. Tertium si in tribulacione non defi
ciat sed uires suas ostendit. Job. xiij. Et si
occiderit me in ipo sperabo. Ps. Si exurgat
aduersum me plium in hoc ego sperabo.
Et notandum quod est spes prime auctoritatis que
in solo deo ponenda est et spes suffragii que
ponenda in sanctis in quantum sunt amici dei. Spes
que in solo deo ponitur subdiuidi pot in spe
uenie glorie et gratie. Spes uero glorie subdiuidi
pot in expectatione glorie anime et glorie corpo
ris de quibus prius dictum est. Incipit tracta

Post tractatum spei tus de carita
agendum est de caritate te
de qua hoc modo agetur. Primo
eius descriptiones eius ponentur. Secundo
commendacioni eius insistetur. Tertio a
getur de dilectione dei. Quarto de dilec
tione proximi. Quinto de ordine caritatis
Sexto de hiis que aduersantur caritati.
Septimo de diuersis gradibus caritatis.

Notandum ergo descriptiones
quod caritas est caritatis
finis precepti cap. primi
de corde puro et consciencia
bona et fide non ficta. i.
thymo. i. ubi dicit glo
hic diffinit apls cari
tatem. Caritas est finis precepti. finis in
quam consumacionis non consumpcionis plenitu
do enim legis est dilectio. Ro. xiij. Aug. leg
et omnis diuinarum scripturarum plenitudo est
dilectio rei qua fruendum est et rei que no
biscum est ea re frui pot id est dei et proximi. Item
Ille sancte et iuste uiuit qui ordinatam habet
dilectionem. ne aut diligat quod diligendum

cu sacioem habea
sicut dictum est
bum sup terram. h
breuiatum non obs
breue. ne non uac
ne quis dicat. in n
rus est magnus d
saurus abscondit
ad pscrutandum c
margaritam fer
rus ambula. hec
dnm deum tuum et
ti est caritas. quia
preceptum. sicut
ne. Aug. Timor e
sanitas. sicut m
pu. i. sic dilectio fi
cio dei honorabit
annunciacionis
legem implere s
moris. Lu. xij. Ig
et quid uolo nisi
sue mortalis m
ceptum de dilectio
cione. Jo. xv. h
meum etc. Item hec
inuicem. Item man
diligatis inuicem
corde puro. cs. x
ad caritatem d
uera et catholica
ci figunt. et spes
quia ut dicit glo
ciam bonam ger
consciencia retrahit se
Oportet enim cor d
ut impleatur a
Ps. Diligite dnm

Munich, Staatsbibliothek, cod. lat. monac. 2654 (olim Alderspach 124). Vellum, 340 × 460 (210–20 × 315); ff. 229; one hand.

Contains: Guillelmus Peraldus, *Summa virtutum.*

Written at St Mary's in Alderspach at the order of the Abbot Hugo. The colophon, f. 229^{A-B}, reads: 'Anno domini m^{o}cc^{o}lxxxxvii^{o} scripta est hec summa virtutum dominorum de Alderspach quam venerabilis abbas Hugo comparavit cuius memoria in benediccione sit per infinita secula seculorum.' There follows a verse of 9 lines of which the third reads: 'Hugo pater novit virtutes scribere iussit.' The colophon and the verses are in the hand of the text.

This monastic gothic is already showing the rapid decline of calligraphic control. The lines are irregular, hardly two consecutive letters are of the same size, and parallel strokes within a single letter, *u* or *m* or *n*, are frequently of different lengths. The *t* is noticeably higher than the *c*, whereas in earlier more vigorous gothic it was frequently difficult to distinguish between them (line 3 *exspectandum*). The *d* with the perpendicular ascender has given way almost entirely to the uncial ∂. The typical German *con* sign has added a flourish (line 2 *consolacio*): it would appear that the sign is still made in two motions, but the pen is released on the downward stroke to make the light loop below the line and return to join the downward curve at the right. Cf. also column D line 2 *consummare*. The 7 is crossed. We find both -*ctio* and -*ccio*, apparently indifferently. It is worth noting how the minuscule *a* is made. The small, lower loop is made first, counter-clockwise, the pen then begins from mid-height, making the upper loop clockwise, and, from the top, bearing down heavily for the upright minim. At times the upper loop is not completed.

Transcription f. 62^{C}

tatur presumatur. Bernardus super cantica. Integra
ecclesie consolacio est cum non solum quid sibi sit
exspectandum · sed unde id sibi presumendum
sit noverit. Tercium si in tribulacione non defi-
cit sed vires suas ostendit. Job XIII. Et si
occiderit me in ipso sperabo. Ps. Si exurgat
adversum me prelium in hoc ego sperabo.
Item notandum quod est spes prime auctoritatis que
in solo deo ponenda est et 'est' spes suffragii que
ponenda 'est' in sanctis in quantum sunt amici dei. Spes
que in solo deo ponitur subdividi potest in spem
venie, glorie, et gracie. Spes vero glorie subdividi
potest in exspectacionem glorie anime et glorie corpo
ris de quibus prius dictum est. Incipit tracta
Post tractatum spei tus de carita
agendum est de caritate te
de qua hoc modo agetur. Primo
eius descripciones eius ponentur. Secundo
commendacioni eius insistetur. Tercio a
getur de dilectione dei. Quarto de dilec
cione proximi. Quinto de ordine caritatis

[Many editions of the *Summa*. In Antwerp ed., 1571, I, 108 f.]

XIII

42 Germany 1317

Vatican City, Biblioteca Apostolica, Burghesianus 329. Vellum, 285 × 215 (220 × 145); ff. 519; one hand.

Contains: Petrus Aureoli, *in 1 librum Sententiarum.*

Written in Cahors by Johannes de Frisia. The colophon on f. 519D reads: 'Explicit scriptum super primum sentenciarum editum a fratre petro aureoli ordinis fratrum minorum. Finitus est liber iste in caturco per manum johannis eltati de frisia. Anno domini M° CCC° XVII° xiiii° Kalendas iunii.'

This is an ornate and exaggerated fractura, showing the conventional scholastic abbreviations, and reflecting, to a degree, the so-called *littera parisiensis,* yet with more calli-graphic effort than Parisian scribes usually had time for. The usual scholastic abbreviations for *persona* (pa), *videtur* (v̄r̄), *conceptus* (ɔt9) *intellectus* (ītlls), *relativus* (rls), *dicendum* (∂∂m), *secundus* (ꝭ9), *sillogismus* (sills) are found, but the scribe was not, apparently, under any pressure to save space, as many shorter abbreviations appear not to have been used. The inverted *c* for the *con* sign, largely a German character, will be noted. The late date of the script could be immediately in-ferred from its elaboration, the extreme angularity of the gothic forms, the artificiality with which the letters are executed and particularly the tendency to serifed flourishes on almost every letter that offered an opportunity for an angular protrusion. It is again of interest to note how the minuscule *a* is made: two upright strokes, the first, to the left, shorter, the second joined at the top with a slanting upward light stroke. The horizontal bar, slightly above the middle point of the letter, makes two open spaces, if not precisely loops.

Transcription f. 265A

intentiones. Sed dicendum ad hoc quod individuum unum numero
singulare et si idem sint subiective nichilominus differunt for
maliter secundum rationes et conceptus quos exprimunt circa idem, nam u
num numero exprimit rem cui competit duplex ne
gatio scilicet indivisio in se et divisio ab alio · singulare vero
exprimit eandem rem prout sibi competit solitudo · in
dividuum vero rem prout sibi competit non dividi
sub conceptu specifico. Et quoniam res non habet habitudinem ad conceptum
specificum, nec istam habitudinem fabricat intellectus nisi
super rem preconceptam, patet quod individuum importat conceptum
relativum formatum ab intellectu reflectente se super primo conceptum
non sic autem de solitudine quam dicit singularitas aut in
divisione que per unum numero importatur et ita primum et tercium
dubium non procedunt. Secundum eciam non valet quia ut supra dictum
est unitas numeralis non importat negacionem in recto, sed
id a quo negacio profluit importat in recto et negacionem
in obliquo. Quartum eciam non procedit quia persona negacionem eciam

[Ed. Vaticana, 1596, p. 541.]

¶ De abiicione honoris gotfridi qui non
erat de numero reproborum

celi col. so. m. et as. sup ell. nu. et c. et
post usque ad infernum dethecis et c. et
post detracta est ad inferos superbia t.
et c. Br. ambi primatum possidere archi
diaconatum ascendere adepatum in gra da
tim ascendens verumtamen usque ad infer
ni novissima descendens. ¶ Invenitur
de quodam priore clarevalensi gotfrido
nomine. quod cum ipse esset electus episcopus corna
censis cum ab eugenio papa et beato bernar
do abbate suo cogeretur honus episcopatus illius
accipere prostravit se ad pedes beati Ber
hardi et clericorum in modum crucis et
ait monachus fugitivus si me eici
tis potero esse episcopus nec unquam ero cum labo
ranti meretremus quidam monachus ad
erat qui multum eum dilexerat inece u
sa et ait ei. Adiuro te per deum vivum
quod si deus tibi concesserit certifica me de
statu tuo post mortem qui cum post
mortem eius oraret prostratus coram al
tari apparuit ei dicens gotfridus dixit
quod ipse esset quem adiuravit. cum autem ille
quereret quomodo esset ei respondit unum per dei
gratiam vivum revelatum est in alta t
nitate quod si essem de numero episcoporum essem de
numero reproborum et dampnatorum. ¶ Ultimo
autem sciendum quod dominus eos qui honores pre
tes fugiunt exaltat hic et in futuro
sicut patet supra. xviii. c. de exemplis sanctorum
r. aug. jo. gg. ambrosii et marci et
aliorum de quibus ibi dicitur. De sublimacione
ioviniani et iustiniani ad imperium. facit ad
hoc quod habetur ecclesiastica hystoria. li. xi. c. i. ubi
dicitur quod cum iulianus apostata precepisset
quod milites amitterent honorem milicie
aut sacrificarent ydolis zelo fidei suc
census. iovinianus non solum noluit ydolis
immolare sed cum aspergetur aqua ydo
lorum super imperatorem et alios cum una gut
ta illius cecidisset super pallium. s. excussit et
pugno percussit ministrum qui illam aquam
aspergebat dicens quod ea post erat inquinatus

quam mundatus. unde ob hoc non solum est ho
nore officii privatus sed captus et deten
tus et in exilium relegatus. occiso autem
iuliano anno et paucis diebus post con
fusionem et exilium eius evolutis exercitus
imperatorem iovinianum proclamavit.
et milites violenter ad imperium eum tra he
bant. Ipse autem clamavit se non posse
fieri eorum imperatorem cum ipse esset christianus et
ipsi pagani et sacrilegus iuliani pollu
ti tunc illis clamantibus quod ipsi essent
christiani accepit tunc imperium sed huic
successit valentinianus magnus cui quia
propter christum respuit imperatoris consorcium
et dignitatis officium centuplicavit deus
dans ei imperium. Ioviniano autem predicto fe
cit deus hunc honorem quod cum ipse esset
invitus tectus ad imperium et circumdatus
esset multitudine hostium barbarorum cum
exercitu suo nulla esset spes evadendi eis
deus tamen sic eius inimicos humiliavit quod ipsi
humiles barbari pacem postulaverunt qui
eos in manibus habebant. et sic deo dante
de barbarorum pressura incolumem edux
romanum exercitum. De ypocrisi.

Post ambicionem dicendum est de ypocri
si quia hoc vicium procedit ex infectione
affectus ut dictum est ambicionis et vane glorie
et quia ypocrisis ambicio est vel affecta
cio apparencie ut vana gloria laudis et
ambicio honoris vani ita ypocrisis
est appetitus apparencie vane de qua
dicemus duo. ¶ Primo quid hanc dissua
deat. ¶ Secundo in quibus speciebus dividi va
leat. dissuadent nobis ypocrisim hec
octo que hiis versibus notantur.
¶ Ne sis ypocrita vult lex natura figura.
Ex deus odit cum facit celare mala plura
Unumque amat sathanasque fedat pectora pura.
Et sua peccatis est hec pestis nocitura
¶ Primum ergo quod dissuadet nobis y
pocrisim est lex sacra sive scriptura.
ecc. i. G. ne accedas ad deum duplici

43 Germany 1323

Munich, Staatsbibliothek, cod. lat. monac. 7994 (olim Kaisheim 94). Vellum, 322 × 225 (240 × 165); ff. 139; one hand of text.

Contains: Liber quartus de his que pertinent ad donum fortitudinis.

Written in the monastery of Birchachusen, for the monastery of Kaisheim. The colophon on f. 139^A^ reads: 'Explicit primum volumen istius prime partis. Anno domini M° ccc° xxiii° completa est summa ista per scriptorem in Birchachusen et spectat ad cenobium in Cesarea. et finita est die sabbati qua cantabatur Sicientes. Qui finiit sit benedictus Amen.'

A monastic gothic that has gone far towards rounding off. There are hardly any sharp angles anywhere. Abbreviations are only the more conventional ones, and the scribe had obviously not been trained in the schools. Serifs are moderately noticeable, especially on the ⁊ and as tips to the ascenders. The *a* has changed again. The first stroke, the left member, is a reversed 3; the right member, starting from the top of the reversed 3, curves round and down, with full pressure, to close the openings and give the impression of two loops. The inverted *c* for *con* occurs often in the MS, though not on this page. The minuscule *g* is made essentially like the *a*, save that it is set lower on the line. We find *honus* for *onus* and *clara-valensis* for *claravallensis*, *wlt* for *vult*, *veruntamen*. Juncture is the rule in: *de*, *do*, *pe*, *po*, etc.

*Transcription f. 77^B^*

quam mundatus. Unde ob hoc non solum est ho-
nore officii privatus sed captus et deten-
tus et in exilium relegatus. occiso autem
iuliano anno et paucis diebus post con-
fessionem et exilium eius evolutis exercitus
imperatorem iovinianum proclamaverunt.
et milites violenter ad imperium eum trahe-
bant. Ipse autem clamaverit se non posse
fieri eorum imperatorem cum ipse esset christianus et
ipsi pagani et sacrilegiis iuliani pollu-
ti tunc illis clamantibus quod ipsi essent.
Similiter christiani accepit tunc imperium sed huic
successit valentinianus magnus cui quia
propter christum respuit imperatoris consorcium
et dignitatis officium centuplicavit deus
dans ei imperium. Ioviniano autem predicto fe-
cit deus hunc honorem quia cum ipse esset

[Unpublished.]

cum generativa et augmentativa non
secundum virtutem arbitrii sed naturaliter operantur.
Circa secundum quoniam dividitur voluntas,
notandum quod voluntas in duas partes dividitur
scilicet in thelesim et bulisim et in voluntatem
naturalem et deliberativam. quarum prima scilicet
voluntas naturalis dirigitur per sindere-
sim. sed vero scilicet deliberativa per rationem.
Circa tertium scilicet quomodo proprie et minus
proprie dicitur voluntas. notandum quod voluntas proprie
et stricte rationabilium est tantum. Sed lar-
ge dicitur esse et brutorum. minus proprie vero et meta-
phorice dicitur esse vegetabilium. unde volun-
tas primo modo sumpta scilicet prout est rationa-
bilium proprie voluntas dicitur. Secundo modo prout
est voluntas brutorum vocatur proprie desi-
derium. Tertio modo prout est voluntas et
vegetabilium vocatur appetitus. Cir-
ca quartum notandum quod inter potentias nulla
liberior quam voluntas. quia non ob-
ligatur organo sicut ymaginatio et
estimatio et sic non cogitur obiecto sicut
intellectus cogitur. unde afirmat organis
immutatis necessario immutato organo orga-
no. quibus omnibus voluntas caret. unde
ait augustinus nichil adeo in nostra potestate est
sicut voluntas. Circa quintum notandum quod si sci-
re volueris quare voluntas non cogitur
bono sicut intellectus notandum est hec ratio. Circa
primum nichil ita bonum est
quod non ad ipsius oppositum habeat. Sed aliquid
tamen est quod nichil falsitatis habet ut patet
in hac propositione. omne totum est maius
sua parte. unde communis notitia cogit intel-
lectus assentire. sed voluntas vel bono
creato cogitur adherere. Item vo-
luntas videtur cogi per ordinatum appe-
titum. prout voluntas quoque trahit
hominem et allicit ut bonum spernat in-
commutabile et rebus mutabilibus ad-
hereat. sed in huius coactione libertas
quedam est. unde augustinus. omne peccatum
est voluntarium. quod si non est volunta-
rium non est peccatum. Rubrica .lj. De
synderesi est. Synderesi
vis motiva de qua hic specialiter
sunt ostendenda. primo quid sit
synderesis et quot sunt eius actus. Secundo
quoniam in dyabolo et dampnatis et eius

actus non extinctus. Circa primum
notandum quod synderesis est vis que semper na-
ta est firgi in superioribus naturaliter movens
et stimulans ad bonum et abhorrens
malum et iniustus est eternus neque
per synderesim est peccare. Circa secundum
sciendum quod synderesis numquam extinguitur
totaliter. nam in dyabolo et dampnatis
remanet actus eius. Synderesis
enim quantum ad instinctum boni et quantum
ad displicentiam mali culpe absolu-
te considerate extincta est in dyabolo
et in dampnatis. Sed quantum vero culpa
comparatur ad penam. sic non est in illis extinc-
ta synderesis et in hunc modum remanet
eis ad penam. ysaias. vermis eorum non
moritur. habent igitur displicentiam
mali in collatione ad penam. Rubrica
.lij. De conscientia

Hoc nomen conscientia est quedam virtus
in anima de qua hic per ordinem sunt
dicenda. primo unde hoc nomen conscientia
trahitur. ergo quod in hoc concluditur. Secundo
quomodo conscientia inter strictam et mi-
nus largam minus bene regitur.
Tertio que dicitur mater conscientiam et unde
conscientie pomum. Quarto quomodo
conscientia ad diversas temporis differentias exten-
ditur. Quinto ex diffinitionibus conscientie
ostenditur. Sexto ostendit quomodo error in con-
scientia inducitur. Circa primum notandum
quod hoc nomen conscientia componitur ex hac
propositione cum et hoc nomen scientia. unde hoc
nomen scientia dicitur duo scilicet scientiam et secundum hoc con-
scientia dicitur esse habitus naturalis non solum
cognitivus sed etiam motivus inclinat enim animam ad prosecutionem boni et
fugam mali. alio modo dicitur conscientia
acceptione excepta omnis quod vocatur
in hac parte. Primo modo prout conscientia
includit in se scientiam. habet se sicut su-
perius et coniungitur synderesi et semper
est recta. Secundo modo iungitur magis rationi
et sic habet se sicut inferius. hoc modo reci-
pit errorem et conturbationem. Con-
scientia enim vero parti inferiori coniungitur
habet versari circa particularia in quibus
sepe contingit errare. Sic patet in sillo-
gismo conscientie in quo synderesis.

44 Germany 1337

Vienna, Nationalbibliothek, 1419 (olim Nov. 88). Vellum, 345 × 230 (240 × 150); ff. 186; one hand of text.

Contains: Frater Johannes Rigaldus, O.F.M., *Compendium theologie.*

Written by a certain Otto plebanus in Griesbach. The colophon on f. 188^{D} reads: 'Anno domini millesimo ccc^{mo} xxx septimo quando cantatur dominica Quasimodo geniti completus est iste liber per Ottonem plebanum in Griesbach.'

The script is moderately regular and presents few peculiarities. The extensive flourishes and excessive serifs betray its lateness. The *con* sign is unduly elaborate (e.g. column B, bottom line, *consciencie*). The minuscule *a* is formed similarly to that noted in the previous plate, save that the first upright stroke is more uniformly shorter than the second vertical stroke. The cross stroke is made after the pen is lifted from the page. A late-fourteenth-century reader remarked (f. 185^{B}) with complete justification that the work was *valde incorrectus*. The scribe paid more attention to his letters than to his grammar. The capital *H* is quite German. We must expect this bulgy style to dominate German decoration from this time on with hardly any relief. The fact that the *et* sign *7* is not crossed may or may not be significant. On the other hand it would be very exceptional to find a corresponding French script with an uncrossed *et* sign.

Transcription f. 51^{A}

enim et generativa et augmentativa non
secundum nostrum arbitrium sed naturaliter operantur ·
Circa secundum quomodo dividitur voluntas ·
nota quod voluntas in duas partes dividitur
scilicet in thelesim et bulisim id est in voluntatem
naturalem et deliberativam · quarum prima scilicet
voluntas naturalis dirigitur per sindere
syn · secunda vero scilicet deliberativa per racionem.
Circa tercium scilicet quomodo proprie · et minus
proprie dicitur voluntas · nota quod voluntas pro
prie et stricte racionabilium est tantummodo. Sed lar
ge dicitur esse eciam brutorum · inproprie vero id est meta
forice dicitur esse vegetabilium · unde volun-
tas primo modo sumpta · scilicet · prout est raciona
bilium proprie voluntas dicitur. Secundo modo prout

[Ed. Basle, 1501, f.g viii^{A-B}.]

de sen. ¶ Sed nunquid in libello app. est necesse appellatos ponere. videtur quod sic, ut in spe. de ex. cavilla. ut in spe. l. dolo di. quod si. dicitur quod eo sufficit quod fiat usque ad xxx. dies ut in. no. de q° ff. de app. l. i. in fi. ¶ Dicit no. quod si judex qui non vult apostolos concedere post app. in causa procedit nullus est processus, nisi appellatio fuit renunciata, ut in spe. de ex. ut pro ¶ Dicit sicut appellatio fit in scriptis et sic et apostolos dari debent in scriptis. s. in. d. m. ar. C. de app. si quis et l. litigatoribus. et ij. q. vj. ad si. ij. q. i. in primis non dico [struck] peti sed cautela sit ut de petitione fiat publicum instrumentum et cautela non nocet C. de testi. testium et de clericis licet — cautela non nocet

A

Ut igitur restat de libellis in causis appellationum formandis et qualiter formabimus. Libellus super forma appellationis. Sed in prima causa pateris. Si vero qua sicut in cedule quod in pro-

Libellus in causa app. cum in iudicio quis sentit appellatur

dorsacatum est quod appellatur in iudicio quis quod judicium dicit in iudicio. aut ante sententiam aut post si ante sic peti. ¶ Coram vobis domino tali proponit ego talis quod cum alium talem quo super sic et me et talem coram tali judice vertere[?] de indebite et irrationabiliter minus inculcavit quod salvum adversario ex quod dare de jure non tenebatur vel ut videtur pono quod principaliter cum me conveniret vel ex lite aut a me contraheret et cum vel exceptionis exceptis quod adversarius speraret vel parti de non petendo vel suspicionis vel fori admitte[?] denegavit vel non esse admittendas interloquendo pronunciavit et contra quod fecit in exceptionibus sententiis me indebite aggravari sedens dimpsi [illegible] appellando eundem app. certum sensi nimis pro dictis elementis [illegible] nobis quantum audiendo et fine debito terminandam. Quare peto quod vos pronunciatis dominum judicem male et inique processisse et pronunciasse et inique interlocutum fuisse et me ab eo bene appellasse dictasque exceptiones admittendas esse. peto et cassari et irritari interlocutoriam ipsam et processum et quod post presentato app. in meum preiudicium esse notorie attemptatum videlicet et q. et quod placeat in principali negotio procedatis ex. de. Sed peto ut dicit ergo c. libellus et c. ut debitus et c. cum sedeat et c. cum ex. in fi. et C. de re ore quadam. et si autem non ex c. consuluit. quod appellans nunquam debet ponere in eum quod post app. factum est. Sed nunquam quod app. factum est. et et adversus ex. c. sollicitudinem et de pena audiens dixi quod postea principali et in [illegible]. quod autem quod in fine ipso quod pronunciat bene appellatum per sequens pars quippe habet q. q. vi. ad fi. et non in spe. c. ut debitus ¶ Dicit de exceptionibus dendi sententiam proferre cura non dicit ex consequenti.

¶ In curia vero multi distincte tam ex parte appellati peti. Sed de qua dicit ut h. de exceptionibus

Libellus si appellatus prosequi appellationem et appellans non vult prosequi

quod ex pro appellato peti. Sed de qua dicit ut h. de exceptionibus non videtur quid de appellato si et appellans app. quod appellans sic non vult prosequi sic peti. ¶ Prosequi ut h. usque ut heret[?] nunc. quod in de judex prosequi eadem sicut debuit quod tali pro me quod principaliter conveniat respondet vel quod sibi commendatus fuit, sicut decet.

45 Germany 1352

Vatican City, Biblioteca Apostolica, Pal. lat. 671 (olim 190). Paper, 295 × 210 (230 × 130); ff. 169; one hand of text.

Contains: Gulielmus Durandus, *Speculum Iuris.*

Written at Speyer. The colophon on f. 166[a] reads: 'Explicit speculum iudiciale Magistri Guilhelmi duranti deo gracias sub anno M° ccc° quinquagesimo secundo feria tercia post assumpcionem. Spire scriptus.' There follow, in the same hand, two paragraphs in German, also concerning events in Speier.

The highly abbreviated script of the legal profession offers its own peculiar difficulties to the uninitiate, largely because of the conventions of references to rubrics in the canon. Added to this initial difficulty our scribe has a rapid and individual hand, which, though fairly uniform, nevertheless cannot be said to be clear. The *a*, frequently connected to the previous letter, is made without lifting the pen, beginning from the lower left and curving counter-clockwise up and around until it meets the upward stroke, then stroking down over the previous stroke. Cf. line 10 *cautela*. The *b* has an upper loop, as does the *d*. The *l* appears both looped and straight (line 1 *libello* and line 4 *wlt*). The *r* is separated at the top; the final *s* starts from the mid-point not infrequently as a continuation from the preceding letter, e.g. *scriptis*, line 7, and circles clockwise, to finish in a loop above the line. The *t* has a long horizontal stroke; the *x* is made without raising the pen from the paper (*extra*, line 11).

Transcription f. 48[b]

de sap. ¶ Sed nunquid in libello appellacionis est necesse apostolos petere? Videtur quod sic
ut in predi. decreti cordi ut in predi. I de lib. di ¶ fi. dic contra cum sufficit
hoc fieri usque ad xxx dies ut supra nota de hoc ff. de appel. lib. I in fine.
¶ Item nota quod si iudex qui non wlt apostolos concedere post appellacionem
in causa procedit nullus est processus nisi appellacioni fuerit renunciatum
ut in predi. decreti ut probacio ¶ Item sicut appellacio fit in scriptis sic
et apostolos dari debent in scriptis secundum dominum meum argumentum cap. de appellacionibus
si quis et I, litigatoribus qu. ii qu. vi ad finem ii qu. i in primis
non dico ~~peto~~ peti licet cautela sit ut de peticione fiat (m. r. cautela non nocet)
publicum instrumentum et cautela non nocet. C. de testamentis testium
extra de eleccionibus licet.
Nunc dicendum restat de libellis in causis appellacionum formandis
et quidem formabimus lib. super formis appellacionum supra in
primo ¶ positis. Scias ergo quod sicut in eodem ¶ in principio
declaratum est quandoque appellatur in iudicio quandoque extra iudicium
Si in iudicio aut ante senteciam aut post, si ante sic concipitur libellus
¶ Coram vobis domino tali propono ego et alius quod cum olim talis questio
super hoc inter me et talem coram tali iudice verteretur. Idem in de

[*Durandi Speculum Iuris* III (Frankfurt, 1612), p. 191.]

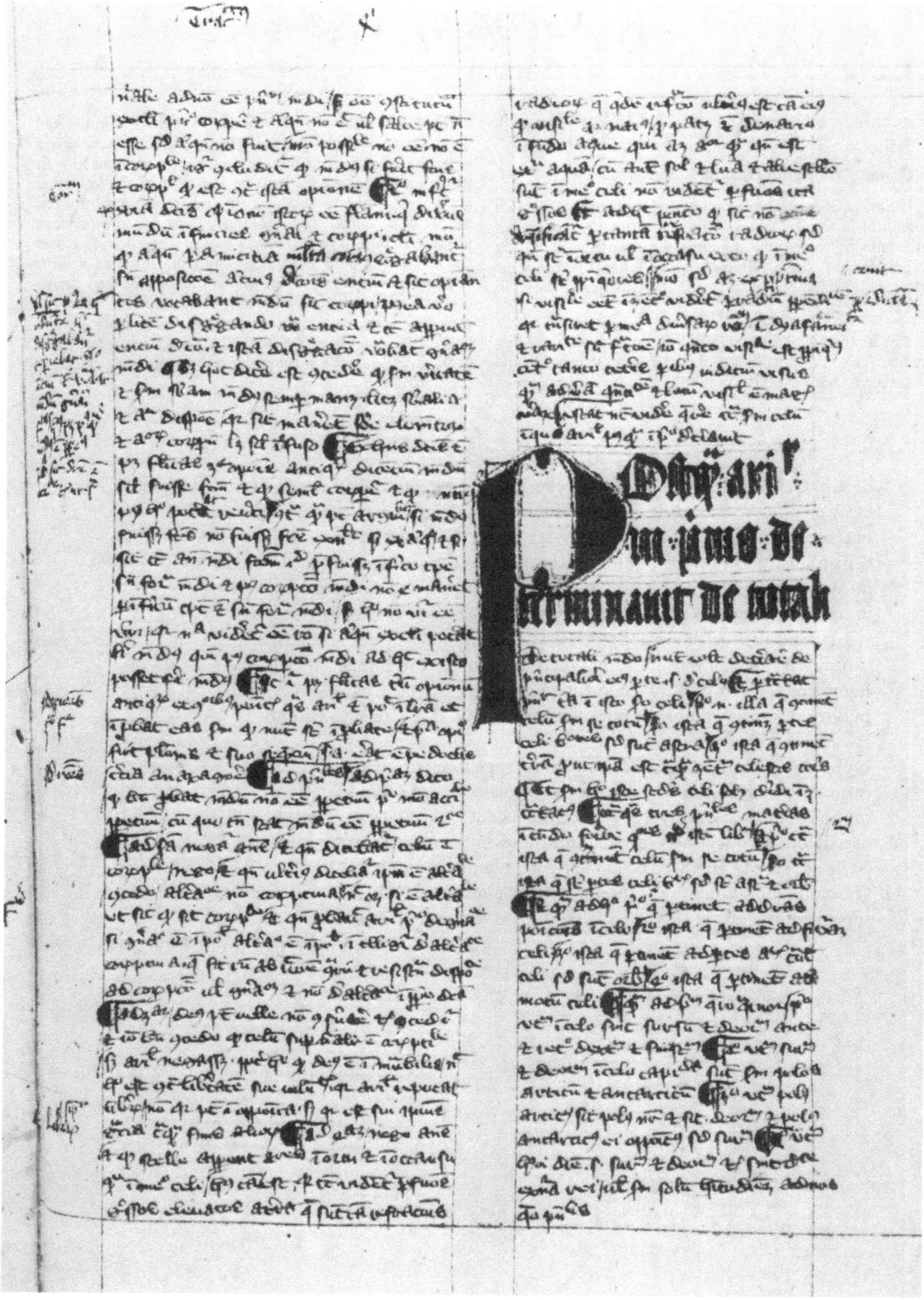

46 Germany 1367

Munich, Staatsbibliothek, cod. lat. monac. 4375 (olim Aug. S. Ulrici 75). Paper, 275 × 203 (235–40 × 165–80); ff. 261; perhaps five contemporary scribes.

Contains: Varia scholastica, commentaria in Aristotelem.

Written, probably, at Cologne. Our illustration is from a section written by Ulricus Werder. The colophon, on f. 156[D] of this work, reads: 'Expliciunt questiones quatuor librorum scilicet de celo et mundo complete per ulricum dictum werder Anno domini m° ccc° lxvii° in die Lucie Beate virginis et bene date per Reverendum Magistrum Alberhtum de Rykmespurg Scriptum.' On f. 232[b] in the margin: 'istum librum emi Colonie sub anno domini 1395 in die sancti Erhardi pro 15 alb.'.

Like the preceding hand this script reveals great haste. The legal and the scholastic hand have many features in common, in ductus, ligatures, shading, abbreviations and in the formation of individual letters. Here the *a* gives much the same impression as in Plate 45 (1352), but it will be noticed that only the lower loop is made in the first stroke. In Plate 45 the *a* was made without lifting the pen; here it is made in two and at times three strokes, e.g. *aliquando* in column A, line 3. The *o* and the *e* are both made with two jabs, and are frequently hardly distinguishable, e.g. *esse* and *omne* in column A, line 1. The *g* is compressed. The *r* is separate at the top, but the horizontal stroke is connected to the vertical at the bottom. The initial *h* has a straight last stroke which we may find hereafter in German scripts, e.g. *huc*, column B, line 6. The large initial *P* has both the bulge in the loop and the nodules expected of German capital letters. The final *s*, a reversed 3, closed or almost closed at the right, will appear consistently hereafter in German scholastic hands.

Transcription f. 121 B

radiorum que quidem refraccio ulterius est causa eius
quod visibile apparet maius quod patet eciam denario
in fundo aque qui apparet maior quam quando est
extra aquam. Cum autem sol et luna et alie stelle
sunt in medio celi non videntur per fumos ita
grossos Et adhuc posito quod sic non continue
diversificantur per tantam refraccionem radiorum sicud
quando sunt in ortu vel in occasu ex eo quod in medio
celi sunt propinquiores 'eruit' modo sicud apparet ex preterita
si visibile esset in zentro videretur per radium perpendicularem
quia transiret per media diversarum naturarum in dyafaneitate
et raritate sine fraccione. Ideo quanto visibile est propinquius
centro tanto ceteris paribus indicium visuale
quantum ad veram quantitatem et locum visibilem est magis
verax. Restat nunc videre querere circa secundum celum
in quo Aristoteles postquam in primo determinavit.

Postquam Aristoteles
in primo de-
terminavit de totali

[Unpublished.]

duci potuisset, cumque uxor sua cum
fletu uehementissimo inquireret
dicens: Quid faciam, quomodo
te ad sepeliendum eicio, que hostium
domus huius egredi pre nimia tempe
state non possum? Tunc ille respon
dit: Noli mulier flere, quia mox
ut ego defunctus fuero, eadem
hora serenitas redit. Cuius protinus
uocem mors, et mortem serenitas
secuta est. Quod signum aliud se
cutum signa comitatum. Nam ma
nus eius ac pedes podagre hu
more tumescentes, ulceribus uulne
ribus fuerant, et profluente sa
nie putebant. Sed dum corpus eius
ex more ad lauandum fuisset nu
datum, ita manus pedesque eius sani
inuenti sunt ac si numquam uulnus
nichil habuisset. Ductus itaque
ac sepultus est, eiusque coniugi
uisum est ut quarto die in sepul
chro illius marmor quod super positum
fuerat mutari debuisset. Quod
uidelicet marmor corpori eius
super positum dum fuisset ablatum, tan
ta ex corpore eius flagrancia odo
ris emanauit, ac si ex putrescen
te carne illius pro uermibus aro
mata ferbuissent. Quod factum
dum narrante me monachis infir
mis quibusdam uenisset in du
bium, die quadam sedente me in
conuentu nobilium, ipsi artifices
qui in sepulchro illius marmor
mutauerant adfuerunt, aliquid
me de propria causa rogaturi. Quos
ego de eodem miraculo coram cle
ro nobilibus ac plebe requisiui.
Qui ex eadem odoris flagran
cia miro modo se repletos testati
sunt, et quedam alia in augmen
ta miraculi que nunc narrare
longum existimo, de eodem se

In inquisicioni mee sufficiat
iam uideo satis factum. Sed
est adhuc quod questione
mi pulsat, quia cum supra d
sit esse iam sanctorum anim
celo, restat procul dubio ut
rum quoque animas esse non
inferno credant, et quid h
re habeat ignoro. Nam hu
attestacio non habet, peccato
mas ante iudicium posse cr

Si esse sanctorum animas gre
in celo sacri eloquii fa
cione credidisti, oportet ut p
esse credas, et iniquorum ani
in inferno, quia ex retribu
eterne iusticie, ex qua iam
glorientur, necesse est pari
et iniusti cruciant. Nam
electos beatitudo letificat, u
di necesse est quod ad ie
sui ignis reprobos exurat

Et qua racione credendum
quia rem incorpoream ten
ius corporeus possit grego

Si uiuentis hominis inc
reus spiritus tenetur in co
cur non post mortem cum incor
sit spiritus etiam corporeo ign

In uiuente quo. Petrus. Cu
libet iniusti incorporeus
tenetur in corpore quia uiuifica

Si incorporeus spiritus pet
hoc teneri potest quod
ficat, quare non penaliter et
neatur ubi mortificatur. T
aut igneum spiritum dicimus
mento ignis sit incendendo a
ciendo. Ignem namque eo ip
nit quod uidet. Et quia cum
ri se aspicit cremantur, ut p
corporeum mens incorporea
cruciatur. Quamuis colligi
dictis euangelicis possimus, q

47 *Germany 1384*

Bamberg, Staatliche Bibliothek, Patr. 73 (B. iv. 12) (olim A. 38). Vellum, 365 × 260 (270 × 165–70); ff. 63; one hand.

Contains: S. Gregorius, *Dialogi, De vita et miraculis patrum,* etc.

Written probably at Neunkirchen. The colophon, f. 60^{B}, reads: 'Expliciunt libri dyalogorum editi a beato Gregorio Finiti sub anno M° c°c°c°. lxxxiiii° in die sanctorum confessorum purchardi episcopi et calixti pape et cetera.' At the top of f. 1^{a}: 'Iste liber est ecclesie sancte Michaelis canonicorum regularium in Newnkirchen', in a contemporary hand.

This monastic gothic script is much closer to the current hands of the preceding three examples than would at first sight appear. The inevitable serifs appear on almost every letter. The separate letters are made with almost identical strokes; the basic forms of the letters are the same, with perhaps more angularity in this hand. The *a*, made with two vertical strokes and a horizontal third stroke, the *g*, *h* and *r*, the inverted *c*, made in two strokes, for *con* (more common elsewhere than on this page), the final flourish to the *-us* sign (line 12 from bottom, *illius*), and the bulgy initials, the nodules on the capital *I*, more common elsewhere in the MS than here, all these details are in the German tradition. We find the *w* commonly used where the *u* might fit, *langwor, lingwa, wlnus* (along with *uulnus*), *ewangelium*, more common in the Empire than farther west.

Transcription f. 49^{A}

duci potuisset eumque uxor sua cum
fletu vehementissimo inquireret
dicens Quid faciam quomodo
te ad sepeliendum eicio que hostium
domus huius egredi pre nimia tempe-
state non possum Tunc ille respon-
dit Noli mulier flere quia mox
ut ego defunctus fuero eadem
hora 'aeris' serenitas redit Cuius protinus
vocem mors et mortem serenitas
secuta est Quod signum alia sunt
eciam signa comitata Nam ma-
nus eius ac pedes podagre hu-
more tumescentes versi in vulne-
ribus fuerant et profluente sa-
nie putebant Sed dum corpus eius
ex more ad lavandum fuisset nu
datum ita manus pedesque eius sani
inventi sunt ac si nunquam vulneris

[*P.L.* 77, 366 f.]

tractando

Tractando de ydeis primo est querendum si sint. Supponendo quod nichil
tale quod videtur sit verum consistit eterna apud deum et cum qua
deus est productivus rei ad extra. Dicitur ergo quod talia sunt ponenda
quia ipse deus intelligit omne intelligibile, et et si intelligit, et
intelligibile id intelligibile est, ergo est dare quelibet intelligibilia eterna
quibus sit quietatio eterna ydee, ergo et cetera. Item probatur consequentia quia aut
intelligibile est quoddam ens, tunc esse eius erit intelligibile et non est
unus si singulare sit eius tunc est intelligibile et non est. Cum ergo esse
tale sit, utroque primus autem quoniam non contradiccionis subsequendi quia patet quod
intelligibile erit primus ens, ut vero dicunt, quod aliquid est utroque quoniam
quo ad singulares, et aliquod quo ad pretorum, quo ad singulares non eius
quoniam possessionem, non quo ad pretorum, vera cum loquitur de ente quod compte
tri, patet id compte vero esse quoniam, quod successive vera sunt.
Cum ergo omni enti est esse intelligibile et quolibet sunt intelligibilia quod
non oportet esse ut dicitur, tamen quod esse intelligibile sit quoniam et pende
posse est, est verum iter esse et intelligi, nam si singulare est, tunc
sit esse et non est ut dicitur, tamen eius posse est, et quoniam quod
eius esse et pende eius intelligi erit quoniam quod eius posse esse,
esse quod si eius sit esse, sic intelligi, et multa intelligi quod non sunt esse
quod eius posse esse, est quoniam ente quod est quodammodo, quod utrumque est de facto
sub eius, esse intelligi et esse eius posse. Dicitur quod utroque tertio sit
eius, tertio eius quantum dicitur de facto, ad esse posse esse et ideo eius in
telligi. Hic dicitur quod omnia que talia sunt est quoniam, eius, eius posse
eius intelligi, et esse eius singularium istorum generum, tamen ista tria
sunt transcendentia paris ambitus. Ex isto dicitur sequitur
si sit eius esse et intelligi tunc ipsum est, quia aliter omnia
entia que sunt essent nulla intellecta que de facto non sunt
que sunt. Ex quo dicitur quod esse est amplius quam intelligi. Confirmatur sic
deus intelliget esse tamen singulariter usque ad se ipsum, non de
strueret aliquid intelligi, sed ut amplius huius produceret, vel con
servaret eius intelligi et si infinita entia adeo produceret
ergo tamen omnis sit esse [illegible] [illegible] [illegible] que, et alia [illegible]
[illegible] que in quacumque proporcione et eius intelligi, non sit
de potencia dei absoluta de facto [illegible] [illegible] [illegible] [illegible]
dicitur quod illorum de facto sit intelligi quoniam quod et esse. [illegible] ergo quod

48 Germany 1398

Stockholm, Kungl. Biblioteket, lat. A 146. Paper, 225 × 145 (187 × 115); ff. 135; one hand.

Contains: Varia philosophica of John Wyclyf.

Written by John Hus in Prague, finished 30 September 1398. The colophon, on f. 134ᵃ, reads: 'Explicit tractatus de veris universalibus Magistri venerabilis Johannis Wycleph sacre theologie veri et magni professoris. Anno domini M° ccc° lxxxxviii in die sancti Jeronimi Slawy per manus Hus de Hussynecz. Amen tak boh day.'

This codex, which came to Stockholm in the Rosenberg collection in 1648, has been identified since 1847 when George Stephens described it in some detail (item xiii in his *Förteckning öfver de förnämste brittiska och fransyska handskrifterna*, Stockholm, 1847, pp. 35–9). A few years later B. Dudik furnished further relevant details (*Forschungen in Schweden für Mährens Geschichte*, Brünn, 1852, pp. 198–205). There have been several reproductions of pages of this MS: by V. Flajšhans, *M. Jan Hus*, Prague, 1910, p. 305, and in *Česko-slovenská Vlastivěda*, IV, Prague, 1932, p. 148; F. M. Bartoš has published reproductions of another document written by Hus in 1399, now in the University Library in Prague, Cod. XIII F 16 (*Autograf M. J. Husi*, Prague, 1954). There are a few marginalia in our MS in Czech and in other works in the codex.

This highly abbreviated script betrays the haste of the scholar. It is quite regular and consistent in its brevity, but its brevity would make it difficult for a reader not conversant with the *termini technici* of the scholastic philosopher. There are many purely cursive features. Many letters are joined. The *con-* sign is made differently from the similar sign for *-us* at the end of the word. The longer downstroke is made first, then the loop at the left is made and extended to the next letter, e.g. *communius*, line 7, which illustrates the opposite orders of stroking. At the end of the word the left loop is made first and the longer downward stroke after. The *g* is made like the final *-us* above the line, save that it is made on the line, and the end of the downward stroke is extended somewhat farther to the left, e.g. *intelligit*, line 4. Not infrequently the downward stroke of the *d* is extended to form the bottom stroke of an *e* or an *o*, e.g. *de* in the bottom line. The initial *s* and *f* appear to be made in two strokes, first a downward stroke, then retracing to the top and turning to the right, then, frequently without raising the pen, turning into the following letter: e.g. *si* in line 5 from bottom and *sicud* in line 6 from bottom; but cf. *si sint* in line 1. The first, downward stroke of the final *s* is uniformly connected with the preceding letter. The ʒ stroke meets, if it does not always join exactly, the two extremities of the initial stroke, e.g. *ens*, line 3 from bottom. The *est* ʒ and *esse* ƺ signs, as well as the ϕ (*instans*) which is not found on this example, are normal in philosophical writing from the mid-fourteenth century and are not limited to Germany or even the Continent. The minimed letters, *i*, *u*, *m*, *n*, have a tendency to be written slightly above the line. This is a personal characteristic which appears in other autographs of Hus, but cannot be said to be especially peculiar to him.

Transcription f. 34ᵃ

tractando
INtrando de ydeis primo oportet querere^{si} si sint, supponendo quid nominis
tale quod ydea significat racionem exemplarem eternam aput deum secundum quam
deus est productivus rei adextra. Videtur ergo quod talia sint ponenda
quia ipse deus intelligit omne intelligibile, et si intelligit omne
intelligibile illud intelligibile est, ergo est dare quotlibet intelligibilia eterna
quibus sic convenit racio eterna ydee ergo etc. Minor probatur ex hoc quia aliter
intelligibile esset communius ente cum omne ens esset intelligibile et non econtra.
Ymmo si significabile sit ens tunc est intelligibile et non econtra. Cum ergo omne
tale sit reliquo prius a quo non convertitur subsistendi. consequencia patet quod
intelligibile esset prius ente. Nec valet dicere quod aliquod est reliquo communius
quo ad significacionem et aliquod quo ad predicacionem; quo ad significacionem est ens
communissimum non quo ad predicacionem, nam cum loquimur de ente communi ex parte
rei patet illud ex parte rei esse communius quod excessivius realiter predicatur.
Cum ergo omni enti convenit esse intelligibile et quotlibet sunt intelligibilia quibus
non convenit esse ut dicitur ideo oportet quod esse intelligibile sit communius et per idem
posse esse est medium inter esse et intelligi, nam si significabile est tunc
potest esse et non econtra, ut dicitur. Ideo ens posse esse est et communius quam
ens esse et per idem ens intelligi esset communius quam ens posse esse,

[Beginning of Wyclyf's unpublished *De Ydeis.*]

49 Germany 1412

Brussels, Bibliothèque Royale, 1695 (18977–81). Paper, 205 × 145 (155 × 100); ff. 95; three contemporary hands.

Contains: Varia Petri de Aliaco et Nicolai Oresme.

Written at Leipzig. The colophon on f. 25ª of Pierre d'Ailly on the Metheora reads: 'dicta compilacio est facta per quendam episcopum cameracensem [*in margin:* Petrum de Alyaco] sacre theologie professorem studii parisiensis. Et est scripta in lypczk anno Christi 1412 deo gracias.' On f. 84ᴬ (our illustration) the colophon of Pierre d'Ailly's comment on the *De anima*, in a hand different from that of the text, though certainly contemporary: 'tractatuli inquam utilis et boni compilati a Reverendo viro magistro Petro de Alyaco sacre theologie professore eximio nunc cardinali Cameracensi quem comparavit sibi Magister Gherardus Gasterke in studio Heydelbergensi.' The original owner, or one of the scribes, may be assumed to have taken the codex with him from Leipzig to Heidelberg and there sold it to Master Gerard. The *nunc cardinalis* would indicate that Gerard was writing when d'Ailly's elevation to the cardinalate (1411) was still a recent event.

The subject matter is slightly different from that of the preceding plate, and many philosophical abbreviations do not appear. The hand is nevertheless a cursive school hand, less careful and regular than the preceding script. Cursive features and haste predominate. There is a greater tendency to make the abbreviational signs as a continuation of a letter, perhaps *after* the place where the omitted letter would have belonged, e.g. f. 84ᴬ, line 10, *moralibus*, where the sign for the omitted *r* is a continuation of the last stroke of the *a*. The *con* sign is connected with the following letter as in the preceding plate, e.g. f. 83ᶜ, line 9, *cognitiva*; f. 84ᴬ, line 2, *commutabilia*. The straight downward second stroke of the *h* was noticed in Plate 46. A wavy line above the letters represents an omitted *ma* or *ta*, *ca*: f. 84ᴬ, line 1, *circa*; f. 84ᴮ, line 2, *ydeomatum te*; line 16, *disputacio*. The minuscule *r* is split from the line. The split *r* of French cursive hands will be remembered. This *r* is not dissimilar.

Transcription f. 84ᴮ

Incipit tractatus Magistri Nycolay orem de communicacione ydiomatum

Ave Maria.

INcipit tractatus de
communicacione ydeoma
tum. In Christo quidem
alias dixi quedam
que nunc deo iuvan
te propono diffusius
et ordinacius pertractare suppositis
semper protestacionibus consuetis fieri parisius
in talibus alias per me factis et
sub omni quorum interest correccione
benigna. In primo capitulo ponentur supposiciones.
In secundo quedam preambula. In tercio
dicetur quid sit talis communicacio. Quarto po
netur unus casus et una consequencia
Quinto alia questio in casu premisso. Sexto
alia questio in eodem casu. Septimo disputacio
contra predicta. Octavo alius casus et responsio
ad questiones. Nono alia questio in casu
premisso. Decimo alia questio in casu premis
so. Undecimo soluciones questionum et quedam
regule. Duodecimo disputacio contra predicta

[Ed. E. Borchert (Münster, 1940), p. 5.]

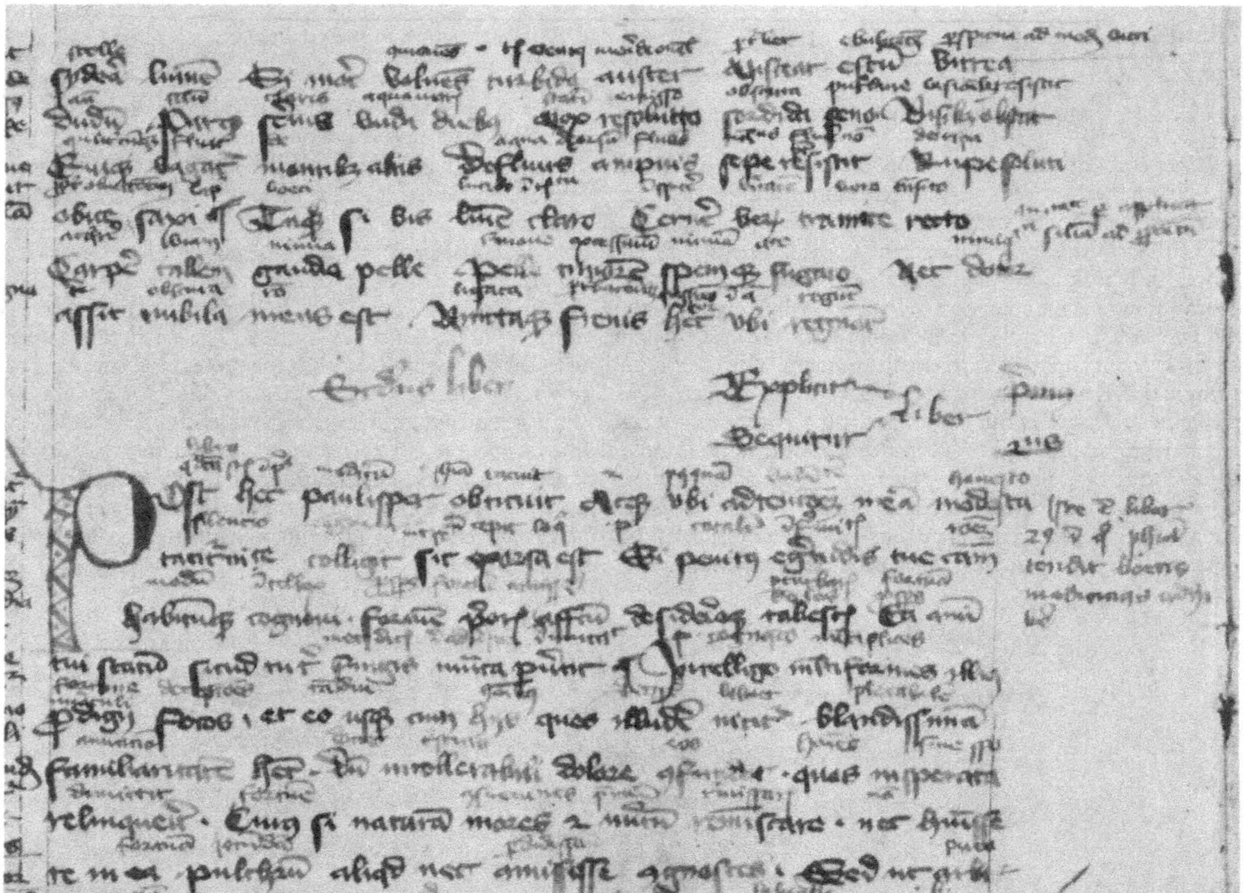

Sidera lumen Si mare volvens turbidus auster Misceat aestum Vitrea
dudum Parque serenis Unda diebus Mox resoluto Sordida caeno Visibus obstat
Quique vagatur Montibus altis Defluus amnis Saepe resistit Rupe soluti
Obice saxi Tu quoque si vis Lumine claro Cernere verum Tramite recto
Carpere callem Gaudia pelle Pelle timorem Spemque fugato Nec dolor
adsit Nubila mens est Vinctaque frenis Haec ubi regnant

Explicit liber primus
Sequitur liber 2us

Post haec paulisper obticuit atque ubi attentionem meam modesta
taciturnitate collegit sic exorsa est Si penitus aegritudinis tuae causas
habitumque cognovi fortunae prioris affectu desiderioque tabescis Ea tantum animi
tui statum sicut tu tibi fingis mutata pervertit Intellego multiformes illius
prodigii fucos et eo usque cum his quos eludere nititur blandissimam
familiaritatem dum intolerabili dolore confundat quos insperata
reliquerit Cuius si naturam mores ac meritum reminiscare nec habuisse
te in ea pulchrum aliquid nec amisisse cognosces Sed ut arbi-
tror haud multum tibi haec in memoriam revocare laboraverim Sole-
bas enim praesentem quoque blandientemque virilibus incessere verbis
eamque de nostro adyto prolatis insectabare sententiis Verum om-
nis subita mutatio rerum non sine quodam quasi fluctu contingit animo-
rum Sic factum est ut tu quoque paulisper a tua tranquillitate desci-
sceres Sed tempus est haurire te aliquid ac degustare molle atque iu-
cundum quod ad interiora transmissum validioribus haustibus viam fecerit Adsit
igitur rhetoricae suadela dulcedinis quae tum tantum recto calle procedit cum
nostra instituta non deserit cumque hac musica laris nostri vernacula nunc
leviores nunc graviores modos succinat Quid est igitur o homo quod
te in maestitiam luctumque deiecit Novum credo aliquid inusitatumque
vidisti Tu fortunam putas erga te esse mutatam erras Hi semper eius mores
sunt ista natura servavit potius circa te propriam in ipsa sui mutabilitate

50 *Germany* 1424

Cambridge, University Library, Add. 7115 (olim Phillipps 4737 and 10229). Paper, 291 × 213 (210 × 130); ff. 49; one hand, text and marginalia.

Contains: Boethius, *De consolacione philosophie glossatus.*

Written in Bremen. The colophon, f. 49[a], reads: 'Explicit boecius de consolatu philosophico. Anno 1424. Decolacionis sancti Johannis Baptiste in Brema.' The codex came into the hands of Sir Thomas Phillipps from the Tross collection.

The increasingly crude and cursive quality of the script, compared with, e.g., 48 (1398), is immediately noticeable. Any letter-by-letter description would hardly show much change, but the general ductus shows unmistakably a slight development. The standard abbreviational sign is often a mere continuation of the final stroke of an *a*, *d*, *e*, *i*, *t* or *u*. Cf., e.g., line 4 *cernere*; line 5 *carpere*, *timorem*; line 10 *meam*. The initial minuscule *h* shows an unaccustomed break in the ascender, e.g. line 18 *hanc* and *hec*. The pen is raised twice. The first stroke is downward and to the right, with a jag in the middle. The second stroke closes the loop at the top, and the third stroke adds the loop at the lower left part of the letter. Just why the scribe should have designed so painful and awkward a letter is not clear. The initial stroke of the *f* and the *s* is downward, it is then retraced and turned to the right at the top without lifting the pen: line 12 *fingis*. The capitals are squat and crude. The final *s* is made as in Plate 48. German humanists' hands of this century will frequently show great similarity to this example.

Transcription f. 7[b]

sydera lumen. Si mare volvens turbidus auster Misceat estum vitrea
dudum Parque serenis unda diebus Mox resolutto sordida seno Visibus obstat
Quique vagatur montibus altis Defluus ampnes sepe resistit Rupe soluti
obice saxi Tu quoque si vis lumine claro Cernere verum tramite recto
Carpere callem gaudia pelle Pelle timorem spemque fugato Nec dolor
assit nubila mens est Vinctaque frenis hec ubi regnant

Secundus Liber Explicit primus
liber
Sequitur secundus

Post hec paulisper obticuit atque ubi adtencionem meam modesta
taciturnitate colligit sic exorsa est. Si penitus egritudinis tue causam
habitumque cognovi fortune prioris affectu desiderioque tabescis. Ea animi
tui statum sicud tu tibi fingis mutata pervertit. Intelligo multiformes illius
prodigii focos et eo usque cum hiis quos illudere nititur blandissimam
familiaritatem habet. Dum intollerabili dolore confundat quos insperata
relinquerit. Cuius si naturam mores et meritum reminiscare nec habuisse
te in ea pulchrum aliquod nec commississe cognosces. Sed ut arbi-

[Ed. H. F. Stewart and E. K. Rand (1918), I. vii. 4–II. i. 11.]

Sermo Reuerendi et egregij do doctoris magri Nicolai dinkelspuchl de dilectione dei ·

Scribitur
mathey
vicesimo
scdo c°
cum quidam
legis lato
interrogasset
dominum di
cens
Magister quod est madatu
magnum in lege? Respondens
ei dns dixit Diliges dnm
deum tuum ex toto corde tuo
et ex tota aia tua et ex
tota mente tua hoc e pmu
et maximu madatu et sub
iunxit dicens Scdm aut sile
est huic Diliges proximu
tuum sic te ipm Addidit
quoqz dicens In his duo
bus madatis pendet vniusa
lex et pphete Innuens p hoc
q quicquid otinet moralit vl
figuraliter in lege quodcq
monitorie comminatorie vel odictie
pceptive vl replicative in pphis — *pleniue*
totu ad hoc tendit ut intro
ducat caritas qua deus di
ligat et pximus aliusque quidcq
est dei homini pmisit quicq
pcepit aut phibuit totu
adhac tendit ut deu diliget

sup omia et pxim sic se ipm
Et insup oia alia pcepta
diuina sunt qualia explicacos
madatorum dileccionis dei et px
imi Et inclusa sunt in istis
duobus Et implentur in eoru
implecione ymo oia alia pre
cepta et tota lex et pphe
sunt in illa taquam in suu
finem ordinata Propter quod
dicit apostolus p ad Thymotheu
Finis precepti e caritas
totu itaque ad hoc tendit
ut ostituatur amicicia int
homines et homines ad deum — *s: homi*
Et ideo scdm intencionem bti
augini et in de laudibus
caritatis et in de doctrina xpi
ana Si nos patres omnes
sacras paginas scrutati si
nos patres oia involuisset — *s. e absc̄ondita / voluera / s. e manifestare / evoluere*
nonu evolue omnia scrip
turarum secreta penetrare, tene
caritate vbi pendet omia
Ille enim tenet et qd latet
et qd patet in diuinis sermoni
bus Illum caritas tenet in
moribus q eu ita se habent
cogitauit tota vitis caritatem
inuiccem et postulat de dictis
duobus preceptis caritatis loqui
put in duos dei sua lar
gitate ppter bonas operas dig

hunc libru oparavit dns ambrosius Canonicus monastery bte Marie virgis in Newburga
claustrali pvtuli sua z fratz suorum Anno dni 1434°.

51 Germany c. 1435

Klosterneuburg, Stiftsbibliothek, 421. Paper, 295 × 210 (200 × 137); ff. 341; two and perhaps three hands.

Contains: Sermons of Nicholas of Dinkelsbühl, *De Vita et moribus philosophorum* of Walter Burley.

Written in Klosterneuburg. At the bottom of f. 1^a in a contemporary monastic hand are the words: 'Hunc librum comparavit dominus Ambrosius Canonicus Monasterii beate Marie Virginis in Newburga claustrali pro utilitate sua et fratrum suorum Anno domini 1435°.' Apparently the MS has never been out of the monastery library. Note that the inscription does not assert that the book was written in 1435, but procured.

This monastic bookhand shows some development over previous examples. There is more connection between letters, giving an impression of greater cursiveness. The *c* and the *t* are quite distinct, the erect stroke of the *t* is distinctly longer than in Plate 49 (1412). The *e* has been flattened. The first stroke sometimes is almost horizontal and the short upper stroke does not always join accurately, e.g. line 1 *seipsum*. The final stroke of the *g* goes far to the left (bottom line, *diligeret*). The long downward final stroke of the *h* has been noticed before in German scripts. *pro* and *pre* are made without raising the pen from the loop stroke (*precepit* and *prohibuit*, line 2 from bottom). Our scribe has two minuscule *r*'s: the simple forked letter, e.g. line 20 *sacras*, and a more involved letter as in *scrutari* in the same line. It appears to have been made in three strokes. The first, connected with the previous letter (line 10 *ordinata*), sometimes, but not always, bends to the left at the bottom (line 6 *eorum*). There is then a counter-clockwise-curved stroke which points toward the base of the following letter. A last jab at the level of the top of the letter (line 5 from bottom, *vestris*) finishes the construction. The same appearance is later achieved with two strokes instead of three. Our scribe has also two final *s*'s: the orthodox figure *ß* (line 15 *homines*), and something that looks like a sloping *6* (line 5 *istis*). It is not immediately clear how this letter was made. It would appear most likely that the lower loop was made first, counter-clockwise, and the upper stroke, toward the right, ending with a slight pressure on the pen, second, e.g. bottom line *vestras preces*. If this was the order of stroking, it would not have been necessary to raise the pen from the paper. We shall see this *s* develop into something more simple and rapid in the next few years.

Transcription f. 1^B

super omnia et proximum sicut seipsum
Et insuper omnia alia precepta
divina sunt quedam explicaciones
mandatorum dileccionis dei et prox-
imi. Et inclusa sunt in istis
duobus. Et implentur in eorum
implecione ymo omnia alia pre-
cepta et tota lex et prophete
sunt in illa tamquam in suum
finem ordinata. Propter quod
dicit Appostolus prime ad Thimotheum
10 finis precepti est caritas
totum itaque ad hoc tendit
ut constituatur amicicia inter ⁄:
homines et ⁄·hominis ad deum hominem
Et ideo secundum intencionem beati
Augustini et in de laudibus
caritatis et in de doctrina Christi-
ana. Si non potes omnes
sacras paginas scrutari, Si ⁄· abscondita
non potes omnia ⁄~~in volumina~~ ser- volucra

[Unpublished.]

mortalis ut notat [illegible] quod culpa mortalis est omnis culpa que caritatem tollit que est vita anime et sic omnis culpa mortalis e contra caritatem [illegible] quedam culpa est ultra hoc etiam contra rationem ut peccatum quod contra naturam ut zodomitica quedam autem est crimen quod est digna accusatori in iudicio quedam autem est blasphemia que est impositio alicuius falsi in deum vel ei subtrahendo quod inest vel attribuendo quod non est

Et sic ex predictis auctoritatibus illorum error quiescit [illegible] Magister reprobavit errorem aliquorum circa peccatorum dimissionem et quia ille error habebat suam deffensionem et ideo magister primo excludit deffensionem quam habebat ex auctoritate scripture [illegible] concludit defensionem quam habebant ex auctoritatibus patrum ibi alias quas auctoritates inducunt // Sequitur ad istud punctum

Queritur primo utrum possibile sit homini quod satisfaciat deo pro culpa mortali

Arguitur quod non quia satisfactio debet equari offense sed offensa in deum commissa est infinita recipit enim quantitatem ab eo in quem committitur qui est infinitus et cum nulla actio hominis possit esse infinita nulla potest esse equivalens offense [illegible] per nullam suam operationem potest deo satisfacere // Secundo ille cum totum quod habet non sufficit ad unum debitum persolvendum non potest pro alio debito satisfacere sed quicquid homo est et habet et potest totum non sufficit ad solvendum debitum pro beneficio creationis redemptionis et nichil potest homo impendere et reddere deo pro peccato primo quia quod reddit esset debitum etiam ab innocente qui numquam peccat et per consequens alias debitum [illegible] nullum potest pro peccato satisfacere pro peccato suo [illegible] in infinitum peccatum [illegible] culpa excedit culpam quedam tanto [illegible] sue nature est fortior ad sustinendum penam in recompensam peccati sui // In oppositum arguitur [illegible] dicitur enim [illegible] aliquid

imperat homini precepisse anathema sit si satisfactio [illegible] luce iii facite dignos fructus penitentie [illegible] est deo satisfacere pro peccato // Notandum quod satisfactio dupliciter accipitur uno generaliter alio modo stricte et proprie Accipiendo generaliter diffinitur sic [illegible] est redditio voluntaria equivalentis alias indebiti Dicitur in diffinitione quod est redditio quia ipsa satisfactio non est absoluta datio nam satisfacere non est absolute donare sed est pro alia obligatione alicui rependere nam hoc satis dicit [illegible] excedentem ad aliud procedens Secundo dicitur in diffinitione voluntaria quia si redditio [illegible] esset involuntaria tunc non esset satisfactio sed magis satispassio et sic non ille a quo invito exigitur pena debita culpe commisse satispatitur [illegible] proprie non dicitur satisfacere Tertio dicitur equivalentis quia quod satisfactio sit redditio equivalentis hoc importat hoc satis hoc enim requirit hoc iustitia secundum quam fit satisfactio Quarto dicitur alias indebiti quia si illud quod redditur esset alias debitum tunc non satisfaceret pro isto quia non esset excedens illi secundum iustitiam sed alteri [illegible] illa ratio satisfactionis communis est ad contractus et obligationes quascumque hoc enim modo recipiens beneficium potest benefacienti satisfacere hoc enim modo potest dilectus potest se diligenti satisfacere rependendo dilectionem equalem et ita in aliis tam in actibus liberis voluntatis quam in actibus [illegible] ubi [illegible] quedam obligatio quasi necessitas ad reddendum potest inveniri illa ratio [illegible] culpa facit delinquentem debitorem et inique peccat potest illi illa ratio satisfactionis inveniri ut sic reddat sibi equivalens alias indebitum [illegible] sibi abstulit pro peccatum // Alio modo capitur satisfactio stricte pro satisfactione deo de peccatis et diffinitur est operatio laboriosa sive penalis voluntarie assumpta ad puniendum peccatum a se commissum et hoc ad recompensandum iniuriam deo illatam et ad placandum deum offensam divinam Vel est passio sive pena voluntarie tollerata ad puniendum peccatum a se commissum et hoc ad recompensandum deo iniuriam sibi-

52 Germany 1445

Basle, Oeffentliche u. Universitätsbibliothek, A. I. 18 (olim I. 7 of Dominikanerkloster, Basle). Paper, 390 × 215 (215 × 130); ff. 354; one hand of text.

Contains: Nicholas of Dinkelsbühl, *Questiones in IV*^{m} *Sentenciarum.*

Written in Reinfeld by Albrecht Löffler. The colophon on f. 348^{A} reads: 'Finite sunt questiones quarti libri sentenciarum Reverendi Magistri Nicholay de Dinckelspuechel doctoris eximii universitatis Weonensis per Alberchtum Loeffler capellanum sancti Andree Apostoli Ecclesie sancti Martini in Rinfelden Basiliensis dyocesis Anno domini Millesimo quadringentesimo quadragesimo quinto. Decimo ~~kalendas~~ octavo kalendas februarÿ Tempore scismatis vigente tamen sacro concilio Basiliensi.' There follow two-thirds of a column which has been heavily inked over. The codex was the property of the Dominikanerkloster in Basle until its transfer to its present location.

There is here a slight tendency to bâtarde shading, particularly in the *f* and the internal *s*, as can be noticed in other south German and Bohemian scripts of the fifteenth century. Several letters have undergone development. The majuscule *A* is hardly more than a large minuscule (column B line 6 *Accipiendo*). The descender of the *d* is a heavy stroke similar to the descender of the *9* sign and the *g*. The *g* begins with a small *u*, the last upward stroke is retraced below the line, and a horizontal stroke closes the loop and connects with the following letter (column A line 2 *graciam*). The scribe has only one internal *r*, though it may have been made in two ways, cf. column A line 12 *illorum error*. The design of the letter is gothic, but the main downward stroke was not made at one jab. The scribe made a flat *v* slightly above the line as he came from the preceding letter, then came back and put a tail to the split of the *v*. Sometimes his stroke did not quite match the point of the *v*, as, e.g., *magister reprobavit errorem*, column A line 13. The final *-rum* is of course present. We are already familiar with the *h* and the final *s*. The bulges on the capital *E* and Q in the first column are in the German tradition.

Transcription f. 142^{B}

Impossibile homini precepisse anathema sit sed
satisfactio est in precepto luce iii facite
dignos fructus penitencie igitur possibile est deo satis-
facere pro peccato. Notandum quod satisfactio
dupliciter accipitur. Uno modo generaliter, alio modo stricte
et proprie. Accipiendo generaliter diffinitur secundum
Scotum est reddicio voluntaria equivalen-
tis alias indebiti. Dicitur in diffinicione quod
est reddicio quia ipsa satisfactio non est abso-
luta dacio. Nam satisfacere non est abso-
lute donare sed est pro alia obligacione aliquid
rependere. Nam lÿ satis dicit commemoracionem
correspondentem ad aliquid precedens. Secundo dicitur
in diffinicione voluntaria quia si reddicio cuius-
cumque esset involuntaria tunc non esset
satisfactio sed magis satispassio et hoc modo
ille a quo invito exigitur pena debita cul-
pe commisse satispatitur. Sed proprie non dicitur

[Unpublished.]

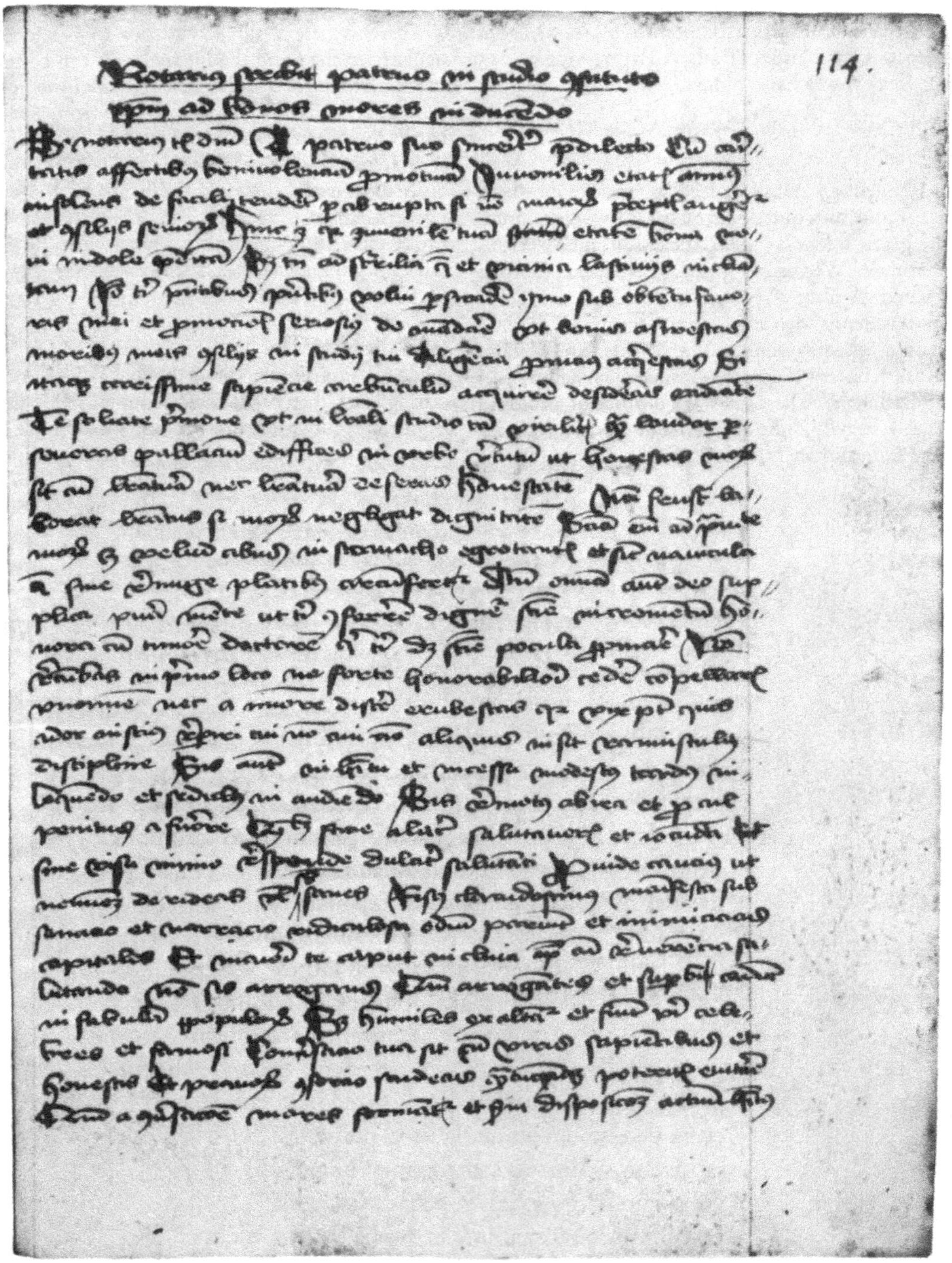
114.

Exortatio precedit a patruo in studio constituto nepoti ad bonos mores inducendo

53 Germany 1457

Munich, Staatsbibliothek, cod. lat. monac. 484 (olim 6-24). Paper, 210 × 160 (155 × 104); ff. 126; two hands.

Contains: Varia scholaria: *Proverbia Senecae*, Alanus ab Insulis, *Disciplina scholarium*, etc.

Written at Leipzig. The colophon of the *Disciplina scholarium*, ascribed to Boethius (f. 97^{b}), reads: 'Et sic est finis. Deo gracias. Anno domini Mccccclvii sabatino die ante festum Kathedre petri in lipczk.' A previous colophon (f. 45^{b}) dated the writing in Leipzig in 1456. The second, undated but contemporary, hand covers ff. 115^{a}–125^{a}. Our illustration is of the recto of the last folium of the first scribe. The codex has the ex libris of Hartmann Schedel on f. 1^{a}.

The script shows a further breakdown in form and control. Single letters have deteriorated to the point where the reader has to conjecture what letter was intended. The initial flourishes to minimed letters, *i*, *m*, *n*, *r*, *v*, are frequently disconcerting. The scribe is usually exact in placing the dot over an *i*, but in the case of *in* he uniformly places the dot over the last minim. The counter-clockwise flourish in *sinceriter* (line 3) indicates *r* or *er*; elsewhere it means simply an omitted *e*, e.g. line 17 *remige*, or *re*, line 12 *premone*, or the whole omission in *presentibus*, line 8. The *r* is made as in the preceding plate, and the bottom stroke usually runs into the following letter, e.g. *mores*, line 2. There are two final *s*'s, the figure *ß* with two equal loops, made by a straight stroke joined from the right by a 3 (line 2 *mores*), and a less elegant construction, as in *iuvenilis* line 4, which begins about mid-space, and loops counter-clockwise until almost closed, then changes direction for another loop, to end with a flourish downwards. If the first loop had been closed the resultant shape would have been essentially that of the final *s* in Plate 51. A third way of making a final *s* which will have this general shape will occur later. See below, Plate 54 (1467). The double letters in line 13 *pallacium ediffices* and the use of *w* in line 8 *perswadere* and line 9 *aswescas* will be noticed. German scribes tended to use a *w* for a semi-consonantal *u*.

Transcription f. 114^{a}

Notarius scribit patruo in studio constituto
ipsum ad bonos mores inducendo

S. notarius talis domini A patruo suo sinceriter predilecto Cum cari-
tatis affectibus benivolenciam promotivam Iuvenilis etatis annus
insolens de facili tenderet per abrupta si non maiorum preceptis augeretur
et consiliis seniorum. Hinc est quia iuvenilem tuam etatem bona no-
vi indole penitam. Sed tamen ad scurrilia quedam et vicinia lasciviis inclina-
tam Ideo tibi presentibus parentibus volui perswadere ymo sub obtentu favo-
ris mei et promocionis seriosius demandare ut bonis aswescas
moribus meis consiliis in studii tui diligencia promcius acquiescas Si
itaque arcissime sapiencie carbunculum acquirere desideras radiantem
Te solicite premone ut in literali studio tam viriliter quam laudor per-
severas pallacium ediffices in urbe virtutum ut honestas morum
sit cum literatura nec literatura deseras honestatem. Nam frustra la-
borat literatus si morum negligat dignitatem. Sciencia enim cum pravitate
morum est velud cibus in stomacho egrotantis et sicut navicula
eciam sine remige platibus circumfertur. Ante omnia autem deo sup-
plica pura mente ut tibi conferrere dignetur sciencie incrementum ho-
nora cum timore doctorem qui tibi debet sciencie pocula propinare. Non
recumbas in primo loco ne forte honorabiliori cedere compellaris

[Unpublished.]

Incipit tractatus de discretione spirituum
Circa quos primo quod considerat dicit esse

Tractatus de discretione spirituum

Sicut in philosophia motus et operationes referri conveniunt
ad formas tamquam ad principia mediatiora, ita in the-
ologia motus hominum et operationes atque eorum inchoationes
referuntur ad spiritus tamquam ad principia communiter mo-
ventia. Spiritus autem secundum locum loquendo licet ut in proposito dicimus
res [illegible] subito et latenter motiva seu vehementer immu-
tativa et secundum hoc distinguuntur duodecim spiritus quibus immediate
diatius agitur et impellitur homo. Primus est spiritus naturae in
relatione complexione consequens vel constellationem naturalem vel ordinans
aliquam dispositionem accidentalem sicut contingit aliquando in egri-
tudinibus vel infirmitatibus prognaticis vehemens et insolita
inclinatio vel affectio ad hoc vel ad illud. Secundus. Dicitur spiritus
habituatio seu assuefactio vel consuetudo acquisita quae est altera
natura. Alia [illegible] impellunt quidam [illegible] quaedam male [illegible]
cuius spiritus dicitur ipse fomes qua continetur [illegible] in unione cuius ad
corpus concupiscibilis corporum. Hoc spiritu agitatur homo etiam ad
malum. [illegible] est magna consideratio vel contemplatio vel cogitatio
alicuius magni boni vel magni mali quae quandoque [illegible]
homines in extasim usque deducit. Quintus spiritus est vehemens
passio quae saepe nos impellit et praecipitat. Sextus spiritus est
[illegible] [illegible] [illegible] quibus agitamur ab
intrinseco. Alii vero sunt spiritus quibus agitamur vel impellimur ab extrinse-
co ut puta pulchritudo visibilium, delectabilitas audibilium,
[illegible] odorabilium, dulcor gustabilium et suavitas
tangibilium. Amor rerum utilium et amor honoris. Hi sunt sep-
tem spiritibus et eorum oppositis moventur ab extrinseco se-
pe magis ad malum quam ad bonum. Praeter quos duodecim spiritus
sunt adhuc quatuor spiritus substantiales principaliter moventes et
agitantes homines ut puta spiritus hominis id est anima quae est incitati-
va sunt duodecim praecedentes spiritus. Secundus est spiritus satanae [illegible] est spiritus
angelicus bonus. Quartus est spiritus angelicus malignus qui se-
pe utitur praecedentibus duodecim [illegible] quibus tamquam instrumentis ad [illegible]
[illegible] ad [illegible] hominis. [illegible] [illegible] turba spirituum
impellentium homines ad actus suos difficilius est discerne-
re a quo motus [illegible] ab hoc vel ab isto spiritu. Unde ego et beatus
Johannes Nolite omni spiritui credere sed probate spiritus an ex deo sint.
[illegible] nos et exhortatus et [illegible] [illegible] qui
spiritu dei aguntur et qui decepti sunt vertiginis [illegible] et
erroris ad discernendum [illegible] [illegible] a spiritu erroris [illegible]
[illegible] est nobis [illegible] [illegible] [illegible] [illegible] et im-
pulsionum [illegible] [illegible] [illegible] et [illegible] [illegible] homines et max-
ime [illegible] spirituales [illegible] et quae eis accidunt et illabuntur
[illegible] [illegible] [illegible] de quibus [illegible] [illegible]
qua radice oriantur aut pullulent. Si sunt supernales
praecedentes [illegible] a spiritu bono vel maligno vel an [illegible]
modis occultis [illegible] [illegible] [illegible] [illegible] possibilibus
accidant [illegible] [illegible] [illegible] [illegible] [illegible] [illegible] vel mali.

Unde declarationem premissorum advertendum est quod homines
[illegible] varia et ad multa saepe impelluntur [illegible] va-
rietatem dispositionis [illegible] [illegible] et moralibus [illegible]
[illegible] et [illegible] [illegible] passionibus prior amor [illegible] [illegible]
[illegible] [illegible] [illegible] ad [illegible] quia tunc et [illegible] ad [illegible]

Spiritus naturales 1o
Spiritus 2o
Natura
Usus
Fomes
Actio
Passio
12
Septem
[illegible]
[illegible]
Dia[bolus]
Angelus
[illegible]
Dia[bolus]
Substantiales 2o
Spiritus
Motio 3o [illegible]
Declaratio
pa[ssio]
dolor

54 Germany 1467

Vienna, Nationalbibliothek 4226 (olim Ambras 31, VI. C. 4). Paper, 310 × 215 (260 × 170); ff. 378; several coeval hands.

Contains: Varia monastica et patristica, sermones et cetera. The text here is Henricus de Hassia, *De discrecione spirituum*.

Written, probably at Ambras in the Tyrol, in 1467. At the end of the *Concordancia caritatis* of Ulrich of Lilienfeld, f. 191[a], are the words: 'Et sic est finis huius compendii utilis quod concordancia caritatis appellatur. finitus est per Johannem Schell.' Our plate is of a treatise written in the hand of Schell. In the colophon of the work *De occultacione viciorum* on f. 278[b] we read: 'Anno domini 1467', also in the hand of Schell.

This monastic bookhand has undergone further deterioration beyond that of the preceding examples. There is hardly a letter that does not betray haste, carelessness, bad training and slovenly controls. Lines are not maintained, spacing is unorganized, spelling is irregular, abbreviations are casual, punctuation is virtually non-existent. The angle of ascenders and descenders is completely irregular, letters are of uneven size, even when in pairs. Attention is drawn to the *g*, with the long stroke above the line (line 11 *agitur*); the *b*, *h*, and *l* (line 10 *quibus*, line 6 *hominum*, line 8 *large*) with their weirdly broken backs; the *r* and the final *s*, made as in Plates 52 and 53, and the initial minuscule *u* (*v*) (line 12 *vel*).

Transcription f. 261[a]

Incipit tractatus de discretione spirituum
Circa quos primum quod consideratur dicitur esse Subiectum

Tractatus de discrecione spirituum

Sicut in philosophia motus et operaciones referri consueverunt
ad formas tamquam ad principia mediatiora ita in the
ologia motus hominum et operaciones atque eorum inchoaciones
referuntur ad spiritus tamquam ad principia primarie mo
vencia Spiritus autem large loquendo accipi potest in proposito Omnis
res quodammodo subito et latenter motiva seu Vehementer inmu
tantiva et secundum hoc distinguntur duodecim spiritus quibus inme
diacius agitur et impellitur homo primus est fortis nature in
clinacio complexionem consequens vel constellacionem natalem vel ostendens
aliquam disposicionem accidentalem sicut contingit aliquando in egri
tudinibus vel mulieribus pregnantibus vehemens et insolita
inclinacio vel affeccio ad hoc vel ad illud. Secundus fortis dicitur spiritus
habituacio seu assuefaccio vel consuetudo acquisita que est altera
natura qua multi impelluntur quidam bene quedam male. Ter
cius spiritus dicitur ipse fomes quam contrahit animam in unione eius ad
corpus concupiscibiliter conceptum hoc spiritu agitatur homo omnis ad
malum. Quartus est magna consideracio vel contemplacio vel cogitacio
alicuius magni boni vel magni mali que quandoque tantum excrescit quod

[Ed. Antwerp, 1652, pp. 123–4.]

Opusculu bonu principibus In noie B

Omnia posterius est ordo quod humana pete subsidia et illis desine
tibus deum favore quem postulat deus se dis cuius xpiani is
et regum apparatus dominus ro an li vi ymo vix bono peragit vita
a malo sit inchoata pro ut vbi dis c miram iii principaliter c ca
paulus ideo divino primitus implorato presidio cum huius utriusque
scia tam legum quam canonum prolixissima non amminiculatione pro de
laicalissima ymo divinitus inspirata sit magne competens principibus
comitibus baronibus militibus ceterisque nobilibus et civibus generosis
personis iuris doctorem et iurium eorum manutenentium cunctibus ut cuiuslibet
cetuisque iuris scilicet canonici et civilis notitiam acquiri volentibus tam inle
gendo quam instudendo satis levis et plenissime pateat accessus inter
tibus apparatibus summis gloss et collectis et omnibus abreviaturis legum
et canonum ad omnipotentis dei laudem et iuvamen principum comitum
et aliorum nobilium instructorum quem alit fieri est quod illorum informatores quos
scolasticis doctrinis scolas forte regendo sua laboriosius oportet
querere naturalia attendo quod omnis precessio deum et suavi gradatim
dirige inse dethesaurete et pro vite humane insufficientia brevitate
contine tale ut sequitur brevissimum instruendi modum observandum scio
pedagogis nobilium equaliter tamen emendatione meliora reddo commendabile
huc dicendi modum perhabitis ex scolasticis disciplinis et puerilibus eru
ditionibus in donato casualibus et temporalibus in alexandri scitibus ambobus
declinationibus coniugationibus et constructionibus ordine in moralibus autoribus
cathone faceto et theodolo que inde mediete et aliarum amminiculatis
artibus insistendo ut sunt grammatica logica rethorica arismetica
musica geometria et astrologia cum hiis compendiose transeundo per
ticipalibus scientiis videlicet tanti philosophie suadeo animum
appropinquare et tandem in iure canonico et theorice practice finaliter
in morari quia iam ut ayt beatus iheronimus ille in vanitate sensus
et obscuritate mentis ambulat qui diebus et noctibus in dyaletica arte
torquetur ut in canone nonne dis xxxvii ubi reprehendunt dyam
et rerum naturalium inquirentes nec non versificatores eadem dis legum
ubi propriam dyalecticam garrulitatem et sophisticam artem gratianus
intelligit rumses et rimabis quibus egregiis sunt prius premio
premitto nota librorum in utroque iure tam pontificio quam impera
torio annectendo cuilibet horum divisiorem in libros quos habent deinde
subiungendo modum allegandi manualiter libro in textu et postmodum
deabreviaturis et incognitis ad evacuandam contestandam manifeste quorum igno

55 *Germany 1478*

Munich, Staatsbibliothek, cod. lat. monac. 446. Paper, 210 × 150 (165 × 115); ff. 189; one principal hand of text.

Contains: Juristica varia et alia canonica.

Written by Nicolaus Drilper. There are four separate datings of the MS, on ff. 90^{b}, 123^{b}, 98^{b} and 159^{b}, all 1478, and all in the same hand. On f. 90^{b} a colophon reads: 'Finis horum casuum sumariorum Anno domini MCCCC septuagesimo 8° per me Nicolaum Drilper.' The codex came to the Staatsbibliothek from the library of the dukes of Bavaria. On f. 135^{b} there are five lines of contemporary German.

The slant and the shading of the letters give a certain bâtarde impression, but closer examination makes the German provenance quite evident. The upward-turned flourish to indicate an omitted *e*, *re* or *ri*—certainly made clockwise—(line 2 *ordo*, *petere*; line 5 *principio*) has been seen before. It has here become almost a circle. The upward introductory stroke of the *v* (line 11 *utriusque*) and the *et* sign (line 14), the *ÿ* for the double *i* (line 12 from bottom, *sciencÿs*, line 5 from bottom, *egipcÿ*), the angular *r* from a loop (line 6 *implorato*) and even from a minimed letter (line 17 *nutrimenta*), are all quite recognizably late German traits, particularly when found together. Compare this script, so far as these points are concerned, with Plates 25–8, French MSS of approximately the same period.

*Transcription f. 1^a^*

Opusculum bonum pro incipientibus In iure B

Quia preposterius est ordo prius humana petere subsidia et illis desinen
tibus divini favoris gracia postulatur dominus se dist. I Omnis christianus in fine
et in principio apparatus domini Johannis Andree li. VI ymo vix bono peraguntur exita
que malo sunt inchoata principio ut xli dist. c. miramur I qu. I principatus etc. cum
Paulus. Ideo divino primitus implorato presidio Cum iuris utriusque
sciencia tam legum quam canonum preciosissima non aminiculatram sed principio et
sacratissima ymo divinitus insperata sit maxime competens principibus,
comitibus, baronibus, militibus ceterisque nobilibus et ~~habentibus~~ generosis
personis iuris diccionem et iurium ipsorum manutencionem habentibus ut communius
utriusque iuris scilicet canonici et civilis noticiam aggredi volentibus tam in le
gendo quam in studendo facilis, levis et plenissimus pateat accessus in tex
tibus apparatibus, summis, glosis in collectis et omnibus abreviaturis legum
et canonicum ad omnipotentis dei laudem et iuniorum principum, comitum,
et aliorum nobilium instruccionem que aliter fieri habent quod illorum informacione quos
scolasticis doctrinis scolas forte regendo sua laboriosius oporteat
querere nutrimenta. Attendo quod omnis processus arcium et scienciarum generativus
ordinem in se debet habere et propter vite humane insufficienciam brevitatem

[Unpublished.]

ITALY

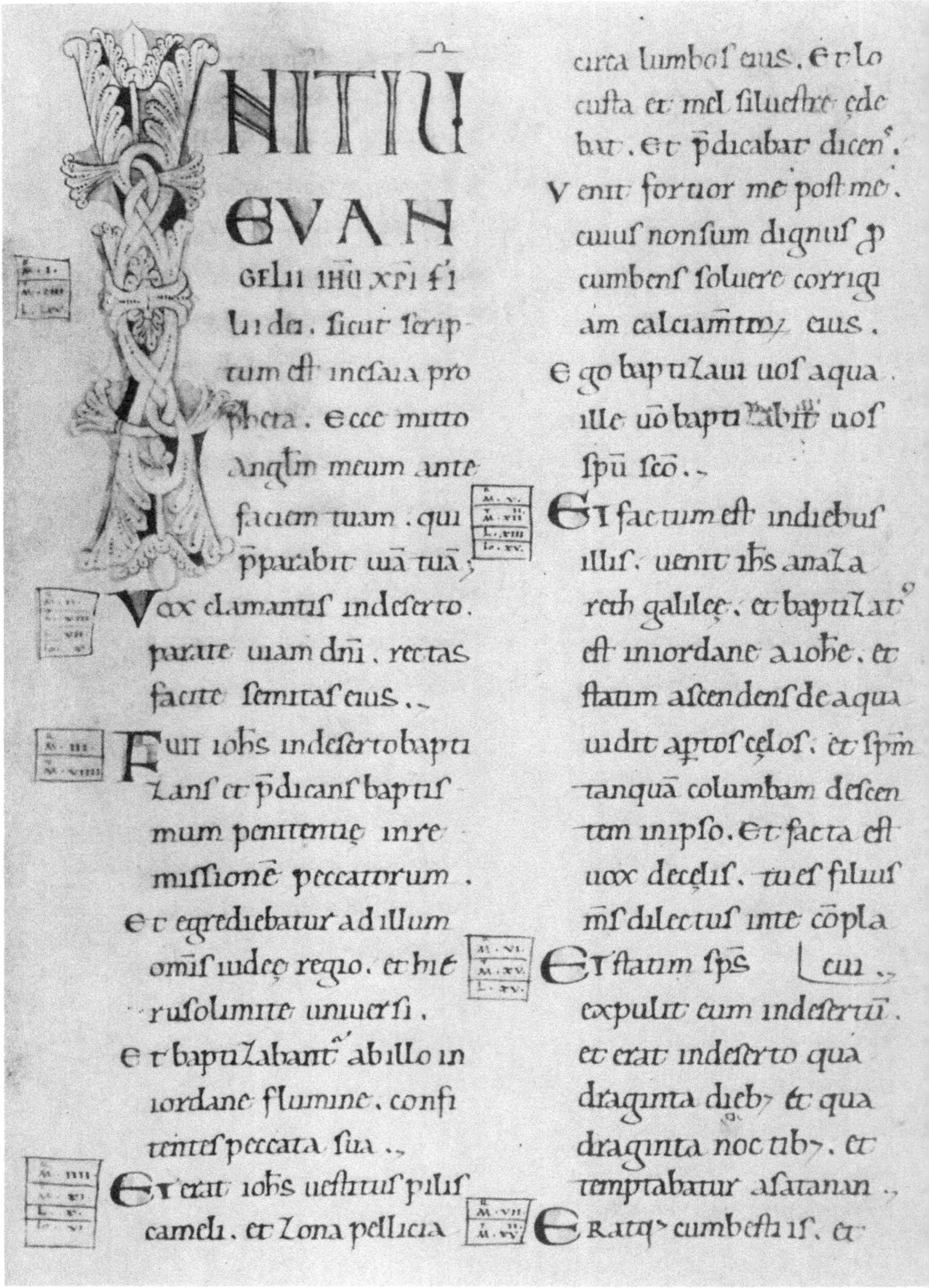
INITIU
EUAN
GELII IHU XPI FI
LII DEI. SICUT SCRIP
TUM EST IN ESAIA PRO
PHETA. ECCE MITTO
ANGLM MEUM ANTE
FACIEM TUAM. QUI
PPARABIT UIA TUA;
Vox clamantis in deserto.
parate uiam dnı. rectas
facite semitas eius.
Fuit iohs in deserto bapti
zans et pdicans baptis
mum penitentię in re
missione peccatorum.
Et egrediebatur ad illum
omis iudeę regio. et hie
rusolimite uniuersi.
Et baptizabantur ab illo in
iordane flumine. confi
tentes peccata sua.
Et erat iohs uestitus pilis
cameli. et zona pellicia
circa lumbos eius. Et lo
custa et mel siluestre ede
bat. Et pdicabat dicens.
Venit fortior me post me.
cuius non sum dignus p
cumbens soluere corrigi
am calciamentorum eius.
Ego baptizaui uos aqua.
ille uo baptizabit uos
spu sco.
Et factum est in diebus
illis. uenit ihs a naza
reth galileę. et baptizat
est in iordane a iohe. et
statim ascendens de aqua
uidit apertos celos. et spm
tanquã columbam descen
tem in ipso. Et facta est
uox de celis. tu es filius
ms dilectus in te cõpla
cui. Et statim sps
expulit eum in desertũ.
et erat in deserto qua
draginta dieb; et qua
draginta noctib;. et
temptabatur a satanan.
Erat q; cum bestiis. et

56 *Italy* 1104

Cesena, Biblioteca Malatestiana, 4 Piana 3.200. Vellum, 330 × 230 (230 × 140); ff. 155; one hand.

Contains: Evangeliarium.

There is no indication that the codex has ever been outside Italy. All the peculiarities of script and spelling are Italian. On f. 1ᵇ, at the bottom of the page, under the pictures of the four evangelists, are the words: 'Anno dominice incarnacionis, millesimo cᵐᵒ iiiiᵒ in die xii. xvii kal. Sept. complevi librum istum.' The codex was in the library of Pope Pius II (1458–64), as can be seen from his papal arms on the front cover.

The script of this 'show' codex may best be called late square Carolingian. Intended obviously for display and exhibit, it exemplifies well the transition from the roundness and clarity of Carolingian to the compact angularity of early gothic. It is apparently and deliberately a laboured script. Certainly a product of the scriptorium of the prosperous monastery of Farfa, a good 30 miles north of Rome, in the Sabine hills. All minims are tipped at both bottom and top; all ascenders are lightly clubbed at the top. The general impression is one of conscious calligraphic discipline, to the point of artificiality. The scribe is inconsistent in word separation, frequently joining preposition and substantive: *inipso, indeserto, decęlis, adiohannem*, etc. Abbreviations are mostly conventional, if not abundant: *omīs, omā, omē*, for *omnis*, etc.; *tp̄e* for *tempore*; *et* is spelled out; *q̧* for *qui* and internally, *īq̧d* for *inquid*; *vō* for *vero*; *n̄* for *non*; *qm̄* for *quoniam*; *e~* for *est*; *er~* for *erunt*; *ms̄* for *meus*. The scribe was not quite sure concerning the ę. He is usually correct, but he has *ęlemosina, mel silvestrę*, and has both *pęnitencię* and *penitencię*. The vellum is prepared in the Italian fashion.

Transcription f. 46ª

INITIUM
EVAN
gelii Ihesu Christi fi-
lii dei. sicut scrip-
tum est inesaia pro
pheta. Ecce mitto
angelum meum ante
faciem tuam. qui
preparabit viam tuam;
Vox clamantis indeserto.
parate viam domini. rectas
facite semitas eius.,
Fuit iohannes indesertobapti
zans et predicans baptis-
mum penitentię inre-
missionem peccatorum.
Et egrediebatur ad illum
omnis iudeę regio. et hie
rusolimite universi.
Et baptizabantur abillo in
iordane flumine. confi
tentes peccata sua.,
Et erat iohannes vestitus pilis
cameli. et zona pellicia

[Marci i. 1–6.]

planatio
utrū abo
psi n̄ scrip
iuxta
udet qđ
us nobis
auperes.
n domos
la ut cum
gna et
us. et se
metam̄
mauerit,
EXTRE
Q LVCA:
dn̄is ser
ed unus
qui mā
am̄ non
us. sed ip
unt. nec
la ē ser
s amicos
paupib s
gram̄
ur uillic
dn̄i. sed
tatū. Et
n q̄a filii
di ques
re aūt
quia et

adquireret dimidiam partem bonorum
suorū attulit. Ergo n̄ seruiam̄ alieni.
q̄a nullū dn̄m debemus scire n̄ xp̄m.
Unus enī ds̄ pater ex quo oīa et nos
in ipso. et unus dn̄s ihc p quē omia.
Qđ ḡ pater dn̄s. aut filius dn̄s n̄ ē?
Sed et pater dn̄s. q̄a uerbo dn̄i celi
firmati sunt. et filius ds̄ qui ē sup oīa
benedictus in scl̄a. Quomodo ḡ nemo
potest duobs dn̄is seruire? Vn̄ enī
dn̄s. quia unus ē ds̄. Denique dn̄m dm̄
tuū adorabis. et ipsi soli seruies. Vn̄
claret unū patris et filii ē dn̄atū.
Vnus aūt ē si n̄ diuidatur. sed tot
in patre. totus in filio sit. Itaque qui
unius ditatis atque dn̄atus asserimus
trinitatē. unū dm̄ et unū dn̄m con
fitemur. Qui aūt aliā patris. aliā filii.
aliā sp̄s memorant potestatē. plures
deos et plures dn̄os in ecclā gentilis
uitio erroris inducunt. VN̄ S̄ AVG
IN LIB DE V BIS DN̄IS SVP LVCA

Quod admonemur. admone
re debem̄. recens euḡlica
lectio admonuit facere
amicos de mamo
na iniq̄tatis. ut eos qui faciunt reci
piant. et ipsi sint in tabernaculis
aeternis. Qui s̄t qui habitant in ta
bernacula aeterna n̄ sci di? Et qui
sunt qui ab ipsis accipiendi s̄t in ta
bernacula aeterna. nisi qui eorum

57 *Italy* 1133

Venice, Biblioteca di S. Marco, fondo antico 154 (1613). Vellum, 590 × 385 (410 × 230); ff. 188; one hand.

Contains: Homiliae sanctorum patrum in Evangelia.

Written in some centre in northern Italy where ancient models were preserved and copied. The colophon on f. 187[C] reads, somewhat ungrammatically: 'Finito libro referamus laus et gloria Christo. Transacto quippe numero millesimo centesimo et addito trigesimo iunctoque ei tercio.' There are at least two marginal notations in Italian in the codex: at the bottom of f. 105[a], a short note: 'In lano de mccclxxxx' etc.; and again, in the margin of f. 178[b], a note in Italian by a certain Rollandus, an imperial notary, in the year 1338. The rubrics, throughout the codex, are in an uncial which, for the twelfth century, is quite respectable. The initials, in red, are graceful and may be sufficiently characteristic to identify the scriptorium.

We must label this script late Carolingian, but with the reservation that the scribe is clearly under the influence of uncial and half-uncial models. Words are narrowly spaced, old abbreviations and abbreviational signs are plentiful, *ñ* for *non*, *qa*, *quia*, *qd*, *quid*, *inqt*, *inquit*—these latter three generally Italian—*dilmi*, *dilectissimi*, *vob̄*, *vobis*, *qđ*, *quod*. The smaller capitals within the text are almost always in carefully executed uncial, with barely a trace of the romanesque rustic noticed in French and German rubrics of this period. There is no 7 sign and when *-bus* is abbreviated it is simply *-bs*, with the tail of the *s* extending slightly below the line, though *quibs* does appear. The scribe is not consistent in his use of ę, though, except for *ęcclesia*, he does not use the cedilla incorrectly. The reader will hardly have to be warned that there is a noticeable similarity between the general appearance and structure of this script, its erect roundness and precision, and that of the *scriptura bononiensis* of the thirteenth and fourteenth centuries, and later, of the round humanistic script. It is as if there were a basic Italian penchant for a script in which the individual letters fully occupy a square space, by contrast with the French and English gothic where the letter space is taller than it is wide.

Transcription f. 131[D]

adquireret dimidiam partem bonorum
suorum attulit. Ergo non serviamus alienis.
quia nullum dominum debemus scire nisi christum.
Unus enim deus pater ex quo omnia et nos
in ipso et unus dominus ihesus per quem omnia.
Quid ergo? Pater dominus. aut filius dominus non est?
Sed et pater dominus quia verbo domini cęli
firmati sunt et filius deus qui est super omnia
benedictus in secula. Quomodo ergo nemo
potest duobus dominis servire? Unus enim
dominus quia unus est deus. Denique dominum deum
tuum adorabis. et ipsi soli servies. Unde
claret unum patris et filii esse dominatum.
Unus autem est si non dividatur sed totus
in patre totus in filio sit. Itaque qui
unius deitatis atque dominatus asserimus
trinitatem. unum deum et unum dominum con-
fitemur. Quod autem aliam patris. aliam filii.

[*P.L.* 15, 1855 f.]

p̄mit⁹. aut serua-
nullus tāquā eoꝝ
ut⁹ extitere. hu[s]
m̄. et p̄ma ā eoꝝ
eclaram⁹. Apione[s]
u derogatione c̄
āt. Tibi aut̄ epa-
[ingenti] t p̄te similia nos-
ib; hic libellus con

·I I·

PHI: DE

IUDEOꝜ

hystoria iosephi
so ex g̃co i latinū.

BELLUM

d cū pplo romano
fere iudei omnium
ximūq; nr̄a etas
dit queq; auditu
primus ciuitates
ciuitatib;. g̃sue

runt. sed uana et
mones auribus
scribt̄. Qui uō pre
o aut odio iudeoꝝ
mant. Scriptis

bulenti erant. manu simul ac pecunia ingentes
adeo tēporib; insolent̄ abusisst̄. ut p̄ nimia ma-
gnitudine hos possidendarū spes illos amitten-
darū paruū orientis met⁹ inuaderet. Qm̄ iudei
q̄dē cunctos etiā q trans eufraten eēnt gentiles
suos secū rebellatores eē crediderunt. Roma-
nos [aut̄] 7 finitimi galathe irritabant nec manus
celtica quiescebat. dissensionūq; plena erant om-
nia post nerone. Et multos q̄dē reges. tēp⁹ hoc ad-
ortabat. Lucri aut̄ cupidine pars militaris
mutationē p̄sentiū desiderabat. Itaq; dignū
eē duxi errantib; in tantis reb; dissimulare ueri-
tatē & parthos q̄dē ac babilonios arabūq; remo-
tissimos 7 ultra eufraten gentis nr̄e incolas. Itēq;
adiabenos mea diligentia uere cognoscere.
Unde cepisset bellū quantisq; cladib; ēstitisset
quoue modo decidisset. Grecos uō 7 romanoꝝ
q militia n̄ fuerunt n̄ eēnt fictis siue adulationib;
captos ignorare atq; historias audent eas in
scribere. Que ppt̄ hoc ut mihi q̄dē uidet̄ q̄d ni-
chil sanū refert̄ etiā de pposito decidunt. Nā
dū romanos uolunt minus ostendere iudeoꝝ
res extenuant 7 in humilitatē deiciunt. Non
aut̄ intellego quonā pacto magni eē uideant̄.
q parua superauerunt. 7 neq; longitēporis
eos putet q bellū tractū ē. neq; multitudinis
romanoꝝ qui in ea militia labor exercuit.
neq; ducū magnitudinis quoꝝ pfecto glīa
minuit̄ si cū multū p hierosolimis desudaue-
rint. reb; p eos gestis aliqd derogetur. Nec tamē
ego ē tentione romanas res extollentiū gen-
tiles meos amplificare decreui. Sed facta q̄dē

58 *Italy* 1145

Oxford, Bodleian Library, Canon. pat. lat. 148 (S. C. 19134). Vellum, 435 × 320 (330 × 225); ff. 215 + 2; one hand.

Contains: Josephus, *Antiquitates Judaicae*, *Contra Apionem*, *De Bello Judaico*.

Written in Italy. The colophon of the *De Bello Judaico*, f. 315^{D}, reads in part:

> 'Annis ut carnem Christus de virgine sumpsit
> Undecies centum xl quinque peractis
> Dicti veracis. Josephus fuit historialis...'

The Canonici collection is almost without exception of Italian provenance. There is nothing about this MS which would cast any doubt on the assumption that it is also of Italian origin. The design of the initials, the primary colours, the surfacing of the vellum, many abbreviations, even the spelling Ioseppi in the colophon on f. 215^{D}, are all strongly Italian.

This scribe, though adhering to the same Carolingian tradition as the scribe of the preceding plate, has progressed toward the romanesque. His abbreviations are more numerous, his letter structure has departed from the square, and he adds to his manual inexpertness some caprice in the use of abbreviational signs and in spelling. We find both the 7 sign for *et* and the Carolingian ampersand, both used finally in verb forms. The *ꝗ* for *qui,* alone and medially (*ꝗs*, *ꝗd*, *ꝗdam*, *aliꝗd*), an Italian practice, is common, as is the *-bs* for *-bus*. The ę is used irregularly and often incorrectly, *ętiam*, *cotidię*, *dię*, *ęgressum*, *ęruditi*. We find both *-tio* and *-cio*; *c̄* for *cum*. The unusual *poplo* appears regularly. The MS has been corrected, and there are several cases of omitted lines supplied by *ħd*, *đ* or *cħ*, both at the top and at the bottom of the page, e.g. f. 100^{b}. On f. 27 it is *dħ* both in the text and in the upper margin. There is almost no attempt to use any recognizable uncial script in the rubrics. Instead awkward square capitals are used, and the lesser capitals in the text verge on the rustic. Spelling peculiarities are few, though quite Italian: *hedificarent* (f. 24^{B}), *hadortabatur* (our plate), *hedere*, *occassiones* (f. 92^{A}), *ellectionem* (f. 2^{B}), *peccunia* (f. 27^{B}), *ƀabillonia* (f. 167^{C}), *docmata* (f. 167^{D}). The suprascript dumbbell is a general abbreviational sign. The suprascript *-ur* is the usual form.

Transcription f. 124^{D}

bulenti erant manu simul ac pecunia vigentes
adeo temporibus insolenter abusi sunt, ut pro tumultus ma-
gnitudine hos possidendarum spes illos amitten-
darum parcium orientis metus invaderet. Quoniam iudei
quidem cunctos etiam qui trans eufraten essent gentiles
suos secum rebellatores esse crediderant. Roma-
nos autem finitimi galathę irritabant nec manus
celtica quiescebat disscensionumque plena erant om-
nia post neronem. Et multos quidem reges tempus had-
ortabatur. Lucri autem cupidine pars militaris
mutationem presentium desiderabat. Itaque dignum
esse duxi errantem in tantis rebus dissimulare veri-
tatem et parthos quidem ac babilonios arabumque remo-
tissimos et ultra eufraten gentis nostre incolas. Itemque
ad iabenos mea diligentia vere cognoscere.
Unde cepisset bellum quantisque cladibus constitisset
quove modo dedisset. Grecos vero et romanorum
qui militiam secuti non essent figmentis sue adulationibus

[Ed. Cologne, 1534, f. 216^{b}.]

beato petro ascensum
habemus. Inde ad celū
tertium tertio gradi
endo cum paulo ascē
dens rapitur. Vbi uidet᷑
archana illa que nō
licet homini loqui. Qui
uult ergo tertiū celum
ascendere: gradus istos
solempni cura et pspi
cacissima cautela cō
uenit obseruare. et sic
ad celum illud ubi p
rapinam ascendit᷑.
quasi quodam iure libe
ascendere rex celorum im
pietatur: et quod hu
manam capacitatē
excedit. ascendens in

celum celum efficiet᷑.
Eritque unus eorum in quibus
pater esse dicit᷑. nobis o
rantibus ad patrē et di
centibus pater noster qui es in celis.

SANCTIFICETUR
NOMEN TUUM

ANCTIFICATIO
ut credo plus expe
dit scificando quā
scificato. magis in
diget ea reus quā scs.

59 Italy c. 1155

Paris, Bibliothèque Nationale, nouv. acq. lat. 1772. Vellum, 230 × 180 (155 × 105); ff. 50; one hand.

Contains: Expositio orationis dominice of Maione of Bari.

Written in Sicily by or for Maione, grand admiral (i.e. chief minister) of William I of Sicily from 1154 to his death in 1160. Within an elaborate columned framework on f. 2[b] we read: 'Expositio orationis dominice edita a Maione magno ammirato ad Stephanum ammiratum filium suum.' As Maione had a reputation for scholarship there is no difficulty in believing that he may not only have composed the *Expositio* but might indeed have written it.

In this 'show' codex the scribe was obviously intent on exact and elegant reproduction of the text. Abbreviations are few, limited to conservative Carolingian models. The 7 does not appear, only the ampersand. The Italian *q* does not appear, nor the wavy line for *r*, *ra*. *qui* is written out or appears as *q̇*. Final *b;* is also absent, replaced by *b*⁹. Both uncial *ð* and the *d* are present. Ascenders and descenders are all short and clubbed. Almost all minimed letters are clubbed. The ę is in general correctly used. Typical Italian spellings are absent. One might hazard the suggestion that the scriptorium out of which this codex came had undergone some non-Italian influences.

Transcription f. 14[A]

beato petro ascensum
habemus. Inde ad cęlum
tertium tertio gradi-
endo cum paulo ascen-
dens rapitur. Ubi videntur
archana illa quę non
licet homini loqui. Qui
vult ergo tertium cęlum
ascendere. gradus istos
solempni cura et perspi-
cacissima cautela con-
venit observare. et sic
ad cęlum illud ubi per-
rapinam ascenditur
quasi quodam iure libere
ascendere rex cęlorum im-
pertietur. et quod hu-
manam capacitatem
excedit. ascendens in

[Ed. O. Hartwig, *Archivio storico per le province napoletane*, VIII (1883), 464–85.]

cerunt sine ira utiq; caro x̄ crucifixa ē. q sepulta ē. Vc-
g illi carnis sacrificiu ē. Ipr̄ clamat dn̄s ihc h̄ ē cor
p9 meū. an̄ bn̄dictionē uboꝝ celestiū. alia sp̄s noīat.
p9 9secrationē corp9 significat. Ipr̄ dic̄ sanguinē suū
an̄ 9secrationē aliud dr̄ post 9secrationē sanguis nū
cupat. Iudicis aūt hoc ē uiū ē. Qꝫ s̄mo sonat. affec
t9 senciat. A Vg. libro. ii. de doctna xp̄iana. Signū
ē res p̄t sp̄em q ingerit sensib; aliud aliq esse faci
ens in cogitationē uenire. Inicio. Xp̄iana libtas
eos quos inuenit sub signis utilib; tamq ppe iue
tos int̄p̄tatis signis qb9 subditi erant eleuatos
ad eas res quaꝝ illa signa s̄t libauit. Ex his facte s̄t
ecclie s̄coꝝ isrlitaꝝ. Quos aut īuenit sub signis in
utilib; . n̄ solū s̄uilē opationē sub talib; signis s̄.
. ipa signa frustrāt. remouitq; oīa. ut a corruptiōe
multitudinis simulatoꝝ dōꝝ q̄ s̄cpr̄ ac p̄e forni
cationē uocat. ad unī9 dī cultū g̃ntes 9uteret. nec
sub ipis iā signis utilib; s̄uitute s̄ exercitatur
pori9 meoꝝ intelligencia sp̄uali. Sub signo
eni s̄uit q opat̄ aut uenāt̄ aliq rē. nesciens qd sig
ficet. Qui u9 opat̄ aliq signū. diuinit9 institutum.
ui significōnē q; intellig̃ n̄ h uenāt̄ q uidet̄ 7 trāsit.
Tal aūt homo sp̄ual. 7 lib ē tp̄e s̄uitutis q carna
lib; aīs n̄dū oportet signa illa reuelari quoꝝ iugo
edomandi s̄it. Tales sp̄uales erant patriarche. ac
pph̄e. oīsq; in p̄plo isrl p quos nob sp̄s s̄cs ipa scp
tāꝝ auxilia 7 solatia ministrauit. Tn̄ u tp̄e postea quā

60 Italy 1188

Paris, Bibliothèque Nationale, lat. 16528 (olim Sorbonne 1393, 709). Vellum, 240×150 (172×95); pp. 528; one hand of text.

Contains: Oculus aureus, Ps.-Bede et alia varia.

Written at the Abbey of St Stephen in Monopoli (Apulia). The colophon in awkward capitals on p. 523 reads: 'Anno millesimo centesimo octogesimo viii indictione vi scriptus est iste liber qui vocatur oculus aureus iussione domini Palmerii cenobii sancti Protomartiris Stephani de Monopoli reverendi abbatis anno abbatatus sui xxxiii.' The work has also been ascribed to Anselm.

This codex is the work of a well-trained scribe, writing at a centre which was obviously subject to external influences. It will be remembered that Apulia was frequented by Crusaders in the late twelfth century. There are Beneventan notes on pp. 2, 20, 64 f., 70 and 72 and elsewhere. The angularity of the romanesque begins to be noticeable, as well as the taller form of the letter structure: note the *n* of *carnis*, line 2, and, less prominently, the *m* of *meū*, line 3, and the *n* of *senciat*, line 7. A distinctive *a* may be noticed, in addition to the usual Carolingian style, in *clamat*, line 2, *Christiana*, line 9. A touch of the pen at the top attempts to correct a straight downstroke. The distinct tendency to club the minims gives a heavy look which compensates somewhat for the basically tall structure of the letters. There are two final *s*'s, erect and looped. The *et-* sign is used alone and finally (line 18 *set*), without modification (p. 325 *implet*). Both *r*'s appear, erect and looped, from *o* and *p* (line 4 from bottom, *oportet* and line 5 from bottom, *tempore*). The Italian *q* in combination is used alone for *qui* and for *quid*, line 8 from bottom. The bar appears unchanged in *quam*, line 16, and *aliquam*, line 8 from bottom. *pe* appears for *proprie*, line 16. The wavy line for *r* or *ra* (line 15 *frustravit*) will assume more significance in Italian hands from this point. This would seem to be its first appearance in dated codices. The formation of the *7* sign may be noticed. The horizontal member tends to lengthen. The *ę* has almost disappeared and *-cio* for *-tio* has not yet appeared. The scribe leans over backward to avoid an intervocalic *c* with *mendatium* (p. 322). The Italian pronunciation of *x* as *s* shows in *illuxit* for *illusit* (p. 320). The *b* and *p* are occasionally combined, *repata* for *reprobata*. The *9* occurs initially in *communicandus* (p. 321) and *contrario* and medially, *ingprehensibilia*. *plm* occurs for *populum* (p. 326). Compare this script with that of Plate 116, and note general similarity, but great divergence in detail of abbreviations.

Transcription p. 416

ex virgine vera utique caro Christi crucifixa est que sepulta est. Vere
ergo illius carnis sacramentum est. Ipse clamat dominus ihesus hoc est cor-
pus meum ante benedictionem verborum celestium alia species nominatur
post consecrationem corpus significatur. Ipse dicit sanguinem suum
ante consecrationem aliud dicitur post consecrationem sanguis nun-
cupatur. Tu dicis amen hoc est verum est. Quod sermo sonat affec-
tus senciat. Augustinus libro ii° de doctrina christiana. Signum
est res preter speciem quam ingerit sensibus aliud aliquid ex se faci-
ens in cogitationem venire. In tercio. Christiana libertas
eos quos invenit sub signis utilibus tamquam prope inven-
tos interpretatis signis quibus subditi erant elevatos
ad eas res quarum illa signa sunt liberavit. Ex his facte sunt
ecclesie sanctorum israelitarum. Quos autem invenit sub signis in-
utilibus. non solum servilem operationem sub talibus signis set
etiam ipsa signa frustravit. removitque omnia ut a corruptione
multitudinis simulatorum deorum quam sepe ac proprie forni-
cationem vocat ad unius dei cultum gentes convertentur. nec
sub ipsis iam signis utilibus serviture sed exercitature

[Unpublished.]

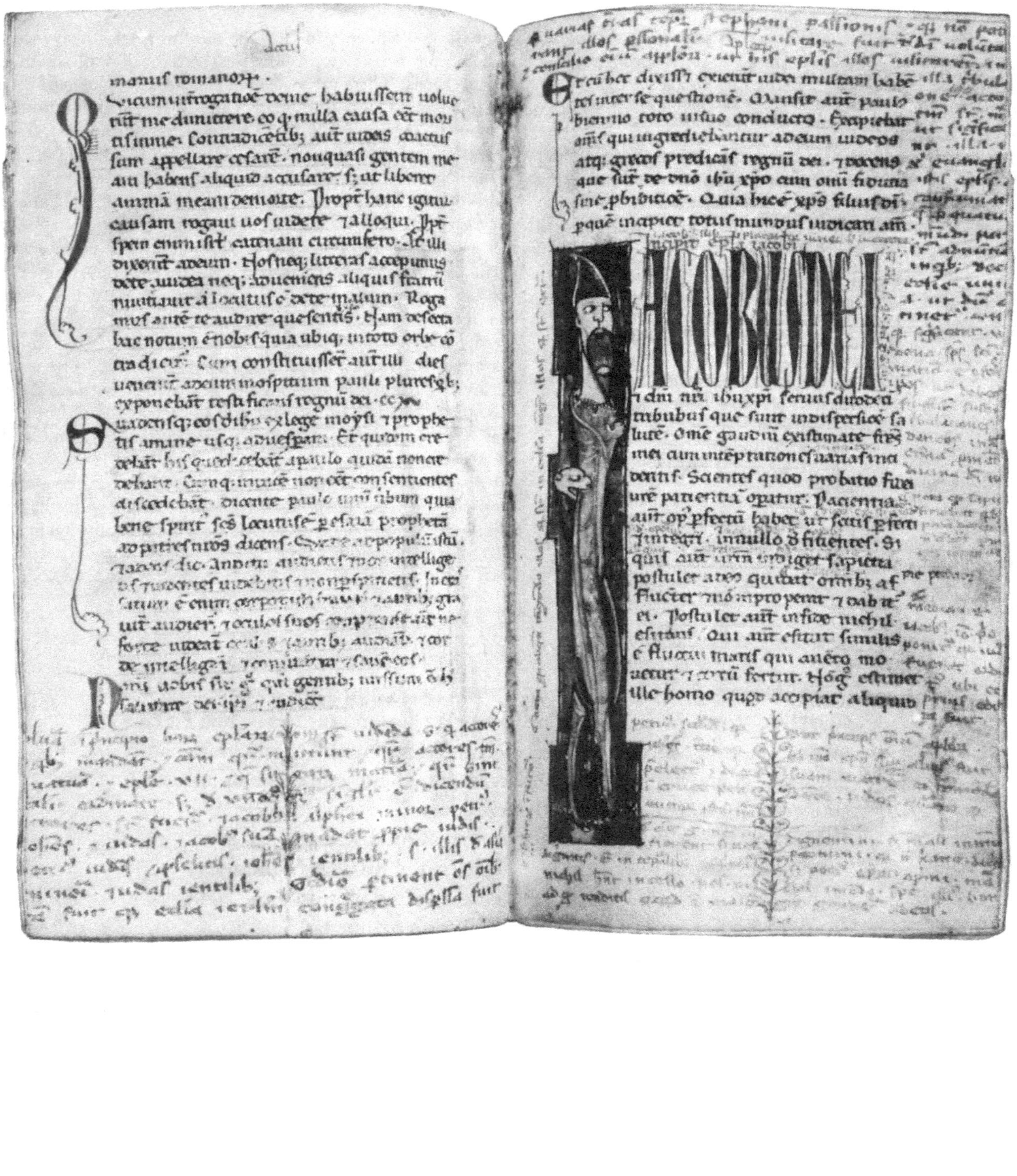

manus romanorum.
Qui cum interrogationem de me habuissent uolu-
erunt me dimittere eo quod nulla causa esset mor-
tis in me. Contradicentibus autem iudeis coactus
sum appellare cesarem. non quasi gentem me-
am habens aliquid accusare. sed ut liberem
animam meam de morte. Propter hanc igitur
causam rogaui uos uidere et alloqui. Propter
spem enim israel catenam hanc circumfero. At illi
dixerunt ad eum. Nos neque litteras accepimus
de te a iudea neque adueniens aliquis fratrum
nuntiauit aut locutus est de te quid malum. Roga-
mus autem te audire que sentis. Nam de secta
hac notum est nobis quia ubique in toto orbe con-
tradicitur. Cum constituissent autem illi diem
uenerunt ad eum in hospitium plures quibus
exponebat testificans regnum dei.
Suadensque eos de ihesu ex lege moysi et prophe-
tis a mane usque ad uesperam. Et quidam cre-
debant his que dicebantur a paulo quidam uero non cre-
debant. Cumque inuicem non essent consentientes
discedebant. dicente paulo unum uerbum quia
bene spiritus sanctus locutus est per ysaiam prophetam
ad patres uestros dicens. Vade ad populum istum
et dic ad eos. Aure audietis et non intelligetis
et uidentes uidebitis et non perspicietis. Incras-
satum est enim cor populi huius et auribus gra-
uiter audierunt et oculos suos compresserunt ne
forte uideant oculis et auribus audiant et cor-
de intelligant et conuertantur et sanem eos.
Notum ergo sit uobis quia gentibus missum est hoc
salutare dei ipsi et audient.

Et cum hec dixisset exierunt ab eo iudei multam haben-
tes inter se questionem. Mansit autem paulus
biennio toto in suo conducto. Et suscipiebat
omnes qui ingrediebantur ad eum iudeos
atque grecos predicans regnum dei. et docens
que sunt de domino ihesu christo cum omni fiducia
sine prohibitione. Quia hic est christus filius dei
per quem incipiet totus mundus iudicari amen.

Incipit epistola iacobi

IACOBUS DEI
et domini nostri ihesu christi seruus duodecim
tribubus que sunt in dispersione sa-
lutem. Omne gaudium existimate fratres
mei cum in temptationes uarias inci-
deritis. Scientes quod probatio fidei
uestre patientiam operatur. Patientia
autem opus perfectum habet. ut sitis perfecti
et integri. in nullo deficientes. Si
quis autem uestrum indiget sapientia
postulet a deo qui dat omnibus af-
fluenter et non improperat et dabitur
ei. Postulet autem in fide nichil
hesitans. Qui autem hesitat similis
est fluctui maris qui a uento mo-
uetur et circumfertur. Non ergo estimet
ille homo quod accipiat aliquid

61 *Italy* 1204

Cambridge, Fitzwilliam Museum, McClean MS 24. Vellum, 152×90 (105×55); ff. 308; one hand of text.

Contains: New Testament and Saints' Calendar.

Written at Lodi by Arnoldinus. At the end of the Epistle to the Hebrews, f. 294[b], are the words: 'Finito libro Arnoldinus pede saltat in uno. Benedicamus domino deo gracias.' There follow a few dates, up to 1200, of local events in and around Lodi. On f. 303[a] there are other chronological notes. One reads: 'Anno dominice milleximo ducenteximo quarto idus aprilis incepit fieri hic liber et quarto anno trasiacto Johannes positus huic facto.' For further details of this much discussed codex see M. R. James, *Catalogue of the McClean Manuscripts* (Cambridge, 1912), s.n.

With this codex we are suddenly faced with early Italian gothic. Yet the connection with the preceding examples is not remote. The letter structure has reverted to the square form noted in Plates 56 (1104) and 57 (1133), though much smaller, and individual letters have found their own uniformity. The tops of the ascenders are tipped by a light and graceful horizontal stroke and the impression of being clubbed has been avoided. Because the text being copied had a certain sacrosanctity, peculiarities of spelling do not appear. In the marginalia, however, where the scribe was free we find all the Italian vagaries: *eclesie, ientilibus, disperssa, cello* (for *celo*), *appostolorum, perssonali, conscilio, ecclexiam,* the wavy line for the *r*, *qbus* for *quibus*. The marginalia are very close in time to the script of the text and may quite well be by the same hand. In the text the *7* sign is consistently uncrossed and the horizontal stroke is strong and long. Abbreviations are not numerous. The subject matter called for moderation. The uncial *∂* is compressed, the upper stroke usually quite horizontal. The smaller initials, Q, *S*, *N*, *E*, show the beginning of the Italian conceit of a vertical line or lines which becomes distinctive later in this century and persists through the fifteenth century.

Transcription f. 190[a]

Et cum hec dixisset, exierunt iudei multam haben
tes inter se questionem. Mansit autem paulus
biennio toto in suo conducto. Excipiebat
omnes qui ingrediebantur ad eum iudeos
atque grecos predicans regnum dei et docens
que sunt de domino ihesu christo cum omni fiducia
sine prohibicione. Qua hic est christus filius dei
per quem incipiet totus mundus iudicari amen.
Incipit epistola iacobi.
JACOBUS DEI
et domini nostri ihesu christi servus duodecim
tribubus que sunt in dispersione sa
lutem. Omne gaudium existimate fratres
mei cum in temptationes varias inci
deritis. Scientes quod probatio fidei
vestre patientiam operatur. Pacientia
autem opus perfectum habet ut scitis perfecti
et integri in nullo deficientes. Si
quis autem vestrum indiget sapientia
postulet a deo qui dat omnibus af
fluenter et non inproperat et dabitur

[Actus xxviii. 29–31; Jac. i. 1–5.]

i(n)enarrabili artificio (et) occultissimis p(ro)portionibus taliter (con)locatur, q(uod) semp(er) iacens manet [illegible] invisibili sub secretario suspensum. It(em) ip(s)is Romani sepulchrum Iohannis [illegible] in capitolio. mirabili op(er)e (con)structum fer(tur). Et notandum q(uod) ... s(ecundu)m q(uod) postmodum ad fina[m] ... exhortatione(m) sepulcrorum i(n)ducunt, (con)suetudo, devotio, dilectio. ... gl(ori)e ... Incipit liber secundus de p(ro)motionibus.

Quo modo summus pontifex p(ro)motione(m) sua(m) significat, (et) antecessoris sui decessum.

L(itter)e de (con)similj materia.

De (com)monitorie pape ad illu(m) q(ui) e(st) i(n) imp(er)atore(m) electus. Quo modo summus pontifex p(ro)motione(m) sua(m) significat, (et) antecessoris sui decessum.

Sancta dispositio maiestatis, que(m) ... su(m).
[S]e(m)p(er) celesti (con)silio moderatur. sacrosancta(m) romana(m) eccl(esi)a(m) a b(e)ato Petro fidei p(ri)ncipio ... celsitudine o(mn)iu(m) instituit (et) magistra(m). ordinavit sed fidei ... ministeriu(m) ... stitue plantatore(m). q(ui) ... i(n) t(er)ris ligandi atq(ue) solvendi ... potestate(m) gla[dium] obtinuit spirituale(m) ... lapis angularis p(er) que(m) sacra (et) ... ... fulgore ... q(ui) ad illuminatione(m) gentiu(m) (et) gl(ori)a(m) ... plebis. ... sup(er) ... q(uam) ... eccl(esi)e ... memorie. Innocentiu(m) ... imme(n)sa (et) sapie(n)tie magnitudine. Imo ... significatio nominis ... (et) sequ(en)te ... effectu. ... illu(m) ... ... in plebe sua. ... gr(ati)e plenioris. ... ecclesia ... ... virtutis ... sacrificiu(m) ... p(er)sumebat. ... eccl(esi)e romane ... ... (et) hodie ... ... mortis ... ... (et) ... potestate t(em)p(or)al(is) ... se a(n)nis ... ... dissolui (et) e(ss)e cu(m) ... in ... nole bat ... ... de ... corona i(m)marcessibili gl(ori)e ... Et licet n(on) dubitemus e(ss)e ... que(m) ... dignitatis attollit ... ... clementia(m) i(m)ploremus.

ut si aliq(uid) veniale ... humane ... fragilitatis i(n)cessit. dono sue pietatis i(n)dulgeat (et) abstergat. (et) filiu(m) recipiat. ut ubi ... celestis. que(m) patre(m) celestis ... i(n) t(er)ris (con)stituerat (et) rectore(m). I(n)p(ri)mis o(mn)i(um) venerabili corp(or)e ... celebr(it)er (con)suetudine(m) ... u(niversi) ... cardinales ... (con)venerunt. ut de substituendo pastore tractarent. ... vol(un)tates ... diligentius ... nos ... (con)venerunt ... ... solicitudi[nis] ... no(n) i(n) plenitudine(m) potestatis ... ... i(n)sufficientia(m) allegantes. ut n(on) pelleremur sub(ire) ... officii pastoral(is). q(ui) voleb(amus) ... cure. ... dignitatis ... onus ... suffragiis ... ... clementia(m) exerceris. q(ui) i(n) nob(is) ... sue (con)ferre dignetur. ut ... fidei ... princip(is) ap(osto)lor(um) navicula(m) gubernemus. Alie de (con)similj

[P]ostq(uam) d(eu)s ... o(mn)i(um) mediator materia.
felicis memorie ... ad celeste ... evocavit. (con)venerunt ... cardinales. ut de substituendo pastore tractarent. Cu(m) aut(em) venerabilib(us) ... ostiensi (et) p(re)nestino ... eligendi ... potestas ... (con)cessa. ... ... pallium ap(osto)lic(um) i(m)posuerunt. ... subire ... ... opinionis. Sic e(st) antecessores n(ost)ri decessu(m) ... ... in ... ... in d(omi)no (et) monentes ... i(n)sufficientia(m) ... ... ut si aliq(ua) ... macula ... ... suffragia ... (et) nos ... navicula(m) ... fidei (et) ... iustitie gub(er)nare.

De ammonitione pape ad illu(m) q(ui) i(n) imp(er)atore(m) ... apice imp(er)ial(is) dignitatis electus e(st).

[A]... elect(us). Sacrosancta eccl(esi)a romana ... robur ... (con)firmationis ... ... iudicio ... celestis ... successib(us) ad imp(er)iale(m) corona(m) p(er)ducatur. (et) (con)cedat excellentie tue ... ... potestate(m) gladii t(em)p(or)al(is).

62 *Italy* 1226

Paris, Bibliothèque Nationale, lat. 7731. Vellum, 295 × 195 (215 × 125); ff. 84; one hand of text.

Contains: Boncampagnus by Boncampagnus, known also as *Rhetorica antiqua*.

Written at Padua in March 1226. The colophon on ff. 83^D–84^A reads: 'Item datus et in comune deductus fuit padue in maiori ecclesia in presentia domini Alaterni summi pontificis cappellani. tunc apostolice sedis legati. venerabilis iordani. et paduani episcopi. Giofredi theologi. Cancellarii Canonici Mediolanensis professorum iuris. eciam civilis et omnium doctorum et scolarium padue commorantium. Anno domini millesimo ducentesimo vigesimo sexto ultimo die Martii. Amen.'

The relation of this gothic to that of the preceding example is close. We note the same tight stubbiness, the roundness which becomes characteristic of all Italian scripts and the same abbreviational signs. The *ꝫ* is uncrossed, the uncial *a* and *d* are usual, the *q* for *qui* by itself and internally (column D, line 10 from bottom, and column C, line 22 from bottom); the wavy line for *r* regularly and for *er* occasionally (column D line 5 *constituerat*, and column C, line 14 from bottom, *veritatis*). Several irregular spellings may be noted: the final *d* for *t* (column D lines 2–3 *indulgead*); the inserted *h* before *-or* (column C line 7 *exhornationem*, and column D, line 5 from bottom, *horphanorum*); column D line 17 *asque* for *absque*; column C line 21 *orthedoxe*; the use of *g* for an aspirate *h* (column D line 3 *abstragat*); column D line 1 *contagulis* for *contagiis*. On the other hand some of the peculiarly Italian spellings we found in previous examples are absent here.

Transcription f. 24^D

ut si aliquod veniale sibi de contagulis humane fra
gilitatis inhesit dono sue pietatis indulge
ad et abstragat et filium recipiad inter verba
sponse celestis. quem patrem celestis quem pa
trem in terris constituerat et datorem. Ipsius demum ve
nerabili copere secundum celebrem consuetudinem tu
mulato universi cardinales unanimiter
convenerunt. ut de sustituendo pastore tractantur.
Cumque omnium et singulorum voluntates essent diligentius
requisite. in nos vota omnium convenerunt et ita
voto et unanimi concordia de parte solicitudi
nis. vocaverunt nos in plenitudinem petestatis
nec tantum contradicere potuimus nec etiam reluctari nostram
insufficientiam allegantes. ut non compelleremur
subicere pondus officii pastoralis. quod nolebamus li
bentius evitare. Cum itaque tante dignitatis honoris

[Unpublished. See L. Rockinger, *Briefsteller und Formelbücher* (Reprint, New York, 1961), for extracts from the *Boncampagnus*, I, 128–74.]

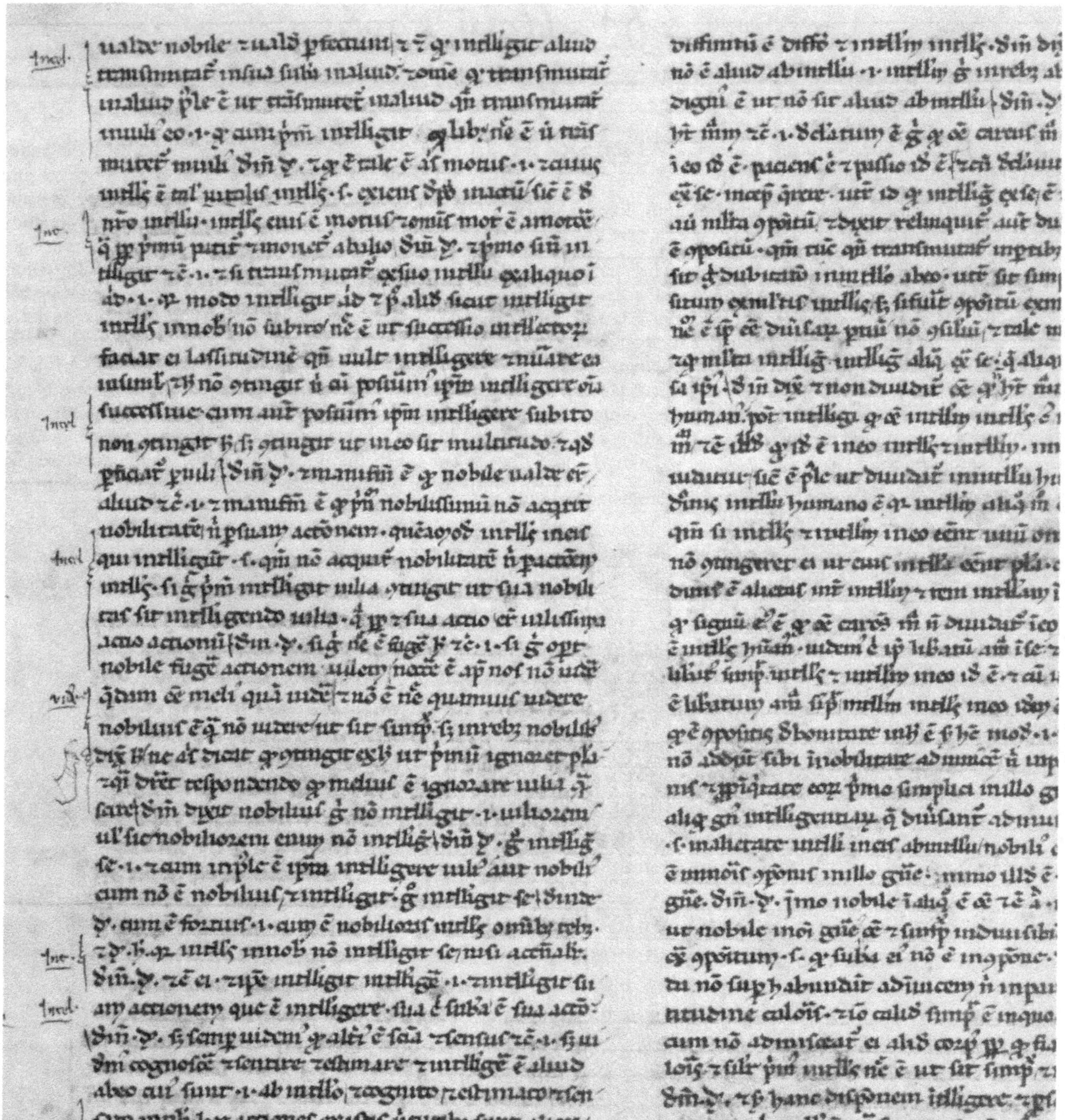

63 Italy 1243

Paris, Bibliothèque Nationale, lat. 15453 (olim Sorbonne 943). Vellum, 395 × 275 (285 × 175); ff. 415; several coeval hands.

Contains: Averroes, *Commenta in Naturalia Aristotelis.*

Written (our plate) by Jacobus Korentanus de Porta Nova et civitatis Mediolani. The colophon to the *Metaphysica*, f. 354^B^, reads: 'Explicit liber metaphisice cum commento Averroiste. Anno dominice incarnationis millexímo ducentexímo quadragexímo tertio die Veneris quinto die exeunte iunio fuit expletum per Jacobum Karentanum de porta nova et civitatis Mediolani. deo gratias.'

Many features of this script can be found in contemporary French school gothic. Frequently whole words can hardly be distinguished from French bookhand of the period. One must look sharply to see the unmistakable Italian features. The *et-* sign 7 is quite Italian: the long upper horizontal stroke and the absence of a medial crossbar have been noted before. The wavy line to represent *r, er, re* (column B, bottom line, *caloris*; column A line 13 *posuerimus*), the general roundness of the letters and the uncial *a* are Italian. Elsewhere the final *et-* sign of *oportet* is a simple 3. It is not impossible that the scribe spent some time in Paris, which may have had some influence on his writing, but the script is much of a piece, and it is more reasonable to suggest that the hand is close to a French hand precisely because Milan was close to France and sensitive to the powerful forces centred on the University of Paris, and the hand reflects this physical and cultural proximity. The *Karentanus* in the scribe's description of himself would tell us that he probably came from Carinthia. His clerical history clearly lay in the Milanese.

*Transcription f. 353^A^*

valde nobile et valde perfectum et etiam quod intelligit aliud
transmutatur in sua substantia in aliud. et omne quod transmutatur
in aliud possibile est ut transmutetur in aliud quando transmutatur
in vilius eo id est quod cum primum intelligit quodlibet necesse est ut trans-
mutetur in vilius deinde dicit et quod est tale est aliquis motus id est et cuius
intellectus est talis vitalis intellectus scilicet exiens de potentia in actum sicut est de
nostro intellectu. intellectus eius est motus et omnis motus est a motore
quapropter primum patitur et movetur ab alio deinde dicit et primo sinon in-
telligit et cetera id est et si transmutatur ex suo intellectu ex aliquo in
aliquid id est quia modo intelligit aliquid et primo aliud sicut intelligit
intellectus in nobis non subito necesse est ut successio intellectorum
faciat ei lassitudinem quando vult intelligere et numerare ea
insimul et hoc non contingit nisi cum posuerimus ipsum intelligere omnia
successive. cum autem posuerimus ipsum intelligere subito
non contingit hoc sed contingit ut in eo sit multitudo et quod
perficiatur per vilius deinde dicit et manifestum est quod nobile valde erit
aliud etc. id est et manifestum est quod principium nobilissimum non acquirit
nobilitatem nisi per suam actionem quemamodum intellectus in eis

[Ed. Juntina, Venice, 1562, vol. VIII.]

64 Italy 1260

Vatican City, Biblioteca Apostolica, Vat. lat. 9850. Vellum, 347 × 240 (235 × 170); ff. 114; one principal hand of text.

Contains: Thomas Aquinas, *Summa contra Gentiles, In Boethii de trinitate.*

Written by St Thomas *c.* 1260. This MS was discussed by A. Pelzer, 'Note sur les autographes de Saint Thomas d'Aquin à la Bibliothèque Vaticane' in *Revue Philosophique de Louvain,* LIII (1955), 321–7. More recently A. Dondaine has studied the various secretarial hands that occasionally took dictation from St Thomas in his *Secrétaires de Saint Thomas* (Rome, 1956). Two such hands appear in this MS, though not on this page.

An Italian hand of *c.* 1300 has written a despairing note on f. 3^b: 'Ligentur omnes sicut stant in ista carta, et procuretur, si posset inveniri aliquis qui sciret legere istam licteram, quia est de lictera fratris T.'

At first sight St Thomas' hand is so individual that it hardly serves to illustrate any national tendency or developmental trend. It has frequently been called *littera inintelligibilis.* It is, however, not so unintelligible as it appears. It has not, so far as I am aware, been pointed out that St Thomas was writing with his left hand. It is not possible to approach an analysis of the script on any other assumption. Furthermore he was holding his forearm at about 30° below the line and his pen then was in an arc about 30° from vertical. On this assumption one can begin to see what letters he was trying to write. If, e.g., the first line of the first column of our specimen be traced, letter by letter, stroke by stroke, under a magnifying glass, it will be seen that St Thomas found it difficult to retrace any stroke upward, but made letters with a strong stroke downward at about 60° from horizontal. See, e.g., the *g*, the *e* and the *s* of *agens*, the *b* in *copulabitur* and in *nobis*, the *o* in *forma*. Plate XXXII of Dondaine's *Les Secrétaires* is an enlargement of a few lines of this MS, and would appear to confirm this suggestion.

There are no peculiar Italian spellings. St Thomas' long study at Paris would have eliminated any such provincialisms, but the Italian *q* persists (line 6 *quidam*, column B, line 3 from bottom, *relinquitur*), as does the Italian uncrossed *z* sign (column B line 5; column A line 31).

Once the angle of attack is realized the hand takes on a certain uniformity, though obviously not Carolingian in its clarity. As to the text itself it is interesting to note that St Thomas' attention must have been diverted from time to time—the *hominis* at the end of line 5 is repeated at the beginning of line 6, the abbreviational sign of *hanc* in line 14 was forgotten and the numerous corrections in his own hand show how he kept wrestling with the argument during composition.

Transcription f. 48^A

in actu tunc intellectus agens perfecte copulabitur nobis ut forma et intellige-
mus per ipsum perfecte sicut nunc perfecte intelligimus
per intellectum in habitu. Unde cum ad intellectum agentem pertineat in-
telligere substancias separatas intelligimus tunc substancias separatas
sicut nunc intelligimus intellecta speculativa. Et hoc erit ultima hominis
hominis felicitas, in qua homo erit sicut quidam deus. ¶ Huius autem posicionis destruccio
ex premissis sufficienter apparet. Procedit enim ex supposicione multo-
rum que in superioribus sunt improbata. primo quidem supra ostensum est quod intellectus
possibilis non est aliqua substancia separata a nobis secundum esse. unde non oportebit
quod sit subiectum substanciarum separatarum, precipue cum Aristoteles dicat
quod intellectus possibilis est in quo est omnia fieri. Unde videtur quod sit subiectum solum
illorum que sunt facta intellecta. ¶ Item de intellectu agente eciam supra osten-
sum est quod non est aliqua substancia separata sed pars anime, cui Aristoteles attri-
buit hanc operacionem scilicet facere intellecta in actu que est in nostra
potestate. Unde non oportebit quod intelligere per intellectum agen-
tem sit nobis causa quod possimus intelligere substancias separatas,
alias semper intelligeremus eas. ¶ Adhuc si intellectus agens est substancia
separata non copulatur nobiscum nisi per species factas intellectas in actu

[Ed. Parma (1855), V, 190.]

AD ROMANOS
Romani sunt in partes Italie.
Explicit prologus. Incipit argumentum.
Explicit argumentum.
Incip epla bti pauli apli ad romanos
Paulus servus ihu xpi

65 Italy 1263

Bamberg, Staatliche Bibliothek, Theol. 5 (A. 120). Vellum, 235 × 177 (170 × 115); ff. 524; one hand.

Contains: Biblia cum prologis Sancti Hieronimi.

Written at Faenza by Bonaventura of Verona for Matthew of Bologna. The colophon at the end of the Nomina Hebraica on f. 524ᵇ reads: 'Millesimo cc lxiii indictione vi die iovis xv novembris. Bonaventura veronensis scriptor favencie commorans. Scripsit hanc bibliam fratri Matheo de bononia.' The codex was in Germany by 1482, the property of Johann Zegentter (f. 524ᵇ). There are copious marginalia in a German hand of the late fourteenth century.

The work of a professional scribe, writing an excellent and disciplined north Italian gothic under French influence, this script nevertheless shows its Italian origin. One notices immediately the tendency to square letter structure, the uncrossed *z* sign, the occasional use of the wavy abbreviational sign for *r*, *er*, *re*, the Italian *qui* (*q*) (column A line 6 *sequimur*, column B line 17 *quibus*). In the text the medial *z* is uniformly a *c* with a cedilla. There are a few cases of peculiarly Italian spelling (f. 408ᴬ, *Marchum* and consistently *michi*). The sacrosanctity of the subject matter, as well as the expertness of the scribe, would not have allowed much more liberty with the text. The miniatures, as to both colour and design, are clearly of the north Italian type, though the schema of the seven-day cycle of Creation (f. 4ᶜ), seven circular medallions set in the long *I* of *In principio*, can quite well be in imitation of the Parisian miniature school of this same century. The smaller initials at the beginning of the chapters (not shown on our plate) are smoothly executed, but are adorned with the unmistakable three or four vertical lines so common in Italian initialling. See e.g. Plate 69 (1308). As to the text, it shows not a little critical awareness: copious corrections by the original scribe, with frequent *al'* or *vel*. He appears to have had other texts before him.

Transcription f. 440ᴬ

turpissima peremistis? Quem nos ut cogno-
vimus statim credidimus; cum nobis
de eo ante non fuerit predicatum. Unde probamus
quod quia ydolis servivimus non obstinationi
mentis sed ignorantie est deputandum. Qui enim
agnitum illum sequimur, olim utique seque-
mur si antea cognovissemus. Sic autem
vos de generis nobilitate iactatis, quasi non
morum imitatio magis quam carnalis na-
tivitas filios vos faciat esse sanctorum. Deni-
que esau et ysmael cum ex abrae stirpe sint
minime tamen in filios reputantur. His ta-
liter altercantibus apostolus se medium interpo-
nens ita partium dirimit questiones ut
neutrum eorum sua iusticia salutem meruis-
se confirmet; ambos vero populos et scienter et
graviter deliquisse. Iudeos quidem quod per
prevaricacionem legis deum inhonoraverunt
gentes vero quod cum cognitum de creatura ç
creatorem deum debuerint venerari. gloriam

[Ad Rom. i. 1–18. Jerome's Prologue to Romans appears in many editions of the Vulgate.]

PRO fundi fluminor
scriptum e erat absco
dita prodivit in lucem.
Verbum istud quod sumptum
e ex Iob 28. diligen
ti consideranti nobis aper
it ma. adeo quod scd quadruplex genus
illius similitudinis. s. materialis. formalis. efficientis et
finalis. Causa namque materialis tenetur in nomine
fluminum. Causa formalis in perscrutatione profundorum.
Causa finalis in revelatione absconditorum. Causa non
efficiens intelligitur in supposito dictorum verborum. s.
scrutatur et producit in lucem. Innuitur enim
materialiter nomine fluminum pluraliter non singulariter non
solum magnitudo libri totius materie sed etiam integra
lis. sed et particularium librorum sapientialium. propter quod non
quidem continetur quadruplex flumen materialiter quadru
plex et flumen spirituale de quo s. duplicem
dicitur sint quatuor libri sapientiales. Consideranda namque
fluminum materialium quantum ad diminutionem et in eo plen
itudinem. nam sicut dicitur consideratio flumen est plenius flumen.
Consideratio quantum ad excellentiam et in eo spatiositatem. Iste
est distinguit flumen a rivulo. Consideratio quantum ad motum
et in eo circulationem sicut est dicitur Eccl. 1. ad locum unde
exeunt flumina revertuntur. Consideratio quantum ad effectum
et in eo emendationem. nam flumen propter aquarum abundan
tiam mundat terras per quas currit. in qua non signatur.
Et quia vero tunc sunt fontes sub similitudine aliquorum influentia
ex hiis quatuor proprietatibus rationis sumpta metaphorice.
quatuor proprietatibus spiritualibus fluminum dicitur sic colligere pos
sum ex scripturis. Primo est propter plenitudinem dicitur
flumen propter divinam emanationem quia illa emanatio sola
la est summe plena sive summe. de hoc flumine Danielis 7. fluvius
igneus sed rapidus egrediebatur a
facie eius. Antiquus iste dierum est pater eternus cuius an
tiquitas est eternitas. Iste antiquus sedit quia non solum

leo est eternitas sed immutabilitas a facie illius
antiqui egrediebatur flumen igneum rapidum quia scilicet sub
limitate divinitatis procedit plenitudo amoris
et plenitudo virtutis. plenitudo virtutis in filio. id
flumen est rapidum. plenitudo amoris in spiritu sancto et
id flumen est igneum. Secundo propter spatiositatem
dicitur flumen in incarnatione productio obliqua quidem id
mundum flumen sicut mare. Apocalypsis dicitur in persona ista mundi
sicut mare magnum et spatiosum. et de hoc flumine Eze
chiel 29. Ecce ego ad te pharao rex Egyp
ti draco magne qui cubas in medio fluminum et
dicis meum est flumen et ego feci memetipsum. ponam
frenum in maxillis tuis et cetera. draco iste magnus
quem dicitur allegorice antiquus vocatur in signum et propter phitonis.
Diabolus est qui rex Egypti quia regit tenebras quas
ex terrenis rebus eicitur in principio est tenebra ad
quas id est mundum est flumen et ego feci memetipsum quia
fecit mundum istum et ipse vult creare a patre. hunc
cicatricem ipse dicitur et suggerit spiritus mentium in quibus
totam machinam invisibilium ad mala excitat
dicitur contra deum et adfuit hic. de omnibus dicitur in maxilla
sua venabitur quia ablatum est potestas suggerendi
sua. omnium sunt hic flumen conditore. Vnde
eidem aucte sequitur. Secundo omnes habitatores
Egypti quia ego dominus. Tertio propter circulationem dicitur
flumen filius dei incarnatus. quia sicut in circulo ultimum
coniungitur primo est incarnatus supremum coniung
imo. id est deus limo. et primum postremo. id est filius dei
cum homine condito die 6. de hoc flumine Eccl. 24.
ego quasi flumen dorix et sicut aquaeductus exivi de
paradiso. dorix quoque genus medicamenti et
est in signum cuius sermo non omnibus intelligitur. id
genus medicina. Incarnatum est filius dei non solum quia
genus medicamenti. ut est in languores invenitur
et infirmitates ipse portavit. Recte ergo flumen
incarnatus flumen dorix dicitur. et ipse est dicitur sicut
est quasi flumen dorix medicinale flumen et sicut ag

66 Italy 1285

Florence, Biblioteca Nazionale, Conventi Soppressi, cod. c. 6. 209 (olim Santa Croce No. 279). Vellum, 265 × 190 (187 × 130); ff. 194 + 2; one hand.

Contains: Bonaventura, *Super Sentencias.*

Written, probably in Florence, in 1285. On f. 194B the colophon reads:

> 'Finito libro referimus graciam Christo
> per graciam trini finiunt capitula libri
> primus est certe Bonaventure dictus aperte
>
> Anni domini Millesimo ducentesimo optuagesimo
> quinto die lune xxiiii mensis septembris Idus xii'

There is no evidence, nor indeed likelihood, that the MS has ever been away from Florence.

This hand bears certain similarities to that of Plate 62, a fairly workmanlike Italian gothic. The *z* sign is uncrossed and the *a* is uniformly uncial. As in orthodox gothic *do, de, po, pe* share the middle minim, but the device has been extended to *da* (column B line 7 *mundanarum*) and *ba* (column B line 2 *egrediebatur*), where the medial stroke is a short reversed *s* between either the loop of the uncial *d* or the looped ascender of the *b* and the completing downstroke of the *a*. The Italian *q* for *qui* (column A, line 10 from the bottom, *in-quinatur*) and the wavy abbreviational sign for *r, ra, re* (column B, line 2 from bottom, *incarnacio*; column A line 19 *suggerit*) are noticeable. The Italian flourish of vertical lines through the larger initials is present throughout the MS. The supra-script *-us* sign, an elongated crescent, open toward the lower left (column A line 2 *scruptatus*), is frequent in Italian gothic, instead of the more usual form of a *9*, as found in northern gothic. It may be pointed out that this suprascript sign is used for a number of letters: e.g. *er* in *eternitas*, column B line 1, *m* in *imperium*.

Transcription f. 1B

in eo est eternitas sed inmutabilitas a facie illius
antiqui egrediebatur fluvius in genere rapideque id est de sub-
limitate divinitatis procedebat plenitudo amoris
et plenitudo virtutis plenitudo virtutis in filio. ideo
fluvius erat rapidus, plenitudo amoris in spiritu sancto; et
ideo fluvius erat in genere. Secundo propter spatiositatem
dicitur fluvius rerum mundanarum produccio ob quam causam non
tantum fluvius sed mare a propheta dicitur in psalmo. Iste mundus
hoc mare mangnum et spaciosum et cetera. de hoc fluvio eze-
chielis 29 Ecce ego ad te pharao rex egyp-
tii draco mangne qui cubas in medio fluminum et
dicis meus est fluvius et ego feci memetipsum ponam
frenum in maxillis tuis, et cetera. draco iste magnus
quem dominus alloquitur et cui comminatur in figura et persona pharaonis.
Diabolus est qui est rex egypti quoniam regnat in eis quos
excecavit tenebris erroris ut puta sunt heretici ad
quos etiam dicit meus est fluvius et ego feci memetipsum quasi ipse

[Ed. *Bonaventura in Sententias*, I (Quaracchi, 1882), I f.]

Incipit secreta ypocratis.

Peritissimi omnium virorum domesticam sa
pientiam in omnibus corporibus visitat ypocras.
ut in sepulcro poneretur suo sub capite
ei anologius mecum suppositus erat. nam corpus
eius iacebat. nunciavit imperator cesar per militum
tempus videre monumentum ubi ipse positus erat.
putavit ut in eo esset thesaurus. iussit
ut aperiri secreta. et invenit anologium sub capi
te ipsius positum. in quo omnia secreta artis erant.
tulit et nullus vidit dari nisi medico per
medioso. quod scriptum invenerunt ibi ad ca
pitis dolorem. ¶ Si habuerit ergo dolorem vel
tumorem in facie sine tussi et sinistram manum
ad frontem tenuerit. et sibi nares confricat sal
pit. xxx. uel xl. die morietur. ¶ Item si
senectus ambo genua alba habuerit
et solida cum inflatione et indigestione stomachi in
viij. die morietur. hec egritudo incipit et
habet annos suos. sudores frigidos. dentes
frigidos. in hac una morte minatur. ¶ Si
in labore fuerit et si in collo vene contrarie exeunt
se. et si in sompnis territus fuerit. et qui sudorem sit
et si papulas sic ipsas venas igneas
habuerit non una alba fuerit nam simul quod
super lavacrum calida desiderant. ¶ Item cui et
una in eo fuerit si sub lingua illius papula ap
paruerit sicut est lenticula qui modicum sine
lavacrum. cum vaporem desiderant. et in ea
passione febricitavit. et in pollice pedum
tumor modicus. uel magis fuerit. in vij die mo
rietur. ¶ Item in febre acuta si stomachus dolu
erit et si in sinistro pede pustulam habuerit in
plantam non altam sed equalem et recentium colo
rem tumentem et nullum desiderium habuerit in
xxij. uel xxx. die morietur. ¶ Item si periple
umonicus fuerit et papula sanguinea ei in poli
ce exierit. qui sternutavit frequenter qui tandem
in vij. die morietur. ¶ Item epar cui dolu
erit si in collo eius hoc est in gutture due papu
le minute fuerint nate albi coloris. et in po
lice pedis dextri virgo grandis nam fu
erit quidem minime fuerit autem sanguinem mi
serit. in. vij. die morietur. ¶ Item colicus
unius diei passio est. si ipsa die non liberatus
fuerit in tertio die morietur. ¶ Item colica hoc
signum habet si iuxta umbilicum. iij. papule
nate fuerint de vertu lenticula in modum cicer
una alba et alia sublivida. et tria rubea.
morietur ipsa die. ¶ Item cui nata in corpore
dolor fuerit et si fricatio sicut avellana ap

paruerit similis uel coloris. et qui grave sup
cilium habuerit. in. l. die morietur. ¶ Item si
splen doluerit et si papule in sinistro man
albe nate fuerint nimpes et parvas sa
gis qui spinosus cucumeris. in xij die mo
rietur. ¶ Item sciaz quod passus fuerit in parte
sinistra et rubor spissus fuerit et sine dolore
et coctum desiderant in xxv. die morietur.
¶ Item qui passionem difficiliaz habet. uel passio
alia similis addita fuerit et papule in
cute sinistro apparuerint. in magnitudine
granum albe. et si una in colore fusca fu
erit in xxj. die morietur. ¶ Item qui sangui
nem vomuerit si macule exierint per ore
corporis et tumorem qui fuerint per membra rubea.
levata fuerint similia fabe cipriene.
in alia die morietur. ¶ Item si dolor in ve
sica fuerit natus. vel si stranguriam habuerit et
si in parte sinistra sub tinullo cum stupu
erit sicut malum. et qui in sompno sompnia
verit mala de alto cadentia que ei ve
nerit. in. xv. uel xxv. morietur. ¶ Item est in te
stinum. v. annis foras exierit et non dolu
erit autem in vertebro. et si humor subito fri
gidus fuerit in ipso morbo. et si omnia desiderant
fortiter. in. v. die morietur. ¶ Item in urina
difficultas cui fuerit et nimis turbida fu
erit. et in sinistra aure in modum lenticule
apparuerint papule et si in ipsa egritudine fuerit
de oculorum sepe. in xij. die morietur. ¶ Item
qui emoroydas habuerit si in plantam pedum pu
stulas nigras habuerit. in xxviij. die morie
tur. ¶ Item qui sanguinem vomuerit et in gutture
papulem instar ordeoli nata fuerint. uel
in lingua mitra salivas frequenter emiserit in. xx.
die morietur. ¶ Item vulnera si pustu
las habuerint. qui fistulas autem cancromam
quibus aperiam in nimis glandibus. et si se
curavit et se ubligat. aut cum cor. aut
cum venam quam cum spina papule
in modum lenticule multe albe nate fuerint
qui dolentes et si cupiditatem habuerit dul
cedinis in. xij. die morietur. ¶ Item de pthisi
cis et pleureticis sic probabis: minum cor quem
expuit mittit in carbonibus et si fetuerit non
evadet. ¶ Item si volueris probare in aqua
sic probabis. in aqua mittis aquam ut
spiret si natavit celeriter morietur. si
affundavit vivet. ¶ Item eger in quibus
passionibus si arcuaverit in suis sudaverit

Talis morietur [illegible]
[illegible]
[illegible]
[illegible] apparent

Michael debemus
[illegible]
morietur apparent

[illegible]
[illegible]
[illegible] mala
[illegible]
[illegible]
[illegible]
[illegible]
Item [illegible]
[illegible]
[illegible] coloris [illegible]
[illegible]
[illegible]
[illegible]
[illegible]

Item [illegible] in motu [illegible]
[illegible] si in [illegible]
[illegible] bonum si non
[illegible]

Item in excrementis si [illegible]
[illegible] bonum si non non malum
Item [illegible] malum.

In senibus [illegible] mitra apparent [illegible] longa [illegible]
Item [illegible] sanguinis per os [illegible]
Item [illegible]
Item in [illegible]
Item in febribus [illegible] die [illegible]
[illegible]
Item si [illegible] post [illegible]

67 *Italy 1289*

Vienna, Nationalbibliothek, 2395 (olim 349, Univ. 436). Vellum, 260 × 180 (145 × 125); ff. 122; one hand of text, several of Italian marginalia.

Contains: Varia medica, Rases, Pseudo-Galenus, Hippocrates, Isaac Judeus, etc.

Written at Naples by Dominicus Andree Petri Bone Sere de Sutrio. The colophon on f. 121^B reads: 'Explicit liber febrium Ysaac quem scripsit dominicus andree petri bone sere de sutrio Anno domini M° cc lxxxviiii tempore domini Nicolai iiii pape secunde indictionis in estate in dicto sutrio.' On f. 74^D the colophon of the *Secreta ypocratis* reads: 'Explicit secreta ypocratis scripta neapoli Explicit', in the same hand as the colophon on f. 121^B. Such travel is hardly extraordinary. The scribe's origin in Sutri in Tuscany is quite clear. This codex in the sixteenth century formed part of the extensive library of Johann Faber, bishop of Vienna (1521–40), whose printed (*c.* 1540) ex libris is pasted inside the front cover.

This script continues the compact book gothic seen in previous Italian hands in the last few examples: the uncrossed *z* sign, the wavy line for omitted *r*, *er*, *re* (column A line 11 *dari*, column A line 16 *morietur*, column A line 4 *poneretur*, column B line 1 *grave*), and the *q* for *qui*, medially and alone (column B line 6 *qui*, column A line 13 *quis*). This script is more careless than the previous examples of Italian gothic and more highly abbreviated, with more scribal peculiarities of spelling and abbreviation, some doubtless related to the highly technical nature of the text. The *c* with cedilla for *z* will be noticed (column B line 16), as in Plate 65. The marginalia are coeval notarial cursive, with many of the same distinctive Italian traits, such as the *q* in *qui* and *quia*, the wavy line for the *r* and the *er* (*vero*) and the *x* for the double *s*, in *peximum*, in the right column in the lower margin.

Transcription f. 75^A

Incipiunt secreta ypocratis
Peritissimus omnium rerum domesticam sa
pientiam in omnibus corporibus iusserat ypocras
ut in sepulcro poneretur suo sub capite
eius anologiis medicine suppositus erat ubi corpus
ypocratis iacebat. transiens inde cesar post multum
tempus vidit monumentum ubi ypocras positus erat.
putavit ut in eo esset thesaurus iubsit
illud aperiri secretim et invenit anologium sub capi
te ipsius positum. in quo omnia secreta artis erant
tulit et nulli iubsit dari nisi medico pro
medico dioso. quo scrutato invenerunt ibi ad ca
pitis dolorem. ¶ Si habuerit quis dolorem vel
tumorem in facie sine tusse et sinistram manum
ad pectus tenuerit. et sibi nares cotidie scal
pit xxx4° vel xl die morietur. ¶ Item si
freneticus ambo genua alba habuerit
et solida cum inflatione et indigestione stomachi in
viiii die morietur. hec egritudo incipit
habere aures frigidas. sudores frigidos. dentes

[Ed. K. Sudhoff, *Archiv f. Geschichte d. Medizin*, IX (1915–16), 85, 90.]

Parue nec inuidiose nõ melib' ibis i urbē.

Et i ãneu dño uo liat ut suo.

Explicat Ouidius de Ponto Deo gras

S E R R u S. S M P xu. co ẽ c̃ q̃

Incip̃ Ouidius de pulice.

Parue pulex et amara lues, inimica puellis.
Carmine quo fungar in tua facta fero.
Tu lacerans corpus tenerum durissime morsu.
Causa cum fuerit plena cruore cutis.
Emicat maculas nigro de corpore fusas.
Reddit membra quibus maculata rigent.
Cumque tuum rostrum latera ô figis acutum
Cogitur e sompno surgere uirgo grauj.
Pro quo si nus ẽmo tibi cetera pura mībra.
Is quecumque placet nil tibi scire latet.
Ha piger et dicam cum sicca puella recubit.
Tu femur ancille, crurique apta subis
Nu sus es interdum p mībra libidine iur.
Et turbare leuis gaudia nata sunt.
Dispertam nisi iam capiam, fieri meus hostis.
Peritior ut fieret ad mea uota uia.
Desineret natura mihi quia uiueret in te.
Si quod sum natus posse redire daret.
Vel si carminibus possem mutari illis
Carminibus fieri ad mea uota pulex.
Ut medicaminibus si plus mea carmina possent.
Conualeint res est noti sancta satis. Carmina medee: ul quod medicaui arte
Tu ego mutatus si sic mutabilis essem.
Excerem tunice margine uirginee.
Inde meas per crura mee sub ueste puelle.

68 *Italy 1301*

Vatican City, Biblioteca Apostolica, Vat. lat. 1600. Vellum, 245 × 185 (175 × 120); ff. 84; two MSS separately foliated, 1–36, 1–48; two hands.

Contains: Ovid, *De arte amatoria*, *De Ponto*, *Epistola ad Brutum*, *De pulice*.

Written by two contemporary scribes, one of whom identifies himself as Gerius. The colophon of the *De arte amatoria* (f. 35b) reads: 'Ovidii publii nasonis Liber de arte amatoria ultimus Explicit M CCCI. G^e^. S^cri^.' Below, in a less careless script, yet doubtless by the scribe of the text: 'G. Σ. Molliter cumbent ossa nasonis. G. Σ.'. Whether the Σ is an affectation of the scribe or whether he may have been an Italianate Greek is not clear. The colophon of the *De Ponto* (f. 82b, our plate) reads: 'Gerius scripxit . MC°C°C°J°.'

The two coeval hands in the codex are very similar. The second, shown on the facing page by *Ge. Scri.* (*Gerius scripxit*), is slightly smaller, but is equally round and calligraphic. The illustration shows the usual Italian characteristics: the uncrossed *ƶ*, the wavy *r*, *er*, *ra* sign (line 8 *durissime*), and the *x* for *s* (line 4 *scripxit*; see Plate 60, 1188). One may note, further, the round *-us* sign (line 11 *quibus*) which barely goes below the line, the *d* whose ascender is bent parallel with the base line (line 2 *domino*), and the looped *r* which is high on the loop of the *b* or *o* (line 8 *corpus*, *morsu*, and line 11 *membra*). This last detail may be a scribal idiosyncrasy, though it also occurs in the first hand of this codex. The Italian *q* (*qui*) appears in the first hand, but our scribe seems to avoid its use. The gothic joining of the loops, *do*, *de*, *po*, etc. is generally avoided. The line from this script to that of the Vergil annotated by Petrarch in the Ambrosiana is remarkably straight.

Transcription f. 82b

Parve nec invidiose non me, liber, ibis in urbem
Ei crimen domino non licet ire suo.
Explicit ovidius de Ponto Deo gracias
GERIUS. SCRIPXIT MC°C°C°J°
Incipit Ovidius de pulice
Parve pulex et amara lues inimice puellis.
Carmine quo fungar in tua facta ferox
Tu laceras corpus tenerum durissime morsu.
Cuius cum fuerit plena cruore cutis.
Emictit maculas nigro de corpore fuscas.
Levia membra quibus commaculata rigent.
Cumque tuum rostrum lateri defigis acutum
Cogitur e sompno surgere virgo gravi.
Perque sinus erras, tibi cetera pervia membra.
Is quocunque placet, nil tibi scire latet.
Ha piget et dicam cum strata puella recumbit.
Tu femur avellis cruraque apta subis
Ausus es interdum per membra libidinis ire
Et turbare locis gaudia nata suis.

[Ed. F. W. Lenz, *Maia* (1962), p. 313.]

Imperator inter cetera que te oportet esse sollicitum est scientia boni et mali.
et eam modis omnibus investigare per te metipsum in libris auc
tor ex omnibus scientiis. et principaliter earum scientiarum que dicuntur artes. Et hoc
facies penitus quando tua fuerit in etate. et corpus tuum huius spatium
iam permissis negotiis gerendum petentium aliquid et respondentium apud
magestatem tuam. ¶ Debes enim scire quod duo sunt tempora homini in
ueniri. scilicet tempus pacis et tempus guerre. et illa duo sunt cibi. scilicet corpo
ralis et spiritualis. Corporalis pertinet ad nutrimentum corporis. spiritualis uero
ad nutrimentum anime. Sciendo quod sicut cibus corporalis conseruat corpus in bono statu si sit factus
ratione et assumptus per mensuram ab animali cum conuenit in congruo tempore. eo quod non omni tempore omnia
conuenunt ita cibus spiritualis retinet animam in bono statu si sit factus ratione et assumptus per
debitam mensuram in congruo tempore utriusque etatis et hore. Scriptum est enim quod sicut frena calis et
calia frenis temperantur ita omnia hiis curantur et medellam recipiunt ordinate. Si
militer est utile et congruum diuersos doctores et magistros per diuersas scientias. eo quod diuersi
diuersa senciunt scientiarum. et mouetur aliquis scilicet arte uel ingenio grosso nature quod insidit de
super per speciales postea multum et est origo scientie. Unde ex meo consilio doctores magistros
et homines ingeniosos nam curialiter contineris apud uos. et sepe loquimini cum multis
uerba uestra coram eis sapienter et domestice commouentes. Disputate in diuersis per diuersa et
facite ut questiones quando erunt uobis. et de eis cor in corde seruate. ut in posterum uobis alterum
ualeat iuuare. ne sitis terra inculta et arida. quod cum est stilus ab omnibus reprobatur. Ma
nutene studium scientiarum in tuo regno. et fac fieri sepe disputationes ante conspectum tuum ut tu
us animus glorietur et tuum ingenium in melius reformetur. Tuum studium sit uelle regere
diu. et hoc erit si te dederis uirtutibus uitia uitando. et de tali mortalitate aliud est dice
mus. si deus uoluerit. ¶ Sed hoc dico quod deus cor tuum cogitationi boni intellectus secundum men
suram discretionis. sis amicus dei. fide. spe. et opere perfecto. Non obmictas amplecti illam scientiam
quam aphilosophus phisonomia materialiter nominat. Et hec scientia est illa inter ceteras que euitare mul
ti homines eorum usi sunt grati. exaltati et honorati apud magnates. reges et barones. et
non quia sint tamen homines ut qui. Sed per hanc scientiam et per alias multas quas secreto
nouerunt. Unde dicam est honorare homines per sapientiam requirere regere notum et amicum per
necessitatem. Apud enim quosdam melius est philosophari quam dictari. et apud quosdam melius
est dictari quam philosophari. et apud quosdam utrumque nocet aut prodest. et apud quosdam utr
umque deest requiri. scilicet a facientibus ueram prudentiam in hac uita. hoc enim scientie inquisitio est pulcerrima in
natura. cum perfecto actribuitur de nuo antiquiori phisonomo summo doctori in scientia
naturali. Unde hec quidem scientia nomen traxit ab eo. studium cum gratie fuit diu. et diu eam
inuestigauerit. ac eam in reprehensibiliter congregare. Collecta enim est hec scientia ex compositione hominis
utriusque sexus. cum qualitate parissibili in omni statu persone inuentis. Et ex hac scientia
nature ingeniose noui. uobis domine Imperator sub lucida breuitate in hoc libello penitus
exarando. ¶ Physonomia est scientia nature instinuatione cuius peritus in ea sufficienter cogno
scit differentias animalium et uitia et uirtutes quibuslibet preter omni genere sui. Et quia omis
scientia est a philosophia. ideo dico eam sic in hoc loco diffiniam. ¶ Philosophia est doctrina sapientis

69 *Italy 1308*

Vatican City, Biblioteca Apostolica, Rossi Lat. IX 421, olim IX. III. Vellum, 272 × 175 (215 × 143); ff. 72; one scribe.

Contains: Opera Michaelis Scotti: *Astrologia*, *Liber particularis*, *Liber Physionomie.*

Written in March 1308. The colophon on f. 72[a], badly rubbed, reads: 'Explicit liber Michaelis Scotti astrologi domini Frederici Rome Imperatoris et semper Augusti quem librum compilavit quasi vulgariter ad preces dicti imperatoris et non tantum ad sui laudem quantum fecit ad servitium et ad utilitatem scolarium novitiorum qui ex grandi amore sapientie cupiunt de quadrivio adiscere artem astronomie. M. ccc. viii. Indictione vi martii.' Immediately after the colophon there follows, in the same hand, a poem (?) of 66 lines beginning 'Regis vexila timebis'. Many Italian towns are mentioned in the course of the work and no non-Italian cities are mentioned. For another MS with a similar colophon see L. Thorndike, *Michael Scot* (London, 1965), p. 125.

The script invites comparison with the preceding example. There is unmistakable similarity of ductus and in some details. Both scripts give the impression of squareness, i.e. the letters are in general as wide as they are tall. Another aspect is shared by both examples; use of a broad *penna* which produces a certain shading to relieve the heaviness particularly noticeable in the minuscule *a*, *d*, *e* and the bottom loop of the *g*. Both scripts use juncture, e.g. the *de* of *respondentium*, line 5 of our plate; in Plate 68, the *po* of *possem*, line 7 from the bottom. The later of the MSS uses the juncture more frequently. In another respect the two scripts are similar: whenever two or more minims come together the first is shorter than the second and third. Note the *m* of *pretermissis*, line 5. This feature is also noticeable in Plate 68. In other details certain differences may be noted. In the Scot script the loop of the *a* joins the vertical member below the top, and frequently another smaller loop, meeting the vertical member precisely at the top, gives the impression of two loops, the upper slightly smaller than the lower. Cf. *animali*, line 10. In the earlier script the *a* is made by a single loop carefully joined to the stem of the letter. The *d* of the later example is uniformly uncial, whereas the earlier scribe uses an occasional upright *d*. Final *s* in the Scot MS is uniformly double-looped; in Plate 68 the final *s* is usually the elongated letter with its tail falling below the line. Cf. the *s* in *puellis*, line 6.

The Scot MS is more highly abbreviated than Plate 68, perhaps because the subject is more elevated, and uses some abbreviational signs which the earlier script does not, e.g. suprascript ʃ for *er*, as in *pretermissis*, line 5. Several signs are in fact used for the *r* sound: ʽ in *doctores*, line 14, ∼ *nature*, line 15. The *q* (*qui*) is frequent, both initial and internal. Several Italian spellings occur: *magestatem*, line 6, *conscilio*, line 16, *sintilla*, f. 1[b], *sonpno*, f. 2[b]. Almost every final *m* resembles a 3, the tail extending below the line, e.g. *scientiam*, line 3.

Transcription f. 49[a]

O Imperator inter cetera que te oportet esse sollicitum est scientia boni et mali
et eam modis omnibus investigare per te metipsum inlibris auc-
torum ex omnibus scientiis et principaliter earum scientiam que dicuntur artes. Et hec
facies penitus quando tua fuerit in quietate et corpus tuum habuit spati-
um pretermissis negotiis gentium petentium aliquid et respondentium apud
magestatem tuam. Debes enim scire quod duo sunt tempora homini vi-
venti, scilicet tempus pacis et tempus guerre et illa duo sunt cibi, scilicet corpo-
ralis et spiritualis. Corporalis pertinet ad nutrimentum corporis. Spiritualis vero
ad nutrimentum anime. Sciendo quod sicut cibus corporalis conservat corpus inbono statu si sit factus
ratione et assumptus per mensuram ab animali cui convenit et in congruo tempore eo quod non omni tempore omnia
conveniunt ita cibus spiritualis retinet animam inbono statu si sit factus ratione et assumptus per
debitam mensuram in congruo tempore utriusque etatis et hore. Scriptum est enim quod sicut frigida calidis et
calida frigidis temperantur ita contraria contrariis curantur et medellam recipiunt ordinate. Si-
militer est utile tibi inquirere diversos doctores et magistros propter diversas scientias eo quod diversi
diversa sentiunt scientiarum et movent alteri, scilicet arte vel ingenio grosso nature quod infunditur de-
super proficiens postea multum et est origo scientie. Unde ex meo conscilio doctores magistros
et homines ingeniosos natura curialiter convitetis apud vos et sepe loquamini cum multis
verba nostra coram eis sapienter et domestice conmoventes. Putate in diversis propter diversa et
facite sibi questiones quando erunt vobiscum et dicta eorum in corde servate ut in posterum vobis et alteri
valeant iuvare ne sitis terra inculta et arida que, cum est sterilis, ab omnibus reprobatur. Ma-

[Ed. Passau, 1487, f. Aiiii[a]. Many editions.]

non habuit originem dicam inspectivo. Sed post ab actore videtur tamen dicere temporale certo validum atque firmum. ad hoc. extra de causis poss. l. unica § ipso. et faciat non. extra de probationibus, hoc, in glo. [illegible] Sed si constat tamen hoc casu dico quod licet rescriptum certo valeat, tamen non [illegible] tamen in nullo [illegible] ut principalis procurator [illegible] aliquid faciat, velud actor qui non pertinet ad defensiones, non audiatur nisi prius absolutionem ab excommunicatione prestitam, ut patet c. pia de exceptionibus libro vi.

Hanc questionem solemniter [illegible] communicationem cum eo qui habuit canonice sancte excellentis [illegible] doctoribus terre commemorantibus sicut [illegible] ut potest [illegible] doctorum [illegible] Ego [illegible] ut corrigendam [illegible] et supplendam et [illegible] et plenitudine doctorum [illegible] firmitates

Questio disputata per fratrem [illegible] canonicum sancte matris ecclesie [illegible] diocesis anno domini millesimo CCC xxiii mense Februarii

Quidam post crimen [illegible] non cum publice commisit acta penitencia promovetur ad ordines; postea cum crimen [illegible] opponitur [illegible] sententia [illegible] Demum petit ut de [illegible] puniatur. Queruntur duo. Primum utrum talis post [illegible] possit sine dispensatione in ordine quem susceperat ministrare. Secundum [illegible] sufficiat [illegible] puniatur

Circa primum videtur posse dicendum quod sententia non obstante valeat ministrare. Ad quod assumo primo regulam quod legitime [illegible] est [illegible] retractari non debet [illegible] ab eo non potuit [illegible] sed iste tamen ordinem [illegible] executionem legitime [illegible] est [illegible] talis [illegible] sine impedimento non [illegible] maior [illegible] xxxii q. vii. neque [illegible] extra de [illegible] de reg. iur. li. vi. [illegible] legitime cum sua materia [illegible] probatur quod [illegible] crimen non fuit notorium acta penitentia ut potuit legitime potuit ordinari. [illegible] xxxi. extra de [illegible] c. ult.

Item alia regula beneficium [illegible] non est aliter auferendum. xxxvi. di. [illegible] de reg. iur. li. vi. [illegible] rigorem canonum [illegible] xv. di. c. ult. i. q. vii. [illegible] beneficium [illegible] est ut acta [illegible] crimine [illegible] ordinetur et ordinatus ministret ut [illegible] ergo ei non debet auferri alioquin [illegible] beneficio [illegible] non debet [illegible] de [illegible] pe. l. [illegible] de iudic. [illegible] l. ii. [illegible] di. [illegible] et sic [illegible] beneficium [illegible] post susceptum [illegible] beneficio ordine [illegible] ut nec [illegible] sit nec [illegible] cum effectu

Preterea per aliam regulam [illegible] sic non firmatur [illegible] ut execucionem [illegible] appellatio non subsistit. extra de electione [illegible] que si. [illegible] c. nos. de reg. iur. li. vi. non firmatur cum sua materia sic [illegible] non irritatur [illegible] ut [illegible] casu [illegible] cum effectum hoc non argumentandi [illegible] lege [illegible] pe. di. i. [illegible] non [illegible] ut non [illegible] est disciplina. de pe. di. ii. [illegible] et est [illegible] non potest ut res valeat [illegible] ut res pereat [illegible] fit [illegible] ut res valeat [illegible] pereat [illegible] extra de [illegible] cum [illegible] valuit cum effectu non [illegible] ut [illegible] agitur de re spirituali [illegible] debuit. extra de [illegible] in [illegible] per [illegible]

Preterea [illegible] rei [illegible] est [illegible] extra de electione [illegible] ergo in isto [illegible] suscepti ordinis [illegible] canonice

et ordinatus fuit et ministravit quod sic [illegible] istarum constitucionum per statum temporis debet committi aut tempus acte penitencie et ordinis suscepti aut tempus sententie [illegible] non [illegible] quod [illegible] si talis status [illegible] [illegible] canonice [illegible] [illegible] [illegible] tales status [illegible] sit mutatus [illegible] pe. di. iiii. si [illegible] l. [illegible] non [illegible] sine [illegible] effectum [illegible] sine rigor sine est de iure civili sine [illegible] extra de re iudi. quod ad consultationem ii. q. vi. [illegible] sed effectus penitencie est [illegible] divina sive iure divino malachie iii. c. [illegible] xxxvi. apoc. ii. [illegible] l. di. [illegible] purgabit c. [illegible] [illegible] illa que sunt de iure civili divinas [illegible] sive [illegible] tollere non possunt v. di. [illegible] ergo talis sententia tollere non potest effectum penitencie quod fuit ut legitime ordinaretur et ministraret [illegible] illum statum acte penitencie et ordinis suscepti [illegible] constitucionibus nisi de novo [illegible]

Preterea quod operatur dispensatio in manifestis hoc operatur penitencia in occultis. Sed hoc operatur dispensatio ut [illegible] [illegible] post [illegible] dispensatum est ut [illegible] ergo et hoc operabitur penitencie actio. Maior probatur quia sic dispensatus [illegible] potest [illegible] sententia et irregularitatem [illegible] manifesta crimine ut eo non obstante legitime ordinetur et ordinatus celebret. sic digne peracta penitentia tollit [illegible] crimine et [illegible] canonica [illegible] extra ut [illegible] vi. q. i. [illegible] ut eo non obstante [illegible] quod [illegible] probatur [illegible] c. ult. de [illegible] et de [illegible] l. di. [illegible] infirmitas [illegible] quod dispensatio nichil aliud est quam [illegible] status [illegible] i. q. iii. [illegible] l. di. [illegible] extra de [illegible] iudi. [illegible] i. q. v. c. i. et ult. et q. vii. dispensatione cum [illegible] sic ergo [illegible] post dispensationem [illegible] non de [illegible] sic [illegible] post [illegible] penitencia non [illegible] [illegible] l. non de [illegible] ad hoc [illegible] et no. l. di. [illegible] non [illegible] sententia [illegible]

Preterea iste non debet sine culpa sua puniri ut [illegible] [illegible] l. vi. di. [illegible] extra de [illegible] cognoscentes cum [illegible] ut [illegible] non est culpa [illegible] si sententia lata est [illegible] qui crimen commisit quod [illegible] fuit [illegible] xxxii. q. i. [illegible] non [illegible] sententia sunt lata quod non est [illegible] sua [illegible] ii. q. vii. [illegible] non [illegible] ergo talis [illegible] culpe [illegible] et sic [illegible] maxime cum talis irregularitas [illegible] incurrat [illegible] et sic [illegible] non debet [illegible] pena [illegible] pe. di. i. [illegible]

Preterea si [illegible] non [illegible] [illegible] quod sic [illegible] publicatione [illegible] quod [illegible] fuit [illegible] [illegible] ordinandus quod [illegible] illud quod non [illegible] [illegible] l. di. [illegible] xv. q. i. [illegible] xxxviii. di. [illegible] vii. q. i. [illegible] xxxvii. q. i. [illegible]

Preterea execucio sine non debet amplius [illegible] quia [illegible] contineat [illegible] extra de [illegible] quod ad consultationem ii. q. vi. ab executione [illegible] non plus potuit [illegible] ut [illegible] ad [illegible] vi. q. i. [illegible] et de [illegible] cum dicit acta esse [illegible] ut quod [illegible] [illegible] extra de acta [illegible] ut [illegible] [illegible] iii. [illegible] [illegible] non [illegible] non tollit [illegible] sed [illegible] Ergo nec [illegible] quod [illegible] non [illegible] que ad hoc non [illegible] quia quod [illegible] nulla [illegible] ut [illegible] [illegible] quod iste [illegible] ministrabit et cum hoc sit [illegible] [illegible] [illegible] est [illegible] et amplectenda

70 Italy 1323

Vienna, Nationalbibliothek 2167 (olim Salisb. 319, 3707). Vellum, 285 × 205 (250 × 165); ff. 103; five coeval hands.

Contains: Varia legalia, Questiones iuris canonici disputate.

Written at Bologna. The colophon of one questio disputata on our illustration (f. 90[A]) reads: 'Questio disputata per fratrem Ubertum canonicum sancte marie in portu Ravenensis dyocesis anno domini millesimo cccxxiii mense februarii.' There are other colophons to succeeding questiones in which the date 1323 is expressly given and the connection with Bologna specified (ff. 89[C], 93[C], 96[B], 96[D]).

The whole codex is the work of professional lawyers or students of law, writing for their own use. The general impression is therefore one of haste. Abbreviations are numerous and technical. The Italian characteristics hitherto emphasized are in large measure still present. The 7 sign is generally crossed ꝛ, but the wavy suprascript line for *r*, *ra*, *er*, *re*, is prominent (e.g. column A line 1 *impetracio*, column A line 7 *pertineret*). The sublinear crossing of the *q* for *qui* is no longer horizontal, but has taken on a slight angle, column A line 10 *qdem*. The looped *r* is used after letters that are not round (column A line 22 *queruntur*). We may notice the initials in column A. The *M* suggests the sort of perpendicular lining which becomes common in Italian initials and which has been noticed in Plate 65 (1264). In this codex the next hand, ff. 97[A]–103[B], uses this decoration extensively. Peculiarly Italian spellings are few (column B line 14 *legittime*).

Transcription f. 90[B]

et ordinatus fuit et ministravit quod sic probo aut enim istum
considerabimus secundum statum temporis delicti commissi. aut temporis acte
penitencie et ordinis suscepti. aut temporis subsecute sentencie non secundum
tempus delicti quia si talis status censeretur durare unquam canonice fu
isset promotus quod esset contra veritatem gradicam. maxime cum talis status
per penitenciam sit mutatus alias extinctus. de penit. dist. iiii si impius l.
dist. fidelior non secundum tempus sentencie. effectus enim sive rigor sentencie est de
iure civili sive positivo, extra. de re iudic. quod ad consultacionem
ii. qu. vi § diffinitiva, sed effectus penitencie est ex promissione divi
na sive iure divine malachie iii c. ysaie xxxvii. apocalipsis
ii. cum si. habentur l. dist. et purgabit, c. quia tua et c. cum exau
diero. sed illa que sunt de iure civili divinas promissiones
sive ius divinum tollere non possum v. dist. in principio. ergo talis sentencie
tollere non potest effectum penitencie qui fuit ut legittime ordinare
tur et ministraret. ergo secundum illum statum acte penitencie et ordinis susce
pti istum censebimus nisi de novo peccaret
Preterea quod operatur dispensacio in manifestis, hoc operatur pe
nitencia in occultis sed hoc operatur dispensacio ut per ma

[Unpublished.]

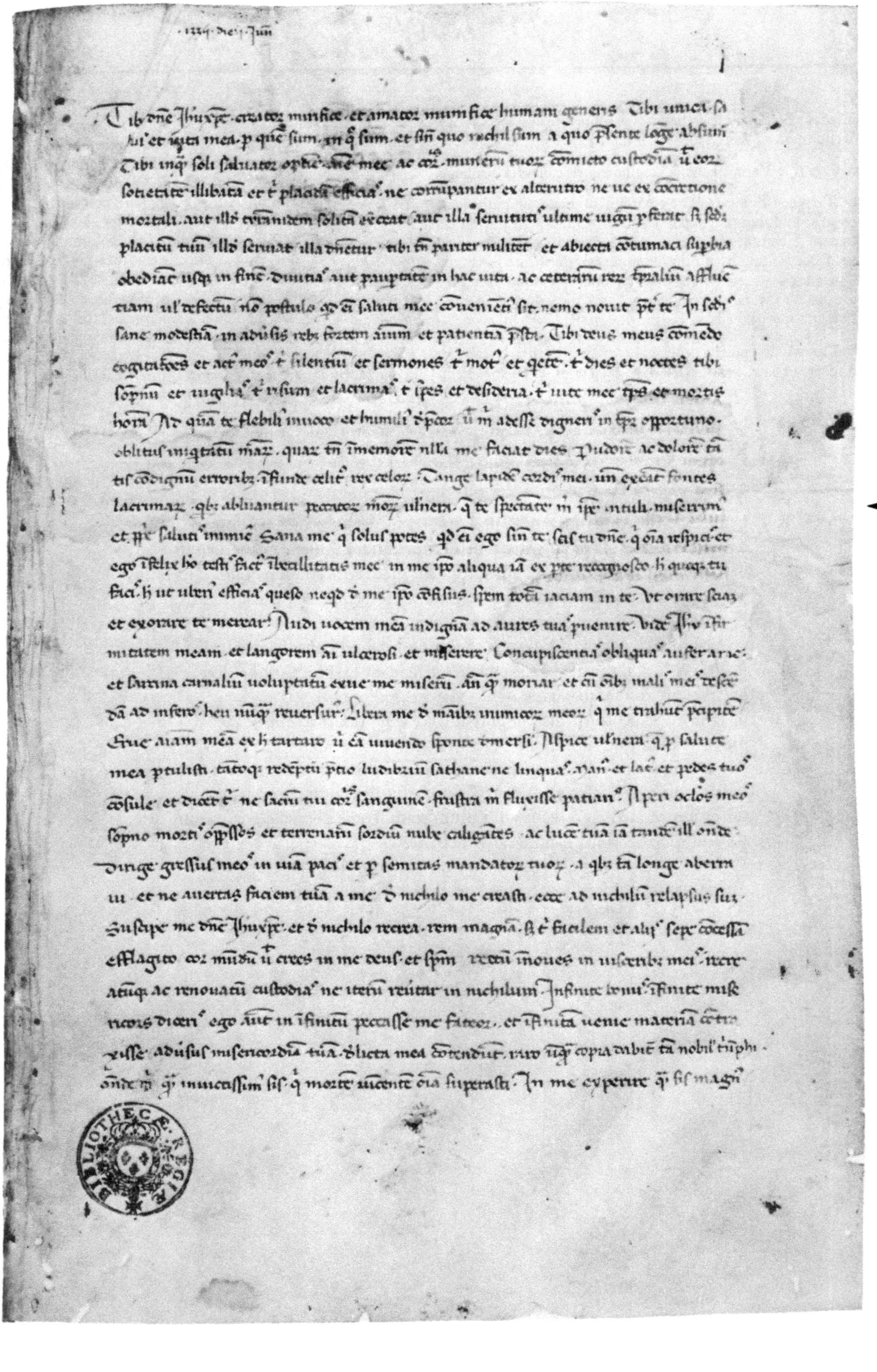
·1334· die ·1· Jun

Tibi d(omi)ne Jh(es)u (Christ)e creator munifice et amator munifice humani generis Tibi unica sa-
lus et uita mea p(er) que(m) sum, in q(uo) sum, et sine quo nichil sum a quo p(re)sente longe absum
Tibi inq(uam) soli saluatori optime a(n)i(m)e mee ac corp(or)is munerum tuorum committo custodia(m) ut eor(um)
societate illibata et tibi placita efficia(r) ne corrumpantur ex alterutro ne ue ex coertione
mortali aut illos tyrannidem solitam exerceat aut illa seruituti ultime iugum preferat sed
placitum tuum illos seruat illa ducetur tibi tamen pariter militet et abiecta contumaci superbia
obediat usque in finem. Diuitias aut paupertate(m) in hac uita ac ceterarum rerum temporalium afflue-
ntiam uel defectum non postulo quod cum saluti mee conuenienti sit nemo nouit p(re)ter te. In sed(?)
sane modestia(m) in aduersis rebus fortem a(n)i(mu)m et patientia(m) posco. Tibi deus meus commendo
cogitationes et actus meos tibi silentium et sermones tibi motus et gestus tibi dies et noctes tibi
sompnum et uigilias tibi risum et lacrimas tibi spes et desideria tibi uite mee tempus et mortis
horam. At quia te flebili inuoco et humili deprecor ut mihi adesse digneris in tempore opportuno.
oblitus iniquitatum mearum quarum tamen immemorem nulla me faciat dies pudoris ac doloris tan-
tis condignum erroribus infunde celitus rex celorum. Tange lapidem cordis mei ut exeant fontes
lacrimarum quibus abluantur peccatorum meorum uulnera que te spectante in ipse intuli miserrimus
et preter saluti inimicus. Sana me qui solus potes quod cum ego sim te scis tu domine qui omnia respicis et
ego infelix hoc testis fiet imbecillitatis mee in me ipso aliquam iam ex parte recognosco. sicque tu
fieri sicut ulterius efficiar quesso neque de me ipso confisus spem totam iaciam in te. Ut orare sciam
et exorare te merear. Audi uocem meam indignam ad aures tuas peruenire. Vide Jhesu infir-
mitatem meam et langorem anime ulcerosi et miserere. Concupiscentias obliquas aufer a me
et sarcina carnalium uoluptatum exue me miserum antequam moriar et cum omnibus malis meis descen-
dam ad inferos heu numquam reuersurus. Libera me de manibus inimicorum meorum qui me trahunt precipitem
Erue animam meam ex hoc tartaro ubi eam uiuendo sponte demersi. Aspice uulnera que pro salute
mea pertulisti tantoque redemptum pretio ludibrium sathane ne linquas. Manus et latus et pedes tuos
consule et dicet tibi ne sacrum tuum cor sanguinem frustra in fluxisse patiaris. Aperi oculos meos
sopno mortis oppressos et terrenarum sordium nube caligantes ac luce tua iam tandem illumina et
dirige gressus meos in uiam pacis et per semitas mandatorum tuorum a quibus tam longe aberra-
ui et ne auertas faciem tuam a me. De nichilo me creasti ecce ad nichilum relapsus sum
Suscipe me domine Jhesu Christe et de nichilo recrea rem magnam sed tibi fidelem et aliquis seper concessa
efflagito cor mundum ut crees in me deus et spiritum rectum innoues in uisceribus meis recre-
atumque ac renouatum custodias ne iterum redeat in nichilum. Infinite bonitatis infinite mise-
ricordis dicerus ego autem in infinitum peccasse me fateor et infinita uenie materia contra-
xisse aduersus misericordiam tuam delicta mea contendunt. raro umquam copia dabitur tam nobilis triumphi
ostende tamen quod inuictissimus sis qui morte uicente omnia superasti In me experire quam sis magnus

Paris, Bibliothèque Nationale, lat. 2201 (olim 1482, 4031). Vellum, 270 × 170 (210 × 115); ff. 58; several German hands, and Petrarch's. Our illustration 195 × 120 written space.

Contains: Cassiodorus, *De Anima*, Augustine, *De Vera Religione*, Petrarch's prayers.

Written (our plate) by Petrarch on 1 June 1335, according to his notation in the upper margin of our illustration. For an early list of MSS at Paris in Petrarch's hand or containing notes by him see P. de Nolhac, *Pétrarque et l'Humanisme* (Paris, 1907), p. 113. For a bibliography of more recent discoveries of Petrarch's MSS see B. L. Ullman, *The origin and development of humanistic script* (Rome, 1960), p. 16.

The influence of late Carolingian script upon the handwriting of the early humanists has been pointed out by Ullman in the study referred to above. This influence is clearly illustrated in this example of Petrarch's hand. The minimed letters, the uncial *a*, *d* and *h*, especially show Carolingian influences. Other items in this MS in late Carolingian, accompanied by a number of extensive marginalia by Petrarch, are an example of the company Petrarch kept. Certain gothic features may be noted. The junctures between the loops of *de*, *do*, *pe*, *po*, *be*, *bo*, are obvious. It is also in the gothic tradition for the upper horizontal stroke of *r* to continue into the next letter, e.g. *ra*, *re*, *ri*, *ro* (line 1 *creator*, *mirifice*), thus producing an impression of continuity. The same could be said of many other letter combinations: *ce*, *ci*, *co*, *fi*, *fe*, *fo*, *ta*, etc. We find the *q* for *qui* alone and internally (line 8 *quid*, line 13 *iniquitatum*, line 16 *qui*). The wavy line for *r*, *re*, *ri*, etc., so general in Italian hands, does not appear on our illustration, but it was known to Petrarch, who uses it elsewhere in this codex, f. 1[b] *peccatori*, f. 20[a] *fieri*. On our plate the *et* is spelled out. Elsewhere the tironian uncrossed ꝛ appears. The definite relationship of this well-ordered, uniform, rounded and precise script to the later 'humanistic' hand cannot be overlooked.

Transcription f. 1[a]

Tibi domine Jhesu christe creator mirifice et amator munifice humani generis
Tibi unica sa
lus et vita mea per quem sum in quo sum et sine quo nichil sum a quo
presente longe absum.
Tibi inquam soli salvator optime anime mee ac corporis munerum tuorum
commicto custodiam ut eorum
societatem illibatam et tibi placidam efficias ne corrumpantur ex alterutro neve
ex concretione
mortali aut illud tyrannidem solitam exerceat aut illa servitutis ultime iugum
perferat sed secundum
placitum tuum illud serviat illa dominetur tibi tamen pariter militent et abiecta
contumaci superbia
obediant usque in finem divitias aut paupertatem in hac vita ac ceterarum
rerum temporalium affluen
tiam vel defectum non postulo quid enim saluti mee convenientius sit nemo
novit preter te. In secundis
sane modestiam, in adversis rebus fortem animum et patientiam presta. Tibi deus
meus commendo
cogitationes et actus meos tibi silentium et sermones tibi motus et quietem, tibi
dies et noctes tibi
sompnum et vigilias tibi risum et lacrimas tibi spes et desideria, tibi vite mee
tempus et mortis
horam. Ad quam te flebilius invoco et humilius deprecor ut michi adesse
digneris in tempore opportuno
oblitus iniquitatum mearum, quarum tamen immemorem nulla me faciat dies.
Pudorem ac dolorem tan
tis condignum erroribus infunde celitus rex celorum. Tange lapidem cordis
mei unde exeant fontes
lacrimarum quibus abluantur peccatorum meorum vulnera que te spectante
mihi ipse intuli miserrimus

[Ed. L. Delisle, *Notices et Extraits des MSS de la Bibliothèque Nationale*, XXXV, 396–8.[

[illegible]

p abnegationem et talia sunt inmediata et per consequens minime distant ita sunt minime opposita. Dico ad propositum quod illa sunt minime opposita sub quo fundatur privatio et notissimum privationis. Ad ultimum quando dicitur quod contrariis non est contrarium, dico quod contrariis quamvis sit aliud contrarium ut ... et ... esse opposita ... Dico similiter quod non habent aliud contrarium nec alias oppositiones ... ens et unum nullam contrarium habent tamen non opponuntur ... illa est plana ... illa que in pluribus conveniunt sunt magis opposita quam illa que in aliquo conveniunt. Et hec dicta in hoc dubio sufficiant ad propositum. Deo gratias. Amen.

Explicit questio de oppositione contrariorum [illegible] Magistrum Gualterum Burlei Sacre Theologie doctoris eximii et famosi

[illegible]

72 *Italy* 1341

Vatican City, Biblioteca Apostolica, Vat. lat. 3066. Vellum, 273 × 205 (215 × 140); ff. 94; at least three nearly coeval hands.

Contains: Varia logica et scholastica: Walter Burley, Kilmington (here called Kylventon), Bradwardine, etc.

Written at Bologna. The colophon of one of the questiones reads (f. 8^C): 'Explicit questio disputata per Reverendum Magistrum Matheum de Ugubio in civitate bononiensi Anno Domini M. CCC xlj.' Other questiones in this codex are dated 1347 and 1348, some by the same hand as the 1341 work.

With this example we enter the area of the Italian academic hand, hitherto less active in the field of logic and philosophy than in that of law. Whereas the French academic hand (*littera parisiensis*) was clearly related to formal gothic, the Italian scholastic hand has grown out of the cursive notarial script (see Plate 67 (1289), lower margin) and added the high abbreviational system which the subject matter called for, yet on an Italian base. The wavy line used to indicate an omitted *r*, *er*, *ra*, etc., long in use in notarial hands, has here been used to signify such words as *natura ña*, *contra q̃*, *consequencia q̃a*, *materia m̃a*, *termini t̃i*. These abbreviations were current in the thirteenth century, but occurred less frequently in book script than in legal and commercial works. The uncrossed *et* sign is general; the -*tio* ending occurs from time to time, which would hardly, at this late date, be found in similar works north of the Alps. The *ꝗ* for *qui* is used both alone and internally. The vertical lines in the capitals, characteristic of Italian rubrication, are common on this page even where there is little chance for decoration. Note the *G* and the *T* in the second line of the colophon in column D. The slight tendency toward the bâtarde need have no French antecedents. The Italian notarial hand shows this trait in the thirteenth century and perhaps earlier. Two minuscule letters call for some attention: the final *s* as in *presens* (column D line 2) and *r* as in *oracio* (column D line 5). The *s* begins from the left, and the stroke moves clockwise to form a nearly closed 6. The *r* is formed by the medial joining of two crescent-shaped strokes, open in opposite directions. Italian spellings are not infrequent, e.g. *corumpendo*, column C line 39.

Transcription f. 4^D

per abnegationem et talia sunt immediata et per consequens minime distant
et ita sunt minime opposita. Dico quoad presens quod illa sunt minime
opposita
super que fundatur primum et notissimum principium. Ad ultimam quando
dicitur
quod contradictoriis nichil est commune dico quod contradictoriis compositis
est aliquid commune ut probacio et
oracio et esse oppositum et huiusmodi dico similiter quod non habere aliquid
commune non arguit
aliquam opposicionem, quia ens et unum nullum commune habent et tamen
non oppo-
nuntur. unde habetur commune in quo conveniunt et non habetur commune
est oracio impertinens
ad opposicionem, et ideo illa est falsa. Solucio. illa que in nullo conveniunt
sunt magis
opposita quam illa que in aliquo conveniunt. Et hec de illa questione dicta suf-
ficiant ad presens. deo gracias. Amen
Explicit questio de opposicione contradictoria et communia secundum
Magistrum
Gualterium Burlei Sacre Theologie docto-
ris eximii et famosi.
Ut scribit philosophus in 3° metaphisice inest investigare volentibus bene
dubitare. posterior enim est copia investigatio priorum sunt solucio
dubitatorum et paucis interpositis subdebat querentes sine dubitacio-
ne similes quo ire ignorantibus oportet super quo passu scribit Averroes 3°
metaphysice commento primo illa est consuetudo Aristotelis in omnibus sci-
enciis in questionibus diffici-

[Unpublished.]

et omnes alii regno nostro subiecti qui in potencia virium tuarum nosti domare superbos
et tue animositatis audacia cogis flectere cervicosos. Ego enim ab hodie in
antea de eo quod de presenti negocio sum facturus me totum expolio et tuis fortibus
humeris totum impono, quia in tua iuvenili duricia potes et bella committere
et bellis strennuus prevalere quod me natura debilis posse non patitur cum ad
senium iam declinem.

Consilium hectoris datum priamo patri suo :

Et verbis suis rege priamo fine facto, hector in vultu quidem pudoris et
honestorum placidorum verborum ad regis patris sui verba respondit.
Carissime mi domine rex. Nusquam est hominum et humana discrepans a natura
de illatis iniuriis passam non appetere ultionem. et si nos qui tanta nobilitate
vigemus quorum iniuria minima pudoris est maxima cum persone qualitas iniuriarum qualitatem
minuat et augmentet si vindictam appetimus de iniuriis nobis illatis non sumus
minus degeneres hominum. Cum etiam animalia irracionabilia videamus hoc voto po-
tiri. Nullus est ergo inter vestros filios care pater qui de nece nostrorum avorum
magis teneatur vindictam appetere sicut ego qui sum primus in eorum ordine genitus
et ideo primus esse debeo in ulciscendi fervore pre ceteris. ergo omni aviditate
desidero vindictam eorum appetere ut eciam in cruore meo meam dexteram cruentatam
intimatur quod crudeliter meorum avorum et eciam effudere cruorem. Sed vestrum tu
discrete rex ad vestram reduci peto peto memoriam ut eos aggressionis vestre
tamquam prudens et sagax consideretis non sola incoandi principia. verum eciam sequen-
cia media et exitum qui succedit in fine. Non est enim discrecionis laudabile aliquem
sine gloria scrutatoria solum rimari et negociorum inicia tamen appetere non advertere
finem ipsorum. Quid enim prodest aliquem bene forte in principiis agere que demum
terminata contingit fine sinistro. Laudabilius ergo est ab illis inicijs abstinere
que eventus dubios in se habent et qui magis ad infelicia quam felicia se declinant.
Illud enim dici potest felix principium cuius exitus felix fuit. Hec enim verba dis-
crete rex hic ideo in dicendi audacia iam prorupi ut ulcionis aviditas non eripi-
at inconsulti spiritum vestri viri. In eo saltem cuius finis est dubius an succe-
dat prospere vel adverse. Nostis enim pater charissime totam affricam et
europam hodie grecis esse subiectam quanta grecia sit multitudine ful-
ta et quantis sit plena divicijs et quante potestatis vigeat ditione. Non est
equalis hodie nostra potencia potestati tot virorum cum, si in asia multi vige-
ant homines non tamen sunt in pugnandi exercicio nimium bellicosi. Certum ergo
apud nos magis potest esse quam dubium si armatis potenciores nobis ibi sunt

73 Italy 1353

Cambridge, Massachusetts, Harvard College Library, MS 35F. Vellum, 290 × 220 (220 × 145); ff. 121; one hand.

Contains: Guido de Columnis, *De Casu Troiae.*

Written probably at Bologna. The verses at the bottom of f. 117b read:

Tempus quo ego prefinire inivi et explevi presens opus
sidere quod Tauri scribens surgentis inivi
Ego libra peregit opus
Coeperat at Phebus domini tunc mille trecentis
annis iunctis volvere lustra decem

This is calculated to indicate the period between April and September 1353. The epitaph on f. 120a to the archbishop of Bologna, in the hand of the text, ends:

Cum mihi sufficiat parvoque in marmore claudor
Et clauxi diem meum m°cccliii° quinto octubris.

On f. 119b, in the same hand, is an epitaph to King Robert of Sicily (d. 1343).

The notarial training of the scribe of this text is quite evident. We have remarked previously how in the tradition of the Italian notarial script there was a strong tendency toward the bâtarde, and this tendency is abundantly illus-trated in this example. All the descenders, *f, s, p, q,* are shaded from the top. The wavy line for the sound of *r* is frequent (*armarius,* bottom line). The *q* for *qui* separately is general (line 1 *qui*). Irregular Italian spellings are numerous: *incoandi,* line 21; *charissime,* line 6 from bottom; *dexidero,* line 18; *affricam,* line 6 from bottom; *apetere,* line 11. Elsewhere in the codex we find *illeccio, scilencio, hostensam, requiesschunt,* and other similar italianisms. The initial *E* shows the vertical lines within the curve of the capital so prominent in Plates 65 (1263) and 68 (1301). The scribe makes his final *s* in two ways: in *nos,* bottom line, the letter is begun from the left middle, and stroked clockwise to make a *6,* as observed in Plate 72; mostly, however, the *s* is begun from the top, counter-clockwise, and doubled back from the bottom on the upper loop.

Transcription f. 25a

et omnes alii regno nostro subiecti qui in potencia virium tuarum nosti domare
superbos
et tue animositatis audacia cogis flectere cervicosos. Ego enim ab hodie in
antea de eo quod de presenti negocio sum facturus me totum expolio et tuis forci
oribus humeris totum impono, quia in tua iuvenili duricia potens es
bella comittere
et bellis strenuis prevalere quod me natura debilis posse non patitur cum ad
senium iam declinem
Consylium hectoris datum priamo patri suo
Et verbis suis rege priamo fine facto hector in vultu quasi pudoris et
honestorum prolacione verborum ad regis patris sui verba respondit
Carissime mi domine Rex Nunquid est hominum et humana discrepans a
natura
de inllatis iniuriis passam non apetere ulcionem et si nos qui a tanta nobilitate
vigemus quorum iniuria minima pudoris est maxima cum personarum qualitas
iniuriarum qualitatem
minuat et augmentet si vindictam apetimus de iniuriis nobis illatis non su
mus degeneres hominum. Cum eciam animalia inracionabilia videamus hoc
noto po
tiri. Nullus est ergo inter vestros filios, care pater, qui de nece nostrorum avorum
magis teneatur vindictam apetere sicut ego, qui sum primus in eorum ordine
geniture
et ideo primus esse debeo in ulciscendi fervore pre ceteris, ergo omni aviditate
dexidero vindictam eorum apetere, ut eciam in cruore meo mea destera
cruentati

[Ed. N. E. Griffin, *Historia destructionis Troiae* (Cambridge, Mass., 1936), p. 59].

requirã ut inhitē idomo dñi oĩs dies uite mee. Et
ut uideã delectatẽ dñi 7 visitẽm templũ ei'. Q's po
tãt cogñscẽ q' offeret diues magñ muni' scḋm q'
p't man' ei' ut soluat' ei p'tiũ. Q's potãt itlli
gẽ si ñ hẽt. Q's offeret ubi gra aĩete q' ñ sol
uetur ei p'tiũ. Q's potat ag'ite q' ceĩt ille in
mũditie q'i solũt ñ lex quã putãt iudi' s; lex
sp'ual' quã paul' cog'uit. Q's potãt uidẽ remissio
nes p'tcor' uas q' exẽplar ilege uitas ieuãg'
ẽ dicẽte dño p'. dimissa sũt t' p'cta tua. ñ p'pt'o
cor' sãgnẽ s; p' hostiã sui corporis. Ille itaq; diues
ilege q' p'fcẽ maiestatis iẽ' pleitudinẽ gsiten
do 7 q'i cã q'bdã ad illd' celeste altare fidi maib'
offẽndo p'tiũ suũ soluit. ille uidet uer' saccdo
tẽ q' uidet p'ncipẽ sacdotũ. ille templũ uer' gsid
at q' audit dicẽtẽ soluite h' templũ 7 i t'duo resu
scitabo t'. Magnũ templũ deus ut' exibat 7 ĩualbat'
oĩs. mirabile illd' altare i q' uni' agni sacfitiũ tu
lit p'cta mũdi. Ille p'stãtissim' leuita q' uenit nõ
ut ministũ exiget s; ut oĩb' exhibet sue ministũ
passiois c' portio dñs q' h' ñ possidet ut oĩa possidet
Q' aũt dicã de hebreo q' lex sex tm m' iubet s'uire
ãnis 7 septio ãno exire s'uito. Q's iste hebreo sui
Q's hebre lib' p'tilligi. Q's tãt ut ãnos etnos in
mẽte hn's uideat uerũ hebreũ q' ñ i p'petuũ ma
net s'ui s; sex ãnis s'uili fuct' obseq'o septio ãno
grãm libtãtis adipiscat' cui' uidet' ysaac putare
ha s'uitutis 7 libtatis ñ ignrasse misteũ q' ait s'er
uies frat' tuo 7 erit cũ deponeĩs 7 solues iugũ
ei' a collo tuo sigñcãs forte tẽp' q' 7 si q's s'uierit h'
posit' f'ri suo. postea tñ exactis ãnis q' ex illis dieb'
atq; ãnis q's h' exigunt misib' colligut' soluat iug
um a ceruice sua q' fit septio ãno remissiois Conice
possimi ũi hebrei typũ ioseph q' portauit s'uituti
iugũ s; eũ culpa ñ cepit ñ teuerẽ iclusit ñ egiptus
decolorauit. Conicam' i p'te iosẽ 7 iacobo q' creati 7 in
stituti sb' iugo leg' soluit tñ f'ri suo iudaico iug
um ũ legitime tẽp' gr̃etis aduenit q'n refulsit hys
remissio p'ctor'. Et h' tñ h' i umbra ad h' gestũ ẽ gpute
celestiũ. Q'nta aũt gr̃es illa q' ex lege conicat' ieuag'
reuelat' dicẽte dño ihu. volo ut ũ ego sũ 7 isti sint
mecũ. Q'ĩ beat' q' isti hitatois f'rm' gr̃etis gsortium
illuc potuerit p' mei. Tũc itellig' q' sit apuisse ocl'os
ut uideret mirabilia de lege dĩ. Tũ ñ admonuit l'ctio
euãgli q' decursa ẽ i q' sanat' ẽ lep's ille q' dixit si
uis potes me mũdare. ĩ uolũtate dñi gstituẽs po
testatis effcm̃ c' respõdit sibi uolo mũdare. p'mi
sa pietas uolũtatis secuta p'tãtis auctas ẽ. Q'bus
d's y uolo q' ñ ult' ẽẽ p'tiũ. velle ÿ cẽ i dñs ẽ mũ
dãi fidi ẽ ẽẽtũs i' x'. Et tetigit eũ. Tagit eos q' fide
tãgũt. Deiq; d'. tetig' me aliq's. sẽtio ũ uirtutem
exisse de me. Habes op'onẽ ĩ mãdãti eo'. hẽs re
missionẽ diuinitatis s; ut pleni sanaẽt apuit o
culos ei' dicẽs. uade ostẽde te saccdoti. multos sa
cdotes hẽbat sinagoga s; oculos apuit falsos n
uidet saccdotes uer' aspicit. Q's ẽ uer' saccdos n
ille q' sacdos ẽ ĩ etnũ. Et ido pat' dixit ad eũ tu
es sacdos i etnũ. Apuit g' oclos ei' 7 uidit ũ rel
lexit q'le muni' p' emũdatiõe sua debet offerre.
Beat' q' audit h; q'nto beatior q' uidet. q' se no p't
ondẽ sacdoti ut ñ heat q' tieat ĩ se uidi q' se p'ri
aspiat facie reuelata. nã ñ ip'e se p'ri' uidit ñ au
debit ondẽ sic adã q' se celare cupiebat q' ñ ag
scebat. Cui iã ĩ id q' seq't' gsidem'. Aduena ego su
i t'ra ne abscõdas a me mãdata tua.

Non cuicũq; uox ista ẽ s; ei' q' t'renis renũti
auit uoluptatib' 7 oĩ se mũdanẽ cupiditatis
exuerit affcũ. Ille ẽ i hac t'ra aduena q' p't dicere
nr̃a aũt gu'satio i celis ẽ. Q' sua h't idño portionẽ q'
p't dolẽ q' diuti' iuuat ĩ t'ris q' uite h' logeuitate
lassat' cũ pluritas h'itatois h' fastidio sit quaz
scẽs ausat' dicẽs ue hys q' h'itãt t'rrã. At q' dissol
ui ñ tiet 7 si soluat' p'sumat se cũ x' futur' h' uẽ
peg'n' i t'ra ẽ q' scor' ẽ ciuis 7 domestic' dĩ 7 h'itau'
s' gdit i celo. Nõ utiq; is exieñs de egipto i hac it'el
ligibilez egiptũ remeare desidat ñ deposite s'ui
tutis 7 mortis pauescat gtinua ñ orrea gstruit 7
messib' recõndis iã alieis uictur' etatib' s; sola
diues uirtutũ fecũditate ea ggg'at q's ñ mors pos
sit auffere. Unde d'. Concupiuit aĩa mea desida
re iustitia tua i omni tempore.

Quod utiq; ñ fuat ñ lib' auical' ñ solũ auicl'e
sollicitudĩs secl'ãs s; ĩ auical' c'uitatis h'ua
ne. Uidã gpla sũt i h' sclo. uidã sũt desidia uiue
di uidã sũt oblectam̃ta uoluptatũ uidã sũt ho
nor uidã gnugy. Deiq; d'. t' bon' magr'. Solut' es
ab uxore noli q'rẽ uxorẽ ñ tñ p'hat q' uxorẽ acci
pit s; i'nuit s' uidã mtis q' sollicit' ẽ q'uo placeat
uxori beatior eẽt si dño soli placẽ desidaret. Cerni
aũt q' alligat' ẽ uical' q' sui ñ h't corpis p'tatẽ. g' q' 7
mãdatũ dĩ ẽ q' 7 legis oradõ 7 aplico, s'mõe dep'm
p'ti ẽ ne q's uxorẽ diuias honorẽ necessitudines
dñs p'fcat' q' aũt p'tuleit sit obnoxi' iudicus dĩ 7 dñ
p'ri' p'poscat ne abscõdat ab eo dñs mãdata sua.
Q' ei mãdata cog'uit 7 custodierit ñ refugit iudi
tia diuina si desidat. meritoq; tãq' reuelãtis sibi
mãdatis ait. Concupiuit iudicia t' desidare i oĩ t'pe.
Nõ dixit concupiui iuditia tua s; gcupiui desidare
sic ei' uita uiuẽ p'l' ẽ q' uiuẽ. uiuẽ nãq; cõẽ ẽ
h' ẽ uite. uita aũt uiuẽ b'tor' uita ẽ. sic gcupiscẽ

74 Italy 1366

Vatican City, Biblioteca Apostolica, Vat. lat. 275. Vellum, 330 × 240 (225 × 153); ff. 62; one hand.

Contains: Ambrosius, *Super Psalmum Beati immaculati.*

Written probably at Milan by Frater Andreas de Serazonibus. The colophon on f. 62^{C-D} reads: 'Explicit exposicio super beati immaculati beatissimi ambrosii doctoris mirifici et mediolanensis archiepiscopi. Ad honorem dei et omnium sanctorum eius et precipuam reverentiam beati ambrosii doctoris eximii et ad studentium profectum scripsit frater andreas de serazonibus hunc librum, completum anno domini m°ccclxvi° die vigesimo primo Julii. deo gratias. Amen.'

This codex was probably a presentation copy. On f. 1^{a} there is an elaborate border in the Italian style and two carefully executed portraits of St Ambrose. The script is a competent compressed Italian bookhand which should be called gothic. The square structure of the letters, as usual in this type of script, is evident. We find easily the usual italianisms: the round *a*, *ñ* for *non*, the uncrossed *et* sign, the wavy line for *r*, *er*, *ra*, *re* (column A line 2 *delectationem domini et considerem*). But several Italian features which we have come to expect have yielded to French influence. The *q* for *qui* has given way to *q̇*, and the two large initials *N* and Q (though the Q shows modestly the vertical Italian lining) look more French than Italian. In our example the tail of the *9* sign, both initial and internal, goes below the line, e.g. column B lines 27–8 *construit* and *recondendis*. Elsewhere in the codex the scribe seems to prefer the simple reversed *c*, set fairly on the line. Italian spellings are not infrequent: *ennaras*, *aligatus*, *ocultare*.

Transcription f. 7^{D}

tangitur. Denique dicit tetigit me aliquis, sentio virtutem
exisse de me. Habes operationem immaculati corporis, habens re
missionem divinitatis, sed ut plenius sanaretur aperuit o
culos eius dicens, vade ostende te sacerdoti, multos sa
cerdotes habebat sinagoga sed qui oculos aperuit falsos non
videt sacerdotes verum aspicit. Quis est verus sacerdos nisi
ille qui sacerdos est in eternum? Et ideo pater dixit ad eum tu
es sacerdos in eternum. Aperuit ergo oculos eius et vidit et intel
lexit quale munus pro emundatione sua deberet offerre.
Beatus qui audit hec quanto beatior qui videt, qui se vero potest
ostendere sacerdoti ut non habeat quod timeat in se videri qui se prius
aspicit facie revelata. Nam nisi ipse se prius viderit non au
debit ostendere sicut adam qui se ocultare cupiebat qui non agno
scebat. Sed iam etiam id quod sequitur consideremus. Advena ego sum
in terra ne abscondas a me mandata tua.
Non cuiuscunque vox ista est sed eius qui terrenis renunti
averit voluptatibus et omni se mundane cupiditatis
exuerit affectu. Ille est in hac terra advena qui potest dicere

[*P.L.* 15, 1298–1300.]

V t pegasea ratis . peteret cum phasidos undas.
C ianea tellus emisit in equora cautes.
R apta puppe minor subducta est montibus argo.
V anaque percussit pontum simplegas inanem
E t statura redit . iam phebum urgere monebat
N on idem eoi color etheris . albaque nondum
L ux rubet . et flammas propioribus eripit astris.
E t iam pleias hebet . flexi iam plaustra boote
I n faciem puri redeunt languentia celi.
M aioresque latent stelle . calidumque refugit
L ucifer ipse diem . pelagus iam magne tenebas.
N on ea fata ferens . que cum super equora toto
P redonem sequerere mari . lassata triumphis
D escivit fortuna tuis . cum coniuge pulsus
E t natis totosque trahens in bella penates
V adis adhuc ingens populis comitantibus exul.
Q ueritur indigne sedes longinqua ruine.
N on quia te superi patrio privare sepulcro
M aluerint . pharie busto damnantur harene.
P arcitur hesperie . procul hoc et in orbe remoto
A bscondit fortuna nefas . romanaque tellus
I mmaculata sui servetur sanguine magni.
E xplicit liber secundus. Incipit tercius.

Propulit ut classem velis cedentibus auster
Incumbens . mediumque rates movere profundum
Omnis in ionios spectabat nauta fluctus.
Solus ab hesperia non flexit lumina terra
Magnus . dum patrios portus . dum litora numquam
Ad visus reditura suos tectumque cacumen
Nubibus et dubios cernit vanescere montes.
Inde soporifero cesserunt languida somno
M embra ducis . diri tum plena horroris imago

75 *Italy 1378*

London, British Museum, Add. 11990. Vellum, 310 × 220 (190 × 110); ff. 127; one hand of text.

Contains: Lucan, *De Bello Civili.*

Written by Jacobus Juliani de Portiolo Ferarie. The colophon on f. 127[a] reads: 'Hunc ego Lucanum scripsi dominus Jacobus Juliani de Portiolo Ferarie mccclxxviii et de mense martii. Iste Lucanus est nobilis iuvenis Mathei cum fratribus quondam egregie memorie domini Feltrini de Boiardis cui egomet ut supra scripsi fideliter exemplum.'

This codex was written in the tradition of the *littera bononiensis* by a professional scribe for the use of the sons of a nobleman. Its calligraphic execution and elaborate decoration tend to conceal or minimize some features of the script which are more evident in less careful and more abbreviated MSS. Quite aside from the illumination, which is very Italian, equally as to design, costume, and colour, the origin is immediately obvious. The square structure of the letters, the uncrossed *et* sign, the reversed *c* for *con*, which, like the *-bus* sign, does not extend below the line, the use of the wavy line for *r*, *er*, *re*, etc. (line 8 from bottom, *tenuere* and more frequently in the interlinear glosses, where space was more important, e.g. line 5 *solarem*), the horizontal ascender of the *d*, are all well-recognized Italian features. The combinations of looped letters (juncture), *he*, *ho*, *pe*, *po*, *de*, *do*, *be*, *bo*, may profitably be examined with a glass, to show in what order the scribe's strokes were made. In the *po* of *populis* in line 16, the descender was the first stroke, the next the lower left part of the loop, then the scribe, lifting his pen, made the upper part of the loop, extending his stroke, then changing direction slightly to make the lower part of the *o*. This is perfectly normal gothic practice, but the roundness of the characters in Italian gothic contributes to the impression of width as opposed to that of height in French gothic.

Transcription f. 23[a]

Ut pegasea ratis . peteret cum phasidos undas .
Cianea tellus emisit in equora cautes .
Rapta pupe minor subducta est montibus argos
Vanaque percussit pontum simplegas inanem
Et statura redit. iam phebum urgere monebat
Non idem eoi color etheris . albaque nundum
Lux rubet . et flammas proprioribus eripit astris
Et iam pleias hebet flexi iam plaustra boote
In faciem puri redeunt languentia celi .
Maioresque latent stelle . calidumque refugit
Lucifer ipse diem . pelagus iam magne tenebas
Non ea fata ferens . que cum super equora toto
Predonem sequerere mari . lassata triumphis
Destituit fortuna tuis . cum coniuge pulsus
Et natis totosque trahens in bella penates
Vadis adhuc ingens populis comitantibus exul.
Queritur indigne sedes longinqua ruine
Non quia te superi patrio privare sepulcro

[Lucan, *De Bello Civili*, II, 715–732.]

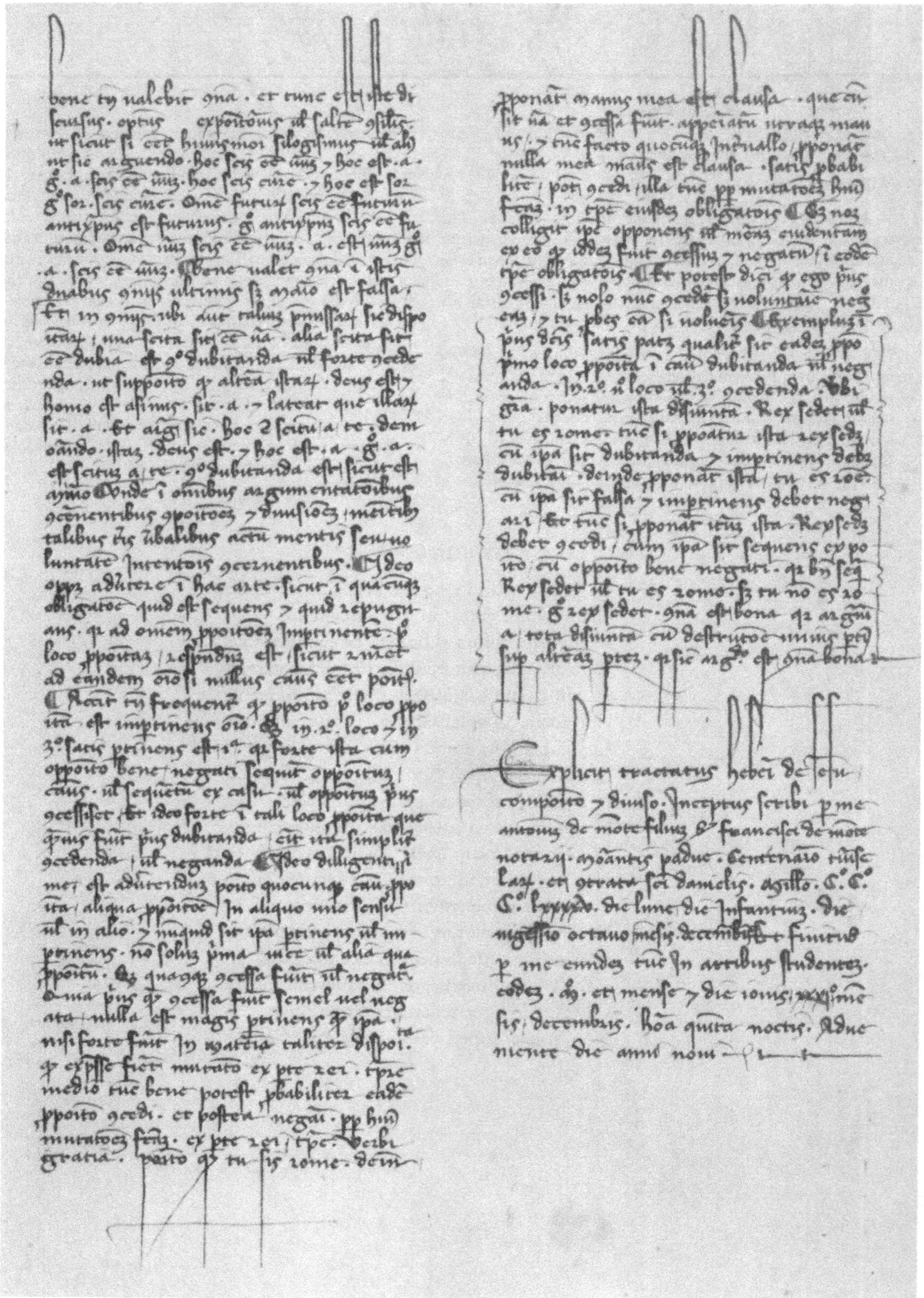

bene tamen valebit consequentia. et tunc est iste di-
scursus optimus expositionis vel saltem consimilis.
ut sicut si esset huiusmodi silogismus vel aliquid
ut sic arguendo. hoc scis esse verum et hoc est a.
ergo a scis esse verum. hoc scis currere et hoc est sor(tes).
ergo sortem scis currere. Omne futurum scis esse futurum.
antichristus est futurus. ergo antichristum scis esse fu-
turum. Omne verum scis esse verum. a est verum ergo
a scis esse verum. Et bene valet consequentia in istis
duabus consequentiis ultimis sed maior est falsa.
Et in consequentiis ubi aut talium premissarum sic dispo-
sitarum una scita sit esse vera alia scita sit
esse dubia est conclusio dubitanda vel forte conceden-
da. ut supposito quod altera istarum deus est et
homo est asinus sit a. et lateat que illarum
sit a. Et arguitur sic. hoc est scitum a te demon-
strando istam deus est. et hoc est a. ergo a
est scitum a te. conclusio dubitanda est sicut est
antecedens. Unde in omnibus argumentationibus
concernentibus compositionem et divisionem in terminis
talibus tam verbalibus actum mentis seu vo-
luntatis [illegible] concernentibus. Ideo
oportet advertere in hac arte. sicut in quacumque
obligatione quid est sequens et quid repugn-
ans. quia ad omnem propositionem impertinentem primo
loco propositam respondendum est sicut responderetur
ad eandem extra tempus si nullus casus esset positus.
Accidit tamen frequenter quod propositio primo loco pro-
posita est impertinens etc. et tamen in 2o loco et in
3o satis pertinens est. [illegible] quia forte ista cum
opposito bene negati sequitur oppositum
casus. vel sequeretur ex casu. vel oppositum prius
concessisset. Et ideo forte in tali loco proposita que
[illegible] fuit prius dubitanda est iam simpliciter
concedenda vel neganda. Ideo diligenter [illegible]
[illegible] est advertendum posito quocumque casu propo-
sita aliqua propositione in aliquo uno sensu
vel in alio et nunquid sit ipsa pertinens vel im-
pertinens. non solum prima vice vel alia qua
proponitur. Et quamquam concessa fuit vel negata
[illegible] prius quod concessa fuit semel vel neg-
ata nulla est magis pertinens quam ipsa
nisi forte fuit in materia taliter disposita
quod expresse fiet mutatio ex parte rei. tempore
medio tunc bene potest probabiliter eadem
propositio concedi. et postea negari propter huius
mutationem factam ex parte rei tempore. Verbi
gratia. posito quod tu sis rome. dein-

proponatur manus mea est clausa. que cum
sit vera et concessa fuit. appreciatur utraque ma-
nus. et tunc facto quocumque intervallo proponatur
nulla manus mea est clausa. satis probabi-
liter potest concedi illa tunc propter mutationem huius
factam in tempore eiusdem obligationis. Sed non
colligit ipse opponens vel [illegible] evidentiam
ex eo quod eadem fuit concessa et negata in eodem
tempore obligationis. Et potest dici quod ego prius
concessi sed nolo nunc concedere sed voluntarie neg-
em et tu probes ea si volueris. Exemplum in
prius dictis satis patet qualiter sit eadem pro-
positio primo loco proposita in casu dubitanda vel neg-
anda. In 2o vero loco vel 3o concedenda. Verbi
gratia. ponatur ista disiuncta. Rex sedet vel
tu es rome. tunc si proponatur ista rex sedet
cum ipsa sit dubitanda et impertinens debet
dubitari. deinde proponatur ista tu es rome.
cum ipsa sit falsa et impertinens debet neg-
ari. Et tunc si proponatur iterum ista. Rex sedet
debet concedi cum ipsa sit sequens ex po-
sito cum opposito bene negati. quia bene sequitur
Rex sedet vel tu es rome. sed tu non es ro-
me. ergo rex sedet. consequentia est bona quia arguitur
a tota disiuncta cum destructione unius partis
super alteram partem. quia sic arguendo est consequentia bona.

Explicit tractatus hentisberi de sensu
composito et diviso. Inceptus scribi per me
antonium de monte filium ser francisci de monte
notarii. morantis padue. [illegible]
[illegible] et contrata sancti danielis. [illegible]
[illegible] die lune die infantium. die
vigesimo octavo mensis decembris. Et finitus
per me eundem tunc in artibus studentem.
eodem anno et mense et die iovis [illegible] men-
sis decembris. hora quinta noctis. Adve-
niente die anni novi —

76 Italy 1395

Oxford, Bodleian Library, Canonici Misc. 219. Paper, 285 × 220 (200 × 150); ff. 180; several coeval hands.

Contains: Varia logica et philosophica.

Written (our plate) at Padua by Antonius de Monte. The colophon on f. 3^C reads: 'Expliciunt insolubilia magistri Gualterii de Sexgrave cuius anima requiescat in pace completa per me Antonium de monte m°ccc°lxxxxv° die veneris octobris post botos immediate etc.' The next item, Heytesbury's *De sensu composito et diviso* (our plate), was written by this same Antonius shortly afterwards, who adds some significant details (f. 6^B): 'Explicit tractatus Heberi de sensu composito et diviso. Inceptus scribi per me Antonium de monte filium ser Francisci de monte notarii morantis padue. Centenario tarviselarum et contrata sancti Danielis. Millesimo C°C°C° lxxxxv. die lune die Infantium. die vigessimo octavo mensis decembris. Et finitus per me eundem tunc in artibus studentem. eodem .M°. et mense et die iovis xxxj° mensis decembris. hora quinta noctis. Adveniente die anni novi.'

Our Antonius was doubtless trained by his notary father. The cursive notarial hand readily lent itself to scholastic exercises, both as to size and as to the principles of high abbreviation. The similarity of this script to that of Plate 72 (1341) is perhaps more apparent than real. The earlier hand, though also of notarial origin, is much more cramped and highly abbreviated and noticeably less well disciplined. Here usual Italian features are present: the uncrossed *et* sign, extending below the line; *q* for *qui*, internally, e.g. column B line 22 *sequitur*; the wavy line for *r*, *re*, *er*, etc., though it is no longer exclusively used for the *r* sound but tends to be used for many types of omission. There are many distinctive Italian spellings: *aceptis*, *concexionem*, *distintionem*, *intelectum*, *iddem*, *opportet*, *dilligentissime*, *vigessimo*, *silogismus*. Not all these spellings occur in our illustration, but within a page or two.

Transcription f. 6^A

bene tamen valebit consequentia. et tunc est iste di
scursus optimus expositorius vel saltem consimilis
ut sicut si esset huiusmodi silogismus vel alius
ut sic arguendo. hoc scis esse verum et hoc est a
ergo a scis esse verum hoc scis currere et hoc est sor
ergo sortem scis currere. Omne futurum scis esse futurum
antichristus est futurus ergo antichristum scis esse fu
turum. Omne verum scis esse verum a est verum ergo
a scis esse verum. Bene valet consequentia in istis
duabus consequentiis ultimis sed maior est falsa.
Et in consequentiis ubi autem talium premissarum sic dispo
sitarum una scita sit esse vera alia scita sit
esse dubia est conclusio dubitanda vel forte concede
nda ut supposito quod altera istarum deus est et
homo est asinus sit a et lateat que illarum
sit a. Et arguitur sic hoc est scitum a te dem
onstrando istam deus est et hoc est a ergo a
est scitum a te. Conclusio dubitanda est sicut est

[Venice, 1491, f. 5^D.]

Joseph. Hec sunt que ab affricano didicimus. Hoc itaq; modo in ioseph patrū
Maria. generatione deducta dubitari iam nō potest de maria qđ eiusdem ge
neris atq; eius tribus extiterit. Siquidem secundū legem moysi nō
lege moysi. licebat in diuersas tribus nuptias pmiscere. sed uni ex eodem popu
lo atq; ex eadem familia innupta precipit copulari. uti ne pmistione
coniugii etiā sors hereditatis deduceret in dubium. & de alia tribu contra fas
Sors hereditatis. ad aliam transferret. Sed de his satis dictū. vi.

Xpo igitur secundū pphetie fidem nato in bethleem iudee tempori
bus supradicti herodis. de orientis ptib; aduenientes quidam ui
magorū. ri ex magorū gente pcūtantur ab herode. ubi nā eet rex xp̄s
Stellā. qui nup natus est iudeorū / affirmantes uidisse stellam eius in oriente
que sibi etiam dux itineris extitisset. Causā uero properationis / adorā
di ac uenerandi inpediti regis esse. Quib; ille auditis incredibiliter
detinetur. uerens ne status sui pclitaret impii. Accersitis ergo legis
doctorib; pcūtatur ubi nā xp̄m nasci sperent. Ut uero ex Michee ora
Michee. culis locus natiuitatis eius apud bethleem designatus ē. uno pcep
to rex omēs lactentes pueros nō solū apud bethleem sed in omib; finib;
eius abimus & infra secūdū tempus quod explorauerat a magis interi Si quō etiā yhm cū coequeuis posset extinguē
In egypto infantū ab herode. mi iubet. Sed preuenit regis insidias puer adductus in egyptū. parentib;
de dolo regis angelo premunitiāte cōmonitis. vii.

Cui hec etiam sacris euāgelii uocib; edocem(ur). sed operepretiū est
crudelitatis herodis in xp̄m & equeuos eius uidere mercedem.
Statim nāq; nec mora ultio in eum diuina conuertit(ur). que nō
solum pnūs inferret exitiū. uerum & quib; post interitū suppliciis eet ex
cruciandus ostenderet. Longū est si prosperitates in perii eius quib; ad il
pena herodis. lud tempus usq; pollebat / domesticis referam cladib; obscuratas. I
gnominiā matrimonii. funera liberorū. quorū tamen ipse extiterat par
tragedia. ricida. Sororis etiam & propinquorū omniū si exequar clades tragedia
Joseph(us). magis q̄ hystoria texi uidebit(ur). de quib; tamē siqs scire uult. Josephus
plenius refert. viii.

Igitur cū pro sacrilegio qđ in saluatorē cōmiserat / quod in eque
uos eius pegerat / ultio eū diuina urgueret in morte. quem
Josephi. dederit exitū nō puto indecorū. si ipi(us) iosephi in septimo deci
libro antiquitatū. mo libro antiquitatū hic referentis sermonib; explicem(us). Herodes

77 Italy 1408

Vatican City, Biblioteca Apostolica, Vat. lat. 238. Vellum, 335 × 240 (205 × 110); ff. 150 + 2; one hand.

Contains: Eusebius Caesariensis, *Historia ecclesiastica.*

Written at Rimini by Petrus Turcus. The colophon on f. 150[b] in capitals reads:

ECLESIASTICARUM HYSTORIARUM EXPLICIT LIBER UN-DECIMUS. SCRIPTUS A ME PETRO TURCO ANNO DOMINI M.CCCC.VIII. DECIMO KALENDAS MARTIAS INDICTIONE PRIMA PRO MAGNIFICO ET EXCELSO DOMINO CAROLO MALATESTA MANU PROPRIA ARIMINI.

By the time this MS was written the round calligraphic script had become recognized as proper for the copying of classical texts. Its structural similarity to that of Petrarch (Plate 71) and also to that of Salutati (see B. L. Ullman, *Origin and development of humanistic script*, Rome, 1960, plates 8–12) is immediately noticeable. The prestige given to this script by these two scholars, and perhaps more by Poggio, was great. This becomes what we may properly call the erect, round humanistic hand. As this codex was written for a patron to whom economy of space was no object, we do not expect high abbreviation. Yet there is enough to connect the scribe to his Italian background. We find the uncrossed *et* sign 7, the wavy line for the *r* sound (*extinguere* in right margin), *q* for *qui* (line 6 from bottom, *quis*, and *antiquitatum*, in left margin, bottom), the reversed *c* for *-bus* (*sermonibus*, last line), the horizontal ascender of *d*, along with a vertical ascender (line 6 *deducatur*). The scribe was singularly honest in his lettering. There is hardly a case of juncture—*de*, *do*, *pe*, *po*, etc. Where the loops do overlap, they have for the most part been separately stroked, although there is evidence that the scribe was capable of joining in the gothic fashion; cf. the *do* in *domesticis*, line 9 from bottom, and the *be* in *liberorum*, line 8 from bottom.

Transcription f. 10[b]

Hec sunt que ab affricano didicimus. Hoc itaque modo in Joseph patrum
generatione deducta dubitari iam non potest de maria quin eiusdem ge-
neris atque eius tribus extiterit. Siquidem secundum legem moysi non
licebat in diversas tribus nuptias permiscere. sed uni ex eodem popu-
lo atque ex eadem familia innupta precipitur copulari. uti ne permistione
coniugii etiam sors hereditatis deducatur in dubium. et de alia tribu contra fas
ad aliam transferatur. Sed de his satis dictum.
Xristo igitur secundo prophetie fidem nato in Bethleem iudee tempori-
bus supradicti herodis de orientis partibus adventantes quidam vi-
ri ex magorum gente percunctantur ab herode ubinam esset rex christus
qui nuper natus est iudeorum, affirmantis vidisse stellam eius in oriente
que sibi etiam dux itineris extitisset. Causam vero properationis adoran-
di ac venerandi nuper editi regis esse. Quibus ille auditis incredibiliter
deterretur, verens ne status sui periclitaretur imperii. Accersitis ergo legis
doctoribus percuntatur ubinam christum nasci sperarent. ut vero ex Michee ora-
culis locus nativitatis eius apud bethleem designatus est. imo precep-
to rex omnes lactentes pueros non solum apud bethleem sed in omnibus finibus
eius abimis et infra secundum tempus quod exploraverat a magis interi-
mi iubet 'Si quomodo etiam yhesum cum equevis possit extinguere.' Sed prevenit
regis insidias puer adductus in egyptum parentibus

[*Hist. Eccles.* transl. Rufinus, I, vii, 16–I, viii, 3. Ed. E. Schwartz, T. Mommsen (Leipzig, 1903), pp. 63–4.]

Incipit liber sex principiorum cuius primus tractatus est de forma

Capitulum primum de quo sit qui dicitur liber sex principiorum

[illegible]

Actio

[illegible]

Passio

[illegible]

Ubi

[illegible]

Quando

[illegible]

Positio

[illegible]

Habitus

[illegible]

78 *Italy* 1425

Vatican City, Biblioteca Apostolica, Vat. lat. 719. Paper, 295 × 220 (215 × 135); ff. 158; two coeval hands, the first hand returning at end of MS.

Contains: Alberti Magni varia.

Written (our plate) by Marius Pauli de Amatricis of Perugia. The colophon on f. 158^{C} reads: 'Deo gracias per me marium pauli de amatricis perusii.' On f. 126^{C} the colophon of Albert's comment on the Liber VI principiorum reads: 'Explicit comentum alberti mangni super libro sex principiorum M^{o}cccc^{o}xxv^{o} die nono mensis iunii Deo referatis gratias.' Just below, a fierce winged two-legged animal with the tail of a dragon holds in his teeth a banner carrying a legend which reads in part: 'vivat in celis Marius cum nomine felix'.

It would appear that haste was the primary intent of the scribe of this text. The cursive notarial hand, under the demands of the scholastic régime, has lost almost all its precision and uniformity. There is hardly a letter, from *a* to *z*, that has not in reality fallen to pieces and lost its earlier clarity. Minuscule *a*, *g*, *m*, *n*, *r* and *s* are particularly un-uniform. The whole system of abbreviations, which we have seen to be so carefully controlled in the *littera bononiensis*, and in the early round humanistic script from Petrarch into the fifteenth century, is here treated with uneven casualness. It is quite obvious, furthermore, that the scribe often did not know what he was transcribing. He could not decide, for example, whether he was writing *concepta*, *contempta* or *contenta* (see lines 5, 13 and 15), and makes frequent nonsense simply through misreading of the abbreviations in the text before him. Nevertheless the hand remains stubbornly Italian: the uncrossed *et* sign, the wavy line for the *r* sound, though extended to cover other omissions, the *q* for *qui*, peculiarly Italian spellings such as *paxio*, *singna*, *agumentum*, *conmenta*, *universsalia*, *mangnus*, and the persistence of *-tio* when the rest of Europe was using *-cio*—these all announce the Italian provenance of the script.

Transcription f. 105^{B}

Incipit liber sex principiorum cuius primus tractatus est de forma
Capitulum primum de quo sit quando dicitur liber sex principiorum

quedam magis principia substancia enim, qualitas et quantitas
dicuntur magis genera eo quod absolute sunt in suis conceptis actis
et intellectu. Contempta quidem proprium est generis secundum quod genus
est cuy supponitur species principia vero dicuntur ex consequenti quia non
principians simpliciter et de quoad esse sed potius e converso quoad
esse a sujs inferioribus sunt principiata. Relacio autem genus
est hoc modo quo alia et non adeo proprie ut alia potest esse
vel dici principium quia secundum omne semper fundatur in alio quodam
et ut frequenter fundatur in generibus aliis et rebus
generum aliorum. Residua vero vi non proprie dicuntur genera
quia non dicunt quid simpliciter contemptum in aliis secundum actum
et intellectum sicut id quod est de racione eorum sicut patet singulorum
inductionem. Actio enim non dicit quid contentum in substantia
aliorum neque passio, neque ubi, neque quando, neque situs, neque
habitus, sed dicunt alico modo se habens per modum principii eius
cuius sunt. Actio enim cum sit in actu dicit principium

[Ed. Borgnet (Paris, 1890), I, 305.]

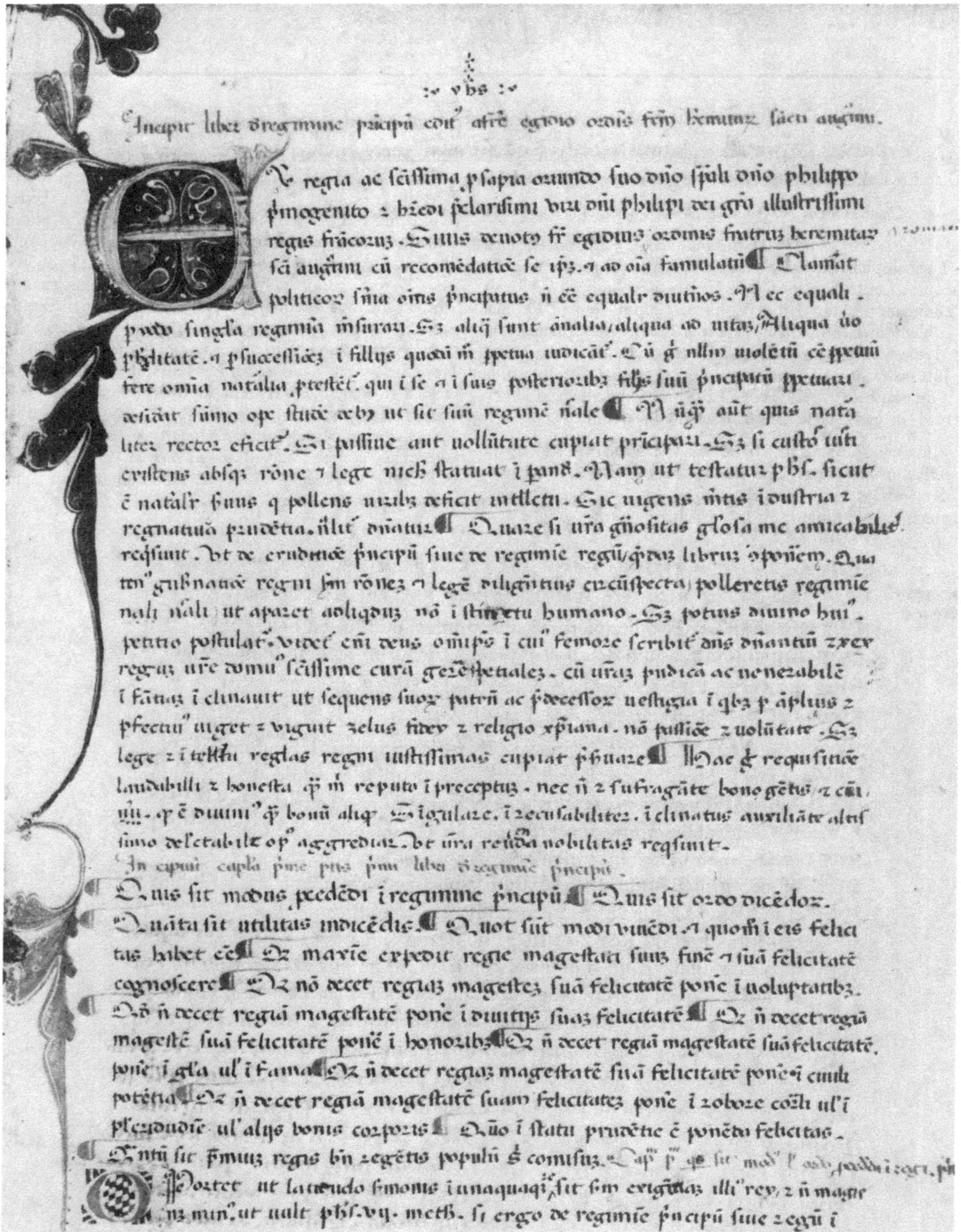

: vbs :

Incipit liber d'regimine pncipu edit' a fre egidio ordis frm heremitaz sacti augusti.

Ex regia ac scissima psapia oriundo suo dno spali dno philippo
pmogenito z hedi pclarissimi viri dni philipi dei gra illustrissimi
regis fracoru. Suus devotus fr egidius romanus fratru heremitar
sci augustini cu recomedatioe se ipz et ad oia famulatu. Clamat
politicor sna oms pncipatus n ee equalr diutinos. Nec equali
pvido singla regimia msurari. Sz aliq sunt analia, aliqua ad vitaz, aliqua vo
p hditate et p successioez i filiys quodam m ppetua iudicant. Cu g nullu violetu ee ppetuu
fere omia natalia ptestet. qui i se et i suis posterioribz filijs suu pncipatu ppetuari
desiderat sumo ope stude deb; ut sit suu regime nale. Nuq aut quis nata
liter rector efficit. si passioe aut volutate cupiat pricipari. Sz si custos iusti
existens absq; roe et lege nich statuat i pand. Nam ut testatur phs. sicut
e natalr suus q pollens virib; deficit intlletu. Sic vigens mtis idustria z
regnatiua prudetia nalit dnatur. Quare si vra gnositas glosa me amicabilit
reqsivit. ut de erudicioe pncipu sive de regimie regu qdaz librum cpoerem. qua
tin' gubnatioe regni sm roez et lege diligentius circuspecta polleretis regimie
nali nali ut aparet aliquoz no i stinctu humano. Sz potius divino hui'
petitio postulat. videt eni deus omps i cui' femore scribit dns dnantiu z rex
regu vre domui scissime cura gere specialez. cu vraz pudica ac venerabile
i fatiaz i clinavit ut sequens suor patru ac pdecessor vestigia i qb; p aplius z
pfectiu' viget z viguit zelus fidei z religio xpiana. no passioe z volutate. Sz
lege z i tellcu reglas regni iustissimas cupiat obsvare. Hac g requisitioe
laudabili z honesta q m reputo i preceptuz. nec n z suffragate bono getis z cu
hui. q e divini' q bonu aliq singulare. i recusabilitez. i clinatus auxiliate altis
simo delectabilit op' aggrediar. ut vra reveda nobilitas reqsivit.

In capitul capla pme ptis pmi libri d'regimie pncipu.

Quis sit modus pcedendi i regimine pncipu. Quis sit ordo dicedor.
Quata sit utilitas i dicedis. Quot sut modi vivedi et quomo i eis felici
tas habet ee. Qz maxie expedit regie magestati suu fine et sua felicitate
cognoscere. Qz no decet regiaz magestez sua felicitate pone i voluptatib;.
Qz n decet regia magestate pone i divitys suaz felicitate. Qz n decet regia
mageste sua felicitate pone i honorib;. Qz n decet regia magestate sua felicitate
pone i gla ul' i fama. Qz n decet regiaz magestate sua felicitate pone i civili
potetia. Qz n decet regia magestate suam felicitatez pone i robore corporis ul' i
pulcritudie ul' alys bonis corporis. Quo i statu prudetie e ponedu felicitas.
Quatu sit summuz regis bn regetis populu s comisuz. Cap' p' qs sit mod' pcedendi i regi. pn

Oportet ut latitudo smonis i unaquaq; sit sm exigetiaz illi' rey, z n magis
nz min' ut vult phs. vij. meth. si ergo de regimie pncipu sive regu i

79 *Italy* 1441

Princeton, Princeton University Library, Medieval and Renaissance MS 24. Vellum and paper, 290 × 205 (210 × 140); ff. 148; one hand.

Contains: Egidius Romanus, *De regimine principum.*

Written by Bartolomeus de Cremelina de Clivate. The colophon of the *De regimine principum*, on f. 147[a], reads: 'Explicit liber principum de regimine. Editus a fratre egidio romano ordinis fratrum heremitarum sancti Augustini... mille cccc 41 die 5. octubris. Finito libro referamus gratiam Christo. Meum nomen non pono quia me laudare non vollo si vultis scire bartolomeus de cremelina de clivate fuit ille.'

Though this hand is coeval with the height of the humanistic script, it is rather closer to the calligraphic Italian gothic script than to that of the humanists. Cf. Plates 75 and 81. The uncial *a* and *d*, the final looped *s* and the absence of the gothic juncture, *be, bo, de,* etc. may be noted. In the latter case the letters are often so close as to give the appearance of juncture, but each letter is in fact separately stroked. The subject matter is medieval and a trained humanist would not only have scorned the Latin of the original of this text, but he would never have been guilty of the egregious and inconsistent errors in spelling and copying which our Bartolomeus has committed: *magestatem, volluntate, vollo, aparet, nessit* (for *nescit*), *deffendo, navalli, acidendi, comisum,* etc. The usual italianisms appear copiously: the uncrossed *7*, *q̧* for *qui*, the persistent *-tio* and *-tia*, final *y* for *i* (line 2 from bottom, *rey*) and the wavy line for the *r* sound.

Transcription f. 1[a]

Incipit liber de regimine principum editus a fratre egidio ordinis fratrum
heremitarum sancti Augustini
Ex regia ac sanctissima prosapia oriundo suo domino speciali domino philippo
primogenito et heredi preclarisimi viri domini philipi dei gratia illustrissimi
regis francorum. Suus devotus frater egidius 'romanus' ordinis fratrum
heremitarum
sancti augustini cum recomendatione se ipsum et ad omnia famulatum. Clamat
politicorum sententia omnes principatus non esse equaliter diuturnos. Nec equali
peryodo singula regimina mensurari. Sed aliqua sunt annalia aliqua ad vitam.
Aliqua vero
per hereditatem et per successionem in filliis quodam modo perpetua iudicantur.
Cum igitur nullum violentum esse perpetuum
fere omnia naturalia protestentur qui in se et in suis posterioribus filiis suum
principatum perpetuari
desiderat summo opere studere debet ut sit suum regimen naturale. Numquam
autem quis natura
liter rector eficitur. Si passive aut volluntate cupiat principari. Sed si custos iusti
existens absque ratione et lege nichil statuat imperandum. Nam ut testatur
philosophus sicut
est naturaliter servus qui pollens viribus deficit intellectu. Sic vigens mentis
industria et
regnativa prudentia naturaliter dominatur. Quare si vestra generositas gloriosa
me amicabiliter
requicivit. Ut de eruditione principum sive de regimine regum quendam
librum componerem. Qua
tenus gubernatione regni secundum rationem et legem diligentius circumspecta
polleretis regimine
ṇạḷị naturali ut aparet ad liquidum non instinctu humano. Sed potius
divino huius
petitio postulatur. Videtur enim deus omnipotens in cuius femore scribitur
dominus dominantium et rex

[Ed. Rome, 1482, f. 1[a].]

alia nõ possit figura. Hanc ergo formã ei⁹ aetno & irrqeto ambitu ĩ
enarrabili celeritati. xxiiii horaꝝ spatio circũagi solis exort⁹ & occas⁹
haud dubium relinquere. An sit ĩmensus & iõ sensũ aurium facile ex
cedens: tãtę molis rotatę uertigie assidua sonitus: ñ eqde facile dixeri.
nõ hercule magis q̃ circũactoꝝ simł tinnitus sydetum suosq: uolũetiũ
orbes. an dulcis quidam & ĩcredibili suauitate cõtent⁹: nob q intus agi
mur iuxta dieb; noctib⁹q: tacitus labit̃ mund⁹. Esse ĩnumeras ei ef
figies aĩalium reꝝq: cunctarum ĩpressas. nec ut ĩuolucrũ notam⁹ ouis
lenitatem continuam. lubricũ corp⁹ qđ clarissimũ auctores dixere:
uerũ argumtis indicat̃: qm̃ in deciduis rerũ omniũ seminib; ĩnumere ĩ
mari papue: ac pleruq: cõfusis mõstrifice đgenerat̃ effigies. Preterea uis
pbatione alibi ursi: tauri alibi: alibi litterę figura candidiore medio sup
uerticem circulo. Et qdem & consensu gentiũ moueor. Naq: chosmos
greci nõie ornamti appellauerãt eum: & nos apfecta absolutaq: elegãtia
mundum. Cælum quidem haud dubie: celati argumto diximus ut
interp̃tatur. M. uarro. Adiuuat reꝝ ordo descr̃pto circulo q signifer
uocatur in. xii. aĩalium effigies & p illas solis cursus congrues tot secul
ro; Nec đ elemtis uideo dubitari: quatuor ẽẽ ea. Igniũ summo in tot
stellaꝝ collucentiũ illos oculos. pximũ: spũs quem greci nr̃iq: eodẽ uocablo
aera appellant: uitalẽ hunc & p cuncta reꝝ meabilem: totoq: cõsertũ. Cuius ui
suspensam cum quarto aquarum elemento librari medio spatii tellurem.
Ita mutuo cõplexu diuersitatis effici nexũ & leuia ponđib; ĩhiberi q̃mi⁹
euolent: cõtraq: grauia ne ruant: suspendi. leuib; ĩ sublime tẽdentib; sic
pari in diuersa nisu ui sua queque cõsistere: irrequieto mundi ipi⁹ cõ
stricta circuitu. Quo sep in se currere: unã atq: mediã in totã terrã: eã
demq: uniu'so cardine stare: pendentem librantem p quę pẽdeat. Ita
solam ĩmobile circa eam uolubili uniuersitate eandẽq: ex oib; necti;
Inter hæc celumq: eodẽ spũ pendent certis discreta spatiis. vii. sydera
que ab ĩcessu uocam⁹ errantia: quom errẽt nulla min⁹ illis. Quoꝝ
medius sol fert̃ amplissiã magnitudiẽ ac põtate: nec tpoꝝ mõ terraꝝq:
sed syderꝝ ipoꝝ celiq: rector. Hunc ẽẽ mundi totius aĩum: ac plani⁹ men
tem. Hũc principale nãe regim ac num̃ credere decet: opa ei⁹ existĩantes.
Hic lucẽ reb; ministrat: auferatq tenebras. Hic reliq̃ sydera occultat. Hic
uices tpoꝝ: annumq: semp renascẽtẽ ex usu nãe temperat. Hic caeli tristi
ciam discutit: atq: & nubila humani animi serenat. Hic suũ lumen

80 Italy 1456

Paris, Bibliothèque Nationale, lat. 9325. Vellum, 425 × 245 (320 × 155); ff. 428; one hand.

Contains: Plinius Secundus, *Historia Naturalis.*

Written by Baptista Cingulanus for Guarnerius de San Daniele. The colophon, on f. 426[a], written in stately capitals, reads:

HOC NATURALIS HISTORIAE PULCHERRIMUM VOLUMEN NEC MINUS RARUM QUAM IPSA NATURA PLINIUS SECUNDUS PHILOSOPHUS ET ORATOR INSIGNIS QUASI INGENII ET ERUDITIONIS SUAE ADMIRABILE NOBIS RELIQUIT MONU-MENTUM. BAPTISTA CINGULANUS POLITISSIMIS SET CERNITIS LITTERIS SCRPSIT. IMPULIT UT SCRIBERET OPTIMUS ET HUMANISSIMUS PATER GUARNERIUS ARTE-NIENSIS ET AMENISSIMI OPIDI S. DANIELIS PLEBANUS M°CCCC°LVI. DIE SECUNDA SEPTEMBRIS

Baptista made very pretty letters—no humanist could have made prettier—but his humanist training had been very superficial. He scattered cedillas to the letter *e* with gay abandon, and probably had no idea what he was doing. This is not the first example of this generous round humanistic style. Vat. lat. 1865 of the year 1419 (see figure 37 in *Nomen-clature des écritures livresques*, Paris, 1954, in article by G. Batelli) is like our example in almost every important respect save in the size of the letters and the illiteracy of the scribe. It was doubtless from pages like this that the earliest so-called Roman printing type was designed. Whereas most of the junctures of looped letters are quite honest, that is, the loops are integral for each letter, our scribe did know the gothic trick of making one curved stroke serve for parts of two letters. Note the *oc* in *vocamus*, line 29: the stroke that makes the top of the *o* is continued to form the bottom of the *c*, and the pen is then lifted to form the top of the *c*. The ampersand is used both for *et* and for the verb ending. One finds the usual Italian marks: *q* for *qui*, the wavy sign for the *r* sound, the reversed *c* for *-bus* as well as the suprascript *9*.

Transcription f. 24[b]

alia non possit figura. Hanc ergo formam eius aeterno et inquieto ambitu, in
enarrabili cęleritati, xxiiii horarum spatio circumagi solis exortus et occasus
haud dubium relinquere. An sit inmensus et ideo sensum aurium facile ex
cędens tantę molis rotatę vertigine assidua sonitus non equidem facile dixerim
non hercule magis quam circumactorum simul tinnitus syderum suosque volventium
orbes an dulcis quidam et incredibili suavitate contentus nobis qui intus agi-
mur iuxta diebus noctibusque tacitus labitur mundus. Esse innumeras ei ef-
figies animalium rerumque cunctarum inpręssas nec, ut in volucrum notamus ovis
lenitatem continuam. Lubricum corpus quod clarissimum auctores dixere
verum argumentis indicatur, quoniam inde deciduis rerum omnium sęminibus innumere in
mari precipue, ac plerumque confusis monstrifice degenerantur effigies. Prętera visus
probatione, alibi ursi, tauri alibi, alibi literę figura, candidiore medio super
verticem circulo. Et quidem et consęnsu gentium moveor. Namque chomos
gręci nomine ornamenti appellaverant eum et nos a perfecta absolutaque elegantia
mundum. Cælum quidem haud dubie cęlati argumento diximus, ut
interpretatur M. varro Adiuvat rerum ordo descripto circulo qui signifer
vocatur in xii animalium effigies et per illas solis cursus congruens tot sęculis
ratio. Nęc de elementis video dubitari quatuor esse ea. Ignitum summo in tot

[Plinii, *Hist. Nat.* II, iii. 6–16.]

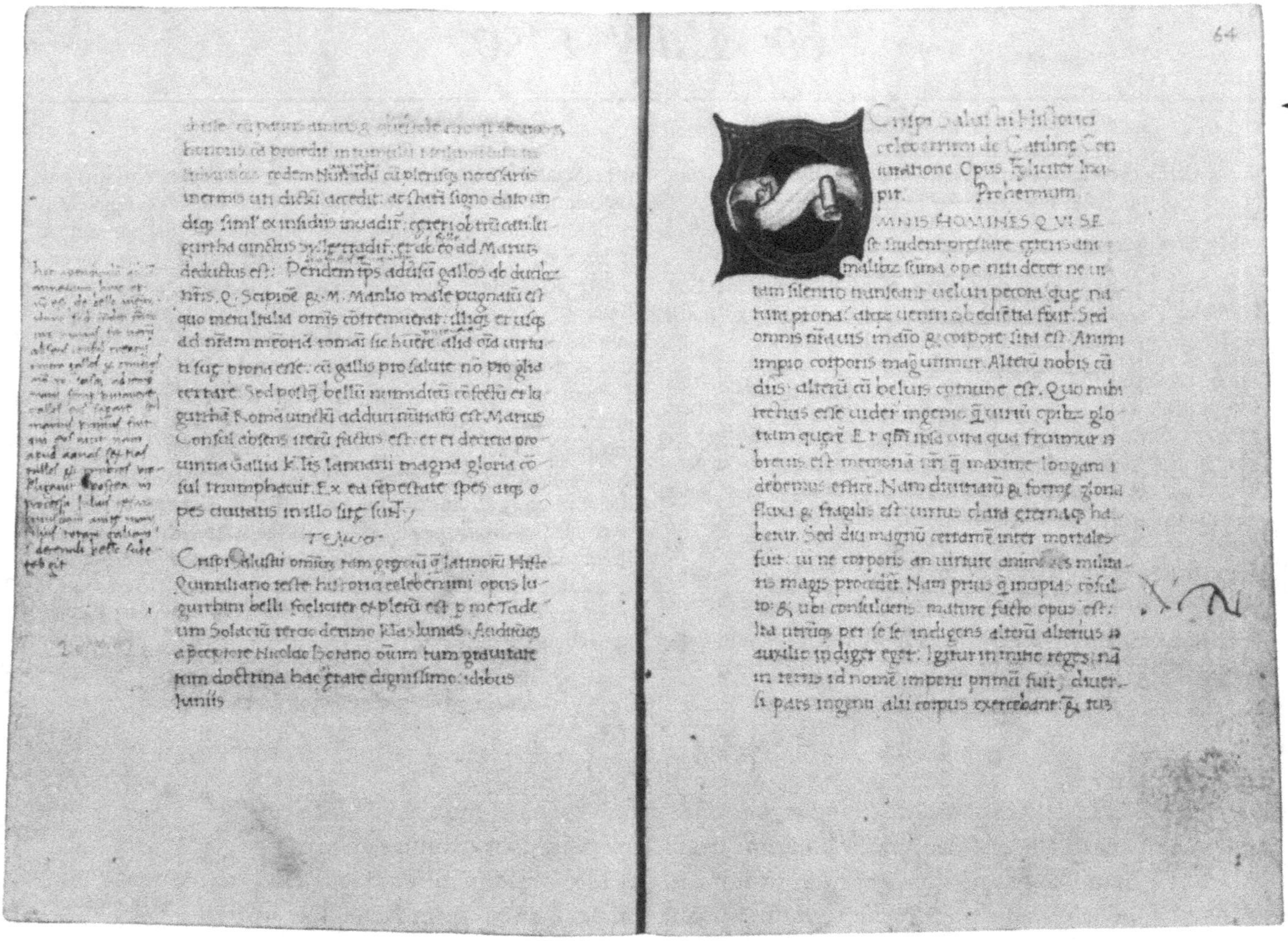

64

detile ... exercitu ... sententia ...
hortatus est ... in tumulum ...
... eodem Numidarum cum plerisque necessariis
inermis uti dictum accedit: ac statim signo dato un
dique simul ex insidiis invadit; ceteri obtruncati. Iu
gurtha vinctus Syllae traditur, et ab eo ad Marium
deductus est. Per idem tempus adversum Gallos ab ducibus
nostris Q. Scipione et M. Manlio male pugnatum est
quo metu Italia omnis contremuerat: illique et usque
ad nostram memoriam romani sic habuere alia omnia virtu
ti suae prona esse: cum Gallis pro salute non pro gloria
certare. Sed postquam bellum numidicum confectum et Iu
gurtham Romam vinctum adduci nuntiatum est Marius
Consul absens iterum factus est: et ei decreta pro
vincia Gallia. Kalendis Ianuarii magna gloria con
sul triumphavit. Ex ea tempestate spes atque o
pes civitatis in illo sitae sunt.

ΤΕΛΟΣ

Crispi Salustii omnium tum grecorum quam latinorum histo
Quintiliano teste historici celeberrimi opus Iu
gurthini belli foeliciter expletum est per me Tade
um Solatium tercio decimo Kalendas Iunias. Andreas
a preceptore Nicolao Botano omnium tum gravitate
tum doctrina hac etate dignissimo. idibus
Iuniis

Crispi Salustii Historici
celeberrimi de Catiline Con
iuratione Opus Feliciter Inci
pit. Prohemium.

OMNIS HOMINES QUI SE
se student prestare ceteris ani
malibus summa ope niti decet ne vi
tam silentio transeant veluti pecora que na
tura prona atque ventri obedientia finxit. Sed
omnis nostra vis in animo et corpore sita est. Animi
imperio corporis magis servitio utimur. Alterum nobis cum
dis alterum cum beluis commune est. Quo mihi
rectius esse videtur ingenii quam virium opibus glo
riam querere. Et quoniam vita ipsa qua fruimur
brevis est memoriam nostri quam maxime longam
debemus efficere. Nam divitiarum et forme gloria
fluxa et fragilis est: virtus clara eternaque ha
betur. Sed diu magnum certamen inter mortales
fuit: vi ne corporis an virtute animi res milita
ris magis procederet. Nam prius quam incipias consul
to et ubi consulueris mature facto opus est.
Ita utrumque per se se indigens alterum alterius
auxilio indiget eget. Igitur initio reges: nam
in terris id nomen imperii primum fuit: diver
si pars ingenium alii corpus exercebant et tum

81 Italy 1477

Chicago, Newberry Library, MS 94. Paper, 150×100 (95×60); ff. 96; one hand.

Contains: Sallust, *De coniuratione Catalinae.*

Written at Brescia in 1477 by Taddeo Solazzo. The colophon on f. 96[a] reads: 'Crispi Salustii Historici cele-berrimi de coniuratione Catilinę opus foeliciter transcriptum est per me Tadeum Solacium xv kalendas octobres anno millesimo quadragentesimo septuagessimo septimo. Eustachio Prętore ac Iohanne Emo Brixię pręfecto.' Just above this formal colophon, in contemporary italic (*cursiva humanistica*), we read: 'Ego hyeronimus robertus ab infrascripto tadeo emi librum istum.'

This calligraphic and highly artificial hand would appear to have been influenced by the earlier Roman printing types. It has lost all the fluidity that characterized the more vigorous humanistic scripts. There appears to be a consistent effort to stress the top and bottom of each letter, either with a small horizontal serif as in *a*, *h*, *m*, *n*, *r*, or by a slight return stroke as at the top of the ascenders of *b*, *d*, and *h*. Several letters are indeed unfamiliarly formed: *a*, *t*. The italic in the left margin of f. 63[b] of our example, while appearing to be orthodox humanistic italic, could have been the work of the same scribe as the text. The *b*, *d*, and *h* are similarly clubbed at the top of the ascenders, the *e*, *f*, *g*, *r*, and *s* are similarly stroked and, perhaps more significant, the *t* is identically conceived, lacking an upward turn at the bottom of the vertical stem. On other pages, heavy marginalia in the same italic script are equally similar to the hand of the text. The usual abbreviational marks for *-que* and *-bus* have become a simple *z*. The ampersand has replaced the tironian *et* sign, but the wavy line for the *r* sound is present (line 14 *quęrere*). The *q* for *qui* seems to have been consistently avoided. The spelling is respectable, and the cedilla is used fairly carefully. The spelling is above the Italian average, but we do find *facilimum* (f. 63[b], line 2) and *comune* (line 12). His one Greek word τελωσ is wrong.

Transcription f. 64[a]

Crispi Salustii Historici
celeberrimi de Catilinę Con
iuratione Opus Fęliciter Inci-
pit. Prohemium
OMNIS HOMINES QUI SE
se student pręstare cęteris ani-
malibus summa ope niti decet ne vi-
tam silentio transeant veluti pecora quę na-
tura prona atque ventri obedientia fixit. Sed
omnis nostra vis in animo et corpore sita est. Animi
imperio corporis magis utimur. Alterum nobis cum
diis alterum cum beluis comune est. Quo mihi
rectius esse videtur ingenio quam virium opibus glo-
riam quęrere. Et quoniam ipsa vita qua fruimur
brevis est memoriam nostri quam maxime longam
debemus efficere. Nam divitiarum et formę gloria
fluxa et fragilis est virtus clara ęternaque ha-
betur. Sed diu magnum certamen inter mortales

[Ed. Ernout (Paris, 1947), pp. 54 f.]

que nos ad portu deducat incolumes. Huius aute navis
compago est sola caritas qua primus coniungimur deo omnium
vitam cum eterna possidebimus. Deum et primum dilligendo
mundum aute dilligentes quomodo deum amare possumus
qui dixit ego non sum de hoc mundo/ Cum scriptum sit qui
dilligit mundum non est caritas patris in eo. Blandiuntur ergo
sibi et se blandiendo decipiunt/ quicunque se et deo servire et
mundum dilligere posse confidunt/ Quo non fugiendum est mare
turbidum istud et per cet. dei navicula transmittendum
ne in hac calamitatum valle torpentes et deum spernati glo-
riam in eternam miseriam demergamur

CALAMITAS equidem vel a casu ca-
lamorum hoc est frugif-
rarum palearum dicta est/ sterilitas silice et
raritudo frumenti vel ut aliqui proferunt miseria est spes
vana et rebus/ frustratus aut sicut alibi vera similia,
sumunt zeudmatio est in miseria fructus ex quo quis
negare audeat mundum esse vallem calamitatum/ Omnis
equidem virtutum seges ne fructum afferat in tempore
suo taliter in mundo corrupit/ quod in summa sterilitate me-
ritorum societas mortalium cepit/ Mundo quidem dediti
hanc visibilium rerum amore decepti nichil nisi corpo-
reos sensus cogitant/ Et si cogitant non intelligunt
aut si intelligunt non dilligunt/ Quare quid sperare
possunt nisi quod in nisi fuerint in connubiali convivio
non habentes vestem nuptialem ligatis manibus et pedibus
proiciantur in tenebras exteriores ubi erit fletus et stridor
dentium aut exclusi pulsantes ad ianuam audiant aut vocem
illam tremendam. Amen dico vobis nescio vos. Nescientur
enim in gloria quos hec terrena delectant et mundum

dum dixerint

Boulder, Colorado, Thomson MS 6 (olim 838[B], P2 12). Paper, 225 × 160 (160 × 100); ff. 81; one hand.

Contains: Coluccio Salutati, *De seculo et religione*.

Written probably in north Italy. The colophon on f. 81[a], in the hand of the text, reads: 'Anno domini Miiii[c]lxxxv[to]. Hoc opus scriptum fuit per me martinum de Laurentio de padono diocesis ypporriensis ad honorem dei et sacratissimeque virginis marie.' The diocese of Ivrea lay in the Piedmont, north-west of Turin.

This neat and rather formal clerical hand serves to show that the humanistic hand, however popular it may have become by the end of the fifteenth century, had not yet completely taken over. We have here a work by a leading humanist written in a clearly non-humanist hand. The scribe rather fancied his ability to write the still prestigious gothic. The first word of every section throughout the text is laboriously written in large liturgical gothic. The rest of the text has certain bâtarde characteristics—the *f* and *s* are shaded and slightly slanted. The upright member of the minuscule *t* is tall, to distinguish it from the *c*; there appears to be only one *r*, the attached variety. The *e* is made in two strokes, both starting upper left, the upper one usually extending to join the following letter. The ascender of *d* is uniformly sharply slanted, and one gets the impression of juncture, but in reality the *d* and the *e*, the *p* and *o*, etc. are separately made. Italianisms appear: *dilligendo*, line 3, *valem*, line 13 from bottom, *inannis*, line 16. The wavy line for the *r* sound is also to be found, *dilligere*, line 8.

Transcription f. 27[b]

que nos ad portum deducat incolumes. Huius autem navis
compago est sola caritas qua proximis coniungimur, deo unimur,
vitam enim eternam possidebimus, deum et proximum dilligendo.
Mundum autem dilligentes quomodo deum amare possumus
qui dixit ego non sum de hoc mundo. Cum scriptum sit qui
dilligit mundum non est caritas patris in eo. Blandiuntur ergo
sibi et se blandiendo decipiunt, quicunque se et deo servire et
mundum dilligere posse confidunt. Quo fugiendum est mare
turbidum istud et per ecclesie dei naviculam transmittendum
ne in hac clamitatum valle torpentes et devii privati glo-
riam in eternam miseriam demergamur.
c alamitas equidem vel a casu ca-
lamorum hoc est frugife-
rarum palearum dicta est sterilitas silicet et
caritudo frumenti vel ut aliqui profitentur miseria est spes
vacua et rebus inannis aut sicut alicubi iura civilia
sumunt recidivatio est in miseriam servitutis ex quo quis
negare audeat mundum esse valem calamitatum. Omnis
equidem virtutum seges ne fructum afferat in tempore
suo taliter in mundo corrumpitur, quod in summa sterilitate me-

[Ed. B. L. Ullman, *Colucii Salutati De seculo et religione* (Florence, 1957), pp. 55 f.]

BRITAIN

q̄ndo omīs silent. intempestiuū d̄
positū noctis tēp⁹. gallicinū q̄ndo
tantū int̄ abscessū noctis &
. & diluculū q̄si iā incipiens
oc & aurora solē p̄cedens.
m. dieb: c̄stat; octauus .IIII.
p̄m⁹ ÷ adquē redit⁹. eoq: rurs⁹
dit̄. His nōa gentilitas a plane_
se credens a sole sp̄m. a luna
nguinē. a mercurio ingeniū
÷ uoluptatē
tēpantiā. a uenere uolunta_
tatē. s; scī siluest̄ ferias appella_
diē dominicū nuncupans
p̄ma sabbi. scd̄am sabbi. & sic
noīant. ap̄ q̄s ebdā tota dē
Q ebdām qq ebdarū in dieb:
t & annis. q̄nq̄gesimū diē
tes.
nū ū iubeleū id ÷ lib̄atē uocan
s incremto .V.
: c̄ficit̄. dū. XXIX. & semis
q̄m zodiacū pagit. s; facultas
enis & unde trigenis dieb:
at. Solaris aū m̄sis. XII. ho_
x q̄b: XI. epactarū dies accre_
ne cursū singulis annis ex
ies enī uigenti & bini. cclxiii.
xies uigenti & quatu eunde
t. S; ebrei m̄ses a luna na_
n a kl̄ dis incipiunt. egy_
lrū sep̄tebriū usq: in nonū
xxx. dies suos m̄ses putantes
int kalares appellant. Qui
sū m̄ses t̄minare cepunt.

nū ordinatū agebant. dieb: ū. ccclIIII. Q̄ p̄mū
m̄se genitori suo marti dicauit. scd̄m abaptio_
ne frugū noīnauit ap̄le. t̄ciū maię mat̄ mer_
curi. q̄rtū iunoni sacrauit. q̄ntili & s̄extili
q̄ nc̄ a natiuitate iulii cęsaris & augusti triūpho
nuncipant̄. & ceteris seq̄ntib: a numero nomī
imposuit. Quoȝ initiū kl̄as appellauit. q̄ tc̄
kalata id ÷ uocata in capitoliū plebe. dicto q̄n_
q̄es uł septies uerbo kalo id ÷ uoco q̄t dies sup_
ēent ad nonas p̄nuntiabant̄. Nonas aū q̄d no_
no ante id̄ die c̄fluerent in urbē sciscituri
q̄d eēt eo m̄se faciendū. porro id̄ diē q̄ mediū
diuidit m̄se. iduare enī etrusca lingua diui_
dere ÷. His in una duos m̄ses adiciens. ianuariū
a iano. februariū a februo d̄ō illustrationū
noīnando. ccclIIII. dieb: annū ad cursū lunę
disposuit. Quē iuli⁹ cesar. XI. dieb: adiectis.
sic hodie seruat̄ instituit; .VII.

Solstitia & eq̄noctia bina putant̄. VIII.
kl̄ ian & iulias. ap̄lisq: & octobris octauis
scilicet in partib: capcorni & canceri arietis
& libre. S; eq̄noctiał dies oī mundo eq̄lis ÷.
Vario aū lucis incremto in mero e longissim⁹
dies. XII. horas eq̄noctiales & octo partes uni⁹
hore colligit. alexandrię ū. XIII. horas. in ita_
lia. XV. in brittannia. XVII. Ubi ęstate lucide
noctes haud dubie testant̄ id q̄d cogit ratio
credi solstitii dieb:. accedente sole p̄pi⁹ uerticē
mundi. angusto lucis ambitu subiecta t̄r̄
c̄tinuos dies hore senis m̄sib: noctesq: ediuiso
ad brumā remoto. Q̄d fieri in insula tyle
phitheus masiliensis scripsit. VI. dierū na_
uigatione in septētrione a brittannia distante;

83 *Britain* 1110

Oxford, St John's College, 17. Vellum, 342×250 (260×190); ff. 177; five, perhaps six, hands.

Contains: Varia computistica, e.g. Bede, Boethius, Isidore.

Written, probably, at Ramsey Abbey. The prohemium of Brygthferth's commentary on Bede's *De temporibus* (f. 12^C^) reads: 'Proemium Brigthferthi remesiensis cenobii monachi super Bedam de temporibus.' In the same hand, on f. 3^D^, appears the date: 'Ab adam usque diluvium sunt anni ii ccxLii. A diluvio usque ad abraham dccccxLii. Ab abraham usque ad nativitatem Christi ii xv. A nativitate Christi usque ad presens tempus i cx.' The hand in which this date occurs goes to f. 58^C^, and the hand of our plate begins on f. 58^D^. The first hand has made a list of the capitula of the work which our hand takes up immediately. Of the contemporaneity of the scripts there would appear to be no doubt.

In letter structure this script is not far from the English version of the Carolingian script which gained a firm hold in England only in the tenth century. Some similarity may be observed between this hand and several reproduced by Neil R. Ker in his *English manuscripts in the century after the Norman Conquest*, e.g. plates 2 and 4, but the differences are perhaps more distinct. This hand is closer to the Carolingian ductus. Ker was dealing with the Canterbury tradition, and Ramsey would seem not to have been perceptibly influenced by it. The letters of our example are compressed and *i*, *m*, *n*, *u* are consistently clubbed either at the top or at the bottom. All ascenders and descenders are short, and the total impression is one of even stubbiness. The abbreviations are disciplined and uniform: *b:* for *-bus*, ÷ for *est*, *s;* for *sed*, *q̇* for *qui*, *c̄* for *con*, the ampersand for *et*, *n̄* for *non*. The tironian *et* occurs in the first hand, but not in the hand of our example. The cedilla, where used, is generally used correctly.

*Transcription f. 59^B^*

num ordinatum agebant diebus vero. ccciiii. Qui primum
mensem genitori suo marti dicavit. secundum ab apertio-
ne frugum nominavit aprilem. tercium maię matri mer-
curi. quartum iunoni sacravit. quintili et sextili
qui nunc a nativitate iulii cęsaris et augusti triumpho
nuncipantur. et ceteris sequentibus a numero nomen
imposuit. Quorum initium kalendas appellavit. quam tunc
kalata id est vocata in capitolium plebe. dicto quin-
quies vel septies verbo kalo, id est voco quot dies super-
essent ad nonas pronuntiabantur. Nonas autem quod no-
no ante idus die confluerent in urbem sciscituri
quid esset eo mense faciendum. porro idus diem qui medium
dividit mensem. iduare enim etrusca lingua divi-
dere est. His in una duos menses adiciens. ianuarium
a iano. februarium a februo deo illustrationum
nominando .cccliiii. diebus annum ad cursum lunę
disposuit. Quem iulius cesar .xi. diebus adiectis.
sicut hodie servatur instituit; .VII.

[*P.L.* 90, 282. Bede, *De temporibus*, cap. VI.]

ętate simul et die resurgent. Quę inter dies ipse quidem ipsa mansit semper. manet. et manebit ęterna. sed nobis tunc incipiet cum ad eandem videndam meruerimus intrare. Ubi quo actu occupentur sancti perfecta spe et carnis immortalitate renovati. testatur psalmista qui deo per laudem amoris canit. Beati qui habitant in domo tua domine. in secula seculi laudabunt te. Quo visu delectentur. idem consequenter exponit. Etenim benedictionem dabit. qui legem dedit. Ambulabunt de virtute in virtutem. videbitur deus deorum in syon. Quales ad hanc venire possint. ipse qui est via. veritas. et vita testatur dominus. Beati mundo corde. quoniam ipsi deum videbunt. Ergo noster libellus de volubili ac fluctivago temporum lapsu descriptus. oportunum de ęterna stabilitate ac stabili ęternitate habeat finem. Quem rogo si qui lectione dignum rati fuerint me suis precibus domino commendent. pariterque apud deum et proximos quantum valent agant industria. ut post temporales celestium actionum sudores. ęternam cuncti celestium premiorum mereamur accipere palmam. Explicit liber venerabilis bede presbiteri de temporibus. Incipit epistola eiusdem ad victeum presbiterum de equinoctio.

Reverentissimo ac sanctissimo fratri victeo presbitero. Beda optabilem in domino salutem. Libenter accepi litteras tuę benignitatis amantissime in christo frater. et capitula quę rogasti promptus describe [t accelerauī] ac tibi dirigere curavi. memor familiaritatis ac dulcedinis qua cum illo advenientem me suscepisti. Sed et questionem illam merito famosam de ecclesiastica hystoria super qua me interrogasti presentem. et cum tunc breviter ut potui respondi. nunc latius etiam explanare studui. Hoc est de equinoctio verno quod in libro prefato anatholius antistes reverentissimus in xi kl april die perhibetur annotasse. cum ceteri egyptiorum magistri hoc magis in xii kl earundem esse decernant.

Dicit namque sanctus petrius alexandrinę antistes ęcclesię ad beatissimum papam leonem scribens de pascha. et manifeste

84 Britain 1132

Cambridge, St John's College, A 22. Vellum, 285 × 195 (195 × 115); ff. 120 + 2; one hand of text.

Contains: Bede, *De temporibus*, *Epistulae*, etc.

Written at Reading Abbey. The monastic calendar at the end of the codex, ff. 111^{a}–113^{a}, chronicles events of importance to Reading Abbey. The calendar begins with the year 1132, a normal indication of the date of writing.

The similarity of this script to that of the preceding example is easily seen. There is, nevertheless, a certain advance over the late Carolingian ductus of the earlier hand. Many letters are more heavily clubbed, e.g. *r*, *b*, *d*, and indeed all letters with ascenders or descenders, *h*, *l*, *p*, *q*, *s*, but perhaps more significant, the roundness of the Carolingian stroke has gone, and the angularity (the right strokes of *n*, *m*, and frequently the *a*) which we expect of the gothic has already begun to be normal. The *er*, *re* sign ꝛ is here more common (line 2 *ęterna*) than in the preceding example. The high top stroke of the *a* is worth observing, as it persists in the English script for some time. Ker has drawn attention to this 'trailing-headed *a*' (*English Manuscripts*, p. 36) in which the headstroke 'projects farther to the left than the lobe forming the lower part of the letter'. In our example, see *mansit*, line 2, and *actu*, line 4. The distinction which Ker finds between initial, medial and final *a* does not appear to hold in our MS. Our scribe uses the ampersand; the tironian *et* sign does not appear. The marginalia on f. 89^{a}, where a long 7 does appear, are by another, coeval scribe. The cedilla is generally used correctly (except for *ęcclesiam*, which was so common in the twelfth century as to be conventional), but it seldom appears.

Transcription f. 87^{b}

ętate simul et die resurgemus. Quę vitę dies in se quidem
ipsa mansit semper manet et manebit ęterna. sed nobis tunc
incipiet cum ad eandem videndam meruerimus intrare. Ubi
quo actu occupentur sancti perfecta spiritus et carnis immortalita-
te renovati testatur psalmista qui deo per laudem amoris
canit. Beati qui habitant in domo tua domine in seculum seculi
laudabunt te. Quo visu delectentur idem consequenter
exponit. Etenim benedictionem dabit qui legem dedit. Am-
bulabunt de virtute in virtutem videbitur deus deorum in syon.
Quales ad hanc venire possint ipse qui est via veritas
et vita testatur dominus. Beati mundo corde quoniam ipsi deum vi-
debunt. Ergo noster libellus de volubili ac fluctivago tem-
porum lapsu descriptus oportunum de ęterna stabilitate ac sta-
bili ęternitate habeat finem. Quem rogo si qui lectione dignum
rati fuerint me suis precibus domino commendent piaque apud
deum et proximos quantum valent agant industria ut post
temporales cęlestium actionum sudores ęternam cuncti cęle-
stium premiorum mereamur accipere palmam. Explicit liber

[*P.L.* 90, 578. Bede, *De temporum ratione*, cap. lxxi.]

► Incipiunt leges s[an]c[t]i eduuardi reg[is]
q[ua]s in anglia tenuit: et q[ua]s rex
willi[elmus] heres 7 cognatus suus
postea confirmauit.

Post adq[ui]sitionē anglie
Willi[elmus] rex. iiii. anno
regni sui consilio baron[um]
suor[um] fecit summoni p[er] uniuersos
anglie [con]sulat[us]. anglos nobiles
sapientes 7 sua lege eruditos:
ut eor[um] leges & iura 7 [con]suetudi
nes ab ipsis audiret. Electi g[ra]
de singulis toci[us] patrie comitatib[us]
uiri. xii. iureiurando corā rege
p[ri]mū [con]firmauerunt: ut q[uo]ad pos
sent recto tramite. neq[ue] ad dexteram
neq[ue] ad sinistram diuertentes. legū
suarū 7 [con]suetudinū sancita pa
tefacerent. nich[il] p[re]mittentes nich[il]
► addentes: nich[il] p[re]uaricando mu
tantes. A legib[us] itaq[ue] s[an]c[t]e matris
ecc[les]ie sumentes exordiū. q[uonia]m p[er] eā
rex 7 regnū solidū subsistendi
habet fundamentū: leges libertatis
7 pacis ipi [con]cionati s[un]t dicentes.

De clericis & possessionib[us] eor[um].

2 Omnis clerus 7 etiā scolares
& omnes eor[um] res 7 possessiones
ubicu[m]q[ue] fuerint. pacem d[e]i 7 s[an]c[t]e
ecc[les]ie habeant. De temporib[us]
& dieb[us] pacis regis.

Ab aduentu d[omi]ni usq[ue] ad
octauas epiphanie: pax
d[e]i 7 ecc[les]ie p[er] om[n]e regnū. Simi
lit[er] a septuagesima usq[ue] ad
octauas pasce. It[em] ab ascensio[n]e
d[omi]ni usq[ue] ad octauas pentecost[es].
Item omnib[us] dieb[us] iiii. t[em]poru[m].
It[em] o[mn]ib[us] sabbatis ab hora nona:
usq[ue] ad die[m] lune. Item uigiliis
s[an]c[t]e marie. s[an]c[t]i michaelis. S[an]c[t]i
Iohi[s] baptiste. Omniu[m] ap[osto]loru[m].
7 s[an]c[t]or[um] quor[um] sollennitates a sa
cerdotib[us] d[omi]nicis dieb[us] annunti
ant[ur]. Et omniu[m] s[an]c[t]or[um] in k[a]l[endis] noue[m]
bris s[em]p[er] ab hora nona uigiliaru[m]:
7 subsequenti sollennitate. Item
Item in parrochiis ecc[les]iarum
ubi p[ro]pri[a] festiuitas s[an]c[t]i celebret[ur].
Simili[ter] 7 in parrochiis in q[ui]b[us]
dedicationis dies obseruatur.
Et si q[ui]spia[m] deuote ad celebra
tione[m] s[an]c[t]i adueniat. pace[m] hab[ea]t
eundo. subsistendo: 7 redeun
do. It[em] o[mn]ib[us] xp[ist]ianis ad ecc[les]iam
c[aus]a or[ati]onis euntib[us]: pax in eundo.

85 Britain 1155

London, Lambeth Palace 118 (olim c. γ 3, fol. 243). Vellum, 305×210 (230×150); ff. 206+ii+vi; one hand of text.

Contains: Henry of Huntingdon, *Historia Anglorum.*

Written, perhaps at Lincoln, in 1155. On f. 206[A–B], at the end of a summary list of recent English kings, we read: 'Fecit [Henry I] enim iudicium et iusticiam in terra. Huic successit Stephanus nepos eius annis XIX.' A marginal continuation in a later chancery hand brings the record up to Edward I. If our chronicler had lived far into the reign of Henry II he would certainly have indicated it. As the record stands he clearly tells us that he was aware of the end of Stephen's life and reign. There were five recensions of Henry's *Historia,* of which this one is the last. It seems that this part of the *Historia* has not been published. For the somewhat confused text of the *Historia* see H. R. Luard's Introduction to the work in the Rolls Series, vol. LXXIV (1879). Luard knew of this MS but apparently did not collate it. The MS is fully described in the catalogue of the Lambeth MSS by M. R. James and Claude Jenkins (Cambridge, 1931), pp. 193–6.

This strong script has much in common with the preceding two examples. It is regular, tight and uniform. The minimed letters are all firmly clubbed at the top and have a regular tick, pointed upward, at the bottom. The 'trailing-headed *a*' (Ker's term) is consistently present but not higher than its neighbours. The *c* is easy to distinguish from the soft *t*. Note the *tocius* of column A line 13. There are two *d*'s, the uncial ∂ and the erect, the ∂ occurring less frequently than the *d,* which is used both internally and initially, whereas the ∂ appears mostly internally and seldom finally. The *h* is cramped, the loop frequently closed at the bottom. Cf. column A line 3. The double *i* is distinguished from *u* by two slanted strokes, as in *parrochiis,* column B, line 7 from bottom. The *m* and the *n* show the angularity at the top which will be more prominent in the gothic period. There are two forms of the *s,* looped and erect. The looped *s* does not seem to be used initially save at the beginning of a sentence and the names of saints. The cedilla seems almost to have disappeared. The ampersand is still used but the tironian *et* sign 7 occurs more frequently. Ligatures *st* and *ct* are beginning to disappear, but can still be noted: *ct* in *Electi,* column A line 12, and *st* in *pentecostem,* column B line 9. Juncture does not yet occur. Though the script letters are tightly pressed together the reader would not be justified in assuming that gothic elision is present. The tightness we notice is the result of strict discipline in letter formation.

Transcription f. 196[A]

Incipiunt leges Sancti eduuardi regis
quas in anglia tenuit et quas rex
Willelmus heres et cognatus suus
postea confirmavit.
Post adquisitionem anglie
Willelmus rex .iiii. anno
regni sui consilio baronum
suorum fecit summoneri per universos
anglie consulatus anglos nobiles
sapientes et sua lege eruditos
ut eorum leges et iura et consuetudi-
nes ab ipsis audiret. Electi igitur
de singulis tocius patrie comitatibus
viri .xii. iureiurando coram rege
primum confirmaverunt ut quo ad pos-
sent recto tramite neque ad dexteram
neque ad sinistram divertentes. legum
suarum et consuetudinum sanccita pa-
tefacerent nichil pretermittentes nichil
addentes nichil prevaricando mu-

[Unpublished in this form.]

ORIGENES. Secundo in loco primitiarum, id est de initiis frugum mandatur oblatio, quod in die pentecostes lex fieri iussit; sed illis umbra data, nobis ueritas seruata est. In die autem pentecostes oblatio sacrificium orationum, spiritus sancti primitias apostolorum suscepit ecclesia. Uere hi fuerunt recentia, quia nouum erat. Unde et musto pleni dicebantur. Igneae namque linguae super singulos consederunt.

ISICHIUS. Non enim precipit eos dei noticiam semine offerre, qui in ea diu permanserunt, sed et rudes. Inde paulus ingressus ut uocatus est, predicauit. Primitiuus deo est qui nouiter credere cepit, qui dudum ei nullum scientie fructum obtulit. Tales quia nec dum subtiliter misteria perferunt, non farinam offerant aut similam; necesse est ut uirentia ac torrida atque confracta offerant. Quemadmodum enim fructus humidos nec dum mole aptos ut fiant farina aut simila, igne confringentes paleas separamus, sic nondum qui solidam scientiam habent nec subtilem et theologiam, igne spiritus sancti indigent, ut litterae paleas separent, quo sufficientem dei scientiam prouideant. Oportet autem oleum super fundere et thus ponere, per elemosinam quippe et orationem scientia diuina nobis perficitur.

ORIGENES. Quod si hostia pacificorum etc. Transmissis ceteris, de solis his sacrificiis dicere, que ex animalibus, id est bobus, capris et ouibus offeruntur, in quibus uel ad immolandum substituuntur. Nec aues quidem, que in offerendis muneribus substitute sunt supra. Qui enim salutares hostias offert, siue salutis causa est, necesse est ut hic non magna et perfecta offerat. Unde apostolus: perfectorum autem est solidus cibus.

ISICHIUS. Quod si hostia pacificorum etc. Sunt secundum legem hominum diuerse conuersationes. Sunt in modum scalarum ordinate uirtutes. Non alius quidam, alii affectant omnes ut quisque subleuetur ad altiora. Quod significat sacrificiorum differentia. Unde hic holocaustum, id est se totum offert, sicut paulus qui Christo configitur cruci. Alius sacrificium pacificorum uel salutare, qui salutem desiderat, nec potest ascendere ad sublimia, qui non potest esse uirgo. Si in secundo conuersatur coniugio, uitam percipit a domino, quia ait: Non omnes capiunt uerbum istud. Et sic saluatos necessario ordinat. Hoc ipsum de contemptu rerum, de iusticia, de cibo, cum ceterarum actione. Magnus est enim qui magna, paruus non minus qui potest conse[illegible] qui mediocria. Ergo secundum duas conuersationum species, duas sacrificiorum spontaneorum ponit diffinitiones. Dicit enim in exodo: Altare de terra facietis mihi et immolabitis super illud holocaustomata uestra et pacifica, oues et boues etc. Subinfert pacifica, tanquam secundi ordinis et uirtutis. Qui ergo sibi putat sufficere si saluetur, si quidem de bobus offert, boues autem sunt qui ea que legis sunt faciunt, masculum uel feminam immaculatum munus offerat. Cum autem non qui holocaustum offeret, non precipit offerre feminam, non quod femina prohibetur ab hac conuersatione, sed quia uirorum, id est fortiorum est perfecta sapere. Unde: Mulierem fortem quis inueniet? Fortitudo enim uix in mulieribus inuenitur. Pacificorum sacrificium uirorum est et mulierum. Oportet enim eas digne conuersari ut perueniant ad salutem.

ISICHIUS. Oportet enim intelligibilem adipem offerri, id est desiderium, quod greci epithumian dicunt, qui operit prius superiorem uentrem, deinde inferiorem, ut et cogitandi et faciendi desiderium offeramus. Precedit enim cogitatio, succedit impletio. Hoc autem in uentre, id est in corde facimus, in quo prius actiones proponimus, tanquam appetamus, deinde perficere

uero non imponentur in odorem suauitatis. Quicquid obtuleris sacrificii, sale condies. nec auferes sal federis dei tui de sacrificio tuo. in omni oblatione offeres sal. Sin autem obtuleris munus primitiarum frugum tuarum domino de spicis adhuc uirentibus. torres eas igni. et confringes in morem farris. et sic offeres primitias tuas domino. fundens super ea oleum & thus imponens. quia oblatio domini est. de qua adolebit sacerdos in memoriam muneris partem farris fracti. et olei. ac totum thus. Quod si hostia pacificorum fuerit eius oblatio. et de bobus uoluerit offerre. marem siue feminam. inmaculata offerret coram domino. Ponetque manum super caput uictime sue. que immolabitur in introitu tabernaculi. fundentque filii aaron sacerdotis sanguinem per altaris

Ut quicquid ad ... bono... rem offerimus, sale discretionis ... — apostolica sapientia. Unde: uos estis sal ... — de primis frugibus ... — simila sit recens et noua. — initiis bonorum operum uel doctrine. — rudibus. — ad ... debes. — spiritus sancti. — separando litteram a spiritu. — elemosinam misce. — boni odoris sunt deo. — orationem. Dirigatur oratio mea sicut incensum in conspectu tuo. — ut supra. — id est salutaris que ex duo... — uiri? enim oportet digne conuersari si uolunt saluari. — fortia opera. — infirma. — labe peccati. — bene placens domino. — ut supra.

sale / discretionis / ... uos estis sal / ... sale / sermo pred... / Ideo precipit / crificio offe... / apostolica istru... / tationem ope... / paulus ait. ... / mei estote. / et alibi. edifi... / damnum apl... / Unde legis ... / simpliciter ... / deris tui ... / dus rationale / tionale. ... / uagli ... / nos comonent / oleum autem ... / non cum clarita... / non ex scientia / cessitate. ... / tore diligi... / ... duo... / et ouibus ... / catis ... / uidetur ... / ... / ut si ... / et offerat ... / Uel offeran... / Marem ... / in holocau... / res offer... / tum ergo ... / designat / mundo re... / similia ... / sacrificia. / cificorum ... / res. ... / fidelium ... / Unde fem... / cum ... / ma oper... / ribus.

86 Britain 1176

London, British Museum, Harley 3038 (olim 109. 3. 13). Vellum, 315×215 (235×180); ff. 91; one hand.

Contains: Leviticus glossatus, Evangelium Johannis glossatum.

Written at St Mary Bildewas. On f. 7[b], at beginning of gloss of Hesychius, are the words: 'Liber Sancte Marie de Bildewas. Scriptus anno ab incarnatione domini Millesimo centesimo septuagesimo sexto.'

It is difficult not to call this script romanesque, despite the marked progress toward the gothic. The pronounced angularity of the minimed letters, *e*, *i*, *m*, *n* and *u* and even the *h* and the *r*, shows how radically the Carolingian roundness has been discarded. A comparison, letter for letter, with Plates 4 (1167) and 5 (1183), both French, and 33 (1158) and 34 (1186), both German, will show how persistent the Carolingian tradition was on the Continent, and how quickly it was rejected in England. There are other details of the script of this example which betray the influence of the chancery hand. In the gloss, for reasons of economy of space, the abbreviations are more numerous and therefore more re-vealing. The *et* sign is very English (line 6), the minuscule *d* is a chancery letter (line 1 *Secundo*). Elsewhere in the codex the erectness of the script gives way to a degree of backhand. The scribe is uncertain as to the proper form for the soft *ti*. He writes *primitias* in the text (line 12) and *primiciarum* in the gloss (line 1), *iusticia*, *noticia* and *oblatio*. The cedilla has disappeared. The English three-stroke suprascript sign which most commonly represents the -*er* or -*re* sound begins to appear frequently. See left-hand gloss, line 3, *veritas*, right-hand gloss, line 3, *terre*. It may also represent an omitted *a*, as in *oracionum*, left-hand gloss, line 4.

Transcription f. 11[a]

Origenes. Secundo in loco primiciarum id est de initiis frugum man-
datur oblatio quod in die pentecostes lex fieri iussit.
sed illis umbra data est veritas nobis servata est. In die
autem pentecostem oblatio sacrificium oracionum spiritus sancti
primitias apostolorum suscepit ecclesia. vere hec fuerunt
recentia quia novum erat. Unde et musto pleni dicebantur
ignee namque lingue supra singulos consederunt.
Esichius. Non modo precipit eos dei noticiam scive offerre
qui in ea diu permanserunt sed et rudes. Inde paulus mox
ut vocatus est, predicavit primitivus deo est qui noviter cre-
dere cepit, qui dudum ei nullum scientie fructum obtulit
tales quia nec dum subtiliter misteria proferunt ut fari-
nam offerant aut similam:⁄ necesse est ut virentia
ac torrida atque confracta offerant. Quemadmodum
enim fructus humidos nec dum mole aptos ut fiant
farina aut simila igne confringentes paleas separamus
sic nondum qui solidam scientiam habent nec subtilem et the-
ologiam igne spiritus sancti indigent ut littere paleas sepa-
rent quo sufficientem dei scientiam possideant oportet autem
oleum superfundere et thus ponere per elemosinam quippe
et oracionem scientia divina nobis perficitur

[Unpublished in this form. For Hesychius cf. *P.G.L.* 93, 787–90.]

Liber Iosue incipit.

FACTUM EST ERGO post mortem moysi et descensum populi luctu pro eo: locutus est dominus Iosue filio nun. Moyses servus meus mortuus est. surge et transi iordanem hunc tu et omnis populus tecum. Sicut fui cum moyse: ero et tecum. Et terram quam moysi promiserat. et fere eisdem verbis promisit ei. et eosdem terminos terre promissionis descripsit. Et nota quia cum dixit moyses mortuus est: suggillavit errorem quorundam dicentium moysen raptum esse cum helya et enoch. quia nullum vestigium mortis ei relictum est. Quod vero addidit servus meus: destruit et aliorum errorem dicentium moysen dampnatum et inaliter propter aquas contradictionis. Quod vero dixit surge: locutio est et non sensus. Non enim credendus est sedisse vel iacuisse cum loqueretur ei dominus. Tunc precepit iosue per precones populo. Preparate vobis cibaria. quia post diem tertium transibitis iordanem. Quod de cibariis aliis a manna intelligendum est. quia manna in tertium diem reservari non poterat. Hoc de humano consilio dixit iosue. nec tamen transierunt iordanem usque in septimum diem. Exploratores enim quos tunc misit: per triduum morati sunt. Post reditum quorum [illegible] expectavit populus diminutionem aquarum. et preparavit sibi cibaria iuxta mandatum iosue. ne deinceps simile aliquid sine divino consilio ageret. Postea tamen cum dixisset dominus moysi in electione eius iosue succedere: vel pro eo si quid agere vellet eleazar: consulat dominum. Quod autem erraverit: patet. Ignorabat enim utrum in tertia die iubens attollere sine motum non moventem castra. Quod tamen per anticipationem asseret demum. Non mandatum esse a iosue donec redierunt nuncii. De exploratoribus.

Misit ergo iosue duos exploratores de sethim in iericho. [illegible] ipse vero interim movit castra et metatus est ea spatio .lx. stadiorum a iordane. Exploratores autem sub simulatione fatuitatis diligenter consideraverunt urbem et munitiones eius. In vespera declinaverunt ad domum raab meretricis que coniuncta erat muro et porte civitatis. Nunciatum est autem regi iericho venisse exploratores esse. Que cum misisset ad raab ut educeret eos: abscondit eos in stipula lini quam siccabat super murum. mentiens eos egressos dum clauderetur porta. Dixitque nuncius. persequimini eos per viam iordanis et comprehendetis. Tunc ascendens ad viros quos operuerat: dixit eis. Novi quod dominus tradet vobis terram hanc. ex hiis que audivimus per vos facta a domino. Iurate ergo mihi per dominum ut quomodo ego feci vobis misericordiam: sic et vos faciatis mecum. et cum universa domo patris mei ut salvetis animas nostras. et universa que possidemus. At illi iuraverunt. Tunc dimisit eos mulier per funem coccineum de fenestra domus que haerebat muro. et ait eis. Latete in montanis tribus diebus donec redeant qui vos persequuntur. Qui dixerunt ei. Non tenebimur iuramento si non collegeris cum capietur civitas omnem domum tuam tecum. et ligaveris funem hunc in fenestra ut hoc signo domum tuam cognoscamus. Itaque post tres dies redierunt exploratores ad iosue narrantes omnia que sibi acciderant. Iosue vero et eleazar et maiores populi ratum habuerunt eorum iuramentum.

Post ea tribus diebus De transitu iordanis. Revolutis: dixit iosue ad populum. Sanctificamini. cras enim faciet dominus inter vos mirabilia. Diluculo vero ait ad sacerdotes. Tollite archam et precedite populum spatio cubitorum duum milium. ut videri possit ab universis. Cumque inveneritis partem iordanis: siccabitur ad instar pavimenti. Cumque precederent sacerdotes cum archa: sequebatur universa multitudo parvulis et mulieribus in medio collocatis. precedebantque ruben et gad et dimidia tribus manasse secundum quod promiserant moysi. et erant .xl. milia armatorum. In paralipomenon legitur tamen .l. In quo multa vicio scriptorum depravata sunt. Accedentes ad iordanem: repererunt eum ineabilem. plus enim solito tempore tunc messis excreverat. [illegible] pro solutione nivium in montibus facta. tamen ipse imbre serotinum novit datum. Cumque intrassent sacerdotes ad aquam: steterunt aque ad instar montis intumescentis. et apparebant procul usque ad locum qui dicitur sartha. Inferiores vero aque descenderunt in mare mor

ruben et [illegible] filii [illegible]
legitur [illegible]

87 Britain 1183

London, British Museum, Royal 7. F. XII (olim Lumley XVII B). Vellum, 355×235 (235×155); ff. 197; one hand.

Contains: Petrus Comestor, *Historia Scholastica.*

Written at the abbey of Helenstow by Robertus filius Radulfi. The colophon on f. 196[B] reads: 'Hunc librum scripsit Robertus filius Radulfi discipulus et scriptor ultimus magistri Roberti bonni de bedeforde.' At the head of the next column, f. 196[C], we read: 'Scriptus est liber iste anno tertio coronationis Regis Ricardi quem scribere fecit C. de Chanul-lis bonę memorię Abbatissa beatę Marię de helenestowe.' The signature of Thomas Cranmer, Thomas Cantuariensis, appears at the top of f. 1[a].

Compared with the preceding de luxe hand this script shows deterioration in calligraphic precision. Many lines are uneven, and, within the words, letters may be of varying height. Abbreviations are more numerous and there is evidence of some concern for space and time. The general impression is similar to that created by early gothic, English or north French: angularity, short ascenders and descenders, tightness of letters and clubbed tops to minimed letters. Yet one should note that juncture (*de, do, pe, po*, etc.) has not yet appeared. The trailing-headed *a* occasionally appears (column C, bottom line, *Nunciatum*). Both *d*'s, the erect and the uncial, appear indifferently. The final *s*, and indeed the *s* in general, is the upright variety, although the looped *s* does appear, sometimes suprascript (column D line 1 *ploratores*) and not frequently initially (column D line 21 *sibi*). The tironian *et* sign is crossed and generally extends slightly below the line. The similarity of this hand to that, e.g., of Plate 5 (French, 1183) is close, and in general north French and English hands in these decades tend to exhibit many similar traits. On the other hand the cursive note at the bottom of our example, possibly by the scribe of the text, could not have been written by a French scribe.

Transcription f. 46[D]

ploratores esse. Qui cum misisset ad raab ut educeret
eos abscondit eos in stipula lini quam siccabat
supra murum mentiens eos egressos dum clauderetur
porta. Dixitque nunciis persequimini eos per viam
iordanis et comprehendetis. Tunc ascendens ad
viros quos operuerat dixit eis. Novi quod dominus
tradet nobis terram hanc ex his que audivimus pro
vobis facta a domino. Jurate ergo mihi per deum ut quo-
modo ego feci vobis misericordiam sic et vos faci-
atis mecum et cum universa domo patris mei
ut salvetis animas nostras et universa que posside-
mus. At illi iuraverunt. Tunc dimisit eos mu-
lier per funem coccineum de fenestra domus que
habebat muro et ait eis · Latete in montanis
tribus diebus donec redeant qui vos persequentur. Qui
dixerunt ei. Non tenebimur iuramento si non col-
legeris cum capietur civitas omnem domum tuam
tecum et ligaveris funem hunc in fenestra ut hoc

[*P.L.* 198, 1261 f.]

Anno ab incarnatione domini m. cc. ii. hic scriptum est librarium beati Andree.

LIBRARIUM BEATI ANDREE.

Augustini.

De libris beati Augustini.
De ciuitate dei in uno uolumine.
De trinitate in uno uolumine.
Super Iohem in uno uolumine.
De consensu euangelistarum in uno uolum.
De uerbis domini et de uerbis apostoli in uno uol.
Super psalterium in tribus magnis uol.
De ouibus et pastoribus et alia plura in uno uolumine.
Contra faustum manicheum in uno uolum.
Encheridion et alia opuscula in i. uo.
Contra felicianum et alia opera in i. uo.
De doctrina christiana et de uera religione et de penitencia in uno i. uol. id est iste liber.
Super epistolam Iohannis in i. uolum.
Super epistolam ad Romanos ex compilationibus bede in uno uolumine. Et in alio uol.
Super duas epistolas ad corinthios in al. uol.
Contra v. hereses et alia diuersa opuscula in uno uolumine.
De nuptiis et concupiscencia et contra iulianum hereticum et alia plura in i. uol.
De agone christiano et alia plura in uno
De presencia dei ad dardanum et alia plura in uno uolumine.
Sentencie excerpte de diuersis libris augustini in uno uol.
Super genesim ad litteram in i. uol.
Libri confessionum et de diuersis heresibus in i. uol.
Liber retractationum et alia plura in i. uol.
duo libri ueteris et noui testamenti Willelmi de Hecham.

Gregorii.

De libris beati Gregorii pape.
Super Iob in duobus uoluminibus.
Speculum in uno uolumine.
Pastorale et Gregorium nazanzenum in uno uolumine.
Dialogum in uno uolumine.
Super partem primam ezechielis et super secundam in duobus uoluminibus.
Registrum eius in i. uol.

Ambrosii.

De libris beati Ambrosii.
De sacramentis cum epistolis et nonnullis aliis in i. uol.
De fide ad gratianum in i. uol. Et in alio uol.
Super lucam in i. uol. De uirginitate et uiduis.
Exameron in i. uol. De officiis in i. uol.
De penitencia cum contra pompeium et al. in i. uol.

Ieron.

De libris beati Ieronimi. Epistole in i. uol.
Super ysaiam in i. uo. Psalterium eius in i. uo.
Super ezechielem in i. uo. Super matheum in i. uol.
Super xii. prophetas et danielem in ii. uol.
Super ieremiam in i. uol.
Super ecclesiasten et aliis pluribus opusculis in i. uol.
Super ieiunia et pluribus opusculis beati Aug. in i. uo.
De hebraicis questionibus cum aliis in i. uol.
Contra iouinianum in i. uol. Vetus et nouum testamentum secundum translationem eius in ii. uol. uetus leuiticus et liber numeri
liber Suetonii ... Beda.

Libri uenerabilis Bede. Hystoria anglorum in i. uol. Super apocalypsim in i. uol.
De temporibus in i. uol. Super tobiam in i. uol. Martirologium cum aliis in i. uo.

Item commune librarium. Lectionaria v.
Passionaria. iiii. Omeliaria. ii.
Vita sanctorum patrum in ii. uol. Collationes patrum cum multis aliis in i. uol.
Decreta yuonis in i. uo. Decreta gratiani in iii. uol. unum magistri hamonis et al. Radulfi de frendesberi. Amalarii in i. uol. Item magistri Rogeri de derneford.
Summe magistri petri in ii. uol. unum magistri h. et aliud Willelmi de Brudefeld. Psalteria secundum p. commentatorem ii. unum magistri h. antiquum et aliud magistri hamonis iunioris. Alia duo.

London, British Museum, Royal 5 B. XII (olim 43). Vellum, 275 × 180 (225 × 130); ff. 166; two hands.

Contains: Catalogue of books in St Andrew's Priory, Rochester, and varia Augustini.

Written (our plate) at Rochester, probably by Humfridus, precentor of St Andrew's. At the top of f. 2[A] (our illustration) are the words: 'Anno ab incarnacione domini m° cc° ii° hoc est scrutinium librarii nostri.' There are frequent references in the codex to Rochester, e.g. top of f. 1[a] in a near-coeval hand 'de claustro roffensi', and, f. 4[a]: 'Liber de claustro roffensi quem qui inde alienaverit alienatum celaverit vel hunc titulum in fraudem deleverit anathema sit. Amen.' Just below, in the same hand, probably that of the catalogue of books, but not the text of Augustine, 'Memoriale Humfridi precentoris'. The second hand in the codex, undated, is earlier than the catalogue of books in the priory.

This is still a transitional script, not yet completely gothic, yet developed beyond the strong and disciplined romanesque of Plates 84 and 85. Lines are uneven, letters are unevenly spaced. The influence of the English chancery hand may be traced. The *et* sign, with its wavy tail extending below the line, and the chancery trick of attaching the *e* to the top of a cursive *d* are already noticeable (column A, line 8 from bottom, *de*). Ascenders are frequently forked; the trailing-headed *a* persists, the zig-zag abbreviational sign ⁊ is in frequent use, sometimes precisely made (column A line 20 *diversa*), more often carelessly written (column A line 8 *psalterium*). The erect *s*, medial and final, still dominates, but the looped *s* does appear (column A line 22 *nupciis*). We may note the sign for an omitted *-ra*, which is merely an open-topped suprascript *a* (column B line 6 *sacramentis*).

Transcription f. 2[A]

Librarium Beati Andree
De libris beati Augustini Augustinus
De civitate dei in uno volumine
De trinitate in uno volumine
Super iohannem in uno volumine
De consensu evangelistarum in uno volumine
De verbis domini et de verbis apostoli in uno volumine
Super psalterium in tribus magnis voluminibus
De ovibus et pastoribus et alia plura
in uno volumine. volumine.
Contra faustum manicheum in uno
Encheridion et alia opuscula in uno volumine,
Contra felicianum et alia opuscula in i volumine.
De doctrina christiana et de vera religione
et de penitencia in uno i volumine id est iste
liber. Super epistolam Johannis in i volumine.
Super epistolam ad Romanos ex compila
cionibus bede in uno volumine. tero volumine.
Super duas epistolas ad corinthios in al-
Contra v hereses et alia diversa opus-
cula in uno volumine. volumen
De nupciis et concupiscencia et contra
iulianum hereticum et alia plura in .i. volumine.

[Ed. W. B. Rye in *Archaeologia Cantiana*, III (1860), 54.]

[illegible] post alium debet scilicet motum in motum accessionis et [illegible]

circumgirabor supra equatorem diei et circulos in [illegible] oriente et celi
medii diei celi transiens per duos polos. et secans eum [illegible] in ipsis polis. dividitque celum
orientale et occidentale et circulus ille qui est in medio [illegible] duos polos et dividens
supra in duo media hic est quod secat celum [illegible] predictum postea celum orbis declivis.
qui est declinatus a celo orientali et occidentali et secat ipsum in duo media.
illud quidem cum duos circulos maiores in spera contingit impossibile est ut non abscindant se
in duo media. locus qui est in orbe declivi secat celum orientalem et occidentalem.
qui est celi equatoris diei [illegible] differentia [illegible] et declinatio celi
declivis ab equatore diei que est 23 gradus et medietas et 23 [illegible] post [illegible]
[illegible] orbis signorum. [illegible] supra stellarum fixarum [illegible] illud in quo sunt signa celi
predicti [illegible] orbis declivis [illegible] in spera signorum [illegible] sub orbe declivi
[illegible] in orbe equatoris diei. [illegible] declinationem ab eo ad duas plagas
septentrionis et meridiei. et hec declinatio est apud [illegible] equatoris diei
et orbis declivis et est locus in quo est arietis caput et libre. [illegible] declinatio [illegible]
orbis declivis in orbe signorum [illegible] habitudinem unam [illegible]
[illegible] orbis declivis signorum orbe declivi equatoris diei et
[illegible] medietas orbis declivis in orbe signorum [illegible] meridianam et
[illegible] declinationem orbis signorum a meridie ad septentrionem et a septentrione
ad meridiem. [illegible] differentia equatoris diei et celi
orientalis et celi orbis declivis. et hec celi diameter [illegible] gradus et 24 [illegible]
et [illegible] scilicet motus [illegible] dictus motus accessionis accessionis et re-
cessionis. et [illegible] differentia [illegible] celi.
[illegible] et [illegible] capite arietis orbis signorum [illegible]
[illegible] et revolvitur super [illegible] figurabo [illegible] opposito [illegible]
[illegible] differentia equatoris diei et celo orientali et orbis declivis celi [illegible]
[illegible] motus capitis libre super ipsum. [illegible] capite arietis
[illegible] in parte septentrionis. ab orbe equatore diei [illegible] capite libre [illegible]
in orbe meridiei ab eo et [illegible] capite arietis in parte meridiei [illegible]
libre [illegible] in parte septentrionis ab eo. et [illegible] capite arietis in supremo
celi [illegible] super orientem [illegible] capite libre [illegible] in infimo celi [illegible]
oriente. et [illegible] capite arietis et libre [illegible]
[illegible] medietatis orbis [illegible] hoc motu. et [illegible]
arietis et libre [illegible] in equatore diei. et [illegible] arietis septentrionale
ab equatore diei. et capite libre meridionale ab eo. et [illegible] capite arietis me-
ridionale et capite libre septentrionale. et [illegible] locus [illegible] orbis declivis in orbe
signorum [illegible] equatore diei. gradus libre et [illegible] arietis et [illegible]
[illegible] locus [illegible] signorum. a capite
arietis et libre [illegible] 10 gradus et 3 [illegible] in parte septentrionis et [illegible]
in parte meridiei. et hic est motus [illegible] orbium stellarum fixarum. [illegible]
[illegible] qui sunt sub orbe signorum [illegible] orbis stellarum fixarum [illegible] orbis [illegible]

89 Britain 1215

Oxford, Bodleian Library, Savile 21. Vellum, 225 × 145 (190 × 110); ff. 201; several hands, *c.* 1200–*c.* 1300.

Contains: Varia astronomica, Robert of Chester, Thebit ben Chora, etc.

Written probably at Oxford; our example in the hand of Robert Grosseteste. This MS is described in S. H. Thomson, *Writings of Grosseteste* (Cambridge, 1940), pp. 32 f. Grosseteste's hand is found on ff. 142–60 and 201–2. At the end of the first section, on f. 160^b, are two diagrams, squares within squares, and in each, in Grosseteste's hand, a reference to the time, reckoned in arabic years, in one case, 'annis arabis 611', in two others 'annis arabis 612'. The last: 'Hec est figura coniunccionis saturni et iovis annis arabis 612 profectis mensibus 5 diebus 20.' This corresponds to 1215–16, just after Grosseteste probably returned to Oxford from a generally accepted stay in Paris of some years.

The chirography of active scholars is traditionally bad. Grosseteste was in this respect quite traditional. It is obvious that he learned in a chancery school. The few times in these 20 folia when he attempted to write textual gothic were hardly successful. It is furthermore doubtful if he could have satisfied any chancellor as a scribe; his hand is uneven and unclear. Several letters are characteristic: the 7 sign, looped at the bottom, below the line, the *g* with an elongated tail to the left, the *de* with the *e* attached to the top of the ascender, the long-tailed *r*. None of these by itself is remarkable, but taken together with the whole nervous and irregular ductus they make a very distinctive hand. The abbreviational sign for *-rum* of the genitive plural, a simple apostrophe after the attached *r* (line 6 *circulorum maiorum*), would appear to be an individual sign. The punctuation makes little or no sense.

Transcription f. 153^b

Imaginabor speram equatoris et iii circulos in ea signatos qui sunt circulus orizontis et circulus linee
medii diei celi transiens per duos polos et secans circulum orizontis in ipsis polis deinde circulum
orientis et occidentis et est ille qui est in medietate eius quod est inter duos polos et dividit
speram in duo media. Hii ergo sunt circuli iii. predicti. Postea circulum orbis declivis
qui est declinatus a circulo orientis et occidentis et secat ipsum in duo media et
illud est quoniam omnium duorum circulorum maiorum in spera existencium impossibile quin unus alterum se
cet in duo media. Locus autem ubi orbis declivis secat circulum orientis et occidentis
qui est circulus equacionis diei in circulo orizontis est in differencia communi inter eos. et declinacio circuli
declivis. ab equacione diei est quasi 23 gradus et medietas et 3 minuta postea imaginabor
speram orbis signorum que est spera stellarum fixarum in interiori illius in qua sit signati circuli
predicti eciam preter quod orbis declivis signatus in spera signorum non est fixus sub orbe declivi
signatus in orbe equacionis diei. Sed habet pocius declinacionem ab eo ad duas plagas
septentrionis et meridiei et hec quidem declinacio est apud differenciam communem equacionis diei
et orbis declivis et est locus in quo est Arietis capud et Libre. Hec autem declinacio que est
orbis declivis in orbe signorum est non fixa secundum habitudinem unam sed diversificatur.
Quandoque enim coperit superficies orbis declivis signorum orbem declivem equacionis diei et
quandoque est medietas orbis declivis in orbe signorum septentrionalis et quandoque meridiana. et
motus quidem huius declinacionis orbis signorum a meridie ad septentrionem et a septentrione
ad meridiem non est in linea recta. Sed in circulo cuius centrum est. differencia communis equatoris diei et circuli

[Ed. F. J. Carmody, *The Astronomical Works of Thabit B. Qurra* (Berkeley, 1960), p. 102.]

Dicto de preceptis
dicendum est de sacra
mentis

London, British Museum, Royal 9 B. V (olim 355). Vellum, 330×230 (280×210 and 240×195); ff. 200; two coeval hands.

Contains: Willelmus Antidotensis (Autissiodorensis, of Auxerre), *Summa Aurea.*

Written certainly at Worcester. At the top of f. 1[a], in a hand of the late fourteenth century, are the words: 'liber monasterii Wygornie'. The colophon on f. 199[D] reads: 'Te deum laudamus. Anno domini m[o] cc[o] tricessimo primo mense octobri.' The monks at Worcester regarded William highly. Two thirteenth-century copies of this *Summa* are still to be found in the chapter library, MSS F 31 and F 44.

This script might be called the English equivalent of the French textura. Whereas the French textura maintained a high degree of calligraphic gothic precision, the English formal school hand was at times allowed to become uneven and very rough. The insinuation of certain features of the chancery hand contributed to the irregularities of this script. While many letters retained an angular structure, that is, all those with short minims, *i, m, n, u,* those letters with ascenders, *b, d, f, h, l, s,* show the influence of the chancery cursive. The *d*, particularly, with its heavily stroked sloping ascender, tends to contradict a general impression of erect letter structure. The abbreviations are about normal for a theological text of the time. The long English *r* hardly appears in the text. The ÷ for *est* is standard but *ē* also occurs. The uncrossed *et* sign and the uncial *d* are normal. We do not yet find real junctures. The hand changes on f. 161[D] to a smoother and more rounded gothic, whose *d* is very bold and noticeable, but our scribe returns on f. 200[a] to make a list of the rubrics in the *Summa.* The hand would appear to be that of a scribe of an advanced age. A letter-by-letter comparison with Plate 8 (French, 1232) might be valuable.

Transcription f. 160[A]

Dicto de preceptis
dicendum est de sacra
mentis
Dicto de preceptis et iudiciis consequenter dicendum est de sa-
cramentis circa que primo videndum est quid sit sacramentum, et de
causis institucionis sacramentorum et de tempore sacramentorum.
Secundo de sacramento veteris legis. Tercio de sacramentis nove legis.
Augustinus sic diffinit
sacramentum. Sacramentum est invisibilis gracie visibilis forma. Scilicet
secundum hoc
videtur quod serpens eneus erectus in palo fuit sacramentum, fuit enim visibilis
forma in-
visibilis gracie, scilicet Christi, quia sicut iudei qui mordebantur a serpentibus
ignitis aspicien-
tes serpentem eneum sanabantur, ita illi qui aspiciunt Christum suspensum in
cruce per ve-
ram fidem a morsibus serpentum, id est a peccatis mortalibus, que sunt morsus
ignitorum
serpentum, id est demonum, liberantur. ergo serpens eneus fuit sacramentum
in veteri lege. Eodem
modo obicitur de cruce et aqua benedicta. Crux enim signum est invisibilis
gracie ut scilicet
crucifigamus carnem nostram cum viciis et concupiscenciis sicut tripliciter
crucifixus
est et ad hoc est solucio quia illa diffinicio non est perfecta. Unde sic est
perficienda. Sa-
cramentum est invisibilis gracie visibilis forma [ita] ut eius similitudinem gerat et eam
existat et hoc convenit sacramentis nove et eciam veteris legis. alii dicunt quod
non est
diffinicio quia etsi signum ponatur ibi pro genere deficiunt ibi differencie quia
non

[Ed. Paris, 1518 (?), f. AA ii[D] (264[D]).]

[illegible] … sancte ecclesie … [illegible]
… [illegible] … venerabilium patrum … [illegible]
… [illegible] … incipit liber penitentialis … [illegible] … Jo.
de deo … [illegible]
compilatus in quo [illegible] … [illegible]
[illegible] … [illegible]

Venerabili patri ac domino ac divina providentia urbis
bonon. et venerabilibus viris decano archidiaconus cantori thesaurario et magistro scolarum et universo capitulo eiusdem
magister Jo. de deo doctor decretorum canonicus eorundem et servus eorundem
prudentie salutem in eo qui est vera salus omnium cum reverentia tam debita quam devota. Ita est. Ita est regula
a patribus approbata quod nisi subsit causa emendandi tamen quod
minor aliis fiat. xi. q. iii. c. Si qui h. et legitur in canone
quod ea que ultimo dicuntur melius memorie commendantur de
pe. di. ii. liquido. Idcirco ego Jo. de deo servus sanctitatis vestre
post multos libellos et tractatus quos diversis temporibus ad
honorem summe trinitatis et individue unitatis pa. et fi. et s.
s. et sancti vincentii ac aliorum sanctorum et universalis studii
et sancte romane ecclesie composui dirigendo diversis obtutum
mentis mee. Ad ultimum instantia multorum precum
multorum fratrum diversarum religionum et capellanorum et rectorum
bon. civitatis et dioc. compulsus scilicet de regulis penitentialibus
librum componere ex auctoritate divine legis et canonum
sanctorum et ex corpore decretalium et precipue decretorum quem
librum ad honorem dei et vestri et vestre urbis et ad memoriam
et reverentie vestre aggressus sum cum summis vigiliis et
diligentia plurima favente divina gratia consummavi non contemnendo eos qui huc usque talia non servaverunt. sed monendo ut non sint canonum contemptores. quia per consequens peccarent in spiritum sanctum instinctu cuius canones facti sunt ut. xxv. q. i. c. Violatores. et xi. q. i. c. nullus. et l. d. Si diaconus. et c. Si ille. quia sic salus et vita declino. et quo sic unicuique iuste
prudentia debeat mereri et discretissime iudicare. Hunc librum
per vii. libellos est distinctus ad instar spiritus septiformis
I et per lxxii. titulos ad instar lxxii. discipulorum. Primus liber est
de confessione generali qui xiii. titulis est divisus. scilicet de confessione
infirmorum. Item quid faciat sacerdos postquam audivit confessionem
infirmi. Item de confessione sani et qualiter ei penitentia iniungitur. Item de confessione servorum. Item de penitentia divitum.
Item de penitentia puerorum et adolescentium. Item de penitentia senum.
Item de penitentia prelatorum in generali. Item de penitentia monachorum et aliorum religiosorum in generali. Item de penitentia minorum clericorum in
generali. Item de penitentia monialium in generali. Item de penitentia mulierum in generali. Item de penitentia meretricium in generali. Item de penitentia puerorum et puellarum in generali. Item de penitentia monialium
in specie. Item. Item secundus liber docet ubi est penitentia expresse
II in iure canonico diffinita. et de iuris qui non inveniuntur a canone
diffinita expresse. et est diffinita in iii. C. et x. capitulis nisi me
fallat oculus. et isti sunt canones penitentiales quos sacerdos scire debet. aliquin vix in illo nomen retinet sacerdotis ut
placitum est. xxxviii. d. que ipsis presbyteris. Item tercius liber
III per viii. titulos est distinctus. primo de genere peccatorum et quid est.
Item de peccato veniali. Item de peccato actuali. tercio de peccato
originali. et de qua tradit predicti. Item quarto queritur utrum
peccata redeant vel non. Quinto querit quibus modis dicatur peccatum
in spiritum sanctum. Sexto de circumstantiis que aggravant peccatum. Septimo que sunt consideranda sacerdoti. Octavo
qualiter debeat fieri confessio de peccatis. Liber quartus per x. titu-
IIII los est divisus. l[illegible] … in themate continentur quia quilibet unus
titulus habet duas rubricas primo quid faciat sacerdos quando
aliquis penitens plura crimina confitetur cuius penitentiam non
posset sustinere a canone diffinitam. et qualiter debeat dispensare. Item queritur utrum si quis semel confessus debeat iterum
eidem confiteri. Item qualiter sacerdos debeat confortare penitentem. Item qualiter penitens debet vivere post penitentiam. et qualiter
sacerdos debet corripere penitentem. Item queritur utrum mereatur sacerdos in audiendo confessiones. Item quid debeat facere
sacerdos confitentibus sibi. Item queritur utrum penitens teneatur aliquid dare sacerdoti. Item queritur utrum sacerdos teneatur ad
recipere a confitente. Item liber quintus per xvi. titulos est dis-
V tinctus. scilicet de penitentia domini pape et cui debeat confiteri. Item
de penitentia cardinalis et cui debeat confiteri. et de aliis officialibus eiusdem. Item de penitentia patriarcharum et cui debeant confiteri. Item de penitentia archiepiscoporum et cui debeant confiteri.
Item de penitentia episcoporum et cui debeant confiteri. Item de penitentia abbatum et cui debeant confiteri. Item de penitentia monachorum et cui debeant confiteri. Item de penitentia decani et cui
debeat confiteri. Item de penitentia archipresbiteri et cui debeat
confiteri. Item de penitentia prepositi et cui debeat confiteri. Item
de penitentia thesaurarii et cui debeat confiteri. Item de penitentia magistri scolarum et cui debeat confiteri. Item de penitentia
cantoris et cui debeat confiteri. Item de penitentia canonicorum
cathedralium ecclesiarum et cui debeant confiteri. Item de penitentia doctorum et magistrorum scolarum et cui debeant confiteri.
Item de penitentia advocatorum sive prelatorum seu subditorum et
cui debeant confiteri. Item queritur utrum possit sacerdos recipere pecuniam pro missis celebrandis vel pro aliis orationibus quas imponit
penitenti. Item queritur utrum ipse possit pecunialiter punire peccantes. Item queritur utrum ipse possit expendere pecuniam quam punit in
peccantes. in proprios usus vel debeat pauperibus erogare. Item queritur pro
quibus culpis expectatur penitentia ad solum episcopum et superiores.
VI Item sextus liber per x. titulos est distinctus. scilicet de penitentia
imperatoris et cui debeat confiteri. Item de penitentia regis et
cui debeat confiteri. Item de penitentia ducis et cui debeat confiteri. Item de penitentia marchionis et cui debeat confiteri.
Item de penitentia comitis et cui debeat confiteri. Item de penitentia
procerum et baronum et cui debeant confiteri. Item de penitentia simplicium militum et cui debeant confiteri. Item de penitentia mercatorum et omnium aliorum artium et cui debeant confiteri. Item de penitentia rusticorum et cui debeant confiteri. Item
de penitentia impuberum infra xiiii. annos et cui debeant confiteri.
VII Item liber vii. per x. titulos est distinctus. scilicet de statu et penitentia
fratrum predicatorum et minorum. Item de statu heremitarum et eorum penitentia. Item que sunt illa que excitant hominem ad
compunctionem penitentie. Item que sunt illa que per suggestionem inducunt hominem ad peccandum. Item qualiter purgari
debeant peccata. Item que bona eveniant veraciter penitenti.
Item que mala eveniant impenitenti. et que differentia sit inter
peccata mortalia et criminalia. Item qualiter faciente fuit tamen
peccata non fiunt. Talis est tenor totius libri. nec ab re moveatur quod ego inserui principaliter mea officiorum et biscorum et omnium officiorum. quia ad hoc facio ut melius possim super inquirendis in
genere instruere sacerdotem. quia ut testatur sanctus gregorius clavis apertis
est sermo correctionis. quia increpando culpam detegit quam
ipse et nescit qui perpetravit. ut xliii. d. c. Sit rector. nec ab re moveatur si fuit ex toto de consuetudine non servatur. quia non quod fit sed
quod debuit fieri est nobis potissime attendendum ut probatur de v.
sig. c. viii. dudum. lxiii. d. generaliter. in fi. xxxiiii. d. c. Sedulo. et viii.
consuetudo. lxiii. sunt ut in ibi et per rogo itaque dilectissime

91 *Britain* 1247

Oxford, Bodleian Library, Laud Misc. 112 (S.C. 1573). Vellum, 240 × 180 (215 × 150); ff. 442; various hands.

Contains: Varia patristica, grammatica canonica et devota.

Written probably at Ely. At the top of f. 2ª in a thirteenth-century hand are the words: 'Iste liber est de capitulo Elyensi qui cum alienaverit maledicciionem dei incurrat. Amen.' The codex containing our example was assembled hardly later than *c.* 1275, although at the end of the codex there is a copy of Boniface VIII's bull Clericis laicos of 1296. A list of contents, through f. 425, on f. 1ᵇ, is in a chancery hand of not later than *c.* 1275. The colophon on f. 338ᴰ to the *Liber penitenciarius* of Johannes de Deo, from which our example is taken, reads: 'Explicit liber penitenciarius a magistro iohanne de deo hyspano doctore decretorum canonico universitatis bononiensis...sub anno do mºccºxlviiº indiccione v mense octobris vº kal. novembris.'

A neat and fairly regular gothic that well represents the best monastic standards. The scribe, like most competent scribes, was trained in both the chancery cursive and the more formal gothic. The light touch and shading of the chancery hand have influenced his gothic in many details: the high *a* (column A line 9 *providencia*); the generous curves of the final *s* (column A line 10 *iuris*, and sometimes initial and medial); the long downward and leftward swing of the *h* (column B line 1 *thematé*); the free sweep of the tail to the final -*rum* stroke (column A line 12 *eorundem*); the distinctive upward swung loop of the capital *I* (column A line 12 *Io*, and the frequent *Item*): these all stem from English chancery script. In this hand, as in the two preceding examples, the determined use of -*cia*, -*cio*, will be noticed, by contrast with the general French retention of the *t* in similar situations. We may also note the general practice of the juncture, *de*, *do*, *pe*, etc. The tironian *et* sign is crossed.

Transcription f. 325ᴮ

los est divisus licet v in themate contineantur quia quandoque unus
titulus habet duas rubricas. ¶ primo quid faciat sacerdos quando
sibi penitens plura crimina confitetur cuius penitenciam non
possit sustinere a canone diffinitur et qualiter debeat dispen-
sare. ¶ Item queritur utrum si quis semel confessus debeat iterum
eadem confiteri. ¶ Item qualiter sacerdos debeat confortare peniten-
tem. ¶ Item qualiter penitens debet vivere post penitenciam et qualiter
sacerdos debet corripere penitentem. ¶ Item queritur utrum merea-
tur sacerdos in audiendo confessiones. ¶ Item quid debeat facere
sacerdos confitentibus sibi. ¶ Item queritur utrum penitens tene-
atur aliquid dare sacerdoti. ¶ Item queritur utrum sacerdos teneatur aliquid
recipere a confitente. ¶ Item liber quintus per .xxi. titulos est dis-
tinctus, scilicet de penitencia domini pape et cui debeat confiteri. ¶ Item
de penitencia cardinalis et cui debeat confiteri, et de aliis
curialibus eiusdem. ¶ Item de penitencia patriarcharum et cui debe-
ant confiteri. ¶ Item de penitencia archiepiscoporum et cui debeant confiteri.
¶ Item de penitencia episcoporum et cui debeant confiteri. ¶ Item de peniten-
cia abbatum et cui debeant confiteri. ¶ Item de penitencia mona-

[Unpublished.]

nenses. Hospitalarii etiam sui comprovinciales, necnon
et alii veluti Januenses et Pisani in terra sancta dissiden-
tes, quos habere consueverunt legitimos eorum defensores, pa-
cis nunc et sui destructores, immo crudelissimi eius ex-
secutores exterminatores. Hospitalariis namque dissen-
sione quadam inter eos letaliter suscitata, unanimiter
in templarios insurgentes, quos maxima sui parte pro-
strata eosdem ut dicitur funditus peremerunt. Ita ut
vix uno ex parte templariorum, quam plurimis vero ex hospi-
talariis ut dicitur superstitibus; numquam inter Christianos
mira religiosos talis aut tanta miserabilis fuisse dicebatur
contentio(?). Unde omnes eorum maneries templariorum coaduna-
to urgenti consilio, immissis fratribus sui ordinis per do-
mos suas ubique diffusas commeatibus significaverunt
ut dicebatur festinanter, quatinus omni dilatione et
excusatione remota, custodibus unicuique domui
necessariis deputatis, omnes in mare ibidem convenirent: tum
propter domorum suarum in partibus Achonensibus vacuatarum
destructis fratribus, in imitatis aliquantulam restauran-
dam, tum propter ultionem horribilem hostiliter in hospi-
talarios retribuendam. Unde vehementer per genus for-
midabatur quod nisi omnipotens mitigationem immitteret,
Christianorum pax et stabilitas magna ex parte ob eorundem
furorem intollerabilem depulleret(?). *Qualiter ipse praevenit*
Istum dum rex Alemanniae in pace in Anglia *ipsum Regem Al-*
moraretur, paratum est iter eidem ad imperium *emanniae(?) i-*
um libere recipiendum. Dominus autem ipse hoc sub *Angl.*
silentio callide procuravit, ne manifeste videretur
fuisse regi Hispaniae adversari. Rex autem Alemanniae non
se thesauris premunivit(?) abundanciae: adhuc
in Anglia quasi latitando expectabat quietius.
Magnates enim Angliae statutis quae inceperant
salubriter intendebant. Parum autem nichil de predicti
regis mora vel motione solliciti, sed ad ma-
las consuetudines, iniurias et corruptelas omnino
delendas, omnino assidui et confederati. *De mortalitate*
Eodem tempore ascendente *rate hominum et obitu*
sole cancrum, facta est hominum *Fulconis episcopi*
pestilencia et mortalitas inopinata, ita *London.*
quod ubique morientibus quam plurimis, locis aliis omnibus
[illegible]

et nisi paulo ante in communi eorum provisione cum-
lasset(?) totius regni anchora et clipeus stabili-
tatis et defensionis. Qui tamen ut pastor eorum
et pater egregius die sancti Urbani in ecclesia sancti Pauli
London. solempniter est tumulatus. *De dampnatione*
Septimana vero eadem Walterus de Sco- *ne Walt.*
tini quidam senescallus comitis Glovernie *de Sco-*
propinus(?) de potione mortifera ut predictum est *tini.*
diffamatus, captus et carceri diro mancipatus, in pro-
ximis comitatibus tribus propinque Wintoniae se posuit
discutiendum. Sed quod facinorosum est et dicere et audi-
re, a quo maiorem liberationis sperabat fiduciam, ab eo
celeriorem passus est in iudicium dampnationem.
Requisiti vero a iudicibus qualiter hi veritatem in iu-
diciali procedendo cognoscerent, responderunt:
Quam numquam scivimus aut audivimus dominum W.
de Valencia aut aliquem fratrum suorum eidem Walterum
in aliquo debitorem fuisse, sed bene et veraciter no-
vimus eundem Walterum a predicto W. maximam
nuper suscepisse pecuniae quantitatem. Hoc melius
arbitramur remunerari eidem ob potionem
domino suo comiti et W. de Clare fratri eius in aliis
aliis per eum ut predictum est porrectam ad eorundem
exulaneum ultionem refundendo, quam ob aliquod a-
liud debitum inter eos plenitum(?) aut excogitatum.
Et ob hoc maxime quod predictus W. de Clare senciens se
intoxicatum et morti proximum dixit in periculo quod
sciret omnis sine dubio se per Walterum de Scotinni
mortis toxicum voracitati(?). Quibus auditis, de
proditione huiusmodi ita convictus, iudicialiter est
Wintoniae tractus et in patibulo horribiliter sus-
pensus.

Sciendum est quod hucusque perscripsit venerabilis
vir frater Matthaeus Parisiensis. Et licet manus in stilo va-
riet, modo tamen compositionis eodem servato, eidem
totum ascribitur. Quod autem amodo appositum est
et prosecutum, cuidam alii fratri sit ascribendum. Qui
tanti praecessoris opera plurimis aggredi indigne
prosequitur; cum non sit eidem dignus corrigiam sol-
vere calciamenti, paginae non meruit nomine ten-
[illegible]

London, British Museum, Royal 14. C. VII (olim A and nr 104). Vellum, 360×240 (260×155); ff. 232+ii; two principal hands.

Contains: Mattheus Parisiensis, *Historia Anglorum*, with continuations.

Written at St Albans. The first 200 folia are in the hand of Matthew Paris. The chronicle was then carried on by a younger colleague. On f. 218[D] (our example) we read: 'Sciendum est quod hucusque perscripsit venerabilis vir frater Matheus parisiensis. Et licet manus in stilo varietur, modo tamen composicionis eodem servato, eidem totum ascribitur. Quod autem amodo appositum est et prosecutum cuidam alteri fratri sit asscribendum. Qui tanti predecessoris opera presumens aggredi indigne prosecuturus. cum non sit dignus eiusdem corrigiam solvere calciamenti pagine non meruit nominatenus annotari. Hic obit Matheus Parisiensis.' This MS has been copiously discussed by F. Madden in the Introduction to the edition of this work in the Rolls Series (1866) and in summary by Warner and Gilson in their *Catalogue of Royal MSS*, s.n. The date of the writing is assumed to correspond to the date of the chronicled events and the death of Matthew.

The hand of Matthew, with its peculiar broken-backed *b*, *f*, *l*, *s*, has been frequently discussed. Our scribe did not go so far as Matthew in these peculiarities, but the backhand tendency is nevertheless not absent. Note the first *s* in *defensores* (column C line 3) and frequently elsewhere. While the hand might be called gothic because, perhaps, of the angularity, the clubbed tops of the minimed letters *i*, *m*, *n*, *u* and partially the *h*, as well as the juncture, none the less there is a roundish, flowing quality to the script which rather reflects the chancery cursive. Note the swing of the abbreviational signs, the high and open *a* and the easy loops of the final *s*. A recent summary of opinions concerning the hand of Matthew and his assistants is found in N. Denholm Young, *Handwriting in England and Wales* (Cardiff, 1953, pp. 51 ff. and plate XII). See also Richard Vaughan, 'The Handwriting of Matthew Paris' in *Transactions of the Cambridge Bibliographical Society* (1953).

Transcription f. 218[C]

nenses. Hospitalarii eciam sui conprovinciales nec non
et alii veluti Januenses et pisani in terra sancta dissiden-
tes quos habere consuevit legitimos ecclesia defensores:⁄ · pa-
cis tunc et sui destructores · necnon cruentissimi eiusdem
extiterunt exterminatores. Hospitalarii namque dissen-
sione quadam inter eos letaliter suscitata unanimiter
in templarios insurgentes quam maxima sui parte pro-
strata eosdem ut dicitur funditus peremerunt. Ita ut
vix uno ex parte templariorum · quamplurimis vero ex hospi-
talariis ut dicitur superstitibus nunquam inter christianos
`maxime' religiosos talis aut tantus miserabilis fuisse dicebatur
interitus. Unde omnes citra manentes templarii coaduna-
to urgenter consilio universis fratribus sui ordinis per do-
mos suas ubique diffusas commorantibus significaver-
unt ut dicebatur festinanter quatinus omni dilacione et
excusacione remota. custodibus unicuique domui
necessariis deputatis omnes invicem ibidem concurrant tum
propter domorum suarum in partibus acchonnensibus vacuatarum
destructis fratribus infinitis aliquantulum restaura-
cionem tum propter ulcionem horribilem hostiliter in hospi-

[Ed. H. R. Luard (Rolls Series), *Chronica Majora* V (1880), 745–8.]

scē eccl' int' dnm̄ .h. regē anglie. et lodowicū. In p̄sencia dn̄i
Gualō tūc ap̄lice sedis legati. p̄sentib; ep̄is milit' et aliis p̄latis
et om̄ib; anglie maiorib;. exceptis illis q' capti fuerāt ap̄ lincolniā.
Et s' pharaone triūphato. et hostib; fugatis. uera 7 pax int'ra
nos orta ē. Et iusticia de celo sup' p'plm suū p'spexit.
M. cc. xviii. Eccl'a scē Marie Wigornie dedicata est. et corpus
gl'osi cōfessoris sci Wlstani translatū est. uno 7 eodē die. s. vii. id'
iunii. p'sidente eidē eccl'e Siluestro ep̄o. eidē eccl'e aliquā [illegible] 7 mona
cho. Et paulo post ap̄ ramesei [illegible] memorat' S. ep̄c. Cui successit
Willelmus de Bleis archidiaconus de Bukingehā. Apud Westmon' habebat'
cōsiliū magnū int' om̄s ep̄os. 7 Barones anglie de cōfirmatione regni.
Dns Gualō legat' recessit ab anglia. uers' romā. circa fest' sci An
dree. Et dns Pandulfus successit eidē in legatione. Et circa p'fe-
stū sci Andree uenit londoñ. Et ap̄ scm̄ paulū recept' ē. Anno
illo facta est obsidio circa ciuitatē damiete. Et motio magna [illegible]
ecclesiasticoꝝ facta est [illegible] [illegible] ciuitatē illā. Et eodē anno [illegible]
primo. Rex henric' [illegible] huit sigillū. M. cc. xix. [illegible] Willelmus mares
callus senior ap̄d Kauersha. cuius corp' honorifice recept' ē a [illegible]
de radinges cū p'cessione sollēni. 7 in choro collocatū. donec missa
p eo celebra. Deinde london' delatū ē. et a [illegible] Westm' receptū.
et ibidē p eo missa celebratur. Deinde translat' ad nouū templū. et in
[illegible] ibidē sepelit'. Eodē anno magnū cōsiliū [illegible] int'
barones anglie mediante legato Pandulfo. de reformatione regni
7 pace inter eos s'uanda. et int' leulinū principē norwallie 7 quosdā mag-
nates anglie. 7 de marchia. de p'latorib; sedandis. Eodē anno capta
ciuitas damieta a xpianis. circa festū sci leonardi

93 Britain 1271

Oxford, Bodleian Library, Digby 11 (olim Thomas Allen A. 186). Vellum, 147 × 110 (115 × 90); ff. 187; many hands of the thirteenth and early fourteenth centuries.

Contains: Varia et miscellanea. Cf. W. D. Macray, *Cat. Digby* (Oxford, 1883), s.n.

Written probably at many different places. Our example, ff. 180^b–181^a, is the work of a monastic scribe at Stanley, Wilts. The last entry in the Stanley Chronicle, on f. 187^a, reads: 'Eodem anno circa festum beati Gregorii occisus est filius domini Ricardi regis alemannie in transmarinis partibus anno domini m^o. cc. lxxi.' Other parts of the codex, ff. 1–91, belonged to the Franciscans at Oxford, *teste* Neil R. Ker, *Medieval Libraries*, 2nd ed. p. 380.

Our scribe wrote with some difficulty, and his vocabulary was somewhat limited. He was, furthermore, probably of an advanced age. It is difficult to give a fitting name to his script beyond remarking that he was trained in the older chancery tradition, but it was either in an isolated centre or his special talents lay elsewhere than in calligraphy. The laboured *er* abbreviation, the tri-formed sign (line 4 *veritas*), the two separate strokes on the staff of the *p* for *pro* (line 5 *prospexit*), the crudeness of the open *s* (line 2 *episcopis*), the absence of juncture, and the frequent suprascript final *s* (line 3 *illis*) would tend to indicate that our scribe had learned to write early in the century in some centre, perhaps monastic, unmolested by the new gothic uniformity. It could hardly have been written by a university man, either at Oxford or at Cambridge, in 1271. In either place it would have been either much worse or much better.

Transcription f. 181^a

sancte crucis. inter dominum H. regem anglie et lodowicum. In presencia domini
Guuales tunc apostolice sedis legati presentibus episcopis multis et aliis prelatis
et omnibus anglie maioribus. exceptis illis qui capti fuerant apud lincolniam.
Et sic pharaone triumphato et hostibus fugatis veritas et pax in terra
nostra orta est. Et iusticia de celo super populum suum prospexit.
¶ M.cc.xviii. Ecclesia sancte marie Wigornie dedicata est et corpus
gloriosi confessoris sancti Wlstani translatum est uno et eodem die scilicet vii idus
iunii presidente eidem ecclesie Silvestro episcopo eiusdem ecclesie aliquando priore et mona-
cho. Et paulo post apud rameesiam Ø memoratus S. episcopus Cui successit
Willelmus de Bleis archidiaconus de Bukingeham. Apud Westmonasterium habebatur
consilium maximum inter omnes episcopos et Barones anglie de confirmacione regni.
Dominus Guales legatus recessit ab anglia versus romam circa festum sancti An-
dree. Et dominus pandulfus successit eidem in legacionem. Et cito post fe-
stum sancti andree venit londonium. Et apud sanctum paulum receptus est. Anno
illo facta est obsidio circa civitatem damiete. Et motio maxima anglicorum
crucesignatorum facta est versus ierusalem et versus civitatem illam. Et eodem anno tunc
primo Rex henricus proprium habuit sigillum. ¶ M.cc.xix Ø. Willelmus mares-
callus senior apud kaversham cuius corpus honorifice receptum est a conventu
de radinges cum processione solemni et in choro collocatum donec missa

[Cf. F. Liebermann, ed., *Mon. Ger. Hist. Scriptores*, XXVIII, viii, 555–7.]

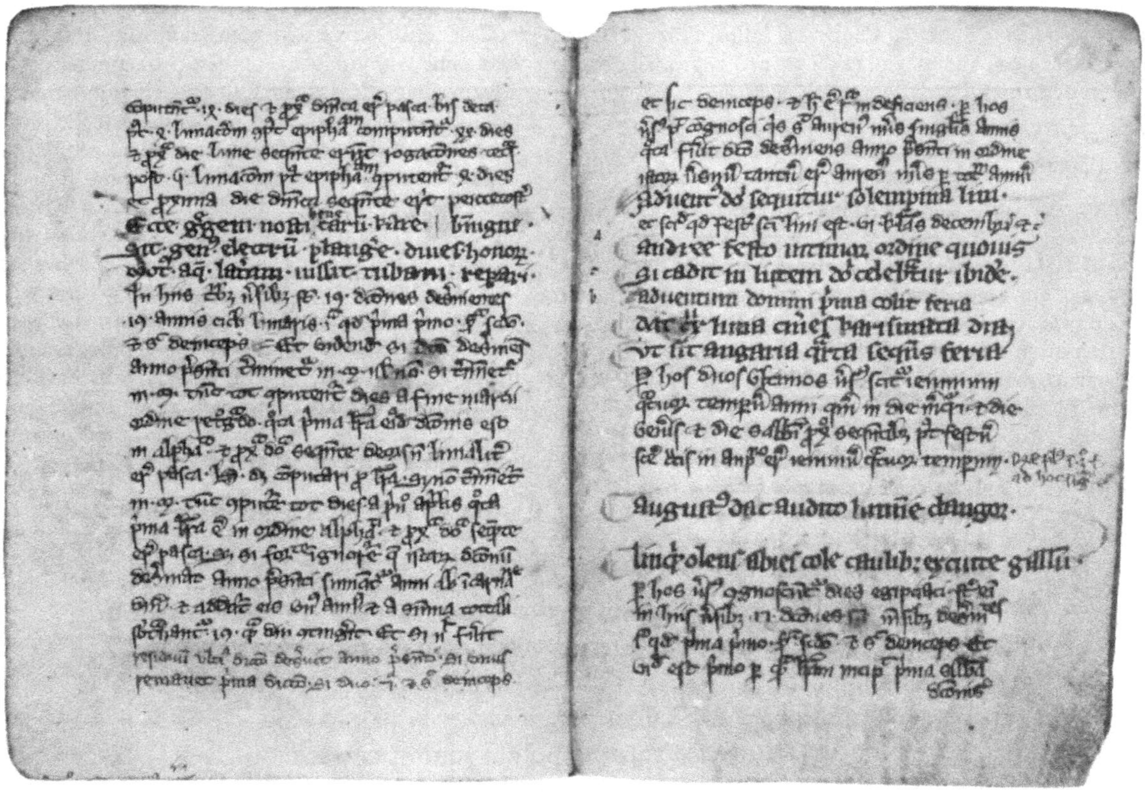

94 Britain 1282

Oxford, Bodleian Library, Digby 2 (olim K D 2, Thomas Allen 16mo 13). Vellum, 105 × 75 (80 × 50); ff. 152; several hands.

Contains: Varia logica, computistica, excerpta anglico et gallico sermone.

Written at various places, some certainly at Oxford, if we may judge from the logical and philosophical exercises. At the head of a Paschal table, f. 14a, the scribe has written: 'Anno gracie Mo cc lxxxii aureo currente numero tunc per x inchoata est ista tabula per quam sciri potest indubitanter septuagesime, quadragesime, pasce et bisextus.' This date is not in the hand of our example, but there is no doubt of their contemporaneity. The whole codex was assembled at about the same time.

The English chancery hand in charters has been admirably treated by Johnson and Jenkinson. Its transference to the scholarly codex is less well studied. In this case we see a scribe, whose primary script is that of the chancery, also writing in the more formal gothic. His efforts are awkward and uneven. We noted Grosseteste doing the same thing in Plate 89 with similar results. The influence of the chancery hand upon the gothic will become more obvious as we move into the fourteenth century. The abbreviational *er* stroke (line 7 *plangere* and line 8 *lateram*) is pure English chancery applied to gothic. The reverse curve and shading of the final stroke of the minuscule *d* (line 5 *die dominica*) is distinctively English chancery, found nowhere else in Europe. How favoured this exclusively English flourish actually was may be seen in its almost universal use as a final abbreviation. Note f. 23a, line 4: *istorum versuum tantum erit aureus numerus*, where the same sign stands for *-m*, *-it*, *-s*, and *-meru*. The lower final stroke of the majuscule *S* (line 7 *Sit*) is a chancery flourish (cf. line 16 *Si*). Here we may note that the forked ascenders of the chancery hand appear, somewhat subdued, in the attempted gothic. Note the *l* in *electrum* and *plangere*, line 7. Later, in the fourteenth century, we will find the long *r* invading the formal late gothic and the two scripts to all intents coalescing.

Transcription f. 22b

computentur 14 dies et proxima dominica erit pasca bis deca
post 4 lunacionem post epiphaniam computentur xx dies
et proxima die lune sequente erunt rogaciones tetras
post 5 lunacionem post epiphaniam computentur 4 dies
et proxima die dominica sequente erit pentecostes
Ecce gregem nosti bene carum kare benigne
Sit genus electrum plangere dives honorum
Motus aque lateram iussit tubam reparari
In hiis tribus versibus sunt 19 dicciones deservientes
19 annis cicli lunaris ita quod prima primo secunda secundo
et sic deinceps. Et videndum si diccio deserviens
anno presenti terminetur in M vel non. Si terminetur
in m tunc tot computentur dies a fine marcii
ordine retrogrado. quota prima litera eiusdem diccionis est
in alphabeto et proxima dominica sequente deorsum lunaliter
erit pasca H debet computari pro litera. Si non terminetur
in m tunc computetur tot dies a principio aprilis quota
prima litera est in ordine alphabeti et proxima dominica sequente

[Unpublished.]

Resurrexio xpi tercio die a passione sua facta est. Circa quam vij per ordinem sunt videnda. Primo de veritate trium dierum. Secundo quare non statim ut mortuus est resurrexit. Tercio qualiter resurrexit. Quarto quare resurrectionem accelerauit nec usque ad generalem resurrectionem distulit. Quinto quare resurrexit. Sexto quociens [illegible] apparuit. Septimo qualiter electos a limbo eduxit et quid egit. Circa primum notandum quod xpistus tribus diebus et tribus noctibus in sepulcro fuisse dicatur secundum Augustinum per synodochen, ut prima dies accipiatur secundum partem sui postremam, secunda secundum se totam, tercia secundum partem suam primam, et sic erunt tres dies quarum quelibet suam noctem habuit precedentem. Tunc ut secundum Bedam mutatus est ordo dierum et noctium. Ante enim dies precedebant noctes, nunc vero post passionem noctes precedunt dies, et hoc misterio, quia homo primo de die gratie cecidit in noctem culpe, per passionem et resurrectionem de nocte culpe redit ad diem gratie. Circa secundum notandum quod conveniens fuit ut non statim post mortem resurgeret, sed usque in diem tercium expectaret propter v rationes. Primo propter significationem, ut scilicet ex hoc una die significaretur quod lux sue mortis curavit nostram duplicem mortem, et ideo una die integra et duabus noctibus iacuit in sepulcro. Ut per diem intelligatur lux sue mortis, per duas noctes nostra duplex mors. Et hanc rationem assignat glossa super illud Luc. xxiv: Oportebat xpistum pati etc. Secundo propter probationem, quia sicut in ore duorum vel trium testium stat omne verbum, sic in tribus diebus [illegible] omne factum; nam ut mortem probasse se ostenderet, per tribus diebus iacuit in sepulcro. Tercio propter sue potencie ostensionem, quia si statim resurrexisset, non videretur habere potestatem ponendi animam suam sicut resurgendi [illegible] [illegible] super illud: quia xpistus mortuus est etc. [illegible] de morte [illegible]. Ut sicut vera mors ostenderetur, ita vera resurrexio ostenderetur. Vel ut dicit [illegible] omne [illegible] die tercio magis [illegible] [illegible] ostenderet [illegible] medici [illegible] de die voluit quod [illegible] quo ipsa natura magis debuisset [illegible]. Quarto propter restaurandorum prefigurationem. Tres enim ut dicit Petrus Ravennas dies [illegible] sue sepulture, quia in celo est restauratus, quia in terra reparatus, et quia apud inferos redempturus. Quinto propter triplicis status [illegible] representationem. Hanc assignat rationem glossa super [illegible] dicens: Sexta feria xpistus passus est, sabbato iacuit in sepulcro, die autem dominico surrexit a morte [illegible] nobis sexta feria est quia in [illegible] et doloribus, etiam in sabbato requiescimus quia [illegible] anime post mortem invenimus. Die autem dominico tamen cum corpore resurgemus et in gloria [illegible] gaudebimus. Unde [illegible] nos in [illegible] [illegible] in octava [illegible]. Circa tercium notandum quod primo surrexit potenter quia [illegible] potestatem habeo ponendi animam meam et iterum sumendi eam. Secundo feliciter [illegible] omnem miseriam [illegible]. Postquam surrexero precedam vos in galileam [illegible] transmigratio de qua transmigratione dicit Leo papa: Post passionem xpisti ruptis mortis vinculis infirmitas in virtutem, mortalitas in eternitatem, contumelia transiit in gloriam. Tercio utiliter quia predam cepit [illegible] ascendens in altum de [illegible] suo et [illegible] generans [illegible] cum [illegible] filio [illegible] reducendo de limbo et corpus de sepulcro [illegible] ad [illegible]. Quarto mirabiliter quia remanente clauso sepulcro quia sicut exivit clauso matris utero ad discipulos clauso hostio, sic a morte clauso sepulcro. Unde legitur in hystoriis ecclesiasticis quod cum quidam monachus de [illegible] suo quo [illegible] erat [illegible] et [illegible] [illegible] facta est [illegible] sic potuit xpistus clauso exire sepulcro. Quinto veraciter quia in corpore vero [illegible] quod [illegible] modis probavit. Primo quia per angelum qui non mentitur. Secundo per frequentem apparitionem

95 *Britain* 1291

Oxford, Bodleian Library, Bodley 406 (olim Th. J. 7. 6, E 45). Vellum, 310×210 (245×160); ff. 200+xviii; one hand.

Contains: Sermones fratris Thomae de Maidstone *de temporali.*

Written at Leeds in Kent by Thomas of Maidstone. On f. iv^{a} we read: 'Liber monasterii de Ledes per fratrem Thomam de Meydistane ipsius loci canonicum. Liber sermonum T. de M. de Temporali.' On f. 197^{b}, a badly rubbed page, we read: 'Explicit liber iste scriptus in anno domini M^{o} cc^{mo} nonagesimo primo.'

This developed and somewhat ornate chancery hand is so strikingly English as to call for the analysis of several letters and strokes. The first impression is that of roundness and heavy shading. The *a* and the round or looped *s* extend above the second level of minuscule (line 1 *circa* and line 2 *mortuus*). The forked *r*, a direct descendant of the long minuscule *r* of the earlier (eleventh-century) chancery *r*, is prominent (line 2 *quare*). The ascenders of *b*, *f*, *h*, *l* and majuscule *I* are usually heavily forked at the top, sometimes as the completion of a clockwise stroke from the last bottom stroke (line 4 *generalem*, line 10 *hoc*). These letters begin in a counter-clockwise stroke, at the end of which the pen is lifted and, turning in a clockwise stroke, is brought back downward into the ascender. If the stroke is not accurately made, the point at which the last stroke is lifted is quite visible (line 5 from bottom, *sepulcro*). In the *h*, the stroke may be continuous (line 3 from bottom, *habeo*). This continuous return stroke which makes the fork at the top of these letters will disappear early in the next century, and our scribe has already omitted it in many places. The long *s* reveals the same double stroke. The initial counter-clockwise stroke is the higher of the two and the return upward stroke crosses the heavy shaded downward stroke at a sharp angle, about three-quarters of the way toward the top, and curves to the right. It then frequently elides into the next letter. The pen, in this example, is usually raised at the bottom of the staff (line 9 *est*, line 3 from bottom, *stropheo*). The *f*, of course, is made in the same way. The scribe's penchant for circular strokes reaches even to normally angular capitals. Note the *T* (line 3 *Tercio*), where the final stroke starts clockwise below the line and ends, without raising the pen, in the *er* flourish above the majuscule level.

Transcription f. 1^{a}

Resurexio christi tercio die a passione ipsius facta est. Circa quam vii per
ordinem sunt viden
da. ¶ Primo de veritate trium dierum. ¶ Secundo quare non statim ut
mortuus est re
surexit. ¶ Tercio qualiter resurexit. ¶ Quarto quare resurexionem acceleravit nec
usque ad generalem resurexionem distulit. ¶ Quinto quare resurexit. ¶ Sexto
quociens surgens
apparuit. ¶ Septimo qualiter electos a limbo extraxit et quid ibi egit. ¶ Circa
primum nota quod Christus
tribus diebus et tribus noctibus in sepulcro fuisse dicitur secundum Augustinum
per synodochen ut prima dies
accipiatur secundum partem sui postremam. ¶ Secunda secundum se totam.
¶ Tercia secundum partem
suam primam, et sic erunt tres dies quorum quilibet suam noctem habuit prece-
dentem. tunc enim
secundum Bedam mutatus est ordo dierum et noctium. ante enim dies precede-
bant noctes.
nunc vero post passionem noctes precedunt dies et hoc mistice, quia homo
primo de die gracie
cecidit in noctem culpe · per christi passionem et resurexionem de nocte culpe
rediit ad diem
gracie. ¶ Circa secundum nota quod conveniens fuit ut non statim post mortem
resurgeret sed usque
in diem tercium expectaret propter .v. raciones. ¶ Primo propter significacionem,
ut scilicet ex hoc una
die significaretur quod lux sue mortis curavit nostram duplam mortem et ideo
una die inte
gra et duabus noctibus iacuit in sepulcro, ut per diem intelligatur lux sue
mortis per duas
noctes, nostra dupla mors et hanc racionem assignat glosa super illud luce
ultimi. oportu
it christum pati etc. ¶ Secundo propter probacionem quia sicut in ore duorum
vel trium testium stat
omne verbum sic in tribus diebus qui experitur omne factum non ut mortem
probasse se ostende

[Unpublished.]

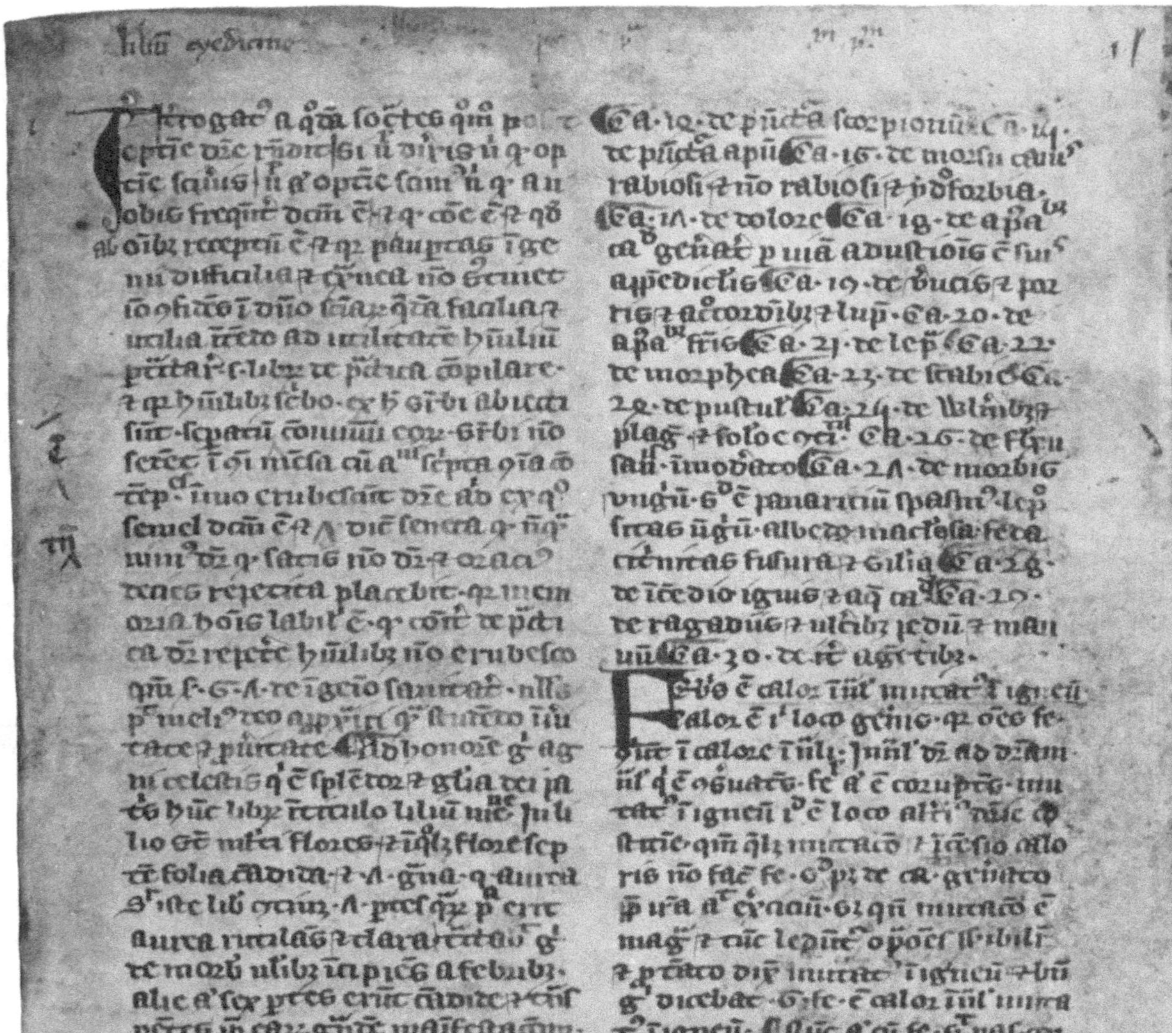
Lilium medicine

Liber Guilielmi Laud Archiepi Cantuar: et Cancellarii Universitatis Oxon. 1634.

Oxford, Bodleian Library, Laud Misc. 703 (S.C. 1350). Vellum, 230×155 (195×125); ff. 173; three hands in whole codex, coeval.

Contains: Bernardus de Gordonio, *Lilium medicine*, *Tractatus de prognosticis*.

Written (our plate) by a certain Thomas. The colophon of the *Lilium medicine* (f. 148^{C-D}) reads: 'Iste liber fuit scriptus anno incarnacionis domini M° ccc° iiii° die sancte agathe virginis deo gracias quo liber est scriptus Thomas sic sit benedictus.' In Bernard of Gordon's prohemium (column A of our plate) he relates how he began this work at Montpellier, in July 1303, in the twentieth year of his lectura. There is no reason to connect the scribe Thomas with Montpellier. The codex gives no evidence of ever having been out of England, and many marginalia are unmistakably English cursive. There are occasional English names, such as Godwyn (f. 173^{a}).

The deterioration of the English book gothic has progressed. The lines are irregular and spacing between words and letters is uneven. The initials are uniformly crude. The process of infiltration by the cursive or chart hand into the gothic is increasingly noticeable. The *a* is high, as in the chart hands (in column A line 1 *Interrogatus*); the *er* flourish (line 4 *frequenter*), so characteristically English in its formation, is consistently used. The *et* sign is generously serifed; the *v* is preceded by a light serif (column A, line 3 from bottom, *venenis*); the square-structured final or initial *s* (line 1 *Socrates*, line 2 *Si*) is a direct inheritance from the chancery hand. Cf. Plate 95, line 2, *mortuus*, et passim. Initial majuscule *s* tends to have the long tail which we find in the charts (column A line 25 *Similiter*). Juncture is unevenly practised. The second member of the pair tends rather to be superposed for the duration of identity than structurally utilized in the juncture. In *intendo*, column A line 8, the *d* was completed before the *o* was begun. This is perhaps more clear in *candide*, column A, line 17 from bottom. It should be remarked at this point that the deterioration in gothic which we observe in this example was far from universal in these years in England. There was, indeed, some beautiful gothic being written in the first half of the fourteenth century, but it can be anticipated that even when the hand was well disciplined and controlled there was some weakening of the lines of precision and vigour, and that deterioration will tend to follow the lines observed in this and the preceding examples.

*Transcription f. 1^A^*

Interrogatus a quodam socrates quomodo possit
optime dicere respondit: Si nichil dixeris nisi quod op
time sciveris, nichil aut optime scimus nisi quod a n-
obis frequenter dictum est et quod commune est et quod
'ab' omnibus receptum est et quia paupertas inge
nii difficilia et extranea non sustinet
ideo confidens in domino scienciarum quedam facilia et
utilia intendo ad utilitatem humilium
pertractare scilicet librum de practica compilare
et quia humilibus scribo ex hoc superbi abiecti
sunt separatum 'est' convivium eorum superbi non
sedent in communi mensa cum aliis scripta communia con
tempnentes; immo erubescunt dicere aliquid ex quo
semel dictum est. et 'tamen' dicit seneca quod nunquam
minus dicitur quod satis non dicitur et oracius
decies repetita placebit quia mem
oria hominis labilis est quod communiter de practi-
ca dicitur repetere humilibus non erubesco
quoniam secundum .G.7. de ingenio sanitatis nullus
potest melius deo approximari quam studendo in veri-

[Ed. Lyons, 1574, p. 6.]

Cum divina tua mens et numen imperator Cesar imperio potiretur
orbis terrarum invictaque virtute cunctis hostibus stratis triumpho victo
riaque tua cives gloriarentur et gentes omnes subiecte tuum spectarent
nutum. Populus quoque romanus et senatus liberatus timore et amplissi
mis cogitacionibus consiliisque gubernaretur. Non audebam tantis
occupacionibus de architectura scripta et magnis cogitacionibus ex
plicata edere metuens ne non apto tempore interpellans subirem
tui animi offensionem. Cum vero attenderem te non solum de vita com
munium cura publiceque rei constitucionem habere set etiam de oportunitate
publicorum edificiorum ut civitas per te non solum provinciis esset aucta verum etiam ut ma
iestas imperii publicorum edificiorum egregias haberet auctoritates. Non putavi pre
termittendum quin primo quoque tempore de his rebus ea tibi ederem. Ideo quod primum parenti tuo
de eo fueram notus et eius virtutis studiosus. Cum autem concilium celestium in sedibus inmor
talitatis eum dedicasset et imperium parentis in tuam potestatem transtulisset idem studium
meum in eius memoria permanens in te contulit favorem. Itaque cum M. Aurelio et P.
Minidio et Cn. Cornelio ad apparacionem balistarum et scorpionum reliquorumque tormentorum
refectionem fui presto et cum eis commoda accepi que cum mihi primo tribuisti recognicionem
per sororis commendacionem servasti. Cum ergo eo beneficio essem obligatus ut ad exitum
vite non haberem inopie timorem. Hec tibi scribere cepi quod animadverti multa te edi
ficavisse et nunc edificare. Reliquo quoque tempore et publicorum et privatorum edificiorum
pro amplitudine rerum gestarum ut posteris memorie traderentur curam habiturum conscripsi
perscripsiones terminatas ut eas attendens et ante facta et futura qualia sint opera
per te posses nota habere. Namque his voluminibus aperui omnes discipline raciones.

De architectis instituendis
Ex quibus rebus architectura constet
De edibus sacris
De ostiis operum et basilicorum et fenestris
De qualitatibus locorum et copiis operum
De partibus architecture
De corporatura alium et locorum salubritate
De iecoribus alium inspiciendis
Ad explorandam aeris qualitatem
De minucio de loco in locum translato
De fundamentis murorum et turrium con
structionibus
De divisione operum que intra sunt et dis
posicione ut ventorum noxii flatus vitentur

Architecti est sciencia pluribus disciplinis et variis erudicionibus ornata.
que a ceteris artibus perficiuntur opera. ea nascitur ex fabrica et raciocinacione.
Fabrica est continuata ac trita usus meditacio que manibus perficitur e materia
cuiuscumque generis opus est ad propositum deformacionis. Raciocinacio autem est
que res fabricatas sollertie ac racionis proporcione demonstrare atque expli
care potest. Itaque architecti qui sine litteris contenderant ut manibus
essent exercitati non potuerunt efficere ut haberent pro laboribus auctoritatem. Qui
autem raciocinacionibus et litteris solis confisi fuerunt umbram non rem persecuti videntur.
At qui utrumque perdidicerunt uti omnibus armis ornati cicius cum auctoritate quod
fuit propositum sunt assecuti. Cum in omnibus enim rebus tum maxime etiam in architectura
hec duo sunt quod significatur et quod significat. Significatur proposita res de

Liber Guil: Laud Archiepi Cant: et
Cancellar: Universit: Oxon: 1639.

97 *Britain 1316*

Oxford, St John's College, 66B (olim D. x G. iiii). Vellum, 290 × 190 (214 × 130); ff. 68; one hand.

Contains: Vitruvius, *De architectura.*

Written at St Augustine's, Canterbury. The colophon on f. 64^{a} reads: 'Completus est iste liber pridie vigiliarum natalis domini. Anno domini M^{o}c^{c}cxvi^{o} Radulpho de Bourne tunc abbate sancti Augustini Cantuarie.' On the inside of the front guard leaf, in the hand of the scribe of the text: 'Fratris Thome de Wyvelesberghe De librario Sancti Augustini Cantuarie D. x G^{a} iiii', and below 'Liber Vitruvii de Architectura'. In the upper left-hand corner: 'H. Elsynge.' Henry Elsynge, clerk of the House of Commons, died in 1654. Laud obtained this MS in 1639. See our plate.

The fusion of gothic and chancery hands has here made further progress. Some letters, e.g. the tall *a*, the minuscule *d*, an occasional *l* (line 5 *consiliis*), the long-tailed majuscule *S* (bottom line, *Significatur*), the majuscule *I* (line 6 from bottom, *Itaque*), the curved *er* sign, are stubbornly chancery, but other letters have submitted to the regularizing influence of gothic models. The bâtarde tendency of the shaded, pointed *f* and the long *s* (line 1 *Cesar*, line 8 *offensionem*) may be only scribal individualisms. The minuscule *a* calls for especial notice. Most of the *a*'s are made juxtaposing an initial reversed figure 3 to an erect stem, which has the effect of making two loops, giving the appearance of an orthodox gothic *a*. But occasionally the scribe has made the letter differently: two vertical strokes are joined by a medial horizontal stroke thus forming two squarish loops. The right member is taller than the left, and begins at the top slightly from the left, simulating the gothic upper loop. See the two *a*'s in *terminatas*, line 22, or the *a* in *putavi*, line 11. The second type becomes more common later in the MS.

Transcription f. 1^{a}

Cum divina tua mens et numen imperator Cesar imperio potiretur
orbis terrarum. invictaque virtute cunctis hostibus stratiis triumpho victo-
riaque tua cives gloriarentur. Et gentes omnes subacte tuum spectarent
nutum. Populusque romanus et senatus liberatus timore et amplissimis
tuis cogitacionibus consiliisque gubernaretur. Non audebam tantis
occupacionibus de architectura scripta et magnis cogitacionibus ex-
plicata edere metuens ne non apto tempore interpellans subirem
tui animi offensionem. ¶ Cum vero attenderem te non solum de vita communi
omnium cura publiceque rei constitucionem habere. Set eciam de oportunitate
publicorum edificiorum ut civitas per te non solum provinciis esset aucta
verum eciam ut ma-
iestas imperii publicorum edificiorum egregias haberet auctoritates. Non
putavi preter-
mittendum quin primo quoque tempore de hiis rebus ea tibi ederem. Ideo quod
primum parenti tuo
de eo fueram notus et eius virtutis studiosus. ¶ Cum autem concilium
celestium in sedibus immor
talitatis eum dedicasset et imperium parentis in tuam potestatem transtulisset
idem studium
meum in eius memoria permanens in te contulit favorem. ¶ Itaque cum
M. Aurelio · et · pre · i
minidio et Gn. Cornelio ad apparacionem balistarum et scorpionum
reliquorumque tormentorum
refectionem fui presto et cum eis commoda accepi, que tum mihi primo
tribuisti recognicionem
per sororis commendacionem servasti. ¶ Cum ergo de beneficio essem
obligatus ut ad exitum
vite non haberem inopie timorem hec tibi scribere cepi quod animadverti
multa te edi-
ficavisse et nunc edificare. Reliquo quoque tempore et pubplicorum et
privatorum edificiorum
pro amplitudine rerum gestarum. ut posteris memorie traderentur curam
habiturum conscripsi

[Ed. F. Granger (New York, 1931), pp. 2 f.]

I

persona que a n̄ n̄a procedat. alij uero p̄t q̄ i diuina
i[illegible] q̄ a n̄ n̄a procedit. persone aut̄ procedentes
n̄ possunt esse n̄ due tm̄. supposita dualitate emana-
tionum. q̄ per viam actionis semp uniformiter se ha-
bente per referentiam unam in qua recipiatur nō pro-
ducitur n̄ unum tm̄. Cum g° emanationes diuine ad intra
uniformiter semp se habeant. alioquin esset uera mu-
tatio in diuinis. nec requirit nisi unum actū sit i recepto i re-
cto alium uariantis. patet q̄ sm̄ q̄libet earum producitur unū
tm̄ [illegible] g° emanationum est mis personarum per-
sonarum procedentium. Supposito g° q̄ sunt due emana-
nes patet q̄ sunt tm̄ due persone procedentes. una
a nō procedens. g° supposito binario emanationum patet q̄
est tm̄ ternarius personarum. Similiter supposito ternario per-
sonarum [illegible] binarius emanationum. q̄ est tantum una
[illegible] a non procedente. alioquin esset circulus i emana-
tione personarum. Si q̄ pater sit filius et ab utroque s. sp̄s. et
rursus a filio [illegible] sp̄s s. esset pater q̄ est i[illegible]. due tm̄
sunt procedentes. sed [illegible] personarum procedentium
est mis emanationum ut probatum est. g° supposito ternario
personarum cum sint due emanationes. q̄ solum sunt ii.
persone procedentes. [illegible] n̄ est procedens. sic g° sup-
posito [illegible] emanationum [illegible] sufficienter et esset ter-
[illegible] personarum et [illegible] ab [illegible] supp[illegible] n̄ est pos-
sibile [illegible] [illegible] bina[illegible] emanationum
probare per hoc q̄ intelligere et uelle solum sunt
operationes [illegible] per quas [illegible] personas
procedere [illegible] deficiant [illegible] [illegible]
tiones q̄ [illegible] plus [illegible]
fidei [illegible] frivole [illegible] sufficient
[illegible] soluere [illegible]
[illegible] q̄ [illegible] per generationem filii [illegible]
semp est eodem modo se habens i generatione filii et [illegible]
[illegible] pater producere sed semp eundem uni[illegible]
[illegible] et sua [illegible] et semp eodem mō se habens i se [illegible]
in sua actione [illegible] est ee n̄ unum productum. [illegible]
[illegible] q̄ n̄ omnes rationes [illegible] personas [illegible]
tm̄ q̄ [illegible] ad excludendum i[illegible] et que
[illegible] persone [illegible] ad excludendum [illegible] et sic re-
manent tm̄ tres rationes [illegible] personarum s. pa-
ternitas filiatio et sp̄s [illegible]

Ad [illegible] dicendum est. [illegible]
[illegible] modo procedens sp̄s s. hic uero [illegible]
de procedens [illegible] et diuidit i. 2. partes [illegible]
[illegible] ostendit sp̄m s. procedere a patre et filio. 2°.
[illegible] ad utrumque procedat [illegible]
in [illegible] [illegible] est [illegible]
diuidit in 3. [illegible] [illegible]
[illegible] grecos [illegible] ostendit q̄ greci i hac ueritate
nobiscum concordant [illegible] et [illegible] nobiscum con
[illegible]

Princeton, N.J., Princeton University Library, Garrett MS 83. Vellum, 290×410 (185×295); 2 vols., ff. 199, 212; one scribe.

Contains: Durandus de Sancto Porciano, *Commentarius in IV Libros Sentenciarum.*

Written in Paris by Willelmus de Kyrkeby, scriptor anglicus. In the colophon to Book IV on f. 212D/213A we read: 'Explicit Hoc scriptum super quattuor libros sententiarum Domini fratris Durandi de sancto porciano ordinis fratrum predicatorum excellentis doctoris in theologia ac episcopi Anicinensis fecit scribi Parisius frater Symon tomitis de Neapoli eiusdem ordinis per manus Willelmi de Kyrkeby scriptoris anglici lincolniensis dyocesis. Anno domini M° CCC. tricesimo sexto. Amen.'

This handsome codex, written at Paris by a professional English scribe, presents a script closer to that of Plate 96 (1304) than to that of Plate 97 (1316). The codex is copiously adorned by floriated initials and one elaborate miniature (f. 1A) of a bishop instructing. The miniature is in the French style. Jean Pucelle has been suggested as the artist. The margins at the beginning of each of the four books of Sentences are elaborately floriated. The script is compressed: both the ascenders and the descenders are short. The spaces between the lines are so small that often the ascenders and descenders of two lines may overlap. The *a* is made of two parallel vertical strokes, joined in the middle by a light horizontal stroke. We have noticed this procedure before (Plate 97, 1316). The *d* is normally uncial. The minimed letters show a peculiar characteristic: the first minim of *m* or *n* is frequently shorter than the second or third (column A line 8 *racione*). It might be attributable to the scribe's general imprecision. In general he pays little attention to his lines. Juncture between looped letters (*d, e, o, p*) is almost standard practice (column B line 1 *doctrina*). The looped *r*, *z*, is very frequent (column A line 2 *procedit*). Serifs, generally regarded as a mark of deterioration of a script, are common. The similarity between the initial *con-* sign (*9*) and the internal looped *r* should be noted: note *concordant*, column B line 4. I have found the *con-* sign used internally, *di9t*, *dicunt*, which is not uncommon in French MSS of this time. The English suprascript counterclockwise sign for terminal *r* or *er* (⁹) is common (column A line 4 *uniformiter*).

Transcription f. 38A (Vol. I)

persona que a nulla natura procedit et hec vocatur pater qui eciam dicitur
innascibilis quia a natura procedit. persone autem procedentes
non possunt esse nisi due tantum. supposita dualitate emanacio-
num quia per unicam accionem semper uniformiter se ha-
bentem nec requirentem materiam in qua recipiatur non pro-
ducitur nisi unum tantum. Cum ergo emanaciones divine ad intra
uniformiter semper se habeant alioquin esset vera mu-
tacio in divinis nec requirunt materiam racione cuius sit in recipiendo in re-
cipiendo aliqua varietas. patet quod secundum quamlibet earum producitur unum
tantum iuxta numerum ergo emanacionum est numerus personarum per-
sonarum procedencium. Supposito ergo quod sint due emanacio-
nes patet quod sint tantum due persone procedentes unica
autem non procedens ergo supposito binario emanacionum patet quod
est tantum ternarius personarum. Similiter supposito ternario per-
sonarum concluditur binarius emanacionum quia oportet dare unam
personam a natura procedentem alioquin esset circulus in emanacio-
ne personarum. Si a patre fit filius et ab utroque spiritus sanctus. Et
rursus a filio vel spiritu sancto esset pater quod est inconveniens. due autem
tantum sunt procedentes set iuxta numerum personarum procedencium
est numerus emanacionum ut probatum est ergo supposito ternario
personarum solum sunt due emanaciones quia solum sunt due

[Ed. Paris, 1550, f. 36A.]

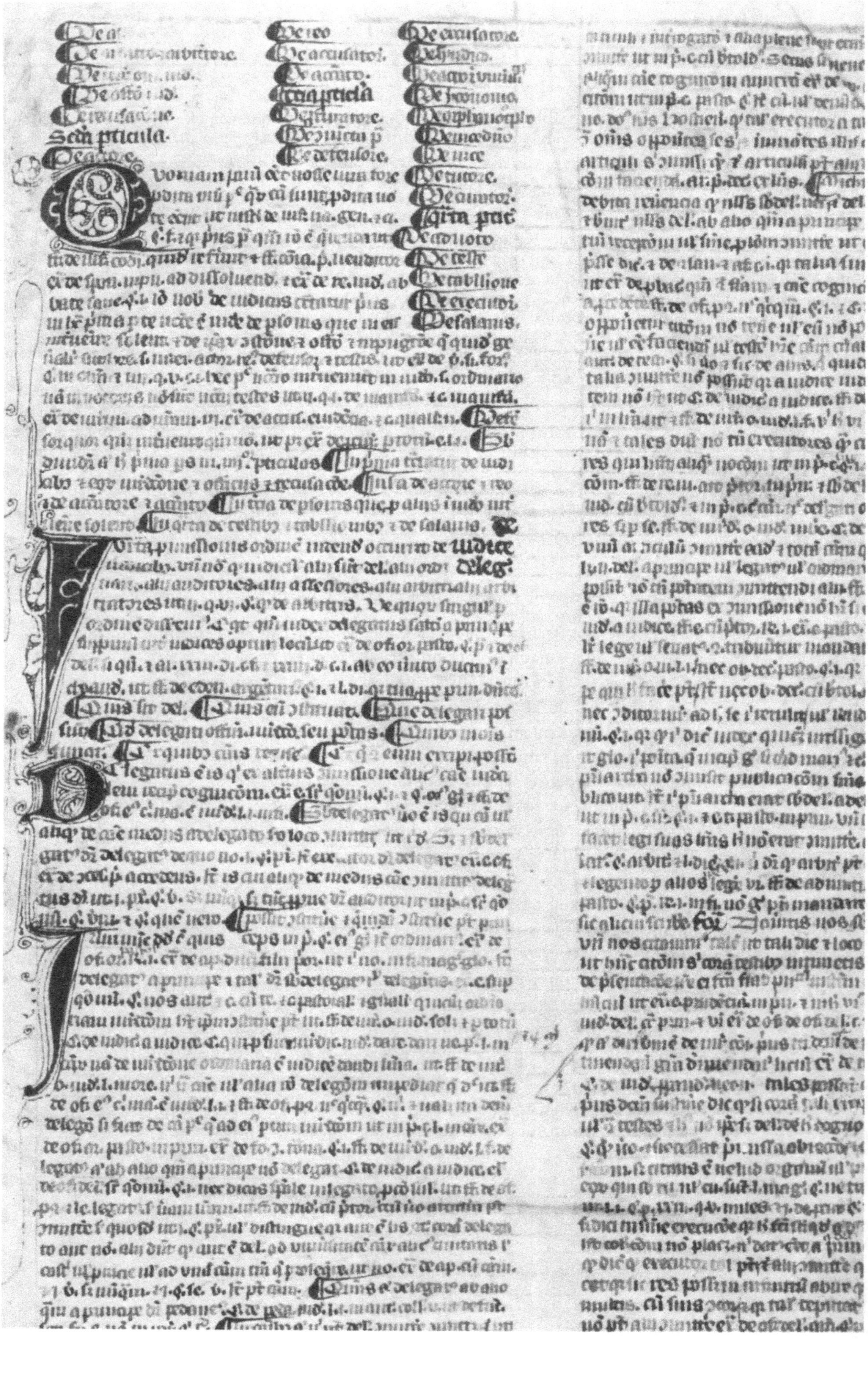

99 Britain 1345

Cambridge, University Library Dd. i. 13. Vellum, 425 × 260 (325 × 190); ff. 285; one hand.

Contains: Guillelmus Durandus, *Speculum iuris*, *Repertorium aureum*.

There is no place of writing or name of scribe now in the MS. The colophon on f. 285^C, now largely erased, reads: 'Explicit speculum iuris cum reportorio magistri Guillermi... scriptum xxvii die septembris Anno domini M°ccc xlv°.' There is no evidence that the MS has ever been out of England. The margins are copiously annotated in a mid-fourteenth-century English cursive hand or hands. The initials, the colours and the vellum are quite clearly English.

The highly technical legal nature of the text governs the choice of abbreviations, but typical English flourishes and letter formations come through the formality of the writing. In spite of the compressed ductus of the script the *a* tends to be high (column B line 1 *alia*). It is formed as we have seen for the gothic *a* in this century, in two parallel downward strokes, crossed lightly just above the middle. Looped letters, *c*, *d*, *e*, *o*, *p*, etc., tend to run into each other, a downward stroke of one forming a member of the following letter, a combination we have called juncture. Cf. *dominus*, column A, line 2 from bottom, where the ascender of the *d* forms a section of the following *o*. The *re* flourish over the *p* in *pretor* (column B line 23), though hardly visible, is the counter-clockwise stroke ending in pressure at the end of the stroke which we have seen to be uniquely English. It does not occur as often in this script as in other English scripts of this century, but it is distinctly present and can be noticed with a glass without much difficulty. In the marginalia the English forked *r* is usual, both finally and internally. The suggestion offers itself that we have here the writing of a lawyer who had spent much time at Bologna and had appropriated Bologna traditions in the square and tight *scrittura bolognese*. Certain traits of his earlier English training he was unable to suppress, and it is by these unsuppressed traits that we catch him. For a similar, later case of this incomplete transfer of style see Plate 107.

Transcription f. 2^A (should be 1^A)

Quoniam parum esset nosse iura fore
prodita nisi persone quarum causa sunt prodita no
te essent ut instit. de iure naturali gencium et civili
§ finale et quia prius persona quam racio est querenda ut
ff. de iure codicillorum quidam referunt et ff. communia prediorum venditor
extra de sponsacione inpuberum ad dissolvendum et extra de re iudicata ab
bate sane § i. Ideo nobis de iudiciis tractatur prius
in hac prima parte necesse est videre de personis que in eis
intervenire solent et de ipsarum constitucione et officio et inpugnacione que quidem ge
neraliter sunt hee scilicet iudex. actor. reus. defensor. et testis. ut extra. de verborum significacione forus.
§ in omni et iiii q. v. c. i. hee persone necessario interveniunt in iudicio scilicet ordinario
nam in notoriis non sunt necessarii testes ut ii. q. i. de manifesta et c. manifesta
extra de iureiurando ad nostram iii. extra. de accusacionibus evidencia et c. qualiter ii. ¶ Defen
sor quoque quandoque intervenit quandoque non ut patet extra de procuratoribus per totum eodem titulo i. ¶ Sub
dividitur autem hec prima pars in iiii^or particulas. ¶ In prima tractatur de iudi
cibus et eorum iurisdiccione et officiis et recusacione. ¶ In secunda de actore et reo
et de accusatore et accusato. ¶ In tercia de personis que pro aliis in iudicio inter
venire solent. ¶ In quarta de testibus et tabellionibus et de salariis. **De**
Iuxta promissionis ordinem videndum occurrit de **iudice**
iudicibus. Unde nota quod iudicum alii sunt delegati. alii ordi **delegato**
narii. alii auditores. alii assessores. alii arbitri. alii arbi
tratores ut ii. q. vi § quod de arbitris. De quorum singulis per
ordinem disseremus. Eqt quoniam iudex delegatus saltim a principe

[The *Speculum* was published often. In the Venice (1585) edition this text is on page 8.]

100 *Britain* 1355

Cambridge, Gonville and Caius College, 282/675 (olim C.M.A. 810). Vellum, 360 × 255 (325 × 205); ff. 158; one hand.

Contains: Johannes de Atona, *Septuplum cum commento.*

Written by Edmund de Multon. On f. 140^{D}, after the colophon of the *Septuplum*, we read: 'Scriptus extitit xvii kal. Augusti anno domini millesimo ccc. l^{mo} quinto ab Edmundo de Multon sacerdote et istius libri primo possessore.'

In this graceless hand the cursive—one hesitates to call it chancery script—has taken over. M. R. James in his catalogue of the MSS of Gonville and Caius College properly called it an 'ugly' hand. The chancery characteristics which we have noted in previous examples, the falsely looped *a*, the shaded, almost bâtarde, ascenders in *b, f, h, l,* the reversed final stroke in the upper loop of the *d* (column B line 1 *dileccio*), the forked *r*, and the 6-shaped *s*, stroked counter-clockwise, are accentuated. The scribe had learned, in a manner of speaking, to write orthodox gothic, as we can observe from the inserted text. But even there the carelessness of his stroking offends the eye. In his gothic he makes conventional juncture, e.g. *debilibus*, line 7 of insert. In the comment he does not make a true juncture. The *d* is begun mid-line and counter-clockwise. The finishing stroke reaches the main upright line and then drops to form the back of the *e* or indeed of other vowels, e.g. column A line 1 *debiles*, column B line 7 *attendat*. Other ligatures based on the same economy of time and effort may be noted. The scribe's accuracy in transcribing references to the *Decretum* is dubious.

Transcription f. 101^{D}

Symonia de regularibus et c. dileccio aut alias intencione reproba
et hec vel in ingressu vel in progressu quia forsan in principio
conversionis. Quidam eorum non plene se expropriant quin sibi
redditus loculos et alia suppellectilia infideliter reser
vent sicut ananias et saphira uxor eius act. v. c. xvi
q. i. ananias xxiii q. viii. petrus. Ad faciendam igitur ple
nam renunciacionem attendat quod legitur lxxxvi. d. non sa

quedam specialia denota
re. Nam quidem voto de
liberantes religionem
intrare in seculo demo
rantur. multi servi
dominis invitis ac mul
ti symoniace vel alias intencione
reproba monachantur
post ingressum vero quidem

tis ℣ dominus non vult in sed
relictis omnibus xii. q. i. omnis
vero .c. clericus .c. quia tua .c.
scimus et nolo .c. non
dicatis .c. expedit ibi omnia
sua etc. c. certe .xiiii. q. i. §
i. et xvii. q. vult. § Sed notandum
secundo quidem et si a principio
perfecte renuncient deficiente
fervore ad facultates
quas renunciaverant remit
tuntur horum postgenitus
fuit judas scharioth
apostolus qui post renunciacionem

[Unpublished.]

Incipit
Liber III

Oxford, Merton College, 71 (K. 2. 6.) (olim N. 65. Art). Vellum, 375 × 270 (310 × 225); ff. 264; one hand.

Contains: Thomas Bradwardine, *De causa dei contra Pelagium.*

Written, certainly at London, perhaps by Simon Lambourne, fellow of Merton, who presented it to the college library. Inside the front guard leaf at the top we read: 'Liber M. Simonis Lambourne precio vii marcarum dimid. Scriptus Anno domini M° ccc^mo^ Lxix^no^.' The date given by Coxe in his catalogue, 1344, comes from the explicit on f. 263^D^ which asserts that the opus was 'perscriptum Londonii anno milesimo tricentesimo quadragesimo quarto'. On the back guard leaf, f. 264^a^, we find the following: 'Liber M. Simonis Lambourn' datus Aule de Merton ad perpetuum usum sociorum eiusdem.' At the bottom of f. 263^D^ in a coeval hand in plummet: 'Liber domus scolarium de Merton in Oxonia datus per Magistrum S.' The writing is very faint, and the last initial could be a G.

The coalescence of the shaded chancery hand and the formal angular gothic with this hand approaches its full extent. This compromise or composite is to last for about a half-century before the separate elements become almost unrecognizable. Here the deterioration of the stronger elements of both hands has advanced very far. The lines are uneven, and within a single word the same letter may appear in different height and shape. The minimed letters, *i, m, n, u*, are, though poorly controlled, still made in separate strokes as in the earlier gothic. The looped letters, *b, d, h, l*, are strongly chancery, even if roughly and unevenly made. The flourishes and heavy finishing strokes of the *d* and the *r, er, re* sign and the *e* coming off a forked *r* (column A line 10 *destruere*) are unmistakably English and, as we have noted before, to be found in no other national script. The *a* is begun with the reversed ʒ and finished with the upright stroke drawn clockwise from the top. The looped *s* may be noticed. Initially, it is begun from the top and executed without lifting the pen, the last loop retracing slightly the top curve (column A line 28 *si*). Finally, the top stroke is made last (column A line 3 *debitas*). The first element in this final *s* is the reversed 3 which forms the left half of the two loops; the next stroke was a short upright stroke closing the lower loop, leaving only the upper horizontal stroke to complete the letter. That it was an uneconomical way to make the letter seems not to have bothered the scribe.

*Transcription f. 200^A^*

Pelagiani autem pestiferi et multiplici gracie dei ingrati
nituntur auferre a deo debitas gracias et graciarum
debitas acciones, negant enim predestinacionem provi
denciamque divinam in bono et in malo coeficien
ciam quoque dei et specialiter quoque eius preefficienciam cum libero arbitrio
in libero actu suo et in meritis universis. Huic motivo potissime inniten
tes quia tunc esset ibi necessitas non libertas nec meritum et alii vero heretici co
nantur auferre a deo similiter acciones debitas graciarum, dicentes ipsum
agere quicquid agit ex necessitate et nichil gratis nec libera voluntate quare et q̣ụịc̣quidam
heretici moliuntur destruere universaliter liberum arbitrium tam in deo quam
in creatura et omnem graciam ac gratuitam et liberam accionem, dicentes quod omnia
que evenient de necessitate evenient. De hiis igitur et istis similibus ammodo in
quirendum. ¶ Pro quibus diligenter investigandum videtur nunquid necessi
tas et libertas meritumque repugnent. In primis igitur \`est' ostendendum deum posse
necessitare quodammodo omnem voluntatem creatam ad liberum ymo ad liberimum
actum suum. Similemque cessacionem et vacacionem ab actu. Deus enim potest vel
le voluntatem creatam producere liberum actum suum et hoc antecedenter et prius
naturaliter voluntate creata, quare et pro 10^m^ primi illa de necessitate obediet et hoc quamdiu
deus sic voluerit ipsam velle. De cessacione quoque et de vacacione eadem
racio est omnino. ¶ Unde Anselmus de concordia 2 sicud inquit necesse est esse quicquid

[Ed. H. Savile (London, 1618), p. 637.]

Anno milleno sexageno quoque seno
Willelmus dux Normannorum fuit Angligenis rex

Willelmus qui Londonie veniens coronatus est in regem apud Westmonasterium ab Aldredo Eboracensi archiepiscopo Stigando Cantuariensi die natali Domini que tunc feria .2. accidit. Liber .1. Anno proximo in proximo quadragesima Normanniam adiit fratrem suum Odonem Baiocensem episcopum ad custodiam Anglie dimisit nobiles secum duxit scilicet comitem Edwinum et Morcarum, Edgarum Adeling et potissime Stigandum archiepiscopum quem ius in hoc magister retinebat sub velamine tamen honoris hoc fecit ne quis perfidie se absente per eius auctoritatem pullularet in Anglia. Inter quod difficile est dictu quantis eum recepit obsequiis dignanter assurgendo processionalis omittendo longa serie pompe sed quicquid huius regibus tur innolueras cupit. Postmodum in clarum quinta veniente Angliam legato pape de regis convenientia concilium celebrante Stigandus depositus est fidem regis magister inexpellatus rex quod ut fatum noluit blandi se excusans et preceptum pape obviens. Stiganditum quo adiuvetur in vinculis Wintonie detinuit. Anno. Post inveniente hieme rex Willelmus Angliam rediit importabile tributum Anglis imposuit civitatem Exoniensem contra se rebellantem obsedit et infregit. Gutha comitissa uxor quondam Godwini relicta urbe Flandriam in exilio transiit. Willelmus de .7. liber .2. In ista obsidione muralis urbis que ultro cecidit et ingressum patefecit. Nam unus e civibus super murum stans nudato inguine pudendo sonitu auram fedabat. Hoc quoque anno proceres Northumbrie sentiam Willelmi formidantes sumptis secum Edgaro Adeling cum matre sua Agatha ac sororibus duabus Margareta et Cristina ad regem Scotorum Malcolmum navigaverunt. Volunt tamen nonnulli quod Edgarus perdens videns res Anglorum undique turbari ascendit navem cum matre sua et sororibus reverti in patriam propriam qua natus fuerat disponebat sed suborta tempestate Scotiam adire cogebatur qua occasione actum est

ut rex Scotie Malcolmus Margaretam duceret in uxorem de qua genuit .6. filios et .2. filias e quibus tres Edgarus Alexander et David reges postmodum fuerunt. Matilda nupsit regi Anglorum Henrico primo de quibus processit Matildis imperatrix. Altera filia Maria nupsit Eustachio comiti Bononie de qua processit Matildis que postmodum nupsit regi Stephano. Hoc quoque anno rex Willelmus firmavit castrum apud Snotingham et aliud apud Lincolniam et duo castra apud Eboracum. Hoc eciam anno Matildis regina Angliam veniens de Normannia coronata est ab Aldredo. Haraldus et Canutus filii Swani regis Danorum cum ducentis navibus in ostio Humbre fluminis applicuerunt quibus Edgarus Adeling se reddit. De quorum adventu archiepiscopus Aldredus tam tristis effectus est ut moreretur .3°. idus Septembris. Octavo post hoc die Normanni custodes castellorum timentes ne domus suburbii forent Danis suffragia ad implendum fossas eas incenderunt sed flamma nimis excrescens urbem Eboracum cum ipso monasterio sancti petri consumpsit sed ante finem incendii Danica classis superveniens et de communicantia civium plurisque tria milia Normannorum trucidavit. Inde rex Willelmus indignatus in provinciam illam devastavit ut fame invalescente homines equinam caninam et humanam carnem comederent. Terra eciam que inter Eboracum et Dunelmum iacet .9. annis habitatore et cultore caruit excepto solo territorio Johannis Beverlacensis. Nam ibi quidam regis miles vindictam incurrit fracto collo equi sui et propria facie retorta. Tunc eciam monasterium Bede quod fuerat Girvum super ripam Tyne fluminis combustum est. Hoc anno Malcolmus terram Northumbrie devastavit ut omnis senibus et debilibus robustos quosque perpetua servitute dampnaret in tantum quod vix est domus in Scotia qui servum aut ancillam Anglicam habet. Rex Willelmus quorundam ductus consilio omnia monasteria Anglie fecit perscrutari et pecuniam inventam in suum erarium transferri. Willelmus de .1. liber .3. Anno post hoc in octavis pasche celebratum est concilium Wintonie annuente papa Alexandro .2°. presentibus duobus cardinalibus in quo degradatus est Stigandus archiepiscopus tribus de causis primo quia episcopatum Wintonie simul cum archiepiscopatu Cantuarie iniuste tenuerat .2°. quia vivente Roberto archiepiscopo archiepiscopatum tenuit et pallio ibidem relicto usus est absque supplemento sedis apostolice .3°. quia

London, British Museum, Royal 13 D. I. Vellum, 370 × 240 (260 × 155); ff. 254; one hand.

Contains: Radulphi Higden, *Polichronicon*; Gaufridi Monumutensis, *Historia regum Brittanie*; Grosseteste, *Testamentum XII Patriarcharum* et alia varia.

Written most probably in London. There are two ex libris (inside first guard leaf and on f. 2^b) indicating early (*c.* 1450) possession by the church of St Peter on Cornhill. The MS is datable on the basis of the fact that the last entry in the Chronicle is an item concerning Richard II and his expedition into Scotland in 1385 (f. 243^B): 'Anno domini M° ccc° lxxxv rex Ricardus anglie intravit Scociam.'

In many monasteries, where the scriptoria were managed on traditional lines, the conventional gothic was maintained with a minimum of adaptation to new trends elsewhere. Our example betrays no haste nor concern for space. The letters are heavily serifed, and the whole gives an unmistakable impression of something akin to artificiality. Deterioration is not far away. The letters give an impression of separateness, but close examination will reveal that there are many semi-ligatures or, perhaps better, pseudo-junctures, e.g. *do* in *londoniam* (column C line 3), where the ascender of the *d* continues from its midpoint to make the lower half of the *o*; the cross stroke of the *r* (column C line 5 *regem*) breaks off to form the lower stroke of the *e*, a stroke that occurs as well in the combinations *ro*, *ri*, *ra*, *co*, *ce*, *ti*, etc. The peculiarly English *r*, *re*, *er* flourish (column D line 1 *duceret*) is noticeable. The minuscule *a* reaches above the line.

Transcription f. 130^C

Anno milleno sexageno quoque seno
Willelmus dux Normannicus fuit angligenis rex
Willelmus igitur londoniam ve
niens coronatus
est in regem apud
Westmonasterium ab aldre
do eboracensi decli
nato stigando can
tuarie die natalis domini
que tunc feria secunda acci
dit. Willelmus libro primo. Sed
in proxima quadragesima Normanniam
adiit fratrem suum Odonem baiocensem episcopum ad
custodiam anglie dimisit nobiles secum duxit
scilicet comitem edwinum et morcarum. Edga
rum adeling et potissime stigandum archie
piscopum quamvis in hoc iugiter renitentem
sub velamine tamen honoris hoc fecit ne quid
perfidie se absente per eius auctoritatem pulu
laret in anglia. Inter que difficile est dictu quan
tis eum receperit obsequiis dignanter as

[Ed. J. R. Lumby, *Polychronicon Ranulphi Higden* (Rolls Series), VII, 248–50.]

ptum ni dicit tertia scdo q no est excoicacio timenda de modnis platis. n de qnto
ipos infiat. et pori excoicacoi dni est conformis, pmo g luchit q ista excoi
cacoez. p hoc q no i scriptura n i vita x n aplica est fundata, sz oia q plati dnt
fide sufficiter fudat i lege x g no dnt tali excoicare x. n. tale pibuit. vt pz
luc 9. et a tali abstinuit vt pz de samaroth. Cu tn vbiqz fuit ifinitu maior
cu excoicacois q sut hodie vetilate Nec valz dice q petrus excoicavit ana
niam et saphiram. act. 4. n q aplus excoicavit corinthiu fornicatu. cor. 4. quia
illos excoicavit excoicacoe qua plati nri excoicare nesciut. n hnt a dno
potestatis pmos. n. tradidit petrus morte itercedente pcerno dia flagellandos
Et 2m tradidit paulus sathane cruciandu ad tepus vt spc salvus fiat sz istius ma
nerei excoicacois omnes plati cesarij sut expertes ptc nec fide evangelij. nec
debet excoicare aliu n pp carite qui ht ad eu tn qz ex fide debemus inimicos
nros dilige. tn et qz debemus oia opa nra i carite face sz plati nri cesarij no
excoicant subditos ex carite. g no catholice. minor pbat a signo eo q il
los qs magis odiut. acrius et horribilius excoicant. vt pz de excoicatis obiectis
qui nolut pecunias vt placita ad votu platis tribuere. h doctor evangelicus sup eplis

132 Excusacio Cepisti no defende pctm tuu iā no Ididiculibz fo 20.
Casti iusticia, pficient et in te qz nr ad delectabilis h aug de cat fo 9. Desi
nut ee pcta q pp gnuora vitanda susciplut sic. n. i rebz vtilibz no vocat
dapnu q pp maius lucru amittit. sic et i rebz sacis no vocat pctm q admitti
ne gravius admittet Aug i qdam fo Absit vt id q pp bo faciu ac licitu. si ex
ho pt nraz voluntate q malt accidit. nob iputet. aug i ep ad puplicam
Po est facile malu de pueria etate cedendu. q vita ptita defendet et hono
rat vorabliu dignitatis h ios i ep ad Rusticu. Consuetum gnus hnm vicium est
libendo pctm comittere. et comissu negando abscodere et convictu defendendo
excusare. gg i mor li 22 fit plerumqz vt du in corrupta i se mala de
fende negant ex vecordia peiores fiant. et sic i sua defensione suppbiant
vt qdam vicia cot vita corrupicitis exqrant. et eos se innosos no esti
ment. si tumina alios ipouit. q cu vba iuenire nequit. fingut vt ipsi q
fecit q no i pari iusticia icrepare videant h gg li 9 mor Pnm pctm
pcto addit q culpe q fecat patrocia adiung defensionis h li 22 mor Noli iu
dicari primu sz magis excusa, excusa intencoez si opus no potes puta
ignorancia. puta subrepcoez. puta casu. q si omez oio dissilacoez re c
titudo recusat suade tibi t editio apd te ipm. vehemens fuit temptacio. q de
me illa fecissz. si accepissz i me sit ptate h B s cantica fo 40. Minus
vba sut cedenda no sut. n q actis iudiciis copbat n q insufo examine
comutut n q ordie iudiciario publicant. no. n. q accusat sz q convincit re
est h psidorus li i soliloqiorum Supbz vlt credi constante, pdigu. liberale auar
diligente temerarius. forte Archimus. parcu, gulosus. humanu, ignavus
qetu, timidus. cautu, h psp de vita cotemplativa li 3.

133 Exemplu Fac scdm exemplar q t monte. i. x vt eius scripta mostratu e. exo
24. g No solu munerib, sz vnius sic genti nuc mortis sue exemplu virtutis
et fortitudis derelinq eliazarus. macab 6. exe. n. dedi vob. vt q admodu ego

103 Britain 1396

London, British Museum, Harley 401 (olim 39 A. 11). Vellum, 210×145 (170×105); ff. 334; one hand.

Contains: Floretum evangelicum secundum alphabetum.

Written at some Lollard centre. At the end of the work (f. 334[a]) the explicit reads: 'Explicit floretum anno domini 1396.' Most of the content of the work is drawn from Wyclyf's sermons and exegetical writings. As by 1396 Wyclyf's followers had for the most part left Oxford, we should not look for the scribe of this work in Oxford, and indeed it is less a university hand than a monastic script. Soon after the writing the codex came into the possession of an unsympathetic owner. The left margin of our example carries this note: 'Iste doctor evangelicus fuit Johannes Wyclyff. Cave ergo.'

This hand would have been regarded as a neat, well-executed bookhand at the time it was written. It has retained some gothic precision which is to disappear within the next few decades. The minimed letters, *i*, *m*, *n*, *u*, are fairly even and smoothly stroked. The ascenders are looped, counter-clockwise in *b*, *h*, *l*, but the *d* begins at the top with a light flourish, also counter-clockwise. The *a*, begun with a reversed 3 and completed, at the right, by a slightly curved downstroke, we have already met in English scripts. The looped *s* begins at the midpoint with a stroke, clockwise, making the bottom loop, and continues upper right with a light final flourish. We have met this structure before. The English forked *r*, going below the line (line 7 *saphiram*), is by now familiar, as is also the *r*, *er*, *re* abbreviation (line 1 *modernis prelatis*).

Transcription f. 96[b]

Item multa sunt testimonia sanctorum quod non est excommunicacio timenda
de modernis prelatis nisi de quanto
ipsos inficit et priori excommunicacioni domini est conformis. Primo igitur
invehitur contra istam excomuni
cacionem per hoc quod non in scriptura nec in vita christi nec apostolica est
fundata. Sed omnia que prelati dicunt
facere sufficienter fundantur in illis ergo non dicunt taliter excommunicare.
Christus enim talem prohibuit ut patet
luce 9 et a tali abstinuit ut patet de Scarioth. Cum tamen utrobique fuit
infinitum maior
causa excommunicacionis quam sunt hodie ventilate. Nec valet dicere quod
petrus excommunicavit ana-
niam et saphiram. Act. 5, nec quod apostolus excommunicavit corinthium
fornicarium. Corinth 5. quia
illos excommunicarunt excommunicacione qua prelati nostri excommunicare
nesciunt, nec habent a domino
potestatem. Primos enim tradidit petrus morte intercedente perpetuo diabolo
flagellandos.
Et secundum tradidit paulus sathane cruciandum ad tempus ut spiritus salvus
fiat. Sed istius ma-
neriei excommunicacionis omnes prelati cesarii sunt expertes. Item iuxta fidem
evangelii nemo
debet excommunicare alium nisi propter caritatem quam habet ad eum, tamen
quia ex fide debemus inimicos
nostros diligere, tum eciam quia debemus omnia opera nostra in caritate facere.
Sed prelati nostri cesarii non
excommunicant subditos ex caritate, ergo non catholice. Minor probatur a
signo, eo quod il-
los quos magis odiunt, cicius et horribilius excommunicant, ut patet de
excommunicatis subiectis
qui nolunt peccuniam vel prelaciam ad votum prelatis tribuere. Hec doctor
evangelicus super epistolis
Excusacio. Cepisti non defendere peccatum tuum iam inco ¶dominicalibus.
Sermone. 20.
asti iusticiam perficientur autem in te quia nichil aliud delectabit. Hec
Augustinus de caritate sermone. 4. Desi-

[Unpublished as a whole. The section from Wyclyf in his *Sermones*, III (ed. J. Loserth, London, 1889), 159.]

M[agant spiritualis iocunditatis gratantur. Ma-]
[illegible] mentibus cantica post devote cane-
rent affectionem. sed in dulcedine amoris et
in et in effabili elapsu fervoris cor-
da frondant disciplina recte audit
inferiora; et inter tribulaciones placet consolamen.
Surgunt vicia. inflamant mos. psallentes e-
rigunt in camera contemplacionem. Secundo [illegible] quod in
primum huius doctrine que est de toto Christo s. de capite et corpore
quod est ecclesia subiectum describit. et reprobos secernit
[illegible] primus psalmus dicit in duo. et quia virtus est con-
traria malo [illegible] bona [illegible] distinguitur
ab aliis [illegible]. hoc quod capiunt a malo. non penitus?
[illegible] culpe. quod nullus alius [illegible] ad minus [illegible] con-
tractum originale peccati. quod ad omnis culpa capiunt.
ostendit inducendo in triplici genere culpe. que
inducto continetur in his tribus negativis Non abiit
Non stetit Non sedit

B[eatus vir s. Christus qui vir dicitur et propter
excellentiam virtutis in agendis et paci-
[illegible]. quos [illegible] excellenter sunt
Cassiodorus. vir dicitur a viribus. qui nescit
adversa tollerando deficere. aut in
prosperis ex aliqua elacione [illegible].
[illegible] stabili desiderio et celestium contemplacione firmiter ma-
net in paradiso. Christus ecclesia est vir ecclesie [illegible] nobis in [illegible]
vir eius beatus excellenter. Augustinus. Nichil aliud est
bene vivere: quam [illegible] bonis [illegible] gaudere. Ad beatitudi-
nem [illegible] exigunt s. ut quod vult habeat. ut tamen bonum ve-
lit. ut [illegible] bonum quod vult. sit semper mansurum. Securi-
tas non amittendi. potestas faciendi. Hec omnia excel-
lenter fuerunt in Christo [illegible] rebus. [illegible] quo tunc tot passio-
nibus [illegible] [illegible] est [illegible] in anima Christi fuit natura et [illegible] appe-
titus [illegible] quia ipse voluntas est fuit patri. Sic [illegible]
[illegible] beatus est [illegible] optata succedunt. Oblatus est quia ipse
voluit [illegible] mors [illegible] de optatis esset. [illegible] non de-
cet [illegible] sapiens [illegible] mors dulcis nunc est. qui non
abiit [illegible] recessit a deo: Sic Adam in consilio impiorum. po-
situs s. cum impii hoc malo fecerunt. laudabile est non abire
a deo. et tunc maxime cum hoc attrahitur a malis impiorum
i. diaboli et melior eius et in via peccatorum i. [illegible] et [illegible]
in mundo qui est latitudo ad perdicionem non stetit
pede amoris [illegible]. stetit n. in via peccatorum est delec-
tari in illo quod Christus non fecit [illegible] terruit [illegible]
[illegible] [illegible]. et in cathedra [illegible] non sedit i. non appetivit
principatum [illegible] qui pestilencia dicitur: quia omnes inficit
[illegible] quis est n. qui non postposuit [illegible] ad [illegible]
[illegible] dignitate anhelat. [illegible] a [illegible] bona quod
est [illegible] Et recte iam [illegible] concupiscencia [illegible]
pestilencia: que est morbus ab uno in alterum [illegible]
et omnes invadit quia vix caret ab amore dominandi. [illegible]
Cassiodorus. Abiit in consilio impiorum est peccatum in cogitacione
[illegible] in via peccatorum est peccatum in opere. quia in opere mora
[illegible] maior est quam in cogitacione. Sedere in cathedra pe-
stilencie est [illegible] [illegible] verbo [illegible] exemplo malo.
Non s. Christus [illegible] in lege domini fuit voluntas eius. i. semper lege
voluit. quod est voluntate esse in lege. et in lege eius. quia
voluntas tedium excludit. [illegible] quod fastidiose in legendo
non valet quod legunt [illegible] quod aliud est esse in lege [illegible]

sub lege. [illegible] est in lege: secundum legem [illegible] diligencia [illegible]
[illegible] lege obediens. [illegible] sub lege est: secundum legem [illegible]
[illegible] timore [illegible] liber [illegible] Item [illegible]
[illegible] que [illegible] lex scripta que [illegible]
qui non indiget [illegible] lex non est posita ut [illegible]
[illegible] in [illegible] et [illegible] quod [illegible]
[illegible] non [illegible] quia [illegible] qui aliquando [illegible] eadem die [illegible]
[illegible] legem potuit [illegible] non tamen [illegible]
[illegible] ut [illegible] Et erit [illegible] tan-
[illegible] dulce et salubre [illegible] in medio paradisi: [illegible]
[illegible] in eternum. quod plantatum est [illegible] agnitus
i. inseparabiliter unitum filio dei [illegible] a patre et
[illegible] quia non tamen [illegible] ut deitas humanitate con-
[illegible] tam longe [illegible] humanitas [illegible] quod
fructum suum i. [illegible] a se procedente [illegible] dabit
fidelibus [illegible] studet amare in tempore suo i. in tem-
pore post passionem resurreccionem et ascensionem Et folium
eius i. verbum [illegible] non defluet i. [illegible] non fluet. quia non
[illegible] de terrenis. [illegible] de celestibus et animum erigit ad supe-
riora non ad temporalia depellit. sicut medici et [illegible]
[illegible] opera [illegible] verba [illegible] faciet de [illegible] suis [illegible]
semper prosperabuntur i. utilitatem afferet salvandis [illegible]
[illegible] verba et facta que erunt [illegible] ostenso quod Christus [illegible]
[illegible] ab omni malo et plenus omni bono: reprobos a Christo et ab
ecclesia secernit et [illegible] hiis apponit [illegible]
dicens Non sic impii. obedientes [illegible]
pulvis i. [illegible] que [illegible] ventus
impulsus temptacionis cum inflatione [illegible] movet
[illegible] a facie terre i. a stabilitate [illegible]
[illegible] interiore [illegible] cogitacionis: [illegible] huius vite [illegible]
[illegible] pulvis [illegible] impii in [illegible]
[illegible] vite ambulans et [illegible] qui [illegible]
superbie sue [illegible] sunt expulsi. [illegible]
[illegible] hec [illegible] de [illegible] quia [illegible] est [illegible]
[illegible] beatitudinis et [illegible] sufferencia tribulacionis.
[illegible] impiorum est triplex consultum [illegible] appetitus [illegible]
voluptatis [illegible] abundancia [illegible] consilio [illegible]
non abiit i. a deo non recessit in [illegible]
[illegible] a malo consilio. et qui meditabitur in lege domini
meditabitur non in [illegible] in lege [illegible]
[illegible] lignum i. [illegible] non tamen est quod
plantatum est i. stabilitum a deo [illegible]
[illegible] ut in [illegible] que agit [illegible]
adhibeat testificacionem quod fructum suum i. bona opera in
[illegible] et bona data in [illegible] dabit. Ad honorem dei non
vendet [illegible] gratia. Et folium eius non [illegible] verbum eius
non [illegible] in [illegible] deceptorum [illegible]
[illegible] sive sint opera sive sint verba semper prospera-
buntur i. in bonum cooperabuntur. Quidam [illegible] doctores
non [illegible] semper [illegible] ut in [illegible]
[illegible] Gregorius In lege domini [illegible] et [illegible]
[illegible] incipiencium [illegible] fructum [illegible]
[illegible] non offendere verbo [illegible] custodia lingue quod est fo-
lium non defluere: perfectorum [illegible] non offendit in
lingua: hic perfectus est vir. Non sic impii. sed tamquam
Deinde agit de separacione reproborum a corpore Christi quod
est spirituale in presenti: et corporale in futuro et [illegible] Ideo
s. [illegible] veniet [illegible] ab eterna stabilitate
[illegible] amatores [illegible] impii [illegible]

Oxford, Bodleian Library, Bodley 861 (S.C. 2728). Paper, 290×210 (223×165); ff. 168; one hand.

Contains: Richard Rolle of Hampole, Latin works. See H. E. Allen, *Writings ascribed to Richard Rolle of Hampole* (New York, 1928), pp. 22–34, 165 ff.

Written at or near Worcester. A note on f. iii[a] reports the transfer from Worcester in 1590. The explicit of the Comment on the Psalter, f. 49[A], reads 'Anno domini M[o] cccc 11 die mercuri hora 3[a] post meridiem 13 die Mai'.

This hurried hand has lost the neat appearance of earlier composite (gothic and chancery) bookhands, without however departing far from the basic structure of the letters. The pen is usually raised in making *a*, *c*, *e*, internal *f* and *s*, and yet one may expect ligatures in almost any connection. This tendency toward cursive and ligature accentuates the impression of nervous haste. The usual long forked *r*, a long extension of the downward stroke of the *e*, and a very irregular attention to the base line mark the hand. The final *s* is made in two ways: one, according to earlier norms, starts counterclockwise at the top, using a simple downward double-looped *s*; more frequently, however, the final *s* starts in the middle, proceeding clockwise upwards and around like a 6 sloping slightly to the right. Compare the final *s* of *reprobos* with the initial *s* of *secernit*, the next word (column A line 10). A third *s* is of course the upright stroke, similar to the main stroke of the *f*. The flourish at the end of the forked *r* which represents a final *e* is normal in English hands of the late fourteenth and the fifteenth centuries. The reversed shaded suprascript flourish which is normally used to represent the *r*, *er*, *re* sound, is here used for a variety of abbreviations: over an *a* for *autem* (column A line 15), over *e* for *est* (column A line 11), as well as the normal *er*, *re* use, *servo*, *inferni*, *presenti*, etc. A simple 7 is the normal *et*-sign.

Transcription f. 1[A]

Magna spiritualis iocunditatis suavitas illa-
bitur mentibus cantica Psalmorum devote canen-
cium. Mellita sunt enim dulcedine amoris eter-
ni et ineffabili elapsu femoris cor-
da fecundant discipline recte ostendunt
instituta et nostre tribulacionis prestant consolamen
Purgant vicia inflammant animos psallentes e-
rigant in canoram contemplacionem. Nondum vero est quod in
principio huius doctrine que est de toto Christo scilicet de capite et corpore
quod est ecclesia. Subiectum describit. et reprobos secernit
Unde secundum hoc primus psalmus dividitur in duo. Et quia prius est ca-
rere malo quam habundare bono ideo primo Christus distinguitur
ab omnibus hominibus per hoc quod caruit omni malo. non pene
sed culpe quod nullus aliorum habuit. Ad minus propter con-
tractum originalis peccati. Quod autem omnino culpa caruit
ostendit inducendo in triplici genere culpe. que
induccio continetur in his tribus negativis: Non abiit
Non stetit Non sedit
Beatus vir scilicet Christus qui vir dicitur vel propter
excellenciam virtutum in agendo et paciendo
vel virium. quas omnes excellenter habuit

[Ed. Cologne, 1536, f. 1[a].]

62

105 Britain 1429

Cambridge, University Library, Ff. iii. 27. Vellum, 310 × 220 (220 × 140); ff. 352; two hands.

Contains: Johannes Sharpe, *Abbreviacio Quodlibetorum Duns Scoti*; Franciscus de Maronis, *In Sententias libri IV.*

Written at Oxford. The colophon to the Quodlibeta of Duns Scotus (f. 45[B]) reads: 'Expliciunt quodlibeta doctoris subtilis aliqualiter per doctorem sharpe abbreviata et manu... scripta laus omnipotenti qui dedit incipere et perficere. Scriptus fuit liber iste Anno domini M° CCCC° xxix. in Oxonia.' The name scratched out might be read by ultra-violet light. Several letters are recognizable. The second hand, undated, is coeval.

This is a workmanlike school hand, fairly uniform and disciplined. We may observe a clear development from the two preceding examples toward the erect and highly pointed hand we will note later in the century. All the minimed letters are made without any rounding. The *d* is already showing an angularity that is later to be quite noticeable. The base is no longer rounded, but at the lower left is frequently sharply pointed (column B line 3 *damascenus*). The long forked *r* is prominent, as is the characteristic reversed flourish which was earlier reserved for the *r*, *er*, *re* abbreviation and has now come to be used as a general abbreviational sign, e.g. *igitur* (column A line 9), *est* (passim), final *e* after a terminal *r* (column B, line 24 from bottom, *intelligere*), *sive* (column B line 1). The minuscule *e* has two forms: an orthodox gothic shape (column A line 1 *essencialia*), and a cursive shaded shape, made counter-clockwise, ending with a flourish we have called 'reversed'. It appears initially, medially, terminally and also suprascript (column B, line 21 from bottom, *eo*; column B, line 2 from bottom, *continencia*; column A, line 2 from bottom, *ille*; column A line 12 *nature*). The upward flourish at the beginning of *et* and *v*, and occasionally other letters (column A line 2 *vel*, line 7 *et*), will be noticed. The final *s* retains its double-loop appearance. The upright stroke is made first, usually connected with a preceding letter, and the 3 joins the two ends of the upright. The initial *s* is usually stroked in the same way. The long *s* appears internally and only occasionally initially (column B, line 18 from bottom, *sentenciam*). A tendency towards the bâtarde is perhaps the most noticeable general impression.

Transcription f. 1[A]

Utrum in divinis essencialia sint immediacio-
ra essencie vel nocionalia. Quod nocionalia
probatur, quia ea que constituunt supposita alicuius
nature sunt immediaciora illi nature quam illa que sunt proprietates
ipsius nature sed nocionalia in divinis constituunt
supposita divine nature et essencialia non sed sunt quasi
proprietates illius nature igitur etc. Maior probatur ex hoc quod natura
immediatissime se habet ad suum suppositum proprium quia de illo dicitur per se primo et de
proprietate solum per se secundo igitur illud 'quo' suppositum formaliter constituitur immediacius
se habet ad essenciam quam aliqua eius proprietas. Minor probatur nam essencialia sunt communia
tribus suppositis igitur non sunt constitutiva alicuius determinati suppositi. Similiter
essencialia sunt proprietates nature secundum damascenum cap. 4° ubi sic: Si bonum si iustum
si sapiens et si quodcunque aliud dicas non naturam dicis dei sed que circa
naturam. Et Augustinus 15° libro de trinitate cap. 5° vel 8°. Si dicam eternus
vel immortalis incorruptibilis immutabilis vivus sapiens potens sponsus
iustus bonus beatus spiritus horum omnium novissimum quod posui quasi
tantum videtur signare substanciam cetera vero huius substancie qualitates. Ad oppositum
arguitur sic: illa sunt immediaciora essencie que habent racionem perfeccionis et
sunt perfecciones simpliciter quam que non sed essencialia sunt perfecciones simpliciter
nocionalia vero non igitur etc. Maior patet quia prime perfeccioni que est essencia immediaciora

[Unpublished.]

notatis viuos seruata sepultos. Quidam tamen volunt quod pars hostie in
calicem missa signat illos qui viuunt in hoc mundo fideliter. quia sunt
participes passionis Christi. Pars extra calicem seruata. plene beatos in corpore
et anima ut beata virgo. Pars comesta illos quorum corpora in sepulcris
nō. iacent. et anime eorum in purgatorio sunt aut in celo. Et nota quod illa frac
cio talis non habet fieri in corpore Christi. sed in accidentibus et speciebus per
se manentibus. que retinent virtutem eandem virtute diuina quam
prius habebant cum subiecto. de hoc dictum est supra. capitulo viij.i. et licet
Nota eciam quod pars in calicem missa non debet dari populo in supplementum
communionis. quia panem intinctum non dedit Christus discipulis. nisi iude proditori.
nec tunc accepit iudas corpus Christi sub pane intincto. sed simplicem pa
nem. quia corpus et sanguinem Christi prius cum ceteris discipulis sumpserat.
Sed in porreccione panis intincti expressit iohanni euangeliste suum proditorem.
Post sumpcionem autem corporis et sanguinis Christi. os vino abluitur.
et postea debet debet abluere vino digitos quibus tetigerat cor
pus Christi. et debet ablucionem sumere nisi voluerit postea aliam missam ce
lebrare. quia si aliquid a sanguine sumeret. celebracionem alterius misse impe
diret. Ideo in decretali de celebracione misse ex parte dicitur. semper sacerdos
vino os perfundere debet. Postquam accepit totum sacramentum eucharistie
nisi cum eodem die aliam missam debuerit celebrare. ne si forte vinum
perfusionis acciperet. celebracionem aliam impediret. Sed per illas
corrumpunt. et ideo vinum infusum in calicem post sumpcionem sanguinis nul
lo modo sumendum est a sacerdote. cum sacerdos vult aliam missam
celebrare. De quo dictum est supra capitulo decimo. Hec tibi petre de sacramento
xij. i. eucharistie sufficiant. De sacramento penitencie.

Petrus. Nunc de sacramento penitencie audire volo. que secunda tabula
dicitur. post naufragium. Ideo rogo te ut circa eam diligenter
attendas. quia sacerdotibus est maxime necessaria. et maxime curam habentibus
animarum. S. Multa sunt in isto sacramento que non potero declarare. De
te tamen quod vis. et prout potero cum dei adiutorio respondebo. P.
q. Quero primitus quare penitencia dicitur ij tabula. Deinde quid sit sacramentum
penitencie. et que sit eius materia et forma. S. Penitencia dicitur secunda ta
bula secundum methaforam. quia sicut primum remedium mare transeuntibus

106 Britain 1442

Cambridge, University Library, Hh. vi. 13. Vellum, 200 × 135 (170 × 100); ff. 85 + i; several hands.

Contains: Conclusiones sacramentorum ex variis auctoribus extracte.

Written (our plate) by Thomas Syngulton, scriptor of Newark. The colophon of the *Conclusiones* on f. 77^a reads: 'Secundum manum Thome Syngulton scriptoris de newerke. In anno domini millesimo $cccc^o$ quadragesimo secundo.' There are many vernacular notes in the MS, on the front flyleaf and below this colophon.

This rather heavy and laboured gothic is to be found in many English monastic centres right through the fifteenth century, long after the gothic had either been rejected for scholastic use or had coalesced with the chart hand to form the current bookhand from about the middle of the fourteenth century. The feathery flourishes hanging from final letters, particularly *c*, *t*, occasionally *s* and the looped *r*, are noticeable. Gothic junctures are present (line 2 *mundo*, line 3 *participes* et passim). Abbreviations are minimal, as there is no evidence of any pressure for economy of space. The regularity that comes from basic vigour of the early period of a script is of course not to be found in this imitative phase of English gothic. Intimations of chancery influence may be found in the shading of the abbreviational stroke over *populo* (line 9) and the return stroke of the majuscule *I* (line 18 *Ideo*).

Transcription f. 28^b

notat vivos servata sepultos. Quidam tamen volunt quod pars hostie in
calicem missa significat illos qui vivunt in hoc mundo fideliter quia sunt
participes passionis christi. Pars extra calicem servata plene beatos in corpore
et anima ut beata virgo. Pars comesta illos quorum corpora in sepulcris
iacent et anime eorum in purgatorio sunt aut in celo. Et nota quod illa frac-
cio trina non habet fieri in corpore christi sed in accidentibus et speciebus per
se manentibus que retinent virtutem eandem virtute divina quam
prius habebant cum subiecto. de hoc dictum est supra capitulo viii^o.i. et licet.
Nota eciam quod pars in calicem missa non debet dari populo in supplementum
communionis. quia panem intinctum non dedit christus discipulis nisi inde proditori
nec tunc accepit iudas corpus christi sub pane intincto. scilicet. simplicem pa-
nem, quia corpus et sanguinem christi prius cum ceteris discipulis sumpserat.
Sed in porreccione panis intincti expressit iohanni evangeliste suum proditorem.
Post sumpcionem autem corporis et sanguinis christi os vino abluitur
et postea debet debet abluere vino digitos quibus tetigerat cor-
pus christi et debet ablucionem sumere nisi voluerit postea aliam missam ce-
lebrare quia si aliud a sanguine sumeret celebracionem alterius misse impe-
diret. Ideo in decretali de celebracione misse ex parte dicitur semper sacerdos
vino os perfundere debet. Postquam acceperit totum sacramentum eucharistie
nisi cum eodem die aliam missam debuerit celebrare ne si forte vinum

[Unpublished.]

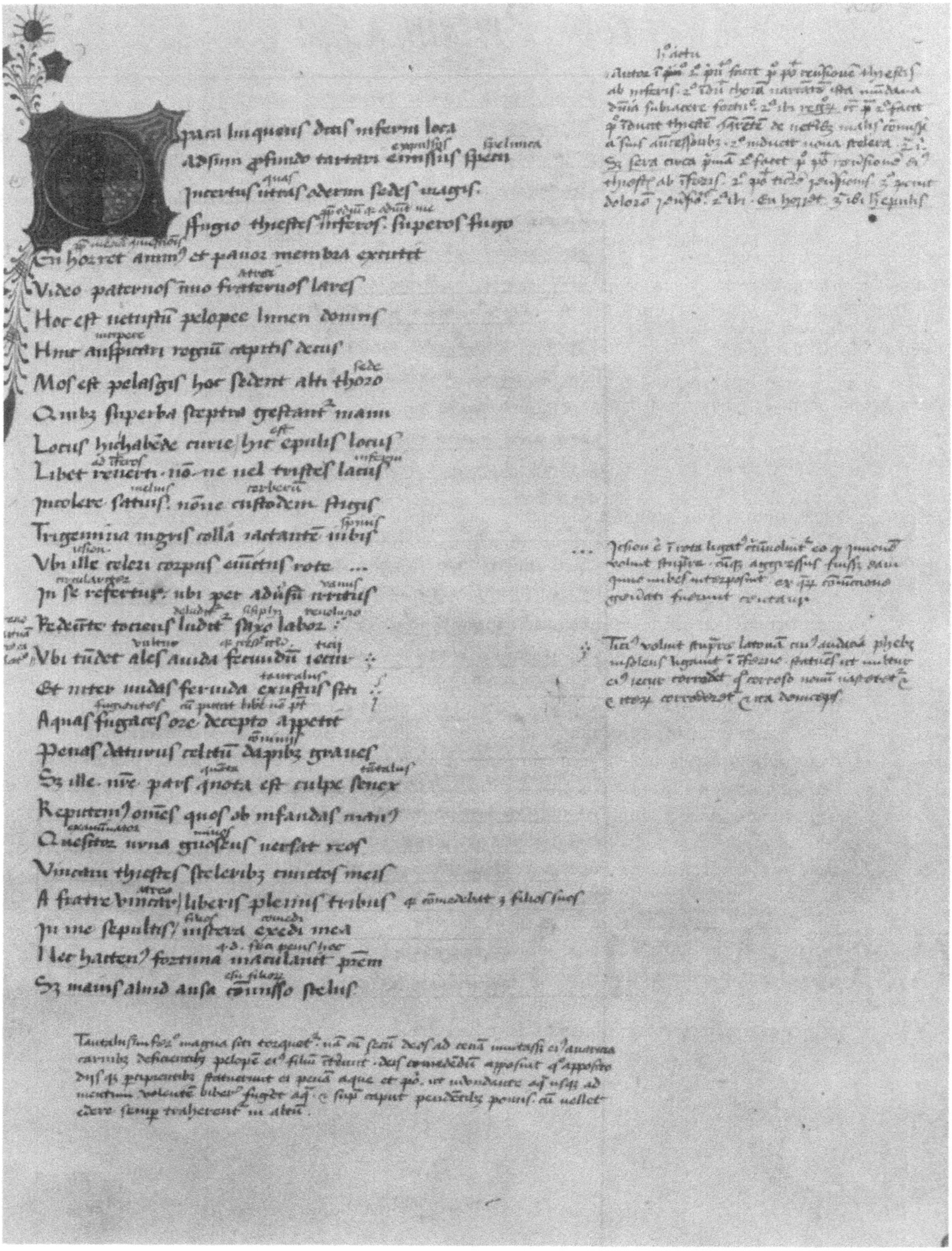

Opaca linquens ditis inferni loca
Adsum profundo tartari emissus specu
Incertus utras oderim sedes magis.
Fugio thiestes inferos. superos fugo
En horret animus et pavor membra excutit
Video paternos immo fraternos lares
Hoc est vetustum pelopee limen domus
Hinc auspicari regium capitis decus
Mos est pelasgis hoc sedent alti thoro
Quibus superba sceptra gestantur manu
Locus hic habende curie hic epulis locus
Libet reverti. nonne vel tristes lacus
Incolere satius. nonne custodem stigis
Trigemina nigris colla iactantem iubis
Ubi ille celeri corpus evinctus rote
In se refertur. ubi per adversum irritus
Redeunte totiens luditur saxo labor
Ubi tondet ales avida fecundum iecur
Et inter undas fervida exustus siti
Aquas fugaces ore decepto appetit
Penas daturus celitum dapibus graves
Sed ille nostre pars quota est culpe senex
Reputemus omnes quos ob infandas manus
Quesitor urna gnosius versat reos
Vincam thiestes sceleribus cunctos meis
A fratre vincar liberis plenus tribus
In me sepultis. viscera exedi mea
Hec hactenus fortuna maculavit patrem
Sed maius aliud ausa commisso scelus

Ixion in rota ligatus circumvolvitur eo quod Iunonem voluit stuprare ...

Titius voluit stuprare latonam ...

Tantalus in inferis magna siti torquetur. Nam cum deos ad cenam invitasset et eius carnibus deficientibus pelopem eius filium occidit. deis comedendum apposuit ... ut abundante aqua usque ad mentum volente bibere fugit aqua et super caput pendentibus pomis cum vellet edere semper traherent in altum.

107 Britain 1460

London, British Museum, Harley 2485 (olim 8617). Paper, 290 × 215 (185 × 112); ff. 198; one hand.

Contains: Tragedies of Seneca.

Written in Ferrara by John Gunthorpe. The colophon (f. 197^{a}) reads: 'ffinis Tragediarum Lucii[va] Auli[cat] Anei Senece cordubensis scriptus manu propria mei Johannis Gunthorpe de Anglia tunc studentis poeticę in inclita civitate ferarię legente eas Guarino veronensi oratore prestantissimo. Completus est iste liber Tercio Nonas Augusti anno domini 1460, Pio secundo senensi pontificante.' On f. 1^{a} we find a later Ex libris, 'Sincardi ab Holdringen 8617', followed by: 'Monasterii S. Petri Salisburgi', both of the seventeenth century.

This is a very pretty example of an Englishman's attempt to write like an Italian humanist. Gunthorpe must have spent, in all, over ten years in Italian humanistic centres, and his re-forming of his script was remarkably successful. The hand could at first sight pass for that of an Italian scribe without much difficulty. But as soon as he begins to write with some speed, as in the marginal notulae, where he takes Guarino's notes, he betrays his English origin. Note the final *e* of *narrantem* (line 2 of the first marginal gloss). Indeed this cursive English *e* occurs frequently in the text of Seneca, though only once (line 17 *Redeunte*) on our plate. The *er* sign in *corroderet* (line 3 of the third gloss) and the *et* sign in the next line are formed in the usual book style of mid-fifteenth-century English script. Elsewhere in the codex the marginal glosses are even more characteristically English, with the long forked *r* quite frequent. It has hardly to be pointed out that the illuminated initial majuscule O on our plate is quite English, both as to colour and design.

Transcription f. 130^{a}

Opaca linquens ditis inferni loca
Adsum profundo tartari emissus specu
Incertus utras oderim sedes magis
Fugio thiestes inferos superos fugo
En horret animus et pavor membra excutit
Video paternos immo fraternos lares.
Hoc est vetustum pelopee limen domus
Hinc auspicari regium capitis decus
Mos est pelasgis hoc sedent alti thoro
Quibus superba sceptra gestantur manu
Locus hic habende curie hic epulis locus
Libet reverti nonne vel tristes lacus
Incolere satius nonne custodem stigis
Trigemina nigris colla iactantem iubis
Ubi ille celeri corpus evinctus rote
In se refertur ubi per adversum irritus
Redeunte tociens luditur saxo labor
Ubi tundet ales avida fecundum iecur
Et inter undas fervida exustus siti
Aquas fugaces ore decepto appetit

[Ed. F. J. Miller (Loeb, 1961), vol. II, p. 4 (*Agamemnon*).]

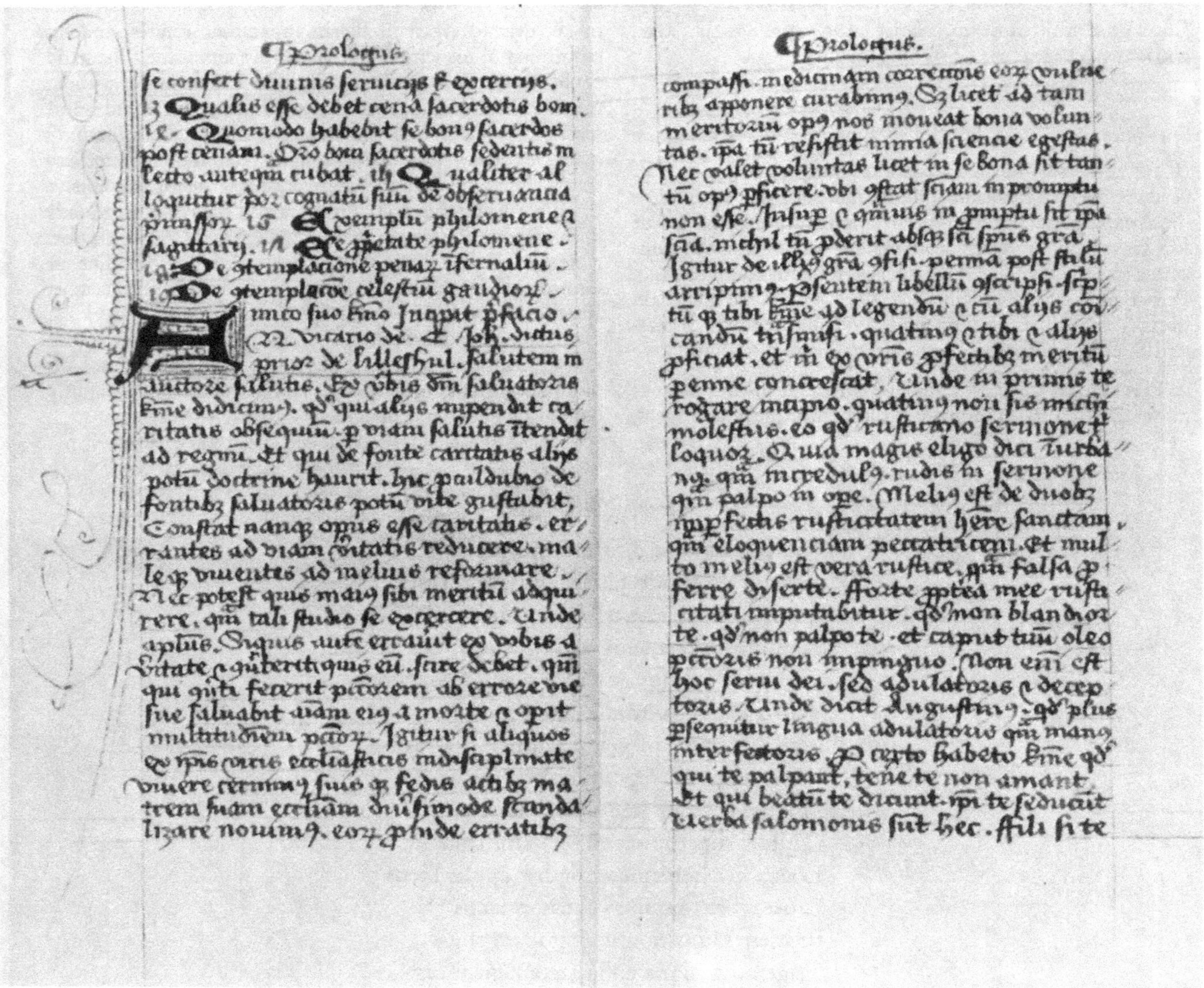

Prologus

se confert diuinis seruicijs & exercicijs.
13 Qualis esse debet cena sacerdotis boni.
18 Quomodo habebit se bonus sacerdos
post cenam. Oro bona sacerdotis sedentis in
lecto antequam cubat. 1h Qualiter al
loquitur prior cognatum suum de obseruancia
premissorum. 15 Exemplum philomene &
sagittarij. 1A De proprietate philomene.
19 De contemplacione penarum infernalium.
19 De contemplacione celestium gaudiorum.
Amico suo karo Iugiter preficio.
M. vicario de. E. Joh. dictus
prior de Lilleshul. salutem in
auctore salutis. Ex verbis domini saluatoris
karissime didicimus. quod qui alijs impendit ca
ritatis obsequium. per viam salutis tendit
ad regnum. Et qui de fonte caritatis alijs
potum doctrine haurit. hic proculdubio de
fontibus saluatoris potum vite gustabit.
Constat namque opus esse caritatis. er
rantes ad viam veritatis reducere. ma
le que viuentes ad melius reformare.
Nec potest quis magis sibi meritum adqui
rere. quam tali studio se exercere. Unde
apostolus. Siquis autem errauit ex vobis a
veritate & conuerterit quis eum. scire debet. quoniam
qui conuerti fecerit peccatorem ab errore vie
sue saluabit animam eius a morte & operit
multitudinem peccatorum. Igitur si aliquos
ex ipsis curatis ecclesiasticis indisciplinate
viuere cernimus suis que fedis actibus ma
trem suam ecclesiam huiusmodi scanda
lizare nouimus. eorum proinde erratibus

Prologus.

compassi. medicinam correccionis eorum vulne
ribus apponere curabimus. Sed licet ad tam
meritorium opus nos moueat bona volun
tas. ipsa tamen resistit nimia sciencie egestas.
Nec valet voluntas licet in se bona sit tan
tum opus perficere. vbi constat sciam in promptu
non esse. Insuper & quamuis in promptu sit ipsa
sciencia. nichil tamen proderit absque sancti spiritus gracia.
Igitur de illius gracia confisus. pennam post stilum
arripimus. presentem libellum conscripsi. scrip
tum quem tibi karissime ad legendum & cum alijs com
municandum transmisi. quatinus & tibi & alijs
proficiat. et in eorum curis perfectibus meritum
penne concrescat. Unde in primis te
rogare incipio. quatinus non sis michi
molestus. eo quod rusticano sermone tibi
loquor. Quia magis eligo dici turba
rus. quam incredulus. rudis in sermone
quam palpo in opere. Melius est de duobus
imperfectis rusticitatem habere sanctam.
quam eloquenciam peccatricem. Et mul
to melius est vera rustice. quam falsa pro
ferre diserte. fforte propterea mee rusti
citati imputabitur. quod non blandior
te. quod non palpo te. et caput tuum oleo
peccatoris non impinguo. Non enim est
hoc seruus dei. sed adulatoris & decep
toris. Unde dicit Augustinus. quod plus
persequitur lingua adulatoris quam manus
interfectoris. Pro certo habeto karissime quod
qui te palpant. tenere te non amant.
Et qui beatum te dicunt. ipsi te seducunt.
Uerba salomonis sunt hec. ffili si te

108 *Britain* 1474

Cambridge, Trinity College, B. 11. 23 (262) (olim 457). Vellum, 160 × 100 (118 × 65); ff. 132 + 8; one hand.

Contains: Johannes Mirke, *Manuale Sacerdotis* et alia varia.

Written, probably at Lilleshall or Westderham, by a certain N. d. On f. 104[a] we read: 'Sequentes narraciones extrahuntur a tractatu qui vocatur speculum hereticorum quem Thomas Wygenhale canonicus monasterii beate Marie de Westderham ordinis premonstratensis Norwicensis dyocesis compilavit.' At the end of Mirke's treatise (f. 77[a]) the colophon reads: 'Explicit libellus dictus Manuale sacerdotis scriptus per N. d. in fine anni domini 1474.'

The heaviness of the monastic tradition and a few bâtarde traits are immediately observable. The *f* and the *s* are frequently sloped and pointed. The upward, clockwise preliminary flourish for the *et* sign and at the beginning of the *v* and of the majuscule *N* (f. 3[B], line 5, *Nec valet voluntas*; line 7, *et* and *M* (f. 3[B], line 19, *Melius*) relate the hand to tendencies already noted. A trait of this scribe is the crowded execution of the double *s* or the double *f*, where the first letter is made at a greater slope than the second (f. 3[a], line 1, *compassi* and bottom line, *ffili*). The abbreviations, as was to be expected of the subject matter, are relatively few. But the characteristic English *er* sign is copiously present (f. 2[b], line 2 from bottom, *diversimode*; line 8 from bottom, *veritate et converterit*). The lateness of the script is indicated in part by so small a thing as the very angular looped *r* (f. 2[b], line 14, *auctore*), which, in this extreme form, will hardly be found much earlier. The initial *a* in the same word has also its indicative value. The sharp point at the lower left is a late characteristic.

Transcription f. 3[B]

Prologus

compassi medicinam correccionis eorum vulne-
ribus apponere curabimus. Sed licet ad tam
meritorium opus nos moveat bona volun-
tas. ipsa tamen resistit nimia sciencie egestas.
Nec valet voluntas licet in se bona sit tan-
tum opus perficere. ubi constat scienciam in promptu
non esse. Insuper et quamvis in promptu sit ipsa
sciencia. nichil tamen proderit absque sancti spiritus gracia.
Igitur de illius gracia confisi pennam post stilum
arripimus. Presentem libellum conscripsi scrip-
tumque tibi karissime ad legendum et cum aliis communi-
candum transmisi. quatinus et tibi et aliis
proficiat. et michi ex vestris profectibus meritum
perenne concrescat. Unde in primis te
rogare incipio. quatinus non sis michi
molestus. eo quod rusticano sermone tibi
loquor. Quia magis eligo dici inurba-
nus quam incredulus. rudis in sermone
quam palpo in opere. Melius est de duobus
imperfectis rusticitatem habere sanctam
quam eloquenciam peccatricem. Et mul-

[Unpublished.]

IBERIA

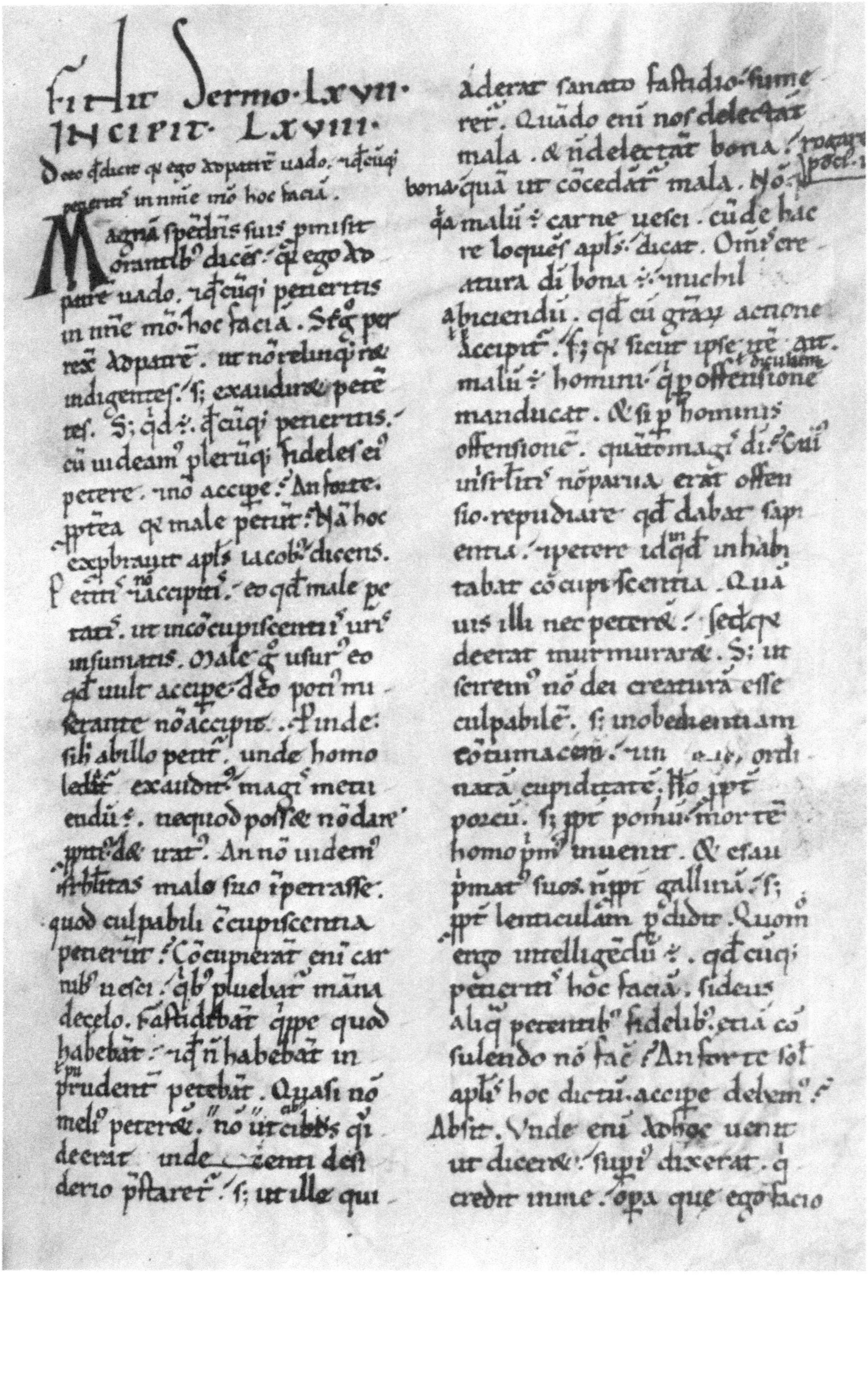

Explicit Sermo LXVII.
Incipit LXVIII.
De eo quod dicit quia ego ad patrem vado, et quodcumque petieritis in nomine meo hoc faciam.

Magnam spem dominus suis promisit sperantibus dicens: Quia ego ad patrem vado, et quodcumque petieritis in nomine meo hoc faciam. Sed ergo perrexit ad patrem, ut non relinqueret indigentes, sed exaudiret petentes. Sed quid est: Quodcumque petieritis, cum videamus plerumque fideles eius petere, et non accipere? An forte propterea quia male petunt? Nam hoc exprobravit apostolus Iacobus dicens: Petitis et non accipitis, eo quod male petatis, ut in concupiscentiis vestris insumatis. Male quippe usurus eo quod vult accipere, deo potius miserante non accipit. Proinde si ab illo petitur unde homo laedatur, exaudito magis metuendum est, ne quod posset non dare propitius, det iratus. An non videmus Israhelitas malo suo impetrasse quod culpabili concupiscentia petierunt? Concupierant enim carnibus vesci, quibus pluebat manna de celo. Fastidiebant quippe quod habebant, et quod non habebant imprudenter petebant. Quasi non melius peterent, non ut cibus qui deerat, unde concupiscenti desiderio praestaretur, sed ut ille qui aderat sanato fastidio sumeretur. Quando enim nos delectant mala, et non delectant bona, rogare potius debemus deum ut concedat bona, quam ut concedat mala. Non quia malum est carne vesci, cum de hac re loquens apostolus dicat: Omnis creatura dei bona est, et nihil abiciendum quod cum gratiarum actione accipitur; sed quia sicut ipse item ait, malum est homini qui per offensionem manducat. Et si per hominis offensionem, quanto magis dei? Cui Israhelitis non parva erat offensio repudiare quod dabat sapientia, et petere id quod inhabitabat concupiscentia. Quamvis illi nec peterent, sed quod deerat murmurarent. Sed ut sciremus non dei creaturam esse culpabilem, sed inobedientiam contumacem et inordinatam cupiditatem, non propter porcum, sed propter pomum mortem homo primus invenit. Et Esau primatus suos non propter gallinam, sed propter lenticulam perdidit. Quomodo ergo intellegendum est: Quodcumque petieritis hoc faciam, si videmus aliqua petentibus fidelibus etiam consulendo non fieri? An forte solis apostolis hoc dictum accipere debemus? Absit. Unde enim ad hoc venit ut diceret, supra dixerat: Qui credit in me, opera quae ego facio

Toledo, Cabildo, Cód. 14-3 (Catálogo of Octavio de Toledo, Cód. 98 (LII)). Vellum, 310×200 (225×144); ff. 297; one hand.

Contains: Augustine, Homilies on John.

Written at Toledo in 1105. On f. 315A, in the hand of the text, we read: 'Finit deo gratias per manus Petri presbiteri licet indignus et peccator. Et domnus Bernardus archiepiscopus iussit facere ad ęcclesiam Sancte Marię sedis toletanę. Hyc ibi sit in omnibus diebus seculorum. Explicit v. idus novembris Era M C XL iii.' Spanish era 1143 corresponds to A.D. 1105, and was used for dating only in the Iberian peninsula.

Fortunately, in view of the late date at which we begin our consideration of Iberian handwriting, it is not necessary to enter into the question of the origins of Visigothic script. In Catalonia, which is a particular case in palaeographical transmission, French influences appear as early as the ninth century, but in the rest of the peninsula the Carolingian hand began to appear only in the train of the Cluniac reform, late in the eleventh century. In 1086 Bernard, abbot of Sahagun, became archbishop of Toledo. On his death in 1124 another Cluniac, Raymond, succeeded him. Soon after Bernard's arrival other Cluniac bishops occupied a number of Spanish bishoprics. The connection with France and the French church was vigorous and pervasive. Inevitably the Carolingian script came with the Cluniac invasion. In 1090 a canon of a council at León stipulated that liturgical books should henceforth be written in *littera gallica*. It is thus not at all strange that we must show an example of very respectable Carolingian written in Spain under the date of 1105. The script was popular and soon displaced the Visigothic, while at the same time its development into Spanish gothic was marked by the absorption of many Iberian characteristics. This and the following example, close together in date, will serve to orient the dual tradition, Visigothic and Carolingian, which governs the development of handwriting in Iberia.

Our example shows some traits that antedate the arrival of the Carolingian script in Spain: ꝗ for *quod* (column A line 3); *nñe* and *nm̄e* for *nomine* (column A line 8); *mō*, *m̄m*, *mōs* for *meo*, *meum*, *meos* (column A line 8 et passim); *idō* for *ideo* (f. 205C); *omīno*, *omīa* for *omnino*, *omnia* (passim). The scribe must have been influenced by Visigothic models. It is not necessary, though probable, that he was trained in a centre where Visigothic practices survived. We may notice the following abbreviations and irregularities: *q* for *quam* and *tāq* for *tanquam*; for *et*, both the tironian sign and the ampersand, the latter also used for verbal terminations; *qd* for *quid*, *paetrus* and *iohs* for *petrus* and *johannes*; *qd* and *qd'* for *quod*; *qsi* for *quasi*, *s̄* for *sunt*; *ē* and ÷ for *est*; *p̄* for *pre*, *ęcl'a* for *ecclesia*; *c̄* for *con*. None of these signs or abbreviations is used completely consistently.

Transcription f. 225A

FINIT SERMO LXVII
INCIPIT LXVIII

De eo quod dicit quia ego ad patrem vado et quodcunque
petieritis in nomine meo hoc faciam

Magnam spem dominus suis promisit
orantibus dicens quia ego ad
patrem vado et quodcunque petieritis
in nomine meo, hoc faciam. Sic ergo per
rexit ad patrem ut non relinqueret
indigentes. sed exaudiret peten-
tes. Sed quid est quodcunque petieritis
cum videamus plerumque fideles eius
petere et non accipere? An forte.
propterea quia male petunt? Nam hoc
exprobravit apostolus iacobus dicens.
Petitis et non accipitis eo quod male pe-
tatis. ut in concupiscentiis vestris
insumatis. Male ergo usurus eo
quod vult accipere deo potius mi-
serante non accipit. Proinde
si hoc ab illo petitur. unde homo

[P.L. 35, 1824.]

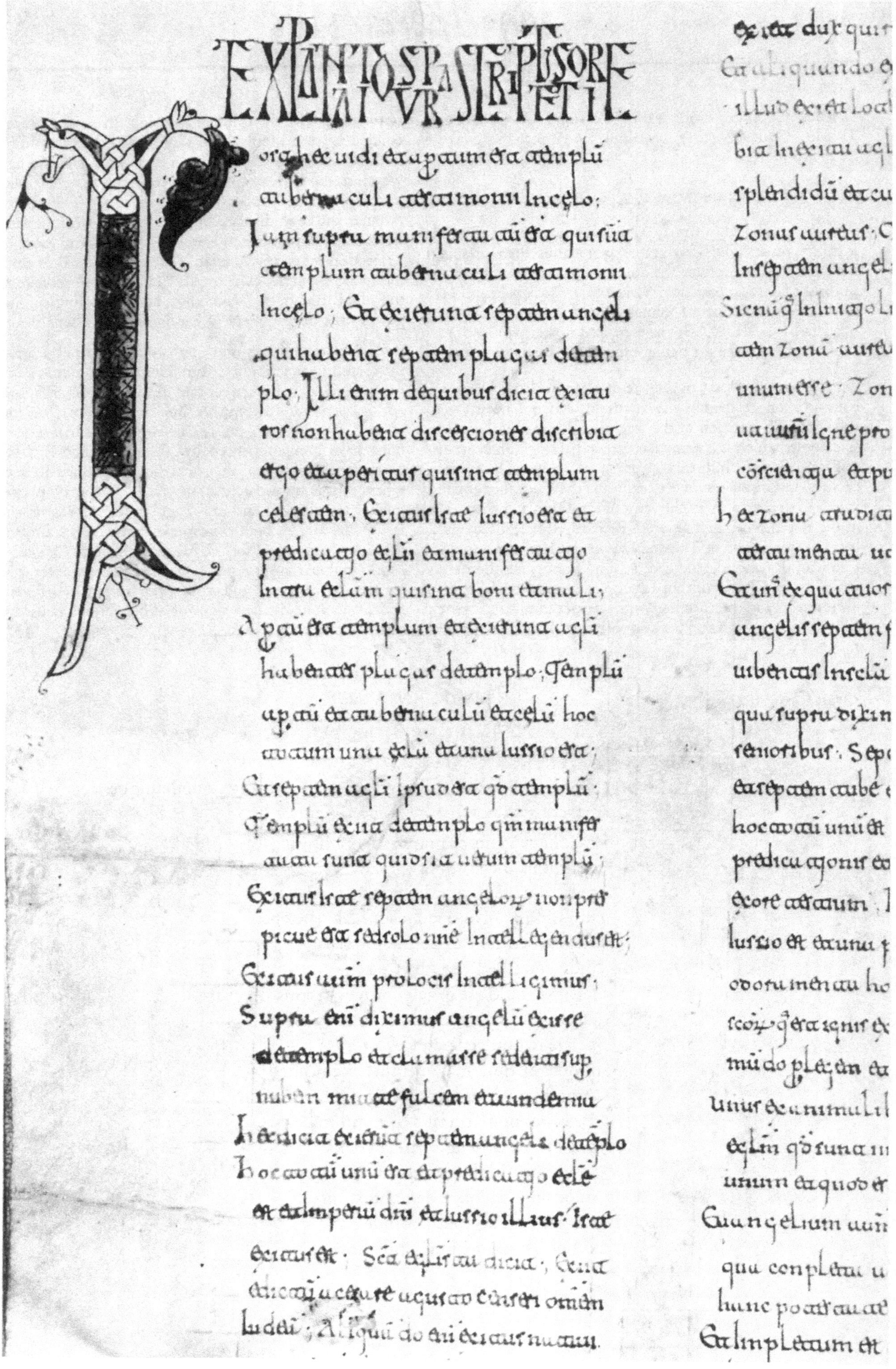
EXPLANATIO SUPRASCRIPTE STORIE

Post haec vidi et apertum est templum
tabernaculi testimonii in celo.
Iam supra manifestavi quid est quod sit
templum tabernaculi testimonii
in celo. Et exierunt septem angeli
qui habent septem plagas de tem
plo. Illi enim de quibus dicit exeun
tes non habent discessiones discribit
ergo et aperitur quid sit templum
celestem. Exitus hic iussio est et
predicatio ecclesie et manifestatio
in toto ecclesiam quid sit bonum et malum.
Apertum est templum et exierunt angeli
habentes plagas de templo. Templum
apertum est tabernaculum et celum hoc
totum unum celum et una iussio est.
Et septem angeli ipsud est quod templum.
Templum exiit de templo quia manifest
ati sunt qui de sit intus templum.
Exitus hic septem angelorum non pro
[illegible] est sed solo nomine intellegendus est.
Exitus enim pro locis intellegimus.
Supra enim diximus angelum exisse
de templo et clamasse sedenti super
nubem mitte falcem tuam et vindemia.
Hic dicit exierunt septem angeli de templo.
Hoc totum unum est et predicatio ecclesie
est et imperium domini et iussio illius. Hic
exitus est. Sicut apostolus dicit. Exiit
edictum a Cesare Augusto ut censeretur omnis
Iudea. Aliquid [illegible] exitus [illegible].

110 *Iberia* 1109

London, British Museum, Add. 11695. Vellum, 375 × 240 (290 × 170); ff. 279; one hand.

Contains: Beatus on the Apocalypse, Jerome's *Expositio in Danielem*.

Written at the monastery of Silos, diocese of Burgos, in 1109 at the order of Abbot Fortunius. The actual writing took place over some time, but is all the work of one scribe. The colophon on f. 275[D] reads: 'In nomine domini hic liber apocalipsis abuit inicium iussu fortunii abbatis sed morte eius interveniente minima pars ex eo facta fuit eodemque modo contigit in tempore nunni abbatis ad ultimum vero tempore iohannis abbatis domnus petrus prior consanguineus nunni abbatis complevit (?) et conplendo ab integro illuminabit. Explicatusque est in ipsis kalendis iulii mensis quando obiit gloriosus adefonsus totius yspanie ymperator Era¶ma c̄ x' viia.' The date is to be read Era millesima centesima quadragesima septima. Era 1147 = A.D. 1109. Two pages of this MS have been reproduced on pl. 48 and 49 of the *Palaeographical Society*, first series (1883).

By contrast with the preceding imported Carolingian hand this plate presents the end of a native script. It is of some interest that the two hands, Visigothic and Carolingian, existed side by side for at least a generation before the more legible French hand came to dominate the Iberian scriptoria.

It is not necessary here to enter into a discussion of the involved question of the origins of the Visigothic script. E. A. Lowe many years ago indicated four stages in the development of this script from the seventh to the twelfth century (*Studia Palaeographica*, Munich, 1910), and, remarking upon certain significant similarities existing between the Beneventan and the Visigothic scripts, suggested that the latter may have copied from the former. Our example comes from the fourth period, at the end of the life of the script, and thus presents no problems of script derivation.

The Visigothic characteristics are obvious. The *a* is open, the *e* is made in two strokes: the first (the bottom stroke), about one-third of a circle, then the top member, joined to the top of the lower arc, is closed with a 2-like motion and joined to the following letter (column A line 2 *et*, line 6 *exierunt*). The *g* is open at the upper right and the tail is straight. The minimed letters are clubbed at the bottom, the ascenders, relatively tall, are also clubbed or forked at the top. The upright *s* (the looped *s* appears only suprascript and in capitals) is short. The *t* is like the Beneventan *t* and, like its earlier counterpart, tends to be tied to the following letter (column A line 3 *testimonium*). The *i* longa appears both initially (column B line 8 *In Initio*) and internally (*cuIus*, elsewhere in the codex). The scribe distinguishes between soft and hard *ti* consistently (*testimonium*, ut supra; column A line 12 *predicatio*). The -*tur* is not yet abbreviated, nor is *et* (occasionally an ampersand) or *est*. The -*bus* sign is uniformly a wavy suprascript *s* above the *b*. Spellings and abbreviations are in general Iberian: *ęclesia* (as well as *ecclesia*), *discesciones*, *discribit* (as well as *describit*), *ōs omnis*, *aglī angeli*, *hostendit ostendit*, *apsl̄i apostoli*, *ih̄nnis iohannis*, *nm̄n nomen*, *quod* and *quid*, *q̧* as in *siq̧s*, *siquis*, *s̄ sunt*, *ns̄i nostri*, *illuminabit* for *illuminavit*. Ligatures of two and three letters may be noted: *er*, *re*, *ere*, *es*, *em*, and many combinations with *t*.

Transcription f. 172[C]

EXPLANATIO SUPRASCRIPTE STORIE

Post hec vidi et apertum est templum
tabernaculi testimonii in cęlo
Iam supra manifestatum est qui sunt
templum tabernaculi testimonii
in cęlo; Et exierunt septem angeli
qui habent septem plagas de tem
plo; Illi enim de quibus dicat exitu
ros non habent discesciones discribit
ergo et aperitur qui sint templum
celestem; Exitus iste iussio est et
predicatio evangelii et manifestatio
intra eclesiam qui sint boni et mali;
Apertum est templum et exierunt angeli
habentes plagas de templo; Templum
apertum et tabernaculum et cęlum hoc
totum una ęclesia et una iussio est;
Et septem angeli ipsud est quod templum;
Templum exiit de templo quoniam manifes
tata sunt quid sit verum templum;
Exitus iste septem angelorum non pres
picue est sed solo nomine intellegendus est.

[Apoc. xv. 5.]

tione uambanis abiecit.
filium suum uitizanem parti
cipem secum fecit. Toleto discer
sit sub imperatore iuliano.
Uittica: reg. ann. x. Iste
in uita patris in tudense
urbe gallecie resedit. Ibi
que faffilanem ducem pela
gii patrem quem in egica rex
illuc direxerat. quadam
occasione uxoris fuste
in capite percussit. Unde
post ad mortem peruenit.
Et dum idem uitiza uitam
finiuit. patri accepit pela
gium filium faffilanis qui
postea sarracenis cum astu
res reuellauit ob causam
patris quam predíximus ab
urbe regia expulit. Tole
toque uitam finiuit. sub impr
tyberio. Rudericus reg. an
iii. Istius tempore Era. d. cc. l.

farmalio tir. sarraceni
euocati spaniam occupant
Regnumque gothorum ca
piunt. quem adhuc usque
ex parte possedunt. Et
cum eis xpiani die noctu
que bella iniunt. et coti
die confligunt. sed eis
ex toto auferre non possunt.

ITEM ORDO GO
TORUM REGUM

RIORUM
in astu
rias pe
lagius
regna
uit in
canonicas. an.
xviii. Iste ut
supra diximus
a uitizane rege
de toleto expul
so. asturias e

111 *Iberia* 1143

Madrid, Biblioteca Nacional, lat. 1358. Vellum, 292 × 295 (205 × 140); ff. 74; several hands.

Contains: Various Spanish chronicles and lists of Spanish bishops.

Written probably in the monastery of Coria in the Asturias, a Benedictine monastery founded in 1044. There are many references to Kaurias in the chronicles. The last event listed in the first chronicle, on f. 4^C, reads: 'In era c. lxxx i post mille. Episcopus secundus martinus electus est in valleolith. xiii. kal. octobris.' Era 1181 is A.D. 1143 or 1144. Our example is from the Chronicon Albeldense, ff. 8^D–27^D.

This hand marks further progress from the Carolingian roundness to gothic angularity. It is a well disciplined hand, revealing some freedom and individuality, yet within a closely controlled pattern of elegance. The minuscule *a* is usually looped below the top of the upright stroke, but at times the loop occupies the whole minuscule space: contrast the *a*'s in *vita patris* (column A line 6). All the minimed letters are clubbed at the top and angled off at the bottom. The *b*, *d*, *h* and *l* are distinctly clubbed at the top. The upright *s* and sometimes the *f* tend to end slightly below the line as does almost uniformly the *r*. The peculiar Spanish *z* will be noticed in two slightly differing forms, *avitizane* (column B, line 3 from bottom) and *vitiza* (column A line 14). Peculiar Spanish spellings are quite common: *helisabeth*, *revellavit*, *hedificare*, *enricus*, *eraclius*, *spania* as well as *hyspania*. Abbreviations are not numerous, but we find *ome̅* for *omne*, *dm̅o* for *domino*, *tp̅r* for *tempore*, *impr* for *imperatore*.

Transcription f. 18^A–B

tione vambanis abiecit.
Filium suum vitizanem parti
cipem secum fecit. Toleto disces
sit sub imperatore iuliano
Victica regnavit annos x. Iste
in vita patris in tudense
urbe galletie resedit. Ibi
que faffilanem ducem pela
gii patrem quem in egica rex
illuc direxerat. quadam
occasione uxoris fuste
in capite percussit. Unde
post ad mortem pervenit.
Et dum idem vitiza vitam
finivit. patris accepit pela
gium filium faffilanis qui
postea sarracenis cum astu
res revellavit ob causam
patris quam prediximus ab
urbe regia expulit. Tole
toque vitam finivit sub imperatore
tyberio. Rudericus regnavit annos
iii. Istius tempore Era d.cc.l.ii

farmalio terrę sarraceni
evocati spaniam occupant
Regnumque gothorum ca
piunt. quem adhuc usque
ex parte possedunt. Et
cum eis christiani die noctu
que bella iniunt. et coti
die confligunt. sed eis
ex toto auferre non possunt.
ITEM ORDO GO
TORUM REGUM
PRIMUM
in astu
rias pe
lagius
regna
vit in
canonicas Annos
xviiij. Iste ut
supra diximus
avitizane rege
de toleto expul
so. asturias est

[Ed. *España Sagrada*, XIII (1816), 449–51.]

gloria. regnum. et potestas. et imperium. cum patre. et spiritu sancto. in secula seculorum amen.

E xplicit Isydorus. Spalensis episcopus.

Q uestiones ab orosio proposite et a beato augustino exposite.

Licet multi et probatissimi uiri. diuerso quidem stilo. sed non diuersa fide innumera opuscula ediderint. ita ut dificile sit eorum omnia legere. ea tamen qui legunt propter eloquii uetustatem et dificillimas questionum perplexitates minime intelligunt. Re uera enim dum coguntur propter altitudinem scripture diuine occultam uiam carpere. paruitati nostre ambiguitatem non minimam relinquunt. Sunt et plane spirituales uiri. qui eorum assequuntur eloquium et penetrant intellectum. quorum nos dum concupiscentie satisfacimus. polare eorum scientie non equimus. ut illa sic illi intelligere ualeant. Quapropter queso te. ut percontanti mihi respondeas. et que obscuritatem faciunt elucidare digneris. Interrogatio. Inprimis quero a te. utrum deus trinitas sit. et quibus testimoniis approbes

Chapel Hill, North Carolina. Library of Professor L. C. MacKinney (postea University of North Carolina). Vellum, 230 × 145 (165 × 90); ff. 271; one hand.

Contains: Questiones in Vetus Testamentum S. Isidori, varia Augustini, *Prosperi Aquitani pro Augustino.*

Written in Castile in 1173 during the long reign of Alfonso VIII (the Noble). The colophon of the *Questiones* of St Isidore on f. 195ª reads: 'Facto libro in era M. cc. xi. Quando rex Adefonsus castellanus obsedit granio et cepit eum fame. de manu regis navarre. albaro vegio tenente.' The siege of Logroño took place in the summer of 1173, which corresponds to the date of era 1211 (−38 = 1173).

In this example the trend toward the gothic is further developed beyond the hand of the previous plate. The spacing is tighter, the impression of a flowing hand is stronger, and many letters have taken on clear gothic angularity, cf. the *m* in *probatissimi*, line 6. Elisions have greatly increased in frequency and many words are written with continuous contact between letters, though obviously the pen was frequently lifted from minim to minim. Cf. *minime*, line 10; *altitudinem*, line 12. Several letters or abbreviations may be noted: the *et* sign, with a long horizontal member, the *quidem* in line 6, the cedilla to the *q* in *questionum*, line 10. Elsewhere we find *9* (above the line) as well as *c̄* for *con*, *omīa* and *oīa* for *omnia*. Both *d*'s, the uncial and the upright, appear. The 2-shaped *r* attached to looped letters (*b*, *o*, *p*, etc.) is common. The *d̄* for *de*, both as a preposition and internally, is common. We find also *q̧̃* for *quę* with a cedilla below and an abbreviational sign above. The looped *s* is generally, if not always, used terminally. We find *hedificare*, *dificile*, *promtius* and *eciam*, *consumata*, *nichil*.

Transcription f. 195ª

gloria regnum et potestas et imperium cum
patre et spiritu sancto, in secula seculorum Amen.
ExPlicit isidorus. Spalensis episcopus.
Questiones ab orosio propositę et a beato Augustino ex
positę.

Licet multi et probatissimi viri diverso quidem sti-
lo sed non diversa fide innumera opuscula ediderint
ita ut dificile sit eorum omnia legere:⁄ ea tamen quę le-
guntur propter eloquia vetustatem et dificillimas
quęstionum prolixitates minime intelliguntur.
Re vera enim dum coguntur propter
altitudinem scripturę divinę occul-
te viam carpere parvitate nostrę ambiguita-
tem non minimam relinqunt. Sunt etiam plane
spirituales viri qui eorum assequntur eloquium et
penetrant intellectum quorum nos dum concu-
piscentię satisfacimus preclarę eorum scientię
non equamur ut illa sicut illi intelligere valeamus. Qua
propter queso te ut percontanti mihi respondeas
et quę obscuritatem faciunt elucidare digne-
ris. Interrogatio. Inprimis quęso a te utrum
deus trinitas sit et quibus testimoniis approbes

[*P.L.* 40, 733.]

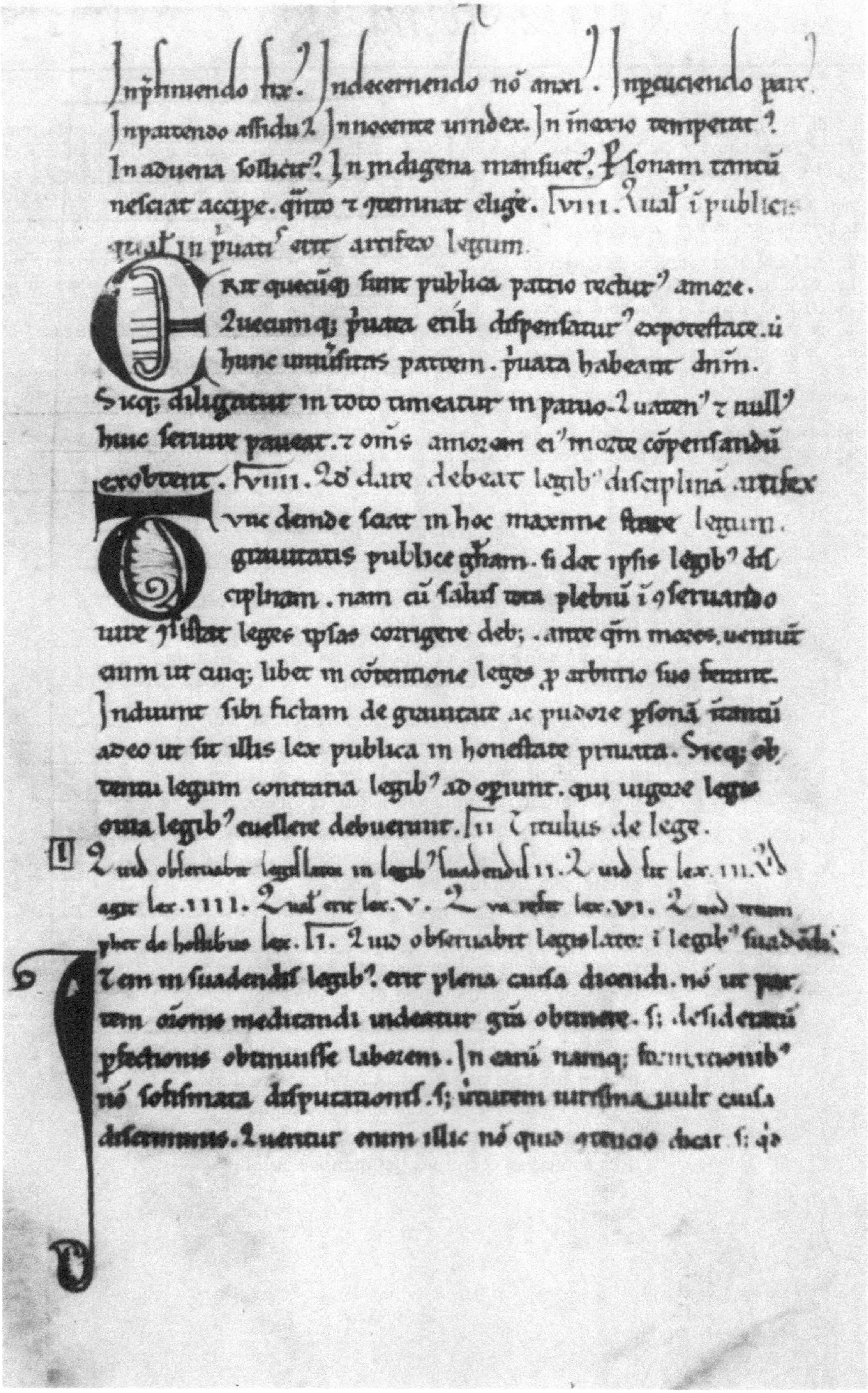

In p̄finiendo fix. In decernendo nō anxi. In p̄ficiendo par.
In patiendo assidu. Innocentie uindex. In incertio temperat.
In aduena sollicit. In indigena mansuet. P̄sonam tamē
nesciat accip̄e. q̄ntō ꝛ q̄uenit eliḡe. [viii. Qual' i publicis
qual' in p̄uatis erit artifex legum.

Erit quecū̄q; sunt publica patrio rectur' amore.
Quecumq; p̄uata erili dispensatur' ex potestate. ut
hunc uniūsitas patrem. p̄uata habeant dn̄m.
Sicq; diligatur in toto timeatur in paruo. Quatenus ꝛ null'
hunc seruitute paueat. ꝛ om̄s amorem ei' morte cōpensandū
exobtent. [viiii. Qd dare debeat legib' disciplinā artifex

Tunc demde sciat in hoc maxime statu legum.
grauitatis publice gl̄iam. si det ipsis legib' dis
ciplinam. nam cū salus tota plebiū i ꝯseruando
iure ꝯsistat leges ipsas corrigere deb; ante q̄m mores. ueniunt
enim ut cuiq; libet in cōuentione leges p̄ arbitrio suo ferunt.
Induunt sibi fictam de grauitate ac pudore p̄sonā tamē
adeo ut sit illis lex publica in honestate priuata. Sicq; ob
tentu legum contraria legib' adq̄runt. qui uigore legis
contra legib' euellere debuerunt. [ii Titulus de lege.

[I] Quid obseruabit legislator in legib' suadendis ii. Quid sit lex. iii. Q[d]
agit lex. iiii. Qual' erit lex. v. Q[u]a refer lex. vi. Quod triumphet de hostibus lex. [i. Quid obseruabit legislator i legib' suadēdis.

Tem in suadendis legib'. erit plena causa dicendi. nō ut par
tem orōnis meditandi uideatur gl̄ia obtinere. s; desiderantū
p̄fectionis obtinuisse laborem. In earū namq; formationib'
nō sofismata disputationis. s; iuuentem utilissima uult causa
discernentis. Querunt enim illic nō quid orator dicat s; qd

113 Iberia 1188

El Escorial, Biblioteca Real, cód. M. III. 2 (olim C. 24). Vellum, 275 × 190 (185 × 115); ff. 165; one hand of text, a second of ff. 165–6.

Contains: Forum iudicum.

Written in 1188. On f. 164[a] a colophon reads: 'Conpletus videlicet est liber iste xvi kalendas iunii. In era M.[a] cc.[a] xx.[a] vi.[a].' Era 1226 = A.D. 1188. In addition to the use of the Iberian era, the laws listed apply solely to Visigothic Spain and specifically (f. 141[b]) to Toledo.

The similarity of this hand to the preceding example is quite marked. At the same time the progress toward the gothic may be noted. The letters are not so tall; the angularity of the minims of *n* and *m* is less prominent. The letters with looped or round elements, *a, b, c, d, h, o, p, s*, are rounder. There is more often space between letters. This may be the natural consequence of the fact that the frame of the letter in the earlier example is higher and thus more tightly related to its neighbour. The initials in the present example are cruder, but give a parallel impression of heaviness. The horizontal member of the tironian *et* sign is longer in proportion than in the previous example. We find both uncial and upright *d*, sometimes side by side, *ređđe*. The *r* is inclined to be long. We find a final looped *s* as well as the upright *ſ*. There is not yet any gothic juncture, *de, po*, etc. The intervocalic *ct* is made very distinctly. The soft *t*, -*tio*, is also as a rule quite carefully made, as in the -*antia* ending. We find, however, *iusticia, sentenciis, flagiciis, tercii*. Spanish spellings are not infrequent: *obtimus, nubture, adobtio, labsus, obtabam, oportuna, combentiam*. We find familiar abbreviations: *o̅m̅s, om̅ium, om̅a*, for *omnes, omnium, omnia, n̄* (as well as *nō*) for *non*, all of which will be recognized as characteristic of Visigothic script for some time before this text.

Transcription f. 12[b]

In prefiniendo fixus. In decernendo non anxius. In percuciendo parcus.
In partendo assiduus. Innocente vindex. In innoxio temperatus.
In advena sollicitus. In indigena mansuetus. Personam tantum
nesciat accipere quanto et contemnat eligere. |viii. Qualis in publicis
qualis in privatis erit artifex legum.
Erit quecumque sunt publica patrio recturus amore.
Quecumque privata erili dispensaturus ex potestate ut
hunc universitas patrem privata habeant dominum.
Sicque diligatur in toto timeatur in parvo. Quatenus et nullus
huic servire paveat et omnes amorem eius morte compensandum
exobtent. |viiii. Quod dare debeat legibus disciplinam artifex
Tunc deinde sciat in hoc maxime stare legum
gravitatis publice gloriam si det ipsis legibus dis
ciplnam nam cum salus tota plebium in conservando
iure consistat leges ipsas corrigere debet ante quam mores veniunt
enim ut cuique libet in contentione leges pro arbitrio suo ferant.
Induunt sibi fictam de gravitate ac pudore personam intantum
adeo ut sit illis lex publica in honestate privata. Sicque ob-
tentu legum contraria legibus ad operiunt. qui vigore legis
omnia legibus evellere debuerunt. |ii Titulus de lege.

[Ed. *Fuero Juzgo en latín y castellano*, Real Academia Española (Madrid, 1815), p. 2.]

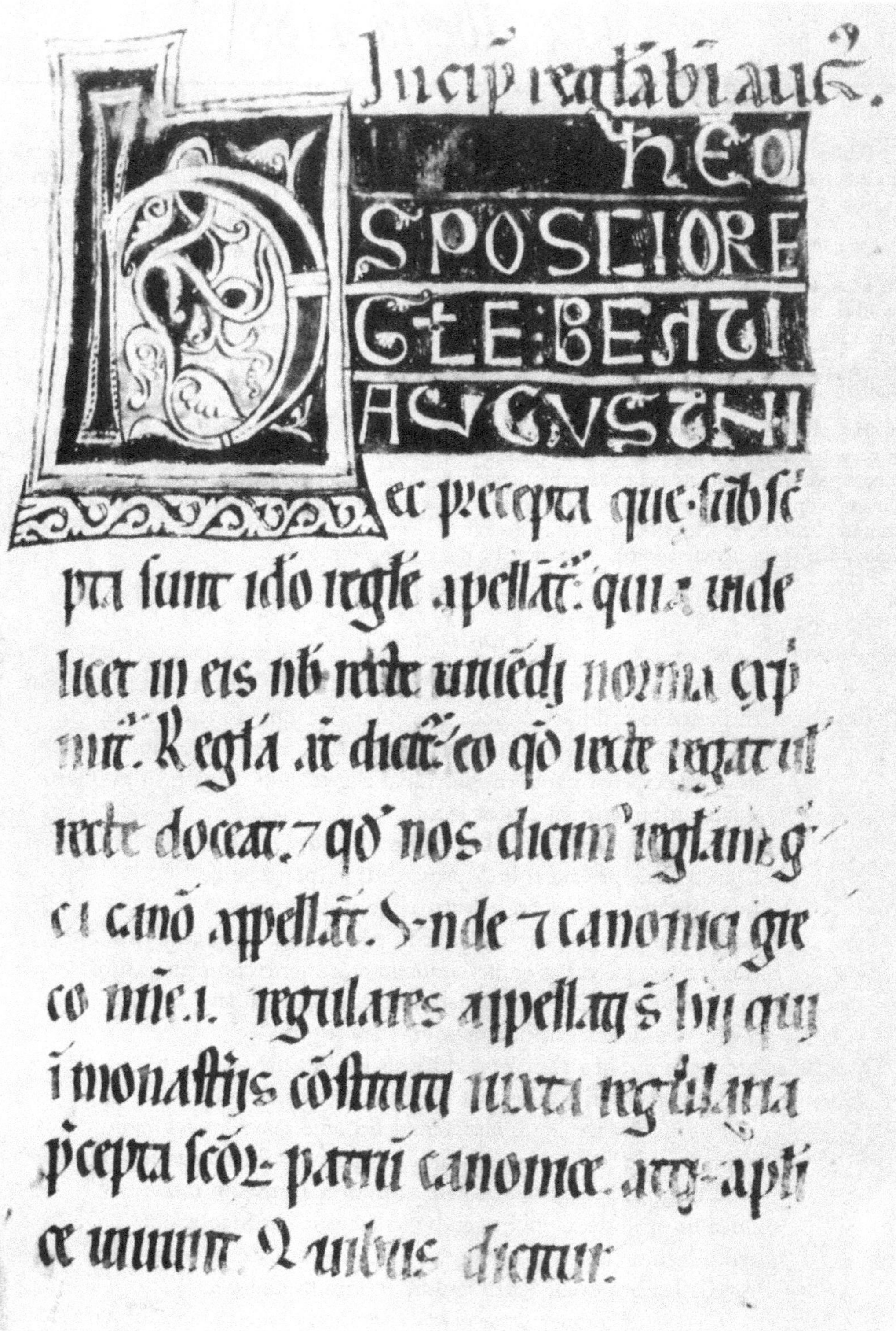
Incipit regula beati Aug.
H EC
EXPOSICIO RE
GULE BEATI
AUGUSTINI
Hec precepta que subscripta sunt ideo regule appellantur quia unde
liceat in eis nobis recte uiuendi norma expri
mitur. Regula autem dicitur eo quod recte regat uel
recte doceat. et quod nos dicimus regulam gre
ci canon appellant. Unde et canonici gre
co nomine id est regulares appellantur hii qui
in monasteriis constituti iuxta regularia
precepta sanctorum patrum canonice atque apostoli
ce uiuunt. Quibus dicitur:

Madrid, Biblioteca Nacional, lat. 10100 (olim Toledo 14-18). Vellum, 255 × 175 (185 × 105); ff. 135; one hand.

Contains: Regula S. Augustini.

Written, probably at Toledo, by a certain Benedictus in 1208. The colophon of the *Regula*, on f. 107[b], reads: 'Benedictus scriptor me notuit. Era M. CC. XXXX. VI.' Era 1246 = A.D. 1208.

With this heavy and heavily clubbed script the transition to the Spanish gothic has been definitively made. The letters are tall and somewhat compressed, and the largeness of the design might indicate a certain ceremonial purpose in the mind of the scribe. Some spellings, on our example and elsewhere in the codex, may be mentioned: *occulus*, *karitas*, both *appellatur* and *apellati*. In a text which, like the *Regula* here copied, has a certain sacrosanctity and was doubtless copied from an older exemplar, we may expect the spelling deviations to be minimal. The abbreviations are more revealing: the uncrossed tironian *et* sign; *s̃* for *sunt*; *đ* for *der* internally (*desideria*); *o̅s̅* for *omnes*; *q̃* and *q̃m* for *quam*; after a looped letter both an upright *r* and the looped character ꝛ; *;* for final verbal -*et*; both the uncial *d* and the upright letter, initially and internally; *mī* for *mei*; *n̄n̄e* for *nomine*.

Transcription f. 2[a]

Incipit regula beati augustini.
INCIPIT HEC EST DI
SPOSICIO RE
GULE BEATI
AUGUSTNI
Hec precepta quę subscri-
pta sunt ideo regule appellantur quia vide-
licet in eis nobis recte vivendi norma expri-
mitur. Regula autem dicitur eo quod recte regat vel
recte doceat et quod nos dicimus regulam gre-
ci canon appellant. Unde et canonici gre-
co nomine id est regulares appellati sunt hii qui
in monasteriis constituti iuxta regularia
precepta sanctorum patrum canonice atque apostoli-
ce vivunt. Quibus dicitur.

[*P.L.* 176, 881.]

epis. paucos tangam. Quale sedet pontifici aggressus rusticitas asinina.
Quia nescio qualiter brutescenti pectore me cognoscat: qui se esse hominem non
advertit. Ad opposito. ex insolencia uiuet episcopus totius curialitatis militaris. qui
fugientes curias indefesse persequitur: qui iocis tesibilibus se distorquet. qui
ut pompeius iocos dicere quam audire. Deo quoque displicet et hominibus
prelatus miserabiliter ydiota. qui numquam tenebrosam aquam in nubibus
aeris absorbebit: qui fontes argenteos et limes puteos et defecatos riuu-
los latini eloquii non gustavit. Sed quasi ad opposito sunt non nulli qui
de scripturarum intelligencia quam uel habent uel simulant tam intolera-
biliter intumescunt: quod uel ceruicose indignationis incurrunt supercili-
um. uel quod est deterius notam heretice prauitatis. Sophysticatur libe-
ralitas quod est graue: et que nuda placet largitas calcatur: quando episcopus pro-
fligato patrimonio crucifixi et cumulatis rebus ecclesie: quicquid rapit
totum incarcerat in nepotes. Novi quendam pontificem plusquam cor-
uum candidum. uel album cornicula admirandum. Qui solis nepotibus
non est episcopus et illa in aliis suspirata perennitas prelatorum: suis nocet et
sanguineis. ad honores ecclesiasticos non indignis. In pontificali gutture
sordescunt mendacia decimata et dum ubi animo reluctantur: cordis
clauigera lingua palpitat. uultusque mentis expositor obmutescit. et
cogitationum ianua frontis planicies obseratur. Si auaritia est ydo-
lorum seruitus. auarus episcopus quod est oppositio in adiecto: ipse uideat et
utrum mammone uel amori magis eligat famulari. Videtur enim
quod ille auarus episcopus iudas scariotis: mammone seruiebat. Dissipator
episcopus uel lasciuus: est quasi cementarius uel architectus barathri et inter-
pretatur nepharie quam sit infectus dilapidator pontifex: dum ipse
ad inferos lapideum pontem facit. ¶ Sane in presenti opere non est
mihi nec uelit deus principalis materia de episcopis. Unde circa eos non est diutius
immorandum. Sufficiat ergo unus pro populo deductus in medium. ut
in eo solo breuiter et summatim omnium prelatorum argutie arguantur.
Cum enim sit quasi cisterna nequicie et sentina odii. templumque tristi-
cie et thronus auaritie. falsitatisque puteus. et mare mortuum uitio-
rum. ad instar tufini pessimi: solus habet scelerum quicquid a sceli-

Madrid, Biblioteca Nacional, lat. 10108 (olim Toledo 10-9). Vellum, 277 × 175 (170 × 105); ff. 134; one hand.

Contains: Diecus de Campis Hispanus, *Planeta.*

Written, probably at Toledo, in 1218, and dedicated to Rodericus archiepiscopus toletanus (1210–47). On f. 12[b], in the midst of a jeremiad which serves as a prefatory letter to Archbishop Roderick, the scribe (perhaps Diecus himself) says: 'Scribo itaque anno incarnati verbi. M. cc. xviii. Quando iuxta apostolum fines seculi devenerunt et utinam pervenissent. Quando refrigescit multorum caritas si qua restat...' Diecus was chancellor to Ferdinand III of Castile.

A compact, very competent early gothic hand, issuing obviously from a well-disciplined scriptorium which had undergone some cosmopolitan influences. The letters are boldly formed and the snug spacing is uniformly maintained. The ascenders and descenders, *b*, *l*, *p*, *q*, are short, barely going above or below the line. The *a* and *d* are uncial; upright *s* appears initially and internally, the final *s* is uniformly looped. Abbreviations are not plentiful. We find, in addition to conventional abbreviations (*q;* for *que*, *s;* for *sed*, ꝓ, ꝑ, p̄, ṗ, ɔ for *con*, etc.), *homīs* for *hominis*, *om̄e* for *omne*, *mō* for *meo*. There appears to be no genuine juncture, only overlapping between looped letters, *bo*, *do*, *po*, *be*, etc. The *et* sign is uncrossed, but there also appears the ampersand. There are few peculiarly Iberian spellings: *magestatis*, *dupplex*, *optinet*, *hyberia*. The soft -*tio* has not yet become -*cio*, whereas we find -*ncia* (*intelligencia*, *iactancia*) and -*icia* (*nequicia*).

Transcription f. 14[a]

episcopis paucos tangam. Male sedet pontifici aggrestis rusticitas asinina.
Quia nescio qualiter brutescenti pectore me cognoscat qui se esse hominem non
advertit. Ab opposito ex insolencia iraet episcopus totus curialiter militaris. qui
fugientes curias indefesse persequitur qui iocis risibilibus se distorquet. qui
habet prompcius iocos dicere quam audire. Deo quoque displicet et hominibus
prelatus miserabiliter hydiota quia nunquam tenebrosam aquam in nubibus
aeris absorbebit:/ qui fontes argenteos et illimes puteos et defecatos rivu-
los latini eloquii non gustavit. Sed quasi ab opposito sunt non nulli qui
de scripturarum intelligencia quam vel habent vel simulant tam intolera-
biliter intumescunt:/ quod vel cervicose indignationis incurrunt supercili-
um. vel quod est deterius notam heretice pravitatis. Sophysticatur libe-
ralitas quod est grave. et que nuda placet largitas calciatur. quando episcopus pro-
fligato patrimonio crucifixi et evisceratis rebus ecclesie:/ quicquid rapit
totum incarcerat in nepotes. Novi quendam pontificem plusquam cor-
vum candidum vel albam corniculam admirandum. Qui solis nepotibus
non est episcopus et illa in aliis suspirata proximitas prelatorum. suis nocet con-
sanguineis. ad honores ecclesiasticos non indignis. In pontificali gutture
sordescunt mendacia concinnata. et dum verba animo reluctantur:/ et cordis
clavigera lingua palpitat vultusque mentis expositor obmutescit et
cogitationum ianua frontis planicies obseratur. Si avaritia est hydo-

[Ed. P. M. Alonso, *Planeta* (Madrid, 1943), p. 185.]

A actioni preparat, et a pio districti iudice premia eterne pacis inveniat. Instituta
Dehinc abbas ille et fratres eius non imme- monachorum cisterciensium de Molismo venientium. Cap. xv.
mores sponsionis sue, regulam beati Benedicti in loco illo ordinare et unanimiter
statuerunt tenere, reicientes a se quicquid regule refragabatur, froccos, videlicet, et pellicias,
ac staminia, caputia quoque ac femoralia, pectina, et coopertoria, stramina lectorum, ac
diversa ciborum in refectorio fercula, sagimen etiam et cetera omnia que puritati regule adversabantur. Sicque
rectitudinem regule super cunctum vite sue tenorem ducentes, tam in ecclesiasticis quam in ceteris
observationibus regule vestigiis sunt adequati seu conformati. Exuti ergo veterem hominem, novum se
induisse gaudebant. Et quia nec in regula nec in vita sancti Benedicti eundem doctorem legebant pos-
sedisse ecclesias vel altaria, seu oblationes aut sepulturas vel decimas aliorum hominum, seu
furnos vel molendinos aut villas vel rusticos, nec etiam feminas monasterium eius intrasse, nec
mortuos ibidem excepta sorore sua sepelisse, ideo hec omnia abdicaverunt dicentes: Ubi
beatus pater Benedictus docet ut monachus a secularibus actibus se faciat alienum, ibi liquido testatur
B hec non debere versari in actibus vel in cordibus monachorum, qui nominis sui ethimologiam hec fugiendo
sectari debent. Decimas quoque aiebant a sanctis patribus, quorum organa erant sancti spiritus, quorumque statu-
ta transgredi sacrilegium est committere, in quatuor portiones distributas: unam scilicet episcopo, al-
teram presbitero, tertiam hospitibus ad illam ecclesiam venientibus, seu viduis et orfanis, sive
pauperibus aliunde victum non habentibus, quartam restaurationi ecclesie. Et quia in computo personam
monachi, qui terras suas possidet, unde per se et per pecora sua laborando vivat, non reperie-
bant, idcirco hec velut aliorum iura iniuste sibi usurpare detrectabant. Ecce huius seculi divi-
tiis spretis, ceperunt novi milites Christi, cum paupere Christo pauperes, inter se tractare quo ingenio,
quove artificio, seu quo exercitio in hac vita se hospitesque divites et pauperes supervenien-
tes, quos ut Christum suscipere precipit regula, sustentarent. Tuncque diffinierunt se conversos laicos bar-
C batos licentia episcopi sui suscepturos, eosque in vita et morte excepto monachatu
ut semetipsos tractaturos, et homines etiam mercenarios, quia sine adminiculo istorum non intellige-
bant se plenarie die sive nocte precepta regule posse servare, suscepturos quoque terras ab habi-
tatione hominum remotas, et vineas, et prata, et silvas, aquasque ad faciendos molendinos
ad proprios tantum usus, et ad piscationem, et equos pecoraque diversa necessitati hominum utilia. Et
cum alicubi curtes ad agriculturas exercendas instituissent, decreverunt ut predicti conversi domos illas re-
gerent, non monachi, quia habitatio monachorum secundum regulam debet esse intra claustrum ipsorum. Quia
etiam beatum Benedictum non in civitatibus nec in castellis aut in villis, sed in locis a frequentia hominum se-
motis cenobia construxisse sciebant viri illi sancti, idem se emulari promittebant.
Et sicut ille monasteria constructa per duodenos monachos adiuncto patre disponebat, ita
se acturos confirmabant. De tristitia illorum. Capitulum xvi.
Illud vero viri dei predictum abbatem et suos aliquantulum tristitie subdebat, quod raro quis illis
diebus illuc ad eos imitandos veniret. Viri enim sancti thesaurum virtutum celitus inventum

116 *Iberia* 1231

Lisbon, Biblioteca Nacional, cód. Alcobaça 187. Vellum, 238 × 160 (205 × 110); ff. 117; two hands, the second some time later.

Contains: Varia patristica, St Bernard, Cistercian uses, bulls, etc.

Written in Alcobaça (f. 113ª and elsewhere), in 1231. On p. 208, at the end of the *liber de precepto et dispensatione domni bernardi abbatis de claravalle,* we read: 'era. m. cc. lx. ix. Explicit liber iste sit gloria Christe. per manus stephanus martini. dictus monachus alcobacie. cuius anima requiescat in pace amen.'

This text represents the not very successful work of a scribe trained in a centre still dominated by the transition to gothic from Iberian Carolingian. The heavy appearance of the minims which is so noticeable in almost all Spanish and Portuguese hands is very much in evidence. The script is more highly abbreviated than its predecessors. The letters with ascenders, *b, h, l,* and upright *d,* are clubbed. The *d* is both uncial and upright. Minuscule *c* and *t* are not easily distinguishable. When *c* and *t* come together the *t* has an upward curved stroke which is unusual, cf. *actionis,* line 1. Both the tironian *et* with a long horizontal stroke and the ampersand appear (line 6 *et cetera*). The general impression of the abbreviations is that they are very Iberian: *bn̄s benedictus, ec̄c̄a ecclesia, am̄ autem, mm̄ meum, nn̄ nomen, n̄ non, ap̄d apud, q̄p quippe.* The characteristic ⁊ for *eciam* may be noted, line 6. Genuine juncture is certainly present. Cf. the *oc* in *loco,* line 3, and the *oe* in *oblaciones,* line 10.

Transcription p. 179

actionis percipiant et apud districtum iudicem premia eterne pacis inveniant. Instituta

De hinc abbas ille et fratres eius nomine monacorum cisterciensium de molismo veniencium Cap. XV.

mores sponsionis sue regulam beati benedicti in loco illo ordinare et unanimiter

statuerunt tenere reicientes a se quicquid regule refregabatur frocos videlicet et pelliceas.

ac staminia caputia quoque ac femoralia, pectina, et coopertoria, stramina lectorum ac

diversa ciborum refectoria fercula sagimen eciam et cetera omnia que puritati regule adversabatur. Sicque

in rectitudine regule supra cunctum vite sue tenorem ducentes tam in ecclesi-asticis quam in ceteris

observationibus regule vestigiis sunt adequati seu confirmati. Exuti ergo veterem hominem novum se

induisse gaudebant et quia nec in regula nec in vita sancti benedicti eundem doctorem legebant pos-

sedisse ecclesias vel altaria seu oblaciones aut sepulturas vel decimas aliorum hominum seu

furnos vel molendinos aut villas vel rusticos nec eciam feminas ministerium eius intrasse nec

mortuos ibidem excepta sorore sua sepelisse ideo hec omnia abdicaverunt dicentes ubi

beatus pater benedictus docet ut monacus a secularibus actibus se faciat alienum ubi liquido testatur

hic non debere versari in actibus vel in cordibus monacorum qui nominis sui ethimologiam fugiendo

sectari hic deberet. Decimas quoque aiebant a sanctis patribus qui organa erant sancti spiritus quorum statu-

ta transgredi sacrilegum est committere in quatuor particiones distributas unam scilicet episcopo al-

teram presbitero terciam hospitibus ad illam ecclesiam venientibus seu viduis et orfanis sive

pauperibus aliunde victum non habentibus quartam restauracioni ecclesie. Et quia in hoc compoto personam

monachi qui terras suas possidet unde et per se et perpecora sua laborando vivat non reperie-

bant:/ iccirco hoc veluti aliorum ius iniuste sibi usurpare detrectabant. Ecce huius seculi divi-

[Exordium Coenobii et ordinis Cisterciensis, *P.L.* 166, 1507.]

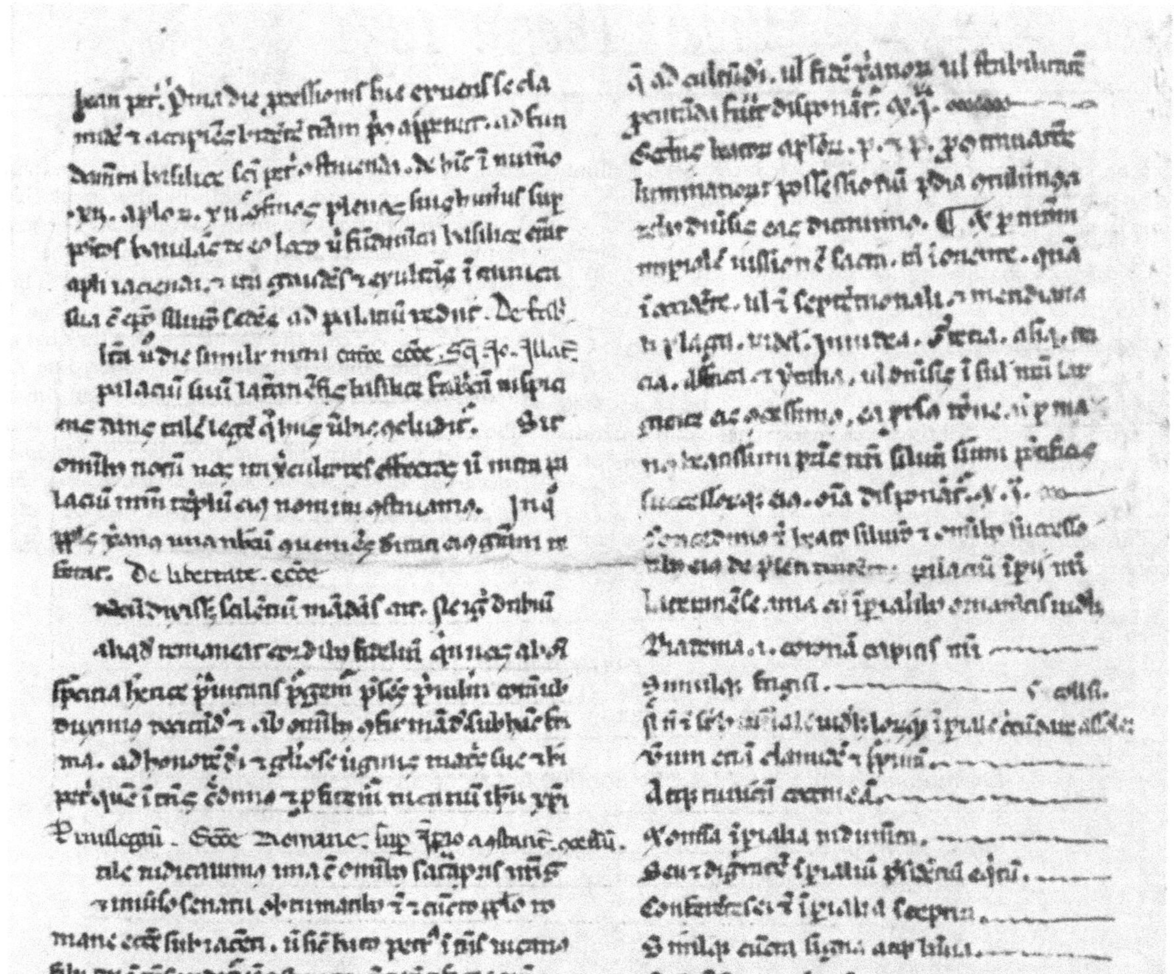

117 *Iberia* 1253

Madrid, Biblioteca Nacional, Vitrina 15-5 (olim Vitr. IV-III-13, Toledo 15-22). Vellum, 230 × 140 (170 × 120); ff. 41; one hand (marginalia, though in cursive script, probably by same scribe).

Contains: History of councils held at Toledo; list of bishops of Toledo; lists of popes, emperors and Old Testament patriarchs.

Written at Toledo in 1253 and 1254. On f. 33^a appears the following informative note: 'Scriptus est liber iste Toleti çivitate Regia. Regnante Rege Aldefonso ibidem et in Castella et Legione. Gallecie. Cordube. Murcye. Sibilie et Jahenni. Fratre suo Infante Sancio electo Regente Ecclesiam Toletanam'

Anno	Ab Adam	vi. mil. d. Lxxix	Consumatus ii^{o} ydus. Maÿ
	a populatione toleti	ii. mil. dc. xl	
	ab era cesaris	M. cc. xci	
	ab incarnatione	M. cc. Liii	
	Regni supradicti Regis	Primo	

This is an excellent example of a bold, tightly knit, very individual Spanish gothic. The script is somewhat too compressed to show angularity, and the emphatic stroking typical of Spanish scripts gives an impression of heaviness, accentuated by the blackness of the ink. Furthermore in certain letters formed with round strokes one notes a suspicion of Carolingian influence, e.g. the *a*, properly uncial, often joins the loop and the upright member with no gap showing (cf. *accipiens* and *ad*, column A, line 2). The *d* is uncial, but the ascender is usually bent over so far toward the horizontal that the letter barely reaches above the line. Cf. *dans*, column A, line 10. The ascenders, *b*, *h*, *l*, are generally tipped. The tail of the *g* is short and crisp. The *c* and the *t* are almost indistinguishable. The minimed letters, *h*, *i*, *m*, *n*, *u*, are only lightly clubbed, sometimes, at the bottom, not at all. Initial and internal *s* is always upright, but the usual final *s* is an inheritance from the cursive. The upper horizontal stroke is made first, sometimes ending in a sharply downward stroke pointed to the left, then a horizontal stroke, on the line, also ending in a sharply downward stroke parallel to the first tail stroke. Cf. *confines plenas suis*, column A line 4.

Spelling is fairly free and Spanish: *bidentem*, *çivitate*, *conçilia eclesie*, *adhornari*, *nasçione*, *assenssu*, *asensu*, *concesa*, *chatolica*, *diachones*, *scilencium*. Abbreviations present no particular problem: *omĩbus*, *ecc̃a*, ÷ for *est*, *c̃* for *cum*. The tironian *et*, uncrossed, has a long horizontal stroke ⁊. Juncture is frequent.

Transcription f. 39^A

beati petri. Prima die processionis sue exuens se cla-
midem et accipiens bidentem terram prius appetuit. ad fun-
damenta basilice sancti petri construenda dė hinc in numero
.xii. apostolorum .xii. confines plenas suis huṁeris super
positos baiulans de eo loco ubi fundamenta basilice erant
apostoli iacienda. et ita gaudens et exultans in tunica
sua cum episcopo silvestro sedens ad palatium rediit. **De fabri-**
[A]ltera vero die similiter intra **cacione ecclesie Sancti Johannis Illaterani**
palacium suum lateranensis basilice fabricam inspici-
ens dans talem legem que hiis verbis concluditur. Sit
omnibus notum nos ita christicultores effectos ut intra pa-
lacium meum templum eius nomini construamus. In quo
populus christianus una nobiscum conveniens deitati eius graciam re-
ferat. **De libertate ecclesie.**
[ ]cum dixisset scilentium mandans ait. Ne igitur dubium
aliquid remaneat cordibus fidelium quin nos ab omni
spurcitia heretice pravitatis purgemur presens privilegium coram vobis
duximus recitandum et ab omnibus confirmandum sub hanc for-
ma ad honorem dei et gloriose virginis matris sue et beati
petri quem in terris credimus et profitemur vicarium Ihesu Christi

[Unpublished in this form.]

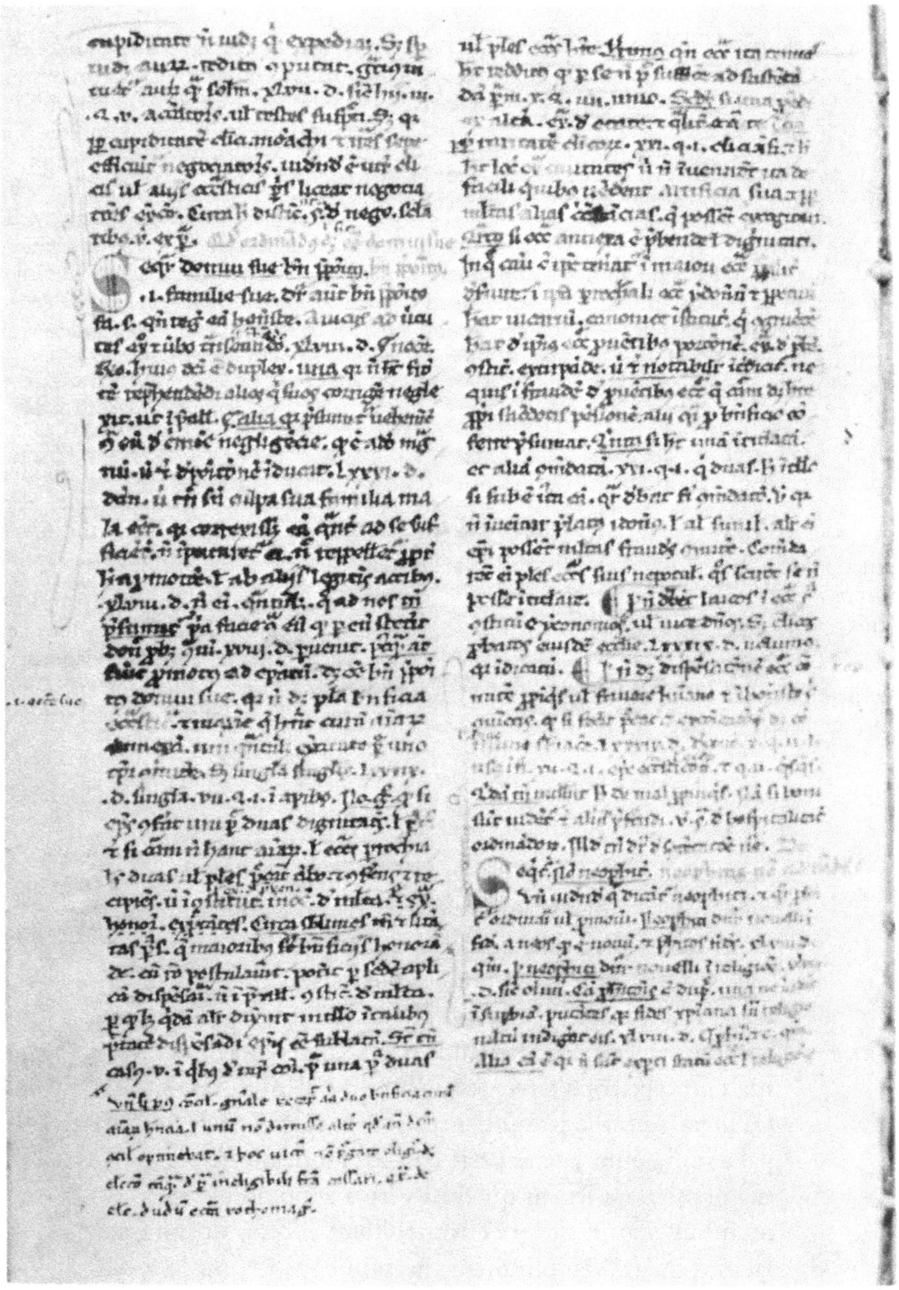

León, Biblioteca de la Catedral, cód. 34. Vellum, 210 × 133 (145 × 95); ff. 118; one hand of text.

Contains: Summa fratris Raymundi de matrimonio.

Written probably in Aragon in 1283. The colophon at the end of the text, f. 101^D, reads: 'Benedictus dominus qui incepit et perfecit opus istud. Amen. Quod fuit perfectum die sabbati vigilia sancti Jacobi apostoli tempore illustrissimi petri regis Aragonie et Sicilie anno domini M°CC°Lxxx° tercio.' The reference is to Pedro III of Aragon who ruled from 1276 to 1285 in Aragon and from 1282 to 1285 as king of Sicily.

This script is a rapid compromise between a tired school gothic, poorly executed, and a documentary hand. The rounded appearance of the gothic of Plate 117 has become somewhat accentuated. The abbreviations show familiarity with scholastic hands, yet the legal signs are consistent and informed. The lines are compressed and more often than not uneven and unevenly spaced. The tironian *et* sign is still uncrossed. The ascenders of *b, h, l* are all heavily clubbed. The *d* is almost universally uncial. Juncture occurs occasionally (column D line 16 *sacerdotis*). The backward swing of the last stroke of the *h* will be noticed (column C line 5 *monachi*). The vertical lines in the capital *S*'s are of course Italian. Our scribe may have spent some time in Sicily, then ruled by Pedro III of Aragon. On the other hand this is the only apparent Italianism in the script and may more likely be the work of a rubricator other than our scribe.

Transcription f. 55^C

cupiditate non videt quid expediat. Set semper
videt aurum. reditus computat. gracius in-
tuetur aurum quam solem. xlvii. dist. sicut hii. iii.
Q. v. Accusatores vel testes suspecti. Set quia
propter cupiditatem clerici. monachi et regulares sepe
efficiuntur negociatores. videndum est utrum cleri-
cis vel aliis ecclesiasticis personis liceat negocia-
tiones exercere. Circa hoc distinccio 'ut' supra de negotiis secula-
ribus. v. ex persona. **Quod ordinandus debet esse domui sue**
Sequitur domui sue bene prepositus. **bene prepositus**
id est familie sue. dicitur autem bene prepositus
familie sue quando regit eam honeste. A viciis ad virtu-
tes exemplo et verbo vel trahendo. xlviii. dist. §Necesse.
Racio huius dicti est duplex. una quia non habet fron-
tem reprehendendi alios qui suos corrigere negle-
xit. ut in preallegato § . alia quia presumitur vehementer
contra eum de crimine negligencie quod est adeo mag-
num ut eciam deposicionem inducat. lxxxi. dist.
dictum. ubi tamen sine culpa sua familia ma-
la esset quia correxisset eam quantum ad se suf-
ficienter. non imputaretur ei nec reppelleretur propter
hoc a promotione vel ab aliis legitimis actibus.

[Unpublished.]

fusionē suā . ⁊ scel'a sua q̄ fecerūt .
Et dabo eos ianitores domꝰ in
oī ministrio eiꝰ ⁊ ī uniūsis que
fuerīt ī ea . Sacerdotes eiꝰ ⁊ leuite
filij sadoch q̄ cꝰtodierūt cerimoni
as sc̄tuarij mī c̄ errassent filij
isrł a me ipi accedent ad me ut
ministrēt m̄ . ⁊ stabūt ī ɔspectu
mō ut offerāt m̄ adipē . ⁊ sāgui
nē ait dn̄s ds̄ . Ipi ingredient̄
sc̄tuariū mm̄ . ⁊ ipi accedent ad
mensam meā ū ministrēt m̄ .
⁊ c̄todiant cerimonias mās .
Cumqꝫ ingredient̄ portas atrij
interioris uestibꝰ lineis īduent̄
nec ascendat sup eos q̄cq̄ lane
um qn̄ ministrāt ī portis atrij
interioris ⁊ intrinsecꝰ . uitte linee erūt
ī capitibꝰ eoꝝ . ⁊ feminalia linea
erūt in lūbis eoꝝ . ⁊ n̄ accīgentur
in sudore . Cumqꝫ ingredient̄
atrium exteriꝰ ad ppłm exuent se
uestimētis suis ī quibꝰ ministra
uerāt . ⁊ reponēt ea ī gazophilacio
sc̄tuarij ⁊ uestient se uestimētis
alijs . ⁊ n̄ sc̄ificabūt ppłm ī uesti
bꝰ suis . Caput aūt suū n̄ radent .

semine domꝰ i
q̄ fuint a sacerdoti
ppłm meū doce
sc̄m ⁊ pollutū ⁊
mūdū ostender
fuint ɔtrouersia
eis meis . ⁊ iudi
meas . precepta m
initatibꝰ meis c
sabbata mea scī
tuū hoiem n̄ i
polluant̄ . n̄ ad
⁊ filiū ⁊ filiā . ⁊
q̄ alterū uirū n̄
ɔtaminabūt̄ .
mūdatꝰ septē
t̄ ei . ⁊ ī die intr
inatium intiꝰ
m̄ ī sc̄tuario m
suo ait dn̄s d
eis hereditas . eg
⁊ possessiones
in isrł . ego ei
victimā ⁊ p p
ipi comedēt . E
ipoꝝ erit . ⁊ p'm
mogenitoꝝ . ⁊ o

119 *Iberia 1298*

Madrid, Biblioteca Nacional, lat. 923. Vellum, 395 × 270 (270 × 180); ff. 202; one hand of text.

Contains: Cod. 923 is the second volume of a four-volume copy of the Bible, codices 922–5 of the Biblioteca Nacional. The whole was the work of two scribes, working contemporaneously.

Written in 1298 at Uclés. The date appears only in the second volume of the Bible. There seems to be no reason not to date the whole within a reasonably proximate period of time. On f. 122ª of cod. 923 we read: 'Ista biblia fuit scripta uclensi et perfecta in mense deçembris anno domini millesimo duçentisimo nonagesimo octavo et era millesima triçentisima triçesima sexta, regnante in castella et in legione rege ferdinando.' On f. 122ª we read: 'Petrus Ferrandi acharacensis me scribsit.'

The script of this show codex would appear to be more closely related to the hand of Plate 115 (1218) and several earlier examples than to the more recent bookhands. The nature of the codex, intended to be the institutional Bible of the monastery at Uclés, will of course offer some explanation of its conservative elegance. The heavy minims and the modest abbreviation conform to earlier Spanish gothic practice. There are no traces of diplomatic or chart training. The scribe maintains his style with fair consistency. A certain unevenness in his lower line may be at times noticed, e.g. line 3 from the bottom in column B. Curved flourishes have crept into abbreviational signs, particularly the -*er*, -*re* suprascript stroke, whereas, earlier, such strokes were more restrained. Ascenders are short, the *et* sign is uncrossed. Upright *ſ* is used initially and internally, the looped *s* finally. We find *mm̄*, *mō*, *mās*, for *meum*, *meo*, *meas*, *oē*, *oīa* for *omne*, *omnia*, *q̊* for *qui* and internally, *ů* for *ut*. There is no genuine juncture of *be*, *bo*, *de*, etc., but only overlapping, e.g. *be* and *de* in column B, bottom line. The soft -*tio*, -*tia* has almost completely given way to -*cio*, -*cia*.

Transcription f. 121 A

fusionem suam et scelera sua que fecerunt
Et dabo eos ianitores domus in
omni ministerio eius et in universis que
fuerint in ea. Sacerdotes eius et levite
filii sadoch qui custodierunt cerimoni-
as sanctuarii mei cum errassent filii
israel a me ipsi accedent ad me ut
ministrent mihi et stabunt in conspectu
meo ut offerant mihi adipem et sangui-
nem ait dominus deus. Ipsi ingredientur
sanctuarium meum et ipsi accedent ad
mensam meam ut ministrent mihi
et custodiant cerimonias meas.
Cumque ingredientur portas atrii
interioris vestibus lineis induentur
nec ascendat super eos quicquam lane-
um quando ministrant in portis atrii
interioris intrinsecus vitte linee erunt
in capitibus eorum et femoralia linea
erunt in lumbis eorum et non accingentur

[Ezech. xliv. 13–18.]

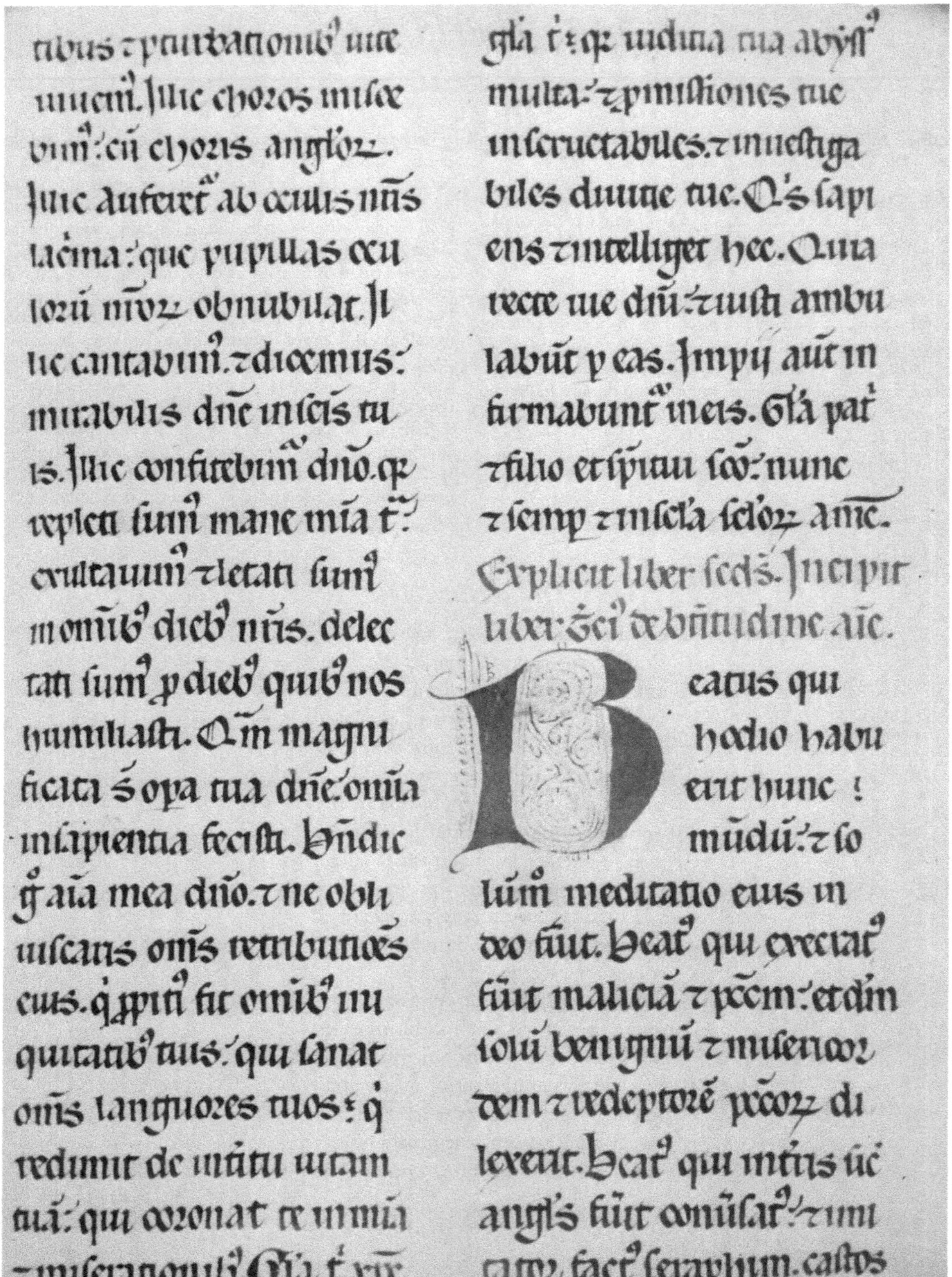

tibus et perturbationibus uite
uiuentium. Illic choros misce
bimus cum choris angelorum.
Illic auferetur ab oculis nostris
lacrima: que pupillas ocu
lorum nostrorum obnubilat. Il
lic cantabimus et dicemus:
mirabilis domine in sanctis tu
is. Illic confitebimur domino quia
repleti sumus mane misericordia tua et
exultauimus et letati sumus
in omnibus diebus nostris. delec
tati sumus pro diebus quibus nos
humiliasti. Quam magni
ficata sunt opera tua domine omnia
in sapientia fecisti. Benedic
ergo anima mea domino et ne obli
uiscaris omnes retributiones
eius. qui propitius fit omnibus ini
quitatibus tuis: qui sanat
omnes languores tuos: qui
redimit de interitu uitam
tuam: qui coronat te in misericordia
et miserationibus. Gloria tibi rex
gloria tibi quia iudicia tua abyssus
multa: et permissiones tue
inscrutabiles et inuestiga
biles diuitie tue. Quis sapi
ens et intelliget hec. Quia
recte uie domini: et iusti ambu
labunt per eas. Impii autem in
firmabuntur in eis. Gloria patri
et filio et spiritui sancto: nunc
et semper et in secula seculorum amen.
Explicit liber secundus. Incipit
liber tercius de beatitudine anime.
Beatus qui
hodie habu
erit hunc
mundum: et so
lum meditatio eius in
deo fuit. Beatus qui execratus
fuit maliciam et peccatum: et dilexit
solum benignum et misericor
dem et redemptorem peccatorum di
lexerit. Beatus qui in terris sic
angelis fuit conuersatus: et imi
tator factus seraphim. castos

120 *Iberia 1309*

Lisbon, Biblioteca Nacional, cód. Alcobaça 180 (XXVIII). Vellum, 292 × 204 (220 × 142); ff. 130; one hand.

Contains: Varia patristica, SS Efrem, Augustine, John Chrysostom, Bernard of Clairvaux.

Written at Alcobaça by Johannes Martinus at order of Abbot Pedro III Nunes. The colophon on f. 130^{B} reads: 'Anno domini M.ºCCC.ºIX.º Dominus petrus nunii Abbas alcobacie Abbaciatus sui anno. XII.º fecit notari hec opuscula per manum fratris johannis martini monachi sui quorum anime post eorum obitum cum animabus omnium fidelium defunctorum cum domino requiescant. Amen. Consideratio premii minuit vim flagelli.'

The resemblance between this script and the preceding example is immediately noticeable, in spite of the fact that the two MSS were written in separate countries and many hundreds of miles apart. The general ductus is the same—heavy minims, short ascenders and descenders, tightly spaced letters, tall rather than square framework of individual letters, and conservative abbreviation. In detail there is also great resemblance. The tironian *et* sign is similarly formed, uncrossed. There is a tendency for the upper horizontal stroke to be long. Abbreviational signs in general show a slight curved flourish. The *-er*, *-re* sign has begun to show three distinct strokes, e.g. *fuerit* and *conversatus*, column B, line 2 from bottom. There is about the same degree of overlapping between looped letters, e.g. *oculis*, column A line 4, *peccatorum*, column B, line 4 from bottom. The upright *d* is rather more in use than in the preceding example. The tail of the *g* is drawn straight and crossed easily to the left, with a light final stroke toward the lower left corner of the loop, e.g. *gloria*, column B line 1. We may notice here, as in Plate 115, a strong penchant for connecting letters with a slight serif, at the bottom of the down-stroked ascender, upward toward the next letter, e.g. *meditatio*, column B, line 8 from bottom. The spelling is in general conservative. One finds *enarrare* and *hodio*, and the soft *-ti* is usually retained.

Transcription f. 35^{A-B}

tibus et perturbationibus vite
vivemus. Illic choros misce-
bimus cum choris angelorum.
Illic auferetur ab oculis nostris
lacrima que pupillas ocu-
lorum nostrorum obnubilat. Il-
lic cantabimus et dicemus
mirabilis domine in sanctis tu-
is. Illic confitebimur domino quia
repleti sumus mane misericordia tua
exultavimus et letati sumus
in omnibus diebus nostris delec-
tati sumus pro diebus quibus nos
humiliasti. Quam magni-
ficata sunt opera tua domine omnia
in sapientia fecisti. Benedic

gloria tibi quia iuditia tua abyssus
multa et promissiones tue
inscructabiles et investiga-
biles divitie tue. Quis sapi-
ens et intelliget hec. Quia
recte vie domini et iusti ambu-
labunt per eas. Impii autem in-
firmabuntur in eis. Gloria patri
et filio et spiritui sancto nunc
et semper et in secula seculorum Amen.
Explicit liber secundus. Incipit
liber tercius de beatitudine anime.
Beatus qui
hodio habu-
erit hunc
mundum et so-

[Ed. J. S. Assemani, *S. Ephraim Syri Opera Omnia* (Rome, 1746), III, 557.]

autem ad parentes et filios comparatur dupliciter ex eodem, scilicet natura et ordine. In ordine nostro pater illis caput est filii, sed in ordine vestro ipse est pater communis. Sed non quoad ordinem nostrum. Et quoniam ad dominum pater meus est prior et ideo patri illi magis est obediendum in ordine nostro. Sed pater spiritualis in ordine vestro prior est obediendum. Licet sic alio respectu vel e contrario. Obediendum est patri illi in ordine nostro, spirituali non in ordine vestro. Secundo illa que sunt ad vitam et salutem anime facienda. Et hoc quantum ad primum. Et responsio danda est de hac que dicitur in questione, scilicet utrum teneatur et tenere. Dicendum quod ipse potest ... necessitate et virtute obligationis. In hiis itaque que sunt de ordine vestro quoad preceptum divinum obligamini et tenemini ea facere ex virtute obligationis. Sed quoad consilium que non sunt necessitatis sed potius voluntatis et supererogationis non tenemini de necessitate, licet sit magis et laudabilius ... facere et complere. In ordine vero nostro ea que sunt maioris obligationis magis teneor obedire et implere etc. ... in ordine vestro. Et hoc quantum ad primum. Ad secundum ... extrema necessitate. ... quod quedam [illegible] ut ad ordinem nostrum et quedam ad ordinem vestrum ... Ad ordinem nostrum sicut in [illegible] ... sicut vult comedere ... ut ... Ad ordinem vestrum, scilicet quantum ad [illegible] fidei, ut [illegible] ... quod sit equaliter necessitas ut in ordine nostro ut in ordine vestro. Ponamus exemplum quod non sunt nisi duo fideles in mundo, scilicet spiritualis et ego, sed ego sum [illegible], nullo modo possem fidem defendere ita quod si ipse moriatur fides ... ad me [illegible]. Tunc tamen ... teneor sibi dare et potius pro ... quod ego moriar quam ipse pro conservatione fidei. Sicut [illegible] Caiphas [illegible]

tet non esset spiritualis. Expediens ut unus moriatur pro populo, et non tota gens pereat. Et sic sancti martyres pro defensione fidei exposuerunt se morti vel in hac permanserunt vel fugerunt habitacula sua simpliciter, imo potius habuerunt mortem morientes pro salvatione fidei ... salvat[?] omnium. Si autem accipiamus extrema necessitate non pone fidei sed pone ... in ordine nostro, tunc non teneor dare spirituali patri sed potius matri. Sed tamen in hac teneor de precepto divino ut illi in casu necessitatis ut dictum est, quia tenetur pater in tali necessitate. Plus teneor dare matri. Et ex hac autem ... alia quo, quia potius in necessitate extrema teneor dare filio meo illi quam patri meo illi, quia filius ordine nostro est ... matri ... pater ... meus ... ordine nostro est ... magis ... patri meo spirituali ... quod non teneatur in necessitate ... dare patri ... et ... ut moriar si tamen hoc facio non sit ... ... mea. Imo magis est meritorium ... est supererogationis, scilicet consilii et non precepti, quod est nobilius et magis meritorium implere quam preceptum quod teneor implere ex debito. Unde dicitur: Maiorem karitatem nemo habet ut animam suam ponat quis pro amicis suis. Sic est magis meritorium ... dignum ... necessitate ... Ergo concludo ... ex predictis quod in primo casu, scilicet pro conservatione fidei, teneor potius dare spirituali ... sed in secundo, scilicet pro conservatione ... potius matri quam spirituali. In secundo vero non volo quod est supererogationis et maioris virtutis ... Ad argumentum itaque dicendum quod non omne opus quod est communis est melius, imo alia sunt meliora et maioris meriti quam precepta et observatione ... [illegible]

121 Iberia 1328

Vatican City, Biblioteca Apostolica, cod. Burghesianus 101. Paper, 210 × 145 (175 × 130); ff. 130; two hands.

Contains: Armandus de Bellovisu, *Exposiciones et questiones.*

Written (our plate) in 1328 by Johannes Ispanus. The colophon of the *questiones* on f. 116^D reads: 'Hec sunt reportaciones questionum reverendi magistri Armandi de bello visu lectoris sacri palacii.Anno domini.M°.ccc°.xxviii°.' The codex was no. 307 in the Avignon catalogue of 1369. It is virtually certain that the MS was written at the papal court and stayed in the papal library from then on. See Anneliese Maier, *Codices Burghesiani*, s.n.

The Iberian hands we have previously presented have been strictly bookhands, usually calligraphic and intentionally formal and precise. Yet it will be readily understood that all this time, i.e. from the turn of the twelfth century, the documentary or chart hand must have been going through its own stages of development, from half uncial or Visigothic to a distinctive minuscule with certain cursive traits. For documentary purposes the necessity for speed and economy of space as well as conventionality in content dictated the smallness in size of letters and the increase in abbreviational practice.

Our example dates from the period when the documentary script had come into general use as a bookhand. Our scribe may have learned at a court, chapter or royal, where many documents were issued, or in a monastery where the *magister scriptorii* had been so trained. The transfer to transcription of theological or legal writings was not an abnormal move. For purposes of comparison reference may be made to plates LXX to LXXXI in A. Millares Carlo, *Tratado de paleografía española*, II (Láminas) (Madrid, 1932), all documents from 1255 to 1297, where the salient characteristics of the script of our example are all present.

The signs of documentary Iberian script are quickly evident: the backward-sloping ascender of the uncial *∂*, the *g* with the close flat tail, the long *i*, the peculiar *et* sign, going below the line, the long-tailed *r*, extending well below the line (column B line 3), the generally flowing abbreviational signs—these are in the Iberian chartish tradition. We may note: aspirate *h* in *hobedienciam* (column A line 9), *karitatem* (column B, line 13 from bottom), *ōm̄e* for *omne*, *deffendere* (column A, line 6 from bottom), *quamvix* (column B line 21), *dapnum* for *dampnum* (column B, line 10 from bottom), *silicet* (column B, line 7 from bottom), *supererrogacionis* (column B, line 5 from bottom).

Transcription f. 115^A

autem ad patres et filios consideratur dupl
ex ordo scilicet nature et gracie in ordine
nature pater naturalis caput est filii sed in ordi
ne gracie papa est pater communis sed non quo ad
ordinem nature. Et quantum ad naturam pater
meus est pocior et ideo patri naturali magis cum
est hobediendum in ordine nature sed patri
spirituali in ordine gracie pocius est hobe
diendum. Unde si ambo precipiant mihi hob
edienciam. hobediendum est patri naturali in
ordine nature spirituali vero in ordine gracie
sequendo illa que sunt ad graciam et salutem ani
me facienda et hoc quantum ad primum. Item secundo
considerandum est de hac quod dicitur in questione. scilicet
utrum teneatur et cetera. tenere enim semper impor
tat necessitatem et virtutem obligacionis.
In hiis itaque que sunt de ordine gracie quantum ad
precepta divina obligamur et tenemur ea serv
are ex virtute obligacionis sed quantum ad consi
milia que non sunt necessitatis sed pocius volunt

[Unpublished.]

nullo ei parili uetis testi uenit cu habundancia
gratie si tunc ro. lex enim p moysen data e gra et
ueritas p ihm xpm facta e. jo. hac ac y mirifica
possessionum congruua . uidetur primo ut diuinorum ca
rismatum largitiua: qz plenum gre . fuit i gra
unionis . aug. i uob' ifluit gra nos iustifi
cans a culpa omissa . nam aug i tribus p
tpus ortus illa suma gra e q ho mitie tb
i unitate p'. h. ei gra unionis gra i fluit
receptionis omnis ei peccauerit . legerit gra
di ro . ad ro . i . si cu iusticiam g' ip lo su p
spc ui ecinc ad ty . i . fuit ei g' capitis ad
ifluit ub g' libans   ecia ex primo ei
proud i nos remansit pimitus ad malu aq p e gra
libanti ad ro 4 . uido aliam legem i membris re
pugnantem etc. usque ibi gra di p ihm x etc. ad
eph . 4 . di q dimcs e i ntra F mima cantate
q dilexit nos cu essemus mortui pctis omnu
ficauit nos   cuius g' saluati estis . nam ab
ipso ul' a capite g' redundauit i membra fuit i si
g' p singlaris g' ub i fluit gra . habilitans
ad opa faciendum uii prima cor . iij gra di i m
uacua nō fuit habundancius il omnibus nō ego s
g' di mecu . hac enim gra dat se disponentibus
i ad eor . operatiua e aut dd omnes gram minus
facit i ub etc. hortamur uos ne i uacuum gram
di recipiatis i cor 6 . incapite ei i ip sunt ois
gre sic i capite sunt omnes sensus . ideo ei habitat
ois plenitudo diuinitatis ad col . 4 [illegible] uide
r possessionem documentorum utilium instructiua
qz plenum ueritatis [illegible] ibi ei habuit ueritatem i plectiua
sacror . p ei pane habuerunt sacri eficaciam ui
tutis uii jo . primo ego p eis sanctifico . me ipm
s . uiqui crucis ut sint et ipi sanctificati i ueritate
[illegible] ho habuit ueritatem complectiua mandator h ei ob
seruare docuit . mt 19 . si uis ad uitam ingredi
serua mandata . uii dicebat ipe discipulis jo
viii . si uos manseritis i sermone meo discipuli mei
eritis et cognoscetis ueritatem et ueritas liberabit
uos [illegible] habuit ueritatem consumatiua promissor
abrae ei dd sit p promissionis i semine eius
cogni habis ro ad implendum etc. ad ro 15 . dico
a ihm x ministrum fuisse circumcisionis p ueritate
di ad confirmandas promissiones patrum q ad fuit
hoc promissionis ipe dic jo x q oues mee uo
cem meam audiunt et ego cognosco eas et cognoscunt
me mee et ego uitam eternam do eis ad q etc.

Erant p' et eius et mr mirantes sup hiis q
dicebat de illo luc 2 . nouitas enim
i solitum fuit magna admiratio causa . unde et ad
cu sciendum etc. p' rediret . ipe ei admirati
bones incepit explanare h' mc . vii et ideo dicebat
admirabilia opa tua scrutantur et aia mea ecclesiis
ei cotidianis nullo admirantur . q aut i ueritate
illius x tot mirabilia fuerunt et uisito non soli
alii s et p' et mr mirati potuerunt ut dic cui
inquo uide

Stupendam p dignum i solitum uisionum
Futuram p lagium ac te passionum
Virtuosum testis complete expressionum
Gratiosi habitaculi i ueste mansionum . et p'bat
Multitudo nouitatis ibi erant p' et etc.
Certitudo ueritatis . ibi dixit eis etc.
Plenitudo claritatis . ibi erant eius etc.
Plenitudo ueritatis . ibi si p'fecerit etc.

omo
qerat
muzia
etc.

q ad primum sciendum stupendam insolentiam dic
g' eius p' eius putatio ul' uiretionum . g
ual' uirgo maria mirantes sup hiis q dicebant
de illo . nō q illa esset i p' . si q erat i solita et
humani intellectu excedencia . sap . viii . in conspectu potenti
cu admirabilis ero . et facies p'ncipum mirabuntur m
siat q' rat angelicus q fuit ei admiratione . ex ide
pot q ei fuit mirabilis [illegible] p'cia fuit noua salutatio
maria mirari cepit . luc . i . missus e angelus etc. uii pot
mirari uirgo maria [illegible] fa ei fuit mira gratia
incepta : sui uiro et de spu sco hoc multum ad
mirari [illegible] ei fuit p'cessor noticia i uisitatione .
qm iohes i sinu i matris ei exultauit i p'ncia
marie luc . i [illegible] ei fuit dolorum carnis i gen
itura . iugitur sui sui libidine . concepit [illegible] ei fuit
dulcoris leti i p'mulgatio ul' diuulgatione
qui a angelis pastoribus dixit euangelizo uob gau
dium magnum etc. luc 2 [illegible] ei fuit pastorum diligencia
i credit ut . qui s . transierunt usque bethlee et inuenerunt
mariam etc. [illegible] ei fuit magorum reuerencia ad
orantium qui ei optulerunt munera . tres nationes
de longinquo uenerunt munera offerentes offerentes
eis 19 . si ei fuit munera nō e mirum . nā p'dicm
fuerunt ysa 6 . tunc uidebis et afflues mirabitur
etc. [illegible] ei fuit complacencia symeonis i carnacio
q2 uiam acceptat uspiam sco etc. i p'mo omnibus
mirari debuit uirgo admirari . dan . 6 . signa et mi
rabilia fecit apud ui dd excelsum . mirabile e g
istud i oculis nris dic g' diis ut dat ad . e p .
ipe ese ses eius assuerus de q hester 16 ualde est
mirabilis e dne . et facies tua plena e gratiarum assuero
bristum e xp'a e nobis datum et q ad aui . eadem
in plaps [illegible] q ad fm tangit futuri p'lagui
acte passionis . ibi benedixit eis etc. i q pre
uide x [illegible] primo uide seruus i p'ncipium gratiarum
qui benedixit ill' etc. oblato ei puer . apparentibus
benedicebat sacerdos legis ad et fecit assu
congruum si nunc . et de gratias referendo [illegible] secundo
de psal' c d cor i u theosia ibi dixit ad mariam
i p' ei ill' benedixit q illic se ad mariam
de p'mulo complicando dicens . positus e hic i ruinam
s . incredulorum . ps' . irriserunt eum sadducei
oculis suis et uult h eti e i ceis ruina et i ruinis
multorum . sacerdotum jo vi . ego sui ii et ruina
etc. uii ysa 8 ipe ei e ut i scificatione . s . bonis
et i lapidem offensionis et petram scandali duabus
domibus isrl' i laqueum et ruinam habitantibus
ierlm . duabus domibus . s . bonis et malis ul'
x' fuit positus i ruinam . s . iudeorum et i resurrectionem
ueritatem uiii ad ro . 11 . sic p illorum delictum
gentibus salus multa p'uenire . s . p unum obiciam gentiu
hic multi iusti q'li' x positus sicut ruina
iudeorum . s' dan 2 . destitutam q uidit nabuch
q' ac uidit lapis abscisus de monte sine manibus
statuam sui ueteri et motu est p'uorem sui uiri gre

Toledo, Biblioteca del Cabildo, cód. 10-15 (CCCLXXIV). Vellum, 335 × 240 (250 × 173); ff. 100 + 2; one hand of text.

Contains: Anonymi *Sermones dominicales de adventu.*

Written in Paris by a Spanish scribe in 1342. On f. 88[D] the colophon reads: 'Sic igitur istud opus licet inepte abreviatum ipso auxiliante qui cum patre et spiritu sancto vivit in secula. Amen.

Explicit scriptum parisius anno domini m° ccc quadragessimo ii°.' On f. 1[a], in a second, contemporary hand, are seventeen lines in medieval Spanish, a fragment concerned with a royal judgment recently issued. The codex would appear to have been transported to Spain soon after the scribe finished his transcription. There are marginalia in a second hand throughout the MS. The insertion of *parisius* in the colophon calls for the remark that a French student would hardly have found it necessary to add such a detail, whereas a Spaniard, away from home, would be inclined to regard his travels as of some interest.

The deterioration between plates 119 and 120 and this script is quickly noticeable. Lines are disregarded, letters are unevenly formed and irregularly spaced, abbreviational signs are not infrequently omitted and no coherent system of spelling is adhered to. The script does retain one definite characteristic of Spanish gothic: it is heavy and stubby with a slight tendency to roundness. The uncial *∂* retains the flat top stroke we have noted before in Spanish scripts. The scribe avoided the upright *d* at any point. The upright *ſ* is used initially and internally, the looped *s* usually only finally. The tironian *et* sign is still uncrossed. Genuine juncture is established practice between looped letters. There are two cases of it in the single word *peccatores*, column B, line 5 from bottom. Several abbreviational usages may be noticed: *nb*⁻ and *vb*⁻ for *nobis* and *vobis*; *q̄bus* for *quibus*, a usage we find more frequently in Italy; *9* for *con* initially and internally, *ei* for *enim*. It is however in spelling that the scribe betrays most clearly his Spanish origin. He may have made some effort to conform to Parisian standards, but the following Iberianisms at least escaped his attention: *flamas, offessionis, optulerit, excelssus, quadragessimo, ascenssionem, pulsso, manssionis, offerrentes, urssus, asumpserat, disolvens, calida.*

Transcription f. 11[C]

nullus enim patrum veteris testamenti venit cum habundancia
graciarum sed tantum christus lex enim per moysen data est gracia et
veritas p[er] ihesum christum facta est. Johannes habet autem christi mirificam
possessionem considera et vide primo ut divinorum ca
rismatum largitivam quia plenum gracie fuit in christo gracia
unionis a qua in nobis influit gracia nos iustifi
cans a culpa commissa nam secundum augustinum in rebus per
tempus ortis illa summa gracia est quod homo initus est deo
in unitate persone hec enim gracia unionis graciam influit
redempcionis omnes enim peccaverunt et egerunt gracia
dei et cetera ad Romanos 3 sed cum iusti[fi]cati gracia ipsius heredes sumus secundum
spem vite eterne ad tytum 3 fuit enim christus gracia capitis a qua
influit vobis gracia liberans ocirca ex primo enim
peccato in nobis remansit pronitas ad malum a qua per christi graciam
liberamur ad Romanos 7 video aliam legem in membris re
pugnante[m] et cetera usque ibi gracia dei per ihesum christum et cetera ad
ephesios ii deus qui dives est in misericordia secundum nimiam caritatem
qua dilexit nos cum essemus mortui peccatis convivi
ficavit nos [in christo] cuius gracia salvati estis. Nam ab

[Unpublished.]

Non debet reprehensibile judicari
si secundum varietatem temporum statuta vel seu observantie quandoque varientur
humana presertim cum urgens necessitas vel evidens utilitas vel alia ex rationabilibus
id exposcit quoniam ipse deus ex hiis que in veteri testamento statuerat nonnulla
mutavit in novo. Quare nos frater Bartholomeus permissione divina
sancte Tracon. ecclesie archiepiscopus quadam deliberacione pensantes quod
in nostri et officialatus nostri curia est [illegible] et maxime expedit modum et
formam certam prestitutorum kalendaria servari prout in tota Catholica observatur
propter appellationes que ad nos et nostram curiam undique de nostra provincia con-
fluunt [illegible] que pereunt ob negligentiam appellantium seu procurato-
rum suorum penitus et requirunt dictum tempus ex quibus nos vel vicarius vel officia-
lis principalis noster est difficile diversa instrumenta [illegible] seu [illegible] kalenda-
ria computare, hoc consequitur prolongatio [illegible] cedat dampnum
et [illegible] detrimentum presentium [illegible] [illegible] quod ad [illegible]
quis [illegible] nos vel vicarius [illegible] vel quicunque alius ad quos [illegible]
[illegible] vel notarie officium in dictis nostra civitate et diocesi Tracon.
qualitercunque [illegible] in [illegible] cartis publicis litteris [illegible]
[illegible] quod [illegible] ut [illegible] [illegible] habent [illegible] ad instantiam nostri
ut etiam [illegible] per eum seu eos [illegible] presens ordo super
kalendario observetur videlicet quod annus a nativitate incipiens computetur
nonus [illegible] kalendis [illegible] loco anno [illegible] nonis [illegible] nu-
mero in [illegible] cartis publicis litteris [illegible] designans [illegible]
in data [illegible] presentis nostre [illegible]. [illegible] autem nostre pre-

123 Iberia 1355

Barcelona, Archivo de la Corona de Aragón, cód. Ripoll. 133 (olim 224). Paper, 220×140 (167×105); ff. 46; one hand of text.

Contains: Synodalia Tarragonensia, from 1330 to 1355.

Written at Tarragona between 1330 and 1355. Our plate is taken from the last dated document. At the top of f. 43[a] we read: 'Datum Tarraconie vicesima quarta die mensis aprilis. Anno a nativitate domini M.ccc.l.quinto.'

This scribe was a moderately competent curial clerk. He has collected the episcopal decrees and instrumenta for a period of about 25 years and has transcribed in the only style he knew, a semi-cursive documentary script. Ascenders and descenders are, in curial style, long, and the space between the lines correspondingly great. Flourishes and abbreviational signs are bold and flowing, far beyond what a scholastic scribe, proud of the gothic compactness, would have allowed himself.

The minuscule *a* tends to look as if there were only two strokes, joined at the top; the *d* is uniformly uncial, whereas the ascender of the *b* is always upright; the upper completing stroke of the *e* connects with the following letter; the tail of the *g* reaches far to the left and doubles back to join the downward stroke from the loop; the *f* and the upright *ſ* are bâtardish, tapering off below the line. Letters with a tail, *h*, the *ꝯ* sign as *con* and as *-us*, the *-er* sign after *ſ*, *m*, *q*, tend to swing far to the left. The suprascript *-er*, *-re* sign tends to be very free and even unrelated to its basic letter. The scribe has, in addition to the upright *ſ*, two final *s*'s. One is begun by a stroke at midline, from the preceding letter, which continues clockwise in a whole slightly compressed circle, closing at the middle right. We have noticed this final *s* elsewhere in Europe at about this same time. The other *s* is a fairly normal pair of loops like an elongated *s*, usually going slightly below the line. Cf. e.g. *literis*, line 2 from bottom, f. 42[b], and, just above it, *omissis*. Cf. also *conficiendis*, f. 42[b], line 5 from bottom. Throughout, the tironian *et* sign is uncrossed. The spelling is generally conservative. Genuine Iberianisms are not easy to find.

Transcription f. 42[b]

Non debet reprehensibile iudicari
si secundum varietatem temporum statuta usus seu observancie quandoque
varientur
humana presertim cum urgens necessitas vel utilitas vel alia causa racionabilis
id exposcit quoniam ipse deus ex hiis que in veteri testamento statuerat nonnulla
mutavit in novo. Sane nos ffrater Sancius permissione divina
sancte Tarraconensis Ecclesie archiepiscopus provida deliberacione pensantes
quod
in nostri et officialatus 'nostri' curia est necessarium permaxime et expedit
modum et
formam circa instrumentorum kalendaria servari prout in tota Cathalonia
observat[ur]
propter appellaciones que ad nos et nostram curiam undique de nostri
provincia con-
fluunt quasi matrem que interdum ob necligenciam appellancium seu
procuratorum
suorum petuntur et requiruntur deserte censeri ex quibus nobis vicariis vel
officia-
li principali nostro est difficile diversa instrumentorum literarum seu scripturarum
kallenda
ria computare hocque consequenter in litigancium parcium cedat dampnum
et evidens detrimentum. Presenti constitucione scimus quod a die presenti in antea
quilibet Rector nominatus vel vicarius perpetuus vel quicunque alius ad quos
cabtalio
natus vel notarie officium in dictis nostra civitate et diocesi Tarraconensi

[Ed. J. Villanueva, *Viage literario a las iglesias de España*, XX (Madrid, 1851), 175–6.]

na scala debemus de infimo sursum
erigere ipsam in penitentia gradu et
ipsam cum pede affectionis et cum filo sub-
tilis intelligentie debemus ad os no-
strum applicare i. meditando ubi ipsa
similitudo aque fluit et doctrine sciencie
et aque, legendo. Vel dic quod ista est pre-
dicator qui ad predicandum et canta-
dum est specialiter deputatus et ideo cum oua
ipse de aqua plenum aqua i. mariam ple-
nam gratia interpellare et ipsam cum fi-
lo orationis et cum pede amoris et affectio-
nis ad se attrahere et levare et ea
de aqua gratie possit bibere cum suo
ore cum omnia applicare ideo quod gratia
inveniendam suam maria invocatur istud
si vult ut procedat ad ore ei revela ab-
solutus est. Ca. xxvi

Cauis luxuriosa mariti qui ma-
sculus est dicitur quod femina occupa-
tur circa oua fouenda con-
stringit eam masculus aut secrete et
furtive vadit ad feminam ne ab aliis ma-
sculis audiatur et ne ab ipsis in suo ope-
re turbetur. Tanta est autem istorum avi-
um libido quod femina ex solo auditu vel
olfactu masculi impugnatur et ovat
pugnant autem ad invicem et victor cum
victa solet consurgere et loca secreta
solet ad hoc eligere ad voluntatem vic-
toris sic dicitur ut. Et sunt autem iste aues
idem quod perdix licet cultura (?) signa
tamen sicut dicit Ambr. Tamen tales
sunt luxuriosi quod preter ista tamen quod
femina sentiat plenam copiam qui sunt
ipsi ova sua i. sensum in vitio corrup-
erunt et destruunt cum medicaminibus
et cum herbis ... non oriatur et ne
ipsi cognoscantur et ne voluptas eorum
impediatur. Isti igitur secrete vadunt
ad feminas occulte et deinde ne
forte amici et vicini sciant et ne
eos impediat et retardent simul cum
verbis et suggestionibus falsis et pro-
missionibus et allegationibus pugnare
solent et inde duo victo et consen-
tiente ad quondam loca secreta dilige-
re vadant et studeant. Istud autem inter
istos cotidie fit quod femella solo odo-
ratu sentit solo tactu osculi et solo
auditu verborum ipsius luxuriosi sepe
inclinatur ad malum et ova malis

forti coquit et eundem pullos mali
operis producit et emittit. Ideo non bo-
nitatis audire et sic dicitur ca. xxviii.
Decipiende sunt aures femine et non est au-
diendum verbum illorum. Ca. xxviii

Cuculus de auibus dicitur ysid.
quod tempore certo sunt quo ad nos
accedunt sed quia pauci et infirmi
sunt volare solent se in humeris milvorum
ponere sibi ipsis solent per longa spacia
transportare. Sic de b. virgine cum nos
simus debiles et imbecilles ad vola-
dum in celum per opera virtuosa sicut est
quod in humeris milvorum sanctorum i. ipsius marie
et sanctorum et sanctarum omnium virtutum debemus
nos per devotionem ponere et nos eis
et eorum tuitioni committere et sic eorum ora-
tionibus et suffragiis eorum et meritis et
beneficiis portamur ad celi gloriam trans-
volare. Deut. xxxii. expandit alas
suas et assumpsit eos atque portavit in
humeris suis. Cuculus vero sua fur-
tiva in albacare (?) ova sua ponit ova sua
in nido avicule dicte cornica scilicet
fugacem et de ouis dicte avicule cu-
culi demum ut fovere si suis carebit
avicula cognoscit simile sua. Sic
quod sit quod avicula ova cuculi fouet tan-
quam sua. Deinde cum fetu fuerit et exclusa
pulli ad augmentum deducti solet alios
filios perimere et se si aliis impugnare
sunt quod videt eos maiores esse
in eo gratiatur et alios i. ipsos con-
temnunt et se tales perisse simulant.
Similiter cuculus ad ipsam marie
revolui et sua nutrire debuit et si-
cut secuti fuerunt in eos atrociter
insurgit. Ista dicit in li. de na. re-
rum. Sed vero c. xx. c. ix. ista dicitur de cuculo
ne quod est adam spes decepitur ... a-
nus fraudulentia cuculi per d... de-
signare ova aut eius patris ypocritas
pessimos dyaboli filios filios demo-
nis. Avicula i. auis innocentis i. sione
vel etiam sicut cum s. dyaboli furti-
ve ova sua s. ypocritas et malos ec-
clesiasticos in nidis i. in claustris et
ecclesiis vel per eorum affectionem vel per
symoniam collocat et quod dolendum
est exinde ipsa ova avicula i. ec-
clesia iustos ... filios erunt similiter
et elongavit quod multum dicitur quod dia ...

volare
debilitas
milvus
transportare

consideri

ovum
Cornica
vult esse

nutrit
crescere
impugnare
letari
contempta
relinquere

dyaboli
ypocrita

spinoso

iustitia
elongare

124 *Iberia 1366*

Barcelona, Archivo de la Corona de Aragón, cód. Ripoll. 98 (olim 4). Vellum, 280 × 210 (200 × 145); ff. 146; one hand of text.

Contains: Petri Berchorii Reductorium morale, libb. VII–IX. Cod. 107 contains lib. X.

Written, almost certainly, in the monastery of Santa Maria in Ripoll. It has apparently always been in this collection, along with its companion volume, cod. 107. On f. 145^b we read: 'finitus anno domini millesimo ccc° lxvi in vigilia beati mychahel'.

It would be possible to call this hand a developed or degenerate gothic, but it presents readily distinguishable characteristics both of documentary cursive and bâtarde. The flourishes at the top of the page are in curial tradition and the bâtarde influence may be discerned in the sloped and shaded *f* and (initial and internal) *s*, in the capital *I* and minuscules *p* and *q* (bottom line, *pro, quia* and *quod*). The minimed letters, *i*, *m*, *n*, and *u*, are evidently in the gothic style. Erect *d* does not appear, only the looped uncial. One of the scribe's short cuts adds to the impression of heavy regularity: the trick of connection between a letter with a horizontal stroke at the top and a following letter that begins at the top of its delineation such as *ci*, *fa*, *ta*, *te*, *to*. Cf. the *ca* in *medicaminibus* (column A, line 16 from bottom). The scribe was careless here and has revealed how his stroke was designed. The lower left-hand arc of the *c* was written first, then from the top he made a horizontal stroke towards the right for the space of a letter, then, without raising the pen, in a counter-clockwise stroke, he made the loop of the *a*. The pen was raised and from the top a downward stroke closed, or should have closed, the cursive *a*. For more successful cases note *applicare* (column A line 15) and *circa* (column A line 21). Final *s* is the two-loop letter made by a combination of l and 3 which was common all over Europe in the fourteenth century. Genuine juncture is frequent, e.g. *retardent* (column A, line 10 from bottom). Unusual spellings are infrequent, perhaps reflecting proximity of origin to France. We do find, however, *omĩa* and *ecc̃ia*, normal Spanish abbreviations.

Transcription f. 30^B

positi concipit et tandem pullos mali
operis parturit et emittit. Non est bonum
tales audire quia sicut dicitur eccles. xxviii.
Sepiende sunt aures spinis et non est au-
diendum verbum nequam. Cap. xxviii^m
Cuculus ¶ de cuculis dicit Ysidorus
quod tempus certum habent quo ad nos
veniunt sed quia pauci et in humeris
sunt volatus solent se in humeris milvorum
ponere hii ipsos solent per longa spacia
transportare. ¶ Sic vere karissimi cum nos
simus debiles et imbecilles ad volan-
dum in celum per opera virtuosa hinc est
quod in humeris milvorum scilicet Christi marie
et sanctorum et perfectorum eciam virorum debemus
nos per devocionem ponere et nos eis
et eorum tuicioni committere et sic eorum vi-
ribus et suffragiis eorum eciam meritis et
beneficiis poterimus ad celi gloriam trans-
volare Deut. xxxii. expandit alas
suas et assumpsit eos atque portavit in

[Ed. Venice, 1583, p. 204.]

[illegible]

Ideo de illis non tractabo, sed gratias Deo ... sine ... // Et sic est finis suppositionum istarum

De o gra a 96

Explicit suppositiones magistri Radulphi Strode anglici scripte per mag... Dillary ... ultima die decembris anno domini m. ccc. lxxx...

Barcelona, Archivo de la Corona de Aragón, cód. Ripoll. 141 (olim Ripoll. 16 and 58). Paper, 215 × 140 (180 × 105); four hands.

Contains: Varia logica, Bilingham, Strode et al.

Written (our plate) probably at St Maria de Ripoll by Bernardus Viliarius. The colophon of Ralph Strode's *Supposiciones* on f. 96[a] (our plate) reads: 'Expliciunt supposiciones magistri rodulphi strode 'anglici' scripte per manus bernardi Viliarii licenciati in artibus ultima die decembris Anno domini .M·ccc· lxxx° viii°.'

The Spanish documentary script apparently seemed most suitable for adaptation to school texts. It is conventional among Spanish scholars to relate this school hand to 'cursiva francesa' as well as to 'gotica cursiva'. Millares Carlo spoke of a 'degenerate gothic' as intermediate between gothic and cursive and peculiar to Aragon in the fourteenth and fifteenth centuries.

The closeness of the present script to those of Plates 121 and 123 will be immediately noted. In any event there are certain distinguishable traits which may be pointed out. The *a* tends to be open at the bottom (line 4 *causas*). The letters with ascenders tend to have upper loops, *b, h, l.* The *d* is always cursive, the upper stroking making a loop, then connecting with the following letter (line 1 *reductiva*). Minuscule *e* is made by two meeting jabs of the pen (line 2 *est*). The letters with descenders, *f, p, s* and long *i*, show a little bâtarde shading (line 1 *et si*; line 8 *falsam*; line 2 *exponitur*). All the minimed letters, *i, m, n, u*, are written alike. The long *i* occurs internally as well as initially and finally (line 1 *calefactivum*; line 1 *inquantum*; line 17 *resolvi*). Final *s* has two forms: one is like a small rounded majuscule *B* (line 4 *causas*), the other like a *6* (last line of text *finis*). The tironian *et* sign has become a flattened *2*. Some Spanish spellings may be noticed—*precize* (line 17), *domifficator* (line 10), *edifficator* (line 11).

The cursive flourishes for the -*er*, -*re* sign occur frequently (line 4 *veritatis*; line 5 *verum*). The sign for *esse* ꝥ or ℨ (line 18) was common in philosophical circles in Europe in the fourteenth century. The traditional sign for the passive of the third person singular, -*tur*, is used for *igitur* (line 12 g^2), as well as for the better-known internal abbreviation, as in *naturalia* (line 7). Our scribe uses a diagonal stroke to mark certain abbreviations, e.g. *aliquid* (line 1), *primo* (line 6), *scribit* (line 13).

Transcription f. 96[a]

et si aliquid est corpus ipsum est calefactivum. Sed reductiva negativa ut ista
sor inquantum
est homo non est asinus sic exponitur sor est homo et si aliquid sit homo non
est asinus ista
tamen sor non est asinus inquantum est homo et consimiles debent dici opposite
reduccione et habet per
causas veritatis oppositas exponentis reduccione sicut communiter dictum est de
exclusivis et
de exceptivis. Unde patet verum esse quod aliqua inquantum conveniunt
differunt ⁊ patet eciam
quando tales proposiciones debent intelligi quas ponit philosophus primo
phisicorum et 2° et 5°
metaphisice naturalia inquantum naturalia habent in se principium sui modus
ut naturalia habet etc.
Unde patet istam esse falsam quia artificialia inquantum artificialia habent in se
principium sui
motus et licet eadem res sit naturalis et artificialis illa enim causalis non valet
quia hoc est
artificiale habet in se principium sui motus et similiter de consimilibus ut
domifficator est
edifficativus sed ista est falsa musicum inquantum musicum est edifficator ex
quibus
sequitur quod non valet talis consequencia iste scribit et iste est robertus
inquantum robertus igitur robertus
scribit sicut nec sequitur homo currit si homo currit et hoc est homo igitur homo
currit si homo currit nunc sequitur
quia moveris tu non quiescis et si moveris es animal igitur quia tu es animal non
quiescis
vel sic quia tu es homo currens tu es homo movens et hoc movens est gradatum
Sciendum quod li necessario quandoque tenetur modaliter quandoque
exponibiliter ut necessario
deus est cum tenetur modaliter sic debet resolvi li deus est necessario que
precize signat
deum esse vel quod deus est igitur necessario deus est vel igitur necessarium est
deum esse vel igitur necesse
est quod deus est / quando tamen capitur exponibile sicut probatur deus est et
non potest esse quin deus

[Unpublished.]

a uino. Itaque per unum patuit deformitati.
qui per diluuium excreuit ad gloriam.
Sed dominus et in eo creature sue gratiam
reseruauit. ut eius fructum nobis con
uerteret ad salutem. ac per eam nobis
peccatorum remissio proueniret. Unde
pie Isaac dixit. Odor iacob. odor
agri pleni. id est naturalis odor. Quid
enim pleno rure suauius. Quid uini
tis odore iocundius. Quid salte flo
re gratius. Unde quidam ingeniose
quis ante nos dixerit. non uitem
aut ficum patriarcha olebat. aut
frugem. sed uirtute spirabat et
graciam. Ego tamen et odore ipsum
terre simplicem atque sincerum. pro
gracia benedictionis accipiam. quem
fraus nulla composuit. sed ueritas in
dulgentie celestis infudit. Denique
inter benedictiones sacratissimas con
putatur. ut tribuat nobis dominus
a rore celi. uini. olei. atque frumen
ti. Cui est honor. gloria. potestas.
in seculis. et nunc. et semper. et in
secula omnia seculorum. amen.

Explicit omelia seu liber aut dies
tercius beatissimi ambrosii Medi
olanensis archiepiscopi in exameron.
Incipit Quartus

Ut uindemiam
colligit. uasa pri
us quibus uinum
infunditur mun
dare consueuit.
ne sordes aliquid
uini graciam
decoloret. Quid
enim prodest ponere uitem ordine.
fodere quot annis. aut aratris du
cere sulcos. putare. subrigere. ad
iungere ulmis. et quodam conubio
copulare. si tanto labore uina que
sita. in uase coacescant. Matutinos
quoque solis ortus si quis spectare
desiderat. emundat oculos suos. ne
quid pulueris. ne quid purgamen
torum. oculis eius insideat. quo tuen
dis ebetetur obtutus. Ne ue aliqua
caligo nebulosa corporeos uisus
spectantis obducat. Nobis in lectio
ne exoriendus est sol qui ante non
fuerit. Primum iam diem sine sole
transiuimus. Secundum sine sole trans
egimus. Tercium sine sole confecimus.
Quarto die iubet deus fieri lumina
ria. solem et lunam et stellas. Sol
incipit. emunda oculos mentis o
homo. animique interioris obtutus.
ne qua festuca peccati aciem tui per
stringat ingenii. et puri cordis tur
bet aspectum. Emunda aurem ut ua
se sincero. scripture diuine nitida flu
enta suscipias. ne qua ingrediatur
contagio. Precedit sol magno iubare
diem. magno mundum conplens lumi
ne. uaporans calore. Caue o homo
solam eius perpendere magnitudinem.
ne nimius fulgor eius. uisus tue men
tis obtexit. Ut qui e regione radium
eius intendit. repercusso lumine. omnem
subito amittit aspectum. At ubi in ce
teras partes. uultum suum. oculosque
conuertat. estimat se nil uidere. et con
tuendi munere esse fraudatum. Si uero
deflectat obtutum. integrum sibi offi
cium perseuerat. Caue ergo ne et tuum
radius eius exoriens confundat affectum.
Et ideo prius firmamentum celi aspice. quod
ante solem factum est. Terram aspice.
que antequam sol prodiret. cepit esse uisi
bilis atque composita. Germina eius aspi
ce anteriora solis lumine. Anterior
bruscus quam sol. Antiquior herba quam luna.
Noli ergo deum credere. cui uides dei mu
nera esse prelata. Tres dies transacti
sunt. et solem nemo quesiuit. et lu
minis claritas habundauit. habet enim
et dies suam lucem. que precessor est
solis. Non ergo te tanto splendori solis
committas temere. Oculus est enim mun
di. iocunditas diei. Celi pulcritudo.
nature gracia. sed prestantia creature.
Sed quando tunc uides auctorem eius. consi
dera quando hunc miraris. lauda ip
sius creatorem. Si tam gratus est sol.

126 *Iberia* 1396

Paris, Bibliothèque Nationale, lat. 1702 (olim Colbert 1154, Regius 3731). Vellum, 370×235 (245×147); ff. 120; two hands.

Contains: Varia Eustathii, S. Ambrosii, Solini et Theoduli.

Written at Toledo and Çedillo (diocese of Toledo) in 1396. The colophon to the *Hexameron* of St Ambrose, f. 75^D^, reads: 'Explicit liber exameron sancti ambrosii archiepiscopi mediolanensis. Incepta fuit scriptura toleti mense Marcii anno domini M. ccc. nonagesimo sexto. perfecta die Iovis quinta-decima Iunii eiusdem anni apud çidillum eiusdem diocesis locum.' The colophon of the *De mirabilibus mundi* of Solinus, on f. 113^D^, reads: 'Iulii Solini sive gramatici poli-histor explicit. qui alias vocatur Solinus de memorabilibus mundi. perfecta fuit scriptura die secunda mensis maii anno domini Mccclxxxx. sexto.' The writing of the two works probably overlapped in March and April.

The gothic was never for long absent from the place of honour among bookhands of the fourteenth and fifteenth centuries in Spain. Its decay was not uniform. Some scriptoria maintained high standards longer than others. Toledo, as the seat of the primate, may be assumed to have preserved a high degree of competence. Our scribe shows a vigorous control of his craft, in spite of the fact that the date is late for good gothic. The script flows somewhat more noticeably than pure gothic, and the letters are round rather than angular. Then the height of the minuscule letters is not infrequently uneven. There are serifs where a strictly trained gothic scribe of the thirteenth century would have been more restrained. True juncture does occur (*de*, *do*, *po*), but not everywhere where it could have been employed. The *d* is uniformly uncial. The tail of the *g*, as frequently in Spanish hands, is close to the line. The *i* is frequently long, probably to aid the reader to distinguish it from other minimed letters, e.g. *visus* (column B line 2), *diluvium* (column A line 2), *enim* (column A line 9), *luminis* (column B, line 10 from bottom). Some Iberian spellings appear: *amitit*, *omīa*, *occulus*, *occeano*. Abbreviations are not plentiful and the *et* is uniformly spelled out. The tironian *et* sign appears, but very rarely.

*Transcription f. 49^B^*

dis ebetetur obtutus. Neve aliqua
caligo nebulosa corporeos visus
spectantis obducat. ¶ Nobis in leccio
ne exoriendus est sol qui ante non
fuerit. Primum iam diem sine sole
transivimus. Secundum sine sole trans
egimus. Tercium sine sole confecimus.
Quarto die iubet deus fieri lumina
aria solem et lunam et stellam. ¶ Sol
incipit emunda occulos mentis o
homo animique interiores obtutus
ne qua festuca peccati aciem tui per
stringat ingenii et puri cordis tur
bet aspectum. Emunda autem ut va
se sincero scripture divine nitida flu
enta suscipias ne qua ingrediatur
contagio. Precedit sol magno iubare
diem magno mundum complens lumin
ne. vaporans calore. Cave o homo
solam eius perpendere magnitudinem.

[*P.L.* 14, 200 f.]

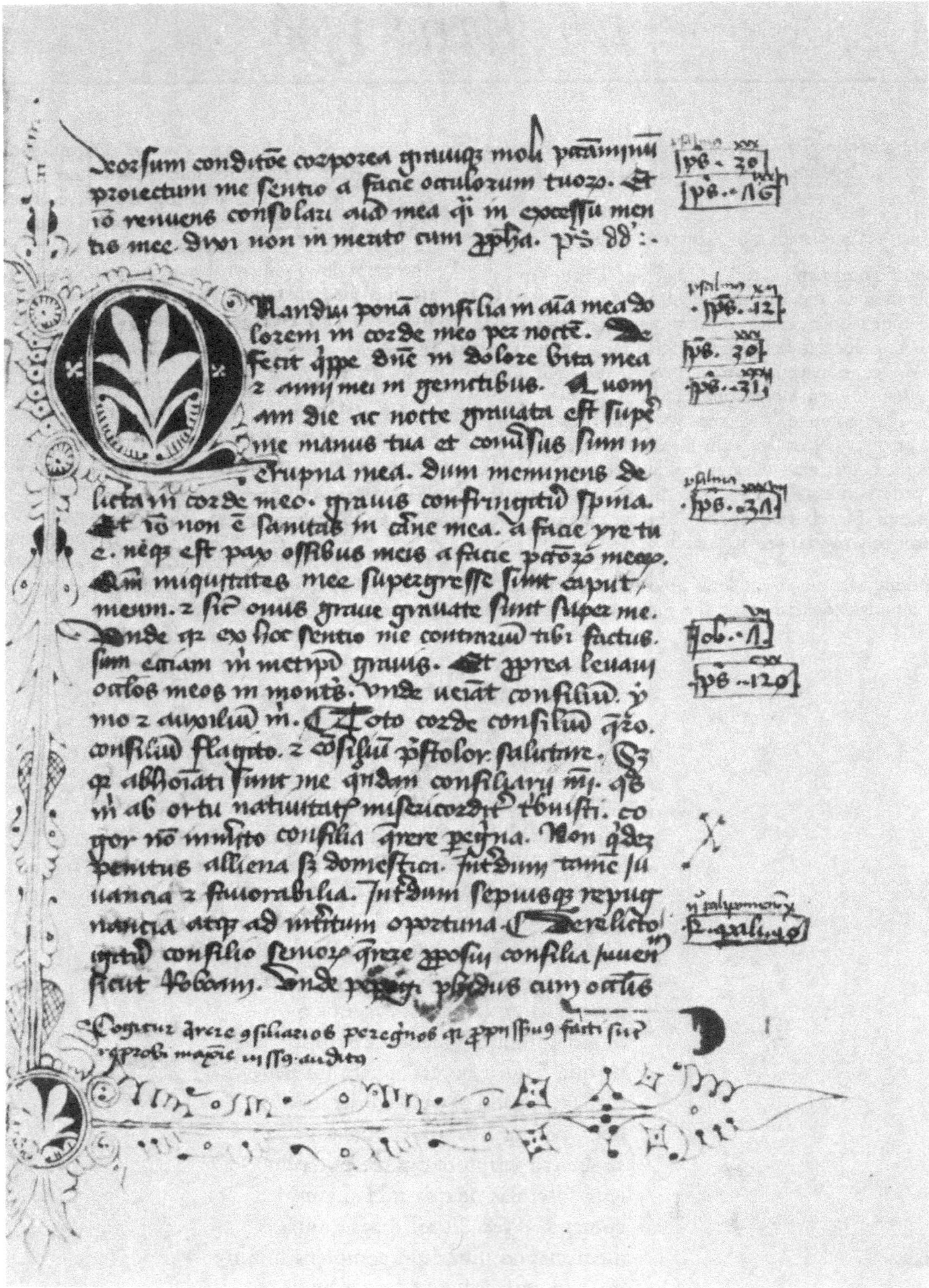

deorsum conditore corporea grauique mole pacaminui ps. 30
proiectum me sentio a facie oculorum tuorum. Et ps. 16
ideo renuens consolari animam meam qui in excessu men
tis mee. Dixi non in merito cum propheta. ps. 88:-

Quandium ponam consilia in anima mea do ps. 12
lorem in corde meo per noctem. De
fecit quippe domine in dolore vita mea ps. 30
et anni mei in gemitibus. Quoni ps. 31
am die ac nocte grauata est super
me manus tua et conuersus sum in
erumpna mea. Dum memineris de
licta in corde meo. grauis confringitur spina. ps. 31
Et ideo non est sanitas in carne mea. a facie ire tu
e. neque est pax ossibus meis a facie peccatorum meorum.
Quoniam iniquitates mee supergresse sunt caput
meum. et sicut onus graue grauate sunt super me.
Unde quia ex hoc sentio me contrarium tibi factus Job. 7
sum etiam mihimetipsi grauis. Et propterea leuaui ps. 120
oculos meos in montes. unde veniat consilium. ym
mo et auxilium mihi. Toto corde consilium quero.
consilium flagito. et consilium postulo salutare. Sed
quia abhominati sunt me quidam consiliarii mei. quos
mihi ab ortu natiuitatis misericorditer tribuisti. co
gor non inuisito consilia querere peregrina. Non quidem
penitus aliena sed domestica. Interdum tamen su
auia et fauorabilia. Interdum sepiusque repug
nancia atque ad institutum oportuna. Derelicto 3 Regum 12
igitur consilio seniorum querere proposui consilia iuuenum
sicut Roboam. Unde peregrinis pluribus cum oculis

Cogitur querere consiliarios peregrinos quia propriis sibi facti sunt
reprobi maxime in suis audita

Madrid, Biblioteca Nacional, lat. 9456 (olim Bb 153). Vellum, 220 × 150 (140 × 82); ff. 79; one hand.

Contains: J. Armengal, *Declamaciones in Psalmum XII,* ded. Benedicto XIII.

Written at Perpignan. The colophon of the dedication to Pope Benedict XIII on f. 2^b^ reads: 'Datum die vicesima octava novenbris Anno a nativitate domini M° cccc° octavo Pontificatus vestri anno quinto decimo Vestra sanctitate pro accelleratione unitatis ecclesie in hac villa Perpiniani generale concilium celebrante.'

This bâtarde hand shows some French influence but is yet distinctly Spanish. The heavily shaded and sloping *f* and *s* immediately strike the eye. The letters with ascenders, *b, h, l,* are looped at the top. The *d,* never erect, is also looped at the top and pointed at the lower left. This latter trait is a late development, seldom found before the turn of the century. The minimed letters, *i, m, n, u,* are flowing and cursive. The scribe has two *r*'s: the *2*-shaped letter, typically attached to a looped letter, e.g. *deorsum,* line 1 (but note *super,* line 16), and the forked *r* elsewhere, e.g. *grave,* line 16. The minuscule *i* is occasionally long, e.g. *peccaminum,* line 1. When it is long, apparently to distinguish it from other minimed letters, it is normally not stroked, the other device to help the reader to avoid confusion. (But cf. *gravis* and *levavi,* line 18.) Some distinctive spellings may be noted (not all on this page): *occulos, alliena, appellacio, atestante, inffinito, ecciam, Quandiu, novenbris, numcupari, aflictus, supliando, magestati, decunbens, stillo, oportuna.* Several abbreviations may be noticed: *tp̄ora, omīs, omīa, ꝑprea, dīis* (*dictis*). It is not a highly abbreviated text.

The large initials accentuate the impression of blackness, and the designs of the decorations are typically Spanish.

*Transcription f. 15^a^*

deorsum conditione corporea gravique moli peccaminum
proiectum me sentio a facie occulorum tuorum. Et
ideo renuens consolari anima mea quasi in excessu men
tis mee. Dixi non in merito cum propheta. Psalmus david
QUandiu ponam consilia in anima mea do
lorem in corde meo per noctem. De
fecit quippe domine in dolore vita mea,
et anni mei in gemitibus. Quoni
am die ac nocte gravata est super
me manus tua et conversus sum in
erupna mea. Dum memineris de
licta in corde meo gravis confringitum spina
Et ideo non est sanitas in carne mea a facie yre tu
e neque est pax ossibus meis a facie peccatorum meorum.
Quoniam iniquitates mee supergresse sunt caput
meum et sicut onus grave gravate sunt super me.
Unde quia ex hoc sentio me contrarium tibi factus
sum ecciam mihi metipsi gravis. Et propterea levavi
occulos meos in montes. Unde veniat consilium y
mo et auxilium mihi. ¶ Toto corde consilium quero.

[Unpublished in this form.]

unanimes dilatavos esse. quos
videmus de pacifica et divina
domo furore discordie reces-
sisse. Hortamur plane quantum
possumus frater karissime per caritatem
mutuam quam nobis invicem de-
bemus. ut quoniam providentia de-
monentes instruimur. et divine
misericordie consiliis salubribus am-
monemur appropinquare iam
certaminis et agonis diem. ieiuni-
is vigiliis orationibus insistere
cum omni plebe non desinamus
incumbamus gemitibus as-
siduis et deprecationibus crebris
Hec sunt enim nobis arma
celestia. et tela divina que prote-
gunt. Memores nostri invicem
simus concordes atque unani-
mes. ut ubique pro nobis semper
oremus pressuras et angus-
tias mutua caritate relevemus
et siquis istinc nostrum prior
divine dignationis celeritate pre-
cesserit. perseveret apud dominum
dilectio. pro fratribus et soror-
ibus nostris apud misericordiam patris non
cesset oratio. Opto te frater karissime semper
bene valere. Explicit e-
pistola ad cornelium de confessio-
ne eius. Incipit epistola cypri-
ani ad magnum de novatiano
et de his qui in lecto conse-

Cyprianus Magno fili-
o filio. salutem. pro tua re-
ligiosa diligentia consu-

consuluisti mediocritatem nostram
fili karissime. an inter ceteros here-
ticos eos quoque qui a novatia-
no veniunt post prophanum
eius lavacrum baptizari et
sanctificari in ecclesia catholica le-
gitimo et vero et unico ecclesie bap-
tismo oporteat. De qua re
quantum fidei nostre capacitas
et scripturarum divinarum sanctitas et
veritas suggerit. dicimus.
omnes omnino hereticos et scisma-
ticos nichil habere potestatis ac
iuris. Propter quod nova-
tianus nec debet nec potest excipi
quominus ipse quoque extra eccle-
siam consistens et contra pacem
ac dilectionem christi faciens
deputetur inter adversarios suos
esse eos qui secum non essent nec
aliquam speciem hereseos desig-
navit. sed omnes omnino qui secum
non essent et secum non col-
ligentes gregem suum spar-
gerent adversarios esse ostendit
dicens. Qui non est mecum contra
me est. et qui non colligit
mecum spargit. Item beatus
apostolus iohannes nec ipse ullam
heresim discrevit. aut scis-
ma aut aliquos speciatim
separatos posuit. sed univer-
sos qui de ecclesia exissent quique
contra ecclesiam facerent. an-
tichristos appellavit dicens.
Audistis quia antichristus venit. nunc

Arma sacerdotum in persecutione

et inter adversarios et antichristos ... evangelio suo ...

128 *Iberia* 1416

Madrid, Biblioteca Nacional, lat. 5569 (olim Q. 138). Vellum, 260 × 195 (180 × 130); ff. 159; one hand of text.

Contains: Epistole selecte Cypriani et aliorum.

Written by a certain Alvaro, a member of the court of Cardinal Alfonso Carrillo of the curia of Pope Benedict XIII. The colophon on f. 157^{C} reads: 'Die sabbati XVIII mensis jullii anni domini M^{o}ccccxvi ego Alvarus yspalensis familiaris reverendissimi in Christo patris domini Alfonsi Carrillo sancti Eustachii sancte romane ecclesie diachoni cardinalis perfeci hunc librum et eiusdem domini mandato copiavi de quodam libro sanctissimi domini pape Benedicti XIII.' In the summer of 1416 Benedict XIII was in his ancestral castle at Peñiscola, near Valencia.

The first impression of this script is its heaviness, due in part to the wideness of the penstroke and partly to the very black ink the scribe used. This is the work of a professional scribe and shows a high degree of craftsmanship. The scribe was certainly trained by excellent gothic models and has maintained his control and precision in letter formation. The ascenders and descenders are short and lightly serifed. Note the *h* in line 1 of column A. The *d* is uniformly uncial, but the ascender is horizontal and almost always there is juncture between the *d* and a following looped letter. Cf. *de* in column A line 2. The *ho* of *hortamur*, line 4, would appear not to be a case of juncture; otherwise juncture is general. We may note a tendency to generous strokes, as, e.g., the third stroke of the majuscule *M* in *Memores*, column A line 18. The final *s* is made in three strokes: the first is the middle curved member, the second is the bottom stroke, made from the left, and the third is the top stroke, made clockwise. The copula is spelled out perhaps more often than abbreviated. In general this is not an abbreviated script and offers few opportunities for Spanish peculiarities. We find *ecc̄ā* for *ecclesia*, *dīa* for *divina*, *om̄ēm* for *omnem*. Several Spanish spellings may be found: *adverssarios*, in right margin of our plate, certainly by the scribe of the text, elsewhere *diferencia*. We may also note the *ç* in *baptiçari*, column B line 5, a standard Spanish representation of the sound of the *z*. There are certain definite similarities to the script of Plate 75 (Italy, 1378). Both are related to the *littera bononiensis*, widely spread throughout the Mediterranean world in curial circles.

Transcription f. 105^{A-B}

unanimes habitaturos esse quos
videmus de pacifica et divina
domo furore discordie reces
sisse. Hortamur plane quantum
possumus frater karissime pro caritate
mutua quam nobis invicem co
heremus ut quoniam providencia domini
monentis instruimur et divine
misericordie consiliis salubribus am
monemur appropinquare iam
certaminis et agonis divine ieiuni
is vigiliis oracionibus insistere
cum omni plebe non desinamus
incunbamus gemitibus as
siduis et deprecacionibus crebris
Hec sunt enim nobis arma
celestia et tela divina que prote
gunt. Memores nostri invicem

[Ed. *C.S.E.L.* III, 2 (Ep. LX).]

consuluisti mediocritatem nostram
fili karissime an inter ceteros here
ticos eos quoque qui a novaci
ano veniant post prophanum
eius lavachrum baptiçari et
sanctificari in ecclesia catholica le
gitimo et vero et uno ecclesie bap
tismoṛ oporteat. De qua re
quantum fidei nostre capacitas
et scripturarum divinarum sanctitas et
veritas suggerit dicimus.
omnes omnino hereticos et scisma
ticos nichil habere potestatis ac
iuris. Propter quod novaci
anus nec debet nec potest excipi
quominus ipse quoque extra ecclesi
am consistens et contra pacem
aḍ dileccionem christi faciens

[Ed. *C.S.E.L.* III, 749 (Ep. LXVIII).]

que antea antiquis [illegible] temporibus fuerunt edita quod sic fit de talmu
dica compilatione [illegible] Rabi moyse egiptius in
de bko quod est liber magne auctoritatis inter eos in parte prohemiali ubi prin
cipaliter agit de talmudica auctoritate de tempore quo compilatio seu constructio
fuit. 2° quod in predicto verbo notatur est quod per scrutinium scripture quam iudeos
non est querendum sensus misticus sed locus litteralis et quod non solo et in aliis
locis sumuntur efficacia argumenta et ideo subdit. ille sunt que testimonium perhibent de
me. testimonium enim probationem dicit manifestum quod ex solo sensu litterali scrip
ture ut dictum est dicitur. Sed autem contra hoc dicatur quod sensus litteralis quod expri
me significatiuis per vocem accipitur non indiget scrutinio ad talis sen
sus statim se offert intellectui ideo de tali sensu improprie dicitur. Scru
tamini scripturas. Sufficeret enim dicere legite seu intelligite scripturas. Dicendum quod
licet sensus litteralis sacre scripture ex significatione primaria per vocem accipiatur
non tamen ex hoc sequitur quod scrutinio non indigeat ad verum eius intellectum repe
rendum. Sunt enim in sacra scriptura multe dictiones equivoce significantes di
versa que ad hoc non sciant sub quo sensu accipi debeat. Requiritur rationis
scrutinium. Similiter sunt in scripturis aliqua parabolice tradita magis ad pro
aliquid figurandum tradita. Unde ad sciendum quomodo debeat accipi requiritur scru
tinium. Similiter cum veritas alicuius scripture litteraliter intellecta videtur veri
alterius repugnare quod sepe contingit in sacris scripturis ad litteram intelligendum
oportet recurrere ad rationis indaginem ut repugnantia inter sacras litteras
tollatur que auctoritates que et multa similia occurrunt cum iudeis tractantur
disputando ut ita patebit quare respectu et similium recte xpus dicit. Scru
tamini scripturas. Unde crisostomus super hoc verbo dicit. Non autem ad simplicem
lectionem scripture sed ad scrutationem exquisitam eos mittebat. quia ea que de xpo
dicebantur in scripturis desuper obumbrabantur nec in superficie exprime
bantur sed velud quidam thesaurus recondebantur. Hec ille. que quidem obumbrationes
propter equivocationes et apparentes contradictiones et huiusmodi in misteriis xpi prophe
tum in antiquo testamento traditis sepe occurrunt. propter que propheta xpus eis
predicebat Scrutamini scripturas etc. Est attendendum quod quia ipsi iudei
specialiter pharisei non ex toto corde exquirebant xpum ut eum veraciter co
gnoscerent sed potius ut occasionem eum reprehendendi invenirent ideo in

Madrid, Biblioteca Nacional, lat. 12346 (olim 104-2). Paper, 290 × 202 (202 × 154); ff. 244; one hand of text.

Contains: Scrutinium scripturarum of Paulus de Santa Maria, Bishop of Burgos.

Written by Frater Johannes de Precienco in 1434 at Basle. The scribe's name appears on f. 214ª, the date of composition on f. 1ª, where the title of the work is given: 'Dialogus qui dicitur scrutinium pauli burgen contra perfidiam iudeorum compositum anno domini 1434 etatis sue 81.' On f. 244ª at the end of the text we read the short note: 'scriptus basilee.'

Our example is clearly in the tradition of Plate 127 (1408), if slightly more cursive. We may note the bâtardish (sloped and shaded) formation of the *f*, the *s* and the *p*, the *d* uniformly uncial and pointed at lower left, a minuscule long *i* after a group of minims (line 3 *prohemiali*), the initial *l* with a broken back (line 13 *licet*), the short forked *r*. The terminal *s* is constructed by juxtaposing an upright stroke l and a 3 so as to form two loops. Spanish irregularities in spelling are most noticeable: *copilatum* for *compilatum* (line 4), *scrupturas* for *scripturas* (line 12), *magnifestam* for *manifestam* (line 8), *opportet* for *oportet* (line 12 from bottom), *senssus* for *sensus* (line 13), *obbumbraciones* for *obumbraciones* (line 6 from bottom), *actendendum* for *attendendum* (line 3 from bottom), *comodo* for *quomodo* (line 18).

The minuscule *p* is something of a puzzle. From the *pocius* in the bottom line it is clear that the loop is closed by the tail of a *2* which crosses the descender at the base line. The first stroke, of course, was the downward-stroked descender which was then retraced and at the top turned to the right in a clockwise semicircle. The pen was then lifted to make the *2* with a long tail that closed the loop along the base line. Nevertheless this sequence of strokes is not always obvious, particularly when the scribe is able to overlay his stroking at some point.

Transcription f. 2^b

que antea a magnis viris temporibus fuerunt edita quod sic fit de talmu
dica copilatione seu constructione habetur(?) expresse a Rabi moyse eciam suo
de utero quod est liber magne auctoritatis inter eos in parte prohemiali ubi prin
cipaliter agit de talmudica auctoritate de tempore quando copilatum seu constructum
fuit. Tercium quod in predicto verbo notatum est quod per scrutinium scripturarum contra iudeos
non est querendus sensus misticus sed locus litteralis a quo enim solo et in aliis
locis summitur efficax argumentum et ideo subdit. Ille sunt que testimonium perhibent de
me. Testimonium enim probationem dicit magnifestam que ex solo senssu litterali scrip
turarum, ut dictum est, habetur. Si autem contra hoc dicatur quod senssus litteralis qui ex prima
rie significatis per vocem accipitur non indiget scruptinio cum talis sen
ssus statim se offert intellectui ideo de tali senssu improprie diceretur. Scru
tamini scrupturas. Sufficeret enim dicere legite seu intelligite scripturas. Dicendum quod
licet senssus litteralis sacre scripture ex significatis primarie per vocem accipiatur
non tamen ex hoc sequitur quod scrutinio non indigeat ad verum littere intellectum reper
iendum. Sunt enim in sacra scriptura multe dictiones equivoce significantes di
versa que ad hoc ut sciantur sub quo sensu accipi debeant. Requiritur rationis
scrutinium. Similiter sunt in scripturis aliqua parabolice tradita in quibus aliquid proprie
aliquid figurative traditur. Unde ad sciendum comodo debeant accipi requiritur scru
tinium. Similiter cum veritas alicuius scripture litteraliter intellecta videtur veritati
alterius repugnare quod sepe contingit in sacris scripturis ad litteram intelligentis

[Ed. Mantua, 1475, fol. 1^v–2^R.]

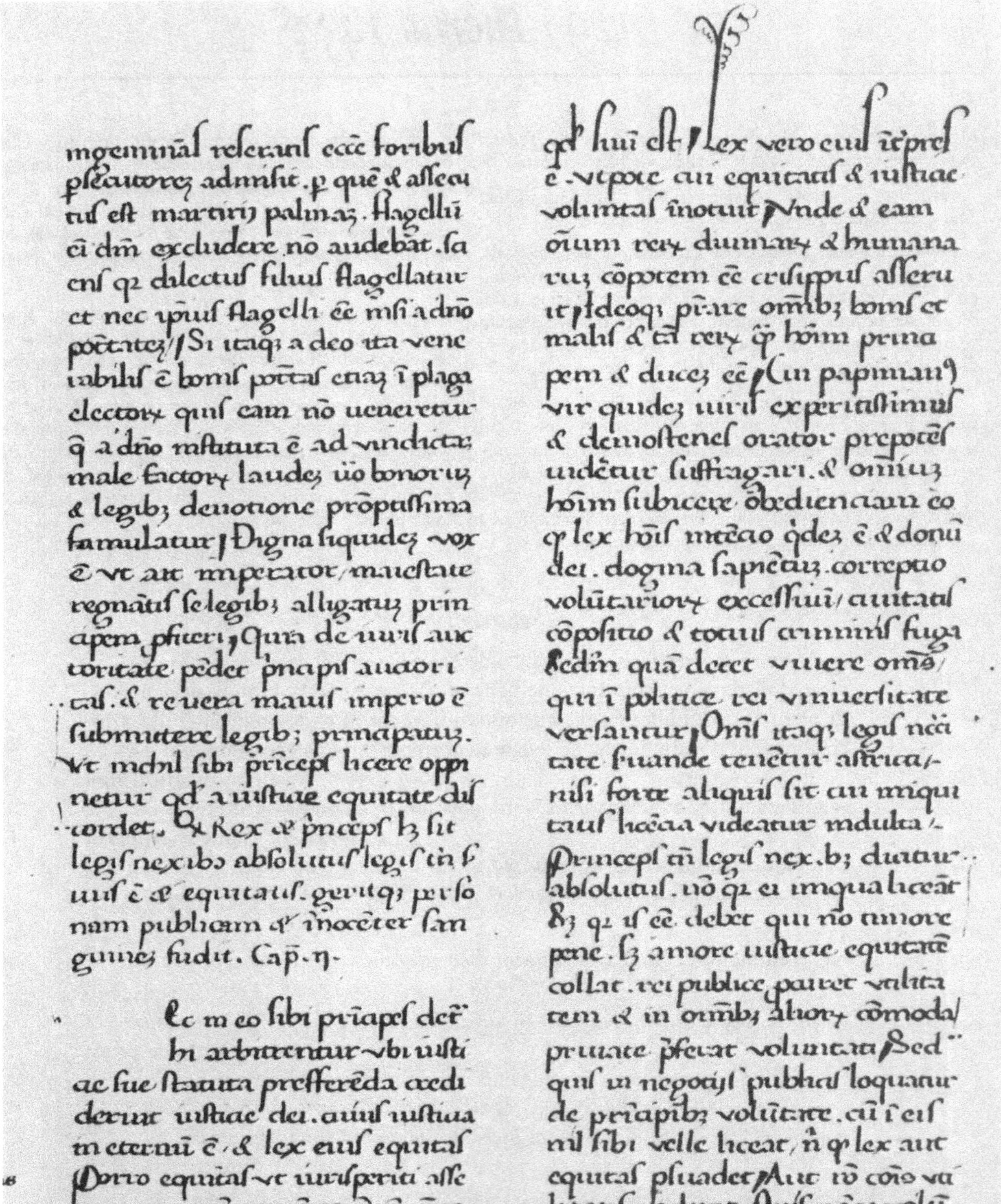

ingemiscens, reseratis etiam foribus persecutorem admisit, per quem et assecutus est martirii palmam. Flagellum enim Domini excludere non audebat, sciens quia dilectus filius flagellatur et nec ipsius flagelli esse nisi a Domino potestatem. Si itaque a Deo ita venerabilis est bonis potestas etiam in plaga electorum, quis eam non ueneretur quae a Domino instituta est ad vindictam malefactorum, laudem uero bonorum, et legibus deuotione promptissima famulatur? Digna siquidem uox est, ut ait imperator, maiestate regnantis se legibus alligatum principem profiteri, quia de iuris auctoritate pendet principis auctoritas. Et re uera maius imperio est submittere legibus principatum, ut nichil sibi princeps licere opinetur quod a iustitiae equitate discordet.

Quod rex et princeps licet sit legis nexibus absolutus, legis tamen seruus est et equitatis, geritque personam publicam et innocenter sanguinem fundit. Cap. II.

Nec in eo sibi principes detrahi arbitrentur, ubi iustitiae suae statuta praeferenda crediderint iustitiae Dei, cuius iustitia iustitia in eternum est, et lex eius equitas. Porro equitas, ut iurisperiti asserunt, rerum conuenientia est quae cuncta coequiparat ratione et in paribus rebus paria iura desiderat, in omnes equabilis, tribuens unicuique quod suum est. Lex uero eius interpres est, utpote cui equitatis et iustitiae uoluntas innotuit. Unde et eam omnium rerum diuinarum et humanarum compotem esse Crisippus asseruit, ideoque praestare omnibus bonis et malis et tam rerum quam hominum principem et ducem esse. (In Papinianus) uir quidem iuris experientissimus et Demostenes orator praepotens uidentur suffragari et omnium hominum subicere obedientiam eo quod lex omnis inuentio quidem est et donum Dei, dogma sapientium, correctio uoluntariorum excessuum, ciuitatis compositio et totius criminis fuga, secundum quam decet uiuere omnes qui in politicae rei uniuersitate uersantur. Omnes itaque legis necessitate seruandae tenentur astricti, nisi forte aliquis sit cui iniquitatis licentia uideatur indulta. Princeps tamen legis nexibus dicitur absolutus, non quia ei iniqua liceant, sed quia is esse debet qui non timore penae sed amore iustitiae equitatem colat, rei publicae procuret utilitatem et in omnibus aliorum commoda priuatae praeferat uoluntati. Sed quis in negotiis publicis loquatur de principis uoluntate, cum in eis nil sibi uelle liceat, nisi quod lex aut equitas persuadet aut ratio communis utilitatis inducat? Eius namque uoluntas in his uim debet habere iudicii; et rectissime quod ei placet in talibus legis habet uigorem, eo quod ab

130 Iberia 1452

Madrid, Biblioteca Nacional, lat. 10143 (olim e 43). Vellum and paper, 280×215 (210×145); ff. *c.* 240; one hand.

Contains: Johannes Saresberiensis, *Policraticus.*

Written at Alcalá by a certain Garsias, familiaris archiepiscopi toletani. A note on the verso of the last folio reads: 'Garsias familiaris domini mei Alfonsi Carrillo archiepiscopi toletani scripsi in opido complutensi anno a nativitate domini M^mo^ cccc^mo^ quinquagessimo secundo.'

This very neat hand reflects strong Italian humanistic influence. Erect, roundish, even, and well disciplined, it could, at first glance, easily be taken for a professional Italian scribe's work, cf. Plates 80, 81. The leading impression is that of roundness. The minuscule letters all betray the rounding tendency of the scribe's movements. The *a* is uncial, the loop at the lower left usually sharply pointed. The *c* is clearly distinguishable from the *t*. The *d* is erect. The tail of the *g* is a double curve. The *i* is frequently dotted. The letters with ascenders, *b, d, h, l, s,* are slightly clubbed at the top. The minimed letters, *i, m, n, u,* are tipped at the top and rounded at the bottom. Occasional marginalia show bâtardish traits. Note the *q̂* of *equitas,* left margin, column A. The ampersand, universal for *et* save at the beginning of a sentence, is the scribe's own pattern. The major stop is indicated by a heavy dagger, placed at a slight angle, column B line 1. The use of *c* for soft *t*, e.g. *iusticia,* varies: -*cia* is regular, whereas -*tio* is the rule, although the scribe does slip occasionally; one finds both *iuditii* and *intencio.* Some spellings are irregular: *prefferenda, mictiget, iurisdicionem, philosofi, executur* (for *excecatur*), *nollebat, oppinetur, opido, peccuniam.* The *q,* the normal Italian abbreviation for *qui,* does occur, but very rarely. One finds *ap̄* for *apud, omīs, oīu* for *omnis, omnium,* and *menbra, deffecit.*

*Transcription f. 71^A^*

ingeminans reseratis ecclesie foribus
persecutorem admisit per quem et assecu
tus est martirii palmam flagellum
enim domini excludere non audebat sci
ens quia dilectus filius flagellatur
et nec ipsius flagelli esse nisi a domino
potestatem. Si itaque adeo ita vene
rabilis est bonis potestas etiam in plaga
electorum quis eam non veneretur
que a domino instituta est ad vindictam
malefactorum laudem vero bonorum
et legibus devotione promptissima
famulatur. Digna siquidem vox
est ut ait imperator maiestate
regnantis se legibus alligatum prin
cipem profiteri. Quia de iuris auc
toritate pendet principis auctori
tas et revera maius imperio est
submictere legibus principatum.
Ut nichil sibi princeps licere oppi
netur quod a iusticie equitate dis

[Ed. C. C. J. Webb (Oxford, 1909), I, 236 f.]

Nam qui tartareum in specus
Victus lumina flexerit
Quicquid precipuum trahit
Perdit dum videt inferos.

Hec cum philosophia dignitate vultus et oris gravitate servata leniter suaviterque cecinisset, tum ego nondum penitus insiti meroris oblitus intentionem dicere adhuc aliquid parantis abrupi. Et o inquam veri previa luminis que usque adhuc tua fudit oratio, tum sui speculatione divina tum tuis rationibus invicta patuerunt, eaque michi etsi ob iniurie dolorem nuper oblita non tamen antehac prorsus ignorata dixisti. Sed ea ipsa est vel maxima nostri causa meroris, quod cum rerum bonus rector existat, vel esse omnino mala possint vel impunita pretereant; quod solum quanta dignum sit admiratione profecto consideras. At huic aliud maius adiungitur. Nam imperante florenteque nequitia virtus non solum premiis caret verum etiam sceleratorum pedibus subiecta calcatur et in locum facinorum supplicia luit. Que fieri in regno scientis omnia, et potentis omnia, sed

bona tan

131 *Iberia 1465*

Toledo, Cabildo, cód. 13-5 (CIX). Paper, 305 × 215 (187 × 110); ff. 114; one hand of text.

Contains: Boethius, *De consolatione philosophiae, De disciplina scholarium.*

Written at Salamanca by Alfonsus arenensis. The explicit of the *De consolatione* on f. 81[a] reads: 'Explicit Boecius de consolacione scriptus tempore santissimi in Christo patris domini martini veri et indubii pape quinti per matrem rethoricorum Salamantice anno ab incarnacione domini perfectus ab alfonso arenensi anno 1465. El libro es acabado deios sea loado. perfectus vespere accenssionis anno predicto. Deo gracias. Amen.'

The impact of the round humanistic script upon Spanish bookhand is well illustrated in this example. Heightened regularity, a tendency to roundness where the letters permit it, such as *a, b, c, d, e,* mark this script. The clear distinction between the minimed letters *i, m, n* and *u,* the care taken to distinguish between *c* and *t* before *i,* are in all probability due to some classical or humanistic training. The influence of the Carolingian minuscule—as in all humanistic scripts—is quite obvious. The ornateness of the Spanish cursive scripts would appear to have been rejected in favour of the simplicity of humanistic models. In one case, however, the scribe has betrayed his familiarity with an orthodox exemplar. We find *ipūm, tr'ra* for *terra, mr̄m* for *magistrum, sb̄a* for *subiecta* (line 17), *tp̄ore* for *tempore* (colophon).

Abbreviations are seldom irregular. The scribe may have been guided by Spanish curial script—the circular, clockwise flourish of the minuscule *g* (line 6 *gravitate*). Note also the same flourish, albeit much smaller, of the *et* in line 17.

Spanish spellings are noticeable: *occulis, alliud* (line 15), *accenssionis* (colophon), *santissimi* (colophon), *ffudit* (line 9), *eficere, colectum, disimulare, apetant, aprehendi, apelare, destra, impugnita* (for *impunita,* line 14), *ecciam* (line 16).

Transcription f. 48[b]

Nam qui thartareum in specus
Victus lumina flexerit
Quidquid precipuum trahit
Perdit dum videt inferos
h ec cum philosophia dignitate vultus et oris
gravitate servata lenite suaviterque cecini
sset tum ego nondum penitus insiti meroris o
blitus intentionem dicere adhuc aliquid parantis abrupi et o
inquam veri previa luminis que usque adhuc tua ffudit oracio,
tum sui speculatione divina tum tuis rationibus invicta patuerunt.
ea que mihi et si ob iniurie dolorem nuper oblita non tamen ante hac
prorsus ignorata dixisti sed ea ipsa est vel maxima nostri causa meroris?
quod cum rerum bonus deus rector existat vel esse omnino mala possint vel im
pugnita pretereant, quod solum quanta dignum sit admiratione pro
fecto considera. At huic alliud maius adiungitur. Nam inperante
florenteque nequicia. virtus non solum premiis caret? verum ecciam
sceleratorum pedibus subiecta calcatur et in loco facinorum supplicia luit.
Que fieri in regno scientis omnia et petentis omnia | Set

[Boethius, *De consolatione philosophiae,* III, xii, 55–IV, i, 18.]

ceptum te neque nunc anxium reor esse amore. In quo euripidis mei sententiam probo, qui carentem liberis infortunio dixit esse felicem.

Habet hoc voluptas omnis.

Stimulis agit fruentes.

Apiumque par uolantium

Ubi grata mella fudit,

Fugit. et nimis tenaci

Ferit icta corda morsu.

Nihil igitur dubium est quin hae ad beatitudinem uiae deuia quaedam sint. nec perducere quemquam eo ualeant ad quod se perducturas esse promittunt. Quantis uero implicitae malis sint breuissime demonstrabo. Quid enim? pecuniamne congregare conaberis? Sed eripies habenti. Dignitatibus fulgere velis? danti supplicabis. Et qui praeire ceteros honore cupis, poscendi humilitate uilesces. potentiamne desideras? Subiectorum insidiis obnoxius periculis subiacebis. Gloriam petis? Sed per aspera quaeque distractus securus esse desistis. Voluptariam uitam degas.

Ista est prosa secunda libri. In qua probat [illegible] beatitudo non consistit in bonis temporalibus in quibus homines ponunt esse summum bonum ostendendo quod mala sint in acquisitione talium bonorum. Et quod excludit quod hiis quae dicta sunt quod [illegible] bona non sunt viae ad beatitudinem.

Omnis dives aut est iniquus aut heres iniqui. Jeronimus

Barcelona, Archivo de la Corona de Aragón, cód. Ripoll. 81 (olim 20, antiguo 46). Paper and vellum, 295 × 210 (180 × 110); ff. 96; one hand of text, glosses and marginalia probably same hand.

Contains: Boethius, *De consolatione philosophiae.*

Written by Johannes Terrat, a student, almost certainly at Santa Maria de Ripoll, and finished on Tuesday, 30 December 1478. The colophon on f. 96[a] reads: 'Explicit liber boecii anicii severini malii torquati exconsulis patricii ordinarii de phisica consolatione. quam explectionem assumpsit manibus johannis terrat studentis ~~in~~ die martis tricesima decembris anni 1478.'

We have met humanistic influences in earlier Spanish hands, but this example is distinctly in Italian humanistic style, even to the light lines within the initials *H* and *N*. The letters are consciously round and clear, yet ornate in their very calligraphic simplicity. The glosses, interlinear and marginal, are certainly by the scribe of the text. Certain identities strike the eye: the long *i* after a minimed letter, *nimis* in last line of the larger marginal gloss, compared with *sentenciam*, line 2 of text; the minuscule *r* of *reliquos*, line 2 of the gloss, compared with the *r* of *fferit*, line 9 of text—the strokes are identical. The hand of the gloss is perhaps more revealing of Spanish provenance than the more formal writing of the text. One may note the exaggerated downward stroke of the *h*, the *con-* sign and its counterpart the final *us* (cf. *securus* of the text, bottom line), paralleled in the sign for a final *m*, *notandum*, line 6 of gloss, and betrayed in so minor a situation as the final stroke of the *m* of *exemplum*, line 6 of gloss. There are certain Spanish spellings and abbreviations which the scribe, in spite of his training and care, allowed to creep into his text: *defficiente*, line 3 of gloss, *peccuniam*, line 13 of text, *omīs*, line 1 of bottom gloss. Elsewhere in the work we find *comprendendi*, *intollerabiles* and *pp̄los* for *populos*.

Transcription f. 41[a]

expertum te neque nunc anxium necesse est amonere. In quo
euripedis mei sentenciam probo qui carentem liberis infortu
nio dixit esse felicem.

Habet igitur hoc voluptas omnis
Stimulis angit fruentes.
Apiumque par volantium
Ubi grata mella fudit
ffugit. et nimis tenace
fferit icta corda morsu.

Nichil igitur dubium est quin he ad beatitudinem vie
devia quedam sint nec producere quemquam eo valeant ad
quod se perducturas esse promittunt. Quantis vero implicite
malis sint brevissime demostrabo. Quid enim peccu
niam ne congregare conaberis? Sed eripies habenti. Dig
nitatibus fulgere velis danti suplicabis. Et qui preire
ceteros honore cupis poscendi humilitate vilesces poten
tiam ne desideras? Subiectorum insidiis obnoxius periculis
subiacebis. Gloriam apetis. sed per aspera queque distrac
tus securus esse desistis. Voluptariam vitam degas.

[Boethius, *De consolatione philosophiae*, III, vii, 15–viii, 12.]

For EU product safety concerns, contact us at Calle de José Abascal, 56–1°,
28003 Madrid, Spain or eugpsr@cambridge.org.

www.ingramcontent.com/pod-product-compliance
Lightning Source LLC
LaVergne TN
LVHW062319051126
851857LV00015B/1573

* 9 7 8 0 5 2 1 0 8 6 7 4 5 *